Silke Satjukow / Rainer Gries (Hg.)
Sozialistische Helden

D1734925

Silke Satjukow/Rainer Gries (Hg.)

Sozialistische Helden

Eine Kulturgeschichte
von Propagandafiguren
in Osteuropa und der DDR

Ch. Links Verlag, Berlin

Gedruckt mit freundlicher Unterstützung der
Fritz Thyssen Stiftung zu Köln am Rhein

Die Deutsche Bibliothek – CIP-Einheitsaufnahme

Sozialistische Helden: eine Kulturgeschichte von Propagandafiguren
in Osteuropa und der DDR/ Silke Satjukow; Rainer Gries (Hg.). –
1. Aufl. – Berlin : Links, 2002
ISBN 3-86153-271-9

1. Auflage, September 2002
© Christoph Links Verlag – LinksDruck GmbH
Schönhauser Allee 36, 10435 Berlin, Tel. (030) 44 02 32–0
www.linksverlag.de; mail@linksverlag.de
Umschlaggestaltung: KahaneDesign, Berlin, unter Verwendung
eines Propagandaplakats zum 1. Mai 1953 in der DDR,
Deutsches Historisches Museum, Berlin
Satz: LVD GmbH, Berlin
Lithos: LVD GmbH, Berlin
Druck und Bindung: WB-Druck, Rieden am Forggensee

ISBN 3-86153-271-9

Inhalt

Tschechoslowakei

Anhang

Silke Satjukow/Rainer Gries

»Du sprichst mir Dein Vertrauen aus ...«
Ein Vorwort

Am 21. Februar 2001 verbreitete die *Deutsche Presse-Agentur* folgende Meldung: »Ostdeutschlands Radsport-Idol Gustav Adolf Schur, von allen nur ›Täve‹ genannt, feiert am Freitag seinen 70. Geburtstag. Obwohl ihm der Rummel um seine Person sichtlich unangenehm ist und er am liebsten im Kreis seiner Familie anstoßen würde, herrscht in der 4600-Seelengemeinde Heyrothsberge der Ausnahmezustand. Ob Postbotin, Feuerwehrmann oder Prominente aus Politik, Kultur und Sport – die Gratulanten werden sich im Hotel Zwei Eichen vor den Toren Magdeburgs die Klinke in die Hand geben. Denn der Pedaleur ist nicht nur Idol, sondern fast schon Kult.«[1]

Der gefeierte Held, der als bescheiden gilt, war mit dem Ende der DDR nicht untergegangen. Nachdem er 32 Jahre lang als Abgeordneter der Volkskammer angehört hatte, zog er 1998 für den Landesverband Sachsen der PDS in den Deutschen Bundestag ein. Derzeit wird er sogar als Alterspräsident des Hohen Hauses gehandelt.

Auch der Kosmonautenheld Sigmund Jähn, immer noch als Berater für internationale Raumfahrtbehörden tätig, tourt durch die Lande und erzählt Jung und Alt gern von seinem spektakulären Flug ins All. Im Februar 1998, zwanzig Jahre nach seinem Start, wurde er vom Deutsch-Russischen Forum für seine Verdienste in Rußland geehrt, Bundespräsident Roman Herzog hielt die Laudatio und überreichte dem ostdeutschen Helden eine Medaille. Zu Jähns 65. Geburtstag, vier Jahre später, würdigte ihn der neue Bundespräsident Johannes Rau als einen »›Helden wider Willen‹, der sich trotz seines Ruhmes selbst treu geblieben« sei[2].

Walentina Tereschkowa, die »erste Frau im Weltall«, kehrte nach ihrer einstweiligen Pensionierung Mitte der 80er Jahre – vom russischen Präsidenten Wladimir Putin persönlich betrieben – in Amt und Würden zurück. Als Leiterin des Moskauer Raumfahrtzentrums begleitete sie Putin im April 2002 zum Zweiten Petersburger Dialog nach Deutschland – nicht als Wissenschaftsexpertin, sondern als »Botschafterin zwischen den Kulturen«.[3]

Dabei schmückten und schmücken sich nicht nur hohe Würdenträger mit den wohlklingenden Namen der einstigen Helden des Sozialismus. Auch bei der Bevölkerung galten Vorbilder wie Täve Schur, Sigmund Jähn oder Walentina Tereschkowa noch etwas. So benannten Sternenfreunde der Volkssternwarte Drebach in Sachsen einen 1998 entdeckten »Kleinplaneten« nach Sigmund Jähn. Und als »Walja« Tereschkowa im Frühjahr 2002 im Gefolge Putins nach Weimar kam, drängten sich die Einheimischen, die Russin, die vor vierzig Jahren schon einmal in der Stadt geweilt hatte, wieder zu sehen, ihr wieder zuzujubeln.

Handelt es sich bei solchen Sympathiebekundungen um eine Renaissance der sozialistischen Helden, um eine nostalgische »neue Geburt« in einer an Orientierungen armen Zeit? Oder waren die Helden womöglich niemals aus dem Pantheon der Menschen verschwunden, auch wenn viele »Gebäude« um sie herum plötzlich einzustürzen begannen? Was macht diese auf den ersten Blick ganz gewöhnlichen, in die Jahre gekommenen Vorbilder so attraktiv, daß die Menschen noch Jahrzehnte später herbeiströmen, um ihnen für einen kurzen Augenblick nahe zu sein? Um solche Fragen beantworten zu können, muß man sich vor Augen führen, was diese sozialistischen Helden eigentlich ausmachte und zu welchem Zweck sie von wem ins Leben gerufen bzw. am Leben erhalten wurden.

Heldenlegenden

Täve Schur, Sigmund Jähn und Walentina Tereschkowa sind also immer noch eine Meldung wert. Zumindest im Osten Deutschlands sind sie nach wie vor bekannt, ihre Namen erregen auch zehn Jahre nach dem Fall der Mauer Aufmerksamkeit und rufen Erinnerungen wach. Erinnerungen an die Geschichten und Legenden, an die Erlebnisse und Hoffnungen, für die diese Menschen zu Zeiten des real existierenden Sozialismus standen.

Walentina Tereschkowa, in den frühen sechziger Jahren die erste Frau im All, begeisterte natürlich vor allem durch ihren atemberaubenden Raumflug. Darüber hinaus jedoch galt sie vielen Frauen als Vorbild auch in Fragen des täglichen Lebens. Berichte darüber, welche Bücher »Walja« las, welche Theaterstücke sie besuchte, wie sie ihren beruflichen und familiären Alltag bewältigte, wurden damals gespannt verfolgt. Man interessierte sich beileibe nicht nur für die faszinierende Weltraumtechnik, sondern auch dafür, wie sich die Kosmonautin und junge Mutter kleidete, frisierte und schminkte. Und es blieb nicht allein bei einem bloßen »unpolitischen« Interesse. Als Tereschkowa anläßlich der Volkskammerwahl 1963 durch die DDR tourte, versammelten sich – wie in anderen Städten auch – Menschenmengen auf den Straßen von Karl-Marx-Stadt, dem heutigen Chemnitz. 120 000 Leute kamen, um die Heldin aus nächster Nähe zu erleben. Sie standen im Fackelschein am Zentralen Platz und vernahmen, wie sie am Ende ihrer kurzen und mitreißenden Rede rief: »Da, ja kommunistka.« Die Chemnitzer verstanden diese Worte auch ohne Dolmetscher: »Ja, ich bin Kommunistin.« Es schien plausibel für eine Frau wie Walentina Tereschkowa, die es geschafft hatte, sich von der einfachen Textilarbeiterin zur Heldin des Sozialismus emporzuarbeiten.

Nehmen wir Gustav-Adolf »Täve« Schur. Auch der Mechaniker und Radsportler beeindruckte seine Fans nicht nur durch seine sportlichen Leistungen, sondern vor allem durch seine Fairneß. Seinen größten Triumph feierte er nicht etwa in den fünfziger Jahren, als er zwei Weltmeisterschaftstitel in Folge errang, sondern erst bei der Weltmeisterschaft im Jahre 1960. Nicht ein erneuter Sieg gab den Zuschauern damals Anlaß zum Jubel, sondern »Täves« freiwilliger Verzicht auf den Sieg: Während er, der amtierende Champion, in dem noch heute legendären Rennen am Sachsenring von den Belgiern und den Italienern scharf »bewacht« wurde, schaffte es der DDR-Fahrer Bernhard Eckstein, der keineswegs zu den Favoriten des Wettkampfes gehörte, aus dem Feld auszubrechen. Dessen Vorstoß nahm zunächst niemand ernst, denn – so las man es später in allen ostdeutschen Zeitungen – Belgier kannten eben keine Kollektivmoral. Eckstein siegte schließlich dank »Täve«, der ihm im letzten Moment, so die Legende, ein »Hol-Du-Dir-den-Sieg-Kleiner!« hinterherrief – und selbst auf die Einfahrt als erster verzichtete. »Vom Ich zum Wir« hieß zu dieser Zeit die propagandistische Losung, die es in allen Bereichen des DDR-Alltags und gegen den Willen breiter Bevölkerungskreise durchzusetzen galt. »Täve« Schur half den Propagandisten damals bewußt oder unbewußt dabei, indem er diese einfache Botschaft mit seinem »Verzicht« in die Köpfe und Herzen der Bevölkerung pflanzte.

Ein letztes Beispiel. Der Grundschüler Lutz Höfchen hatte sich im Februar 1949 in einem Brief an seinen neuen Helden, an Adolf Hennecke, gewandt: »Lieber Aktivist und Kandidat Adolf Hennecke!« Der Junge wünschte sich, daß nie wieder ein Krieg entfacht werde und daß die Lebensmittelkarten wegfallen sollten.[4] Der Meisterhauer Hennecke beantwortete die Jugendpost: »Mein lieber junger Freund! […] Du sprichst mir Dein Vertrauen aus […], wofür ich Dir herzlichst danke.« Hennecke betonte, er kenne seine Aufgaben, nämlich, »daß wir das in uns gesetzte Vertrauen des Volkes rechtfertigen«. Hennecke versprach, sich einzusetzen.

Vertrauenspersonen?

Vertrauen ist ein Schlüsselbegriff, wenn man sich dem Phänomen der Helden des Sozialismus nähern will. Es war die vornehmste Aufgabe der sozialistischen Helden, das Vertrauen ihres Publikums, das Vertrauen der Bevölkerung, zu gewinnen. Das Vertrauenspotential, das diese Menschen zunächst für sich persönlich aktivieren konnten, sollte dann in einem zweiten Schritt dem Staat und der Gesellschaft gutgeschrieben werden. Insofern wirkten die Helden wie real existierende Werbefiguren des Sozialismus.

Wer einem Menschen vertraut, glaubt daran, daß der andere bestimmte Dinge tun oder unterlassen wird. Dabei weiß derjenige, der einem anderen Vertrauen schenkt, daß die Handlungen des anderen ihn betreffen. Er geht also davon aus, daß der andere in seinem Sinne und Interesse agiert. Er vertraut, obwohl er nicht mit letzter Sicherheit sagen kann, ob die Person seines Vertrauens dieses nicht mißbrauchen wird. Vertrauen ist immer eine Investition in die Zukunft, von der man nicht wissen kann, ob sie gewinnbringend sein wird. Gleichwohl ist Vertrauen eine sozialpsychologische Notwendigkeit für das Funktionieren moderner Industriegesellschaften. Der sozialistische Staat, natürlich auch »die Partei«, mußten daher stets bestrebt sein, von ihrer Bevölkerung ein Maximum an Vertrauen geschenkt zu bekommen. Nur mit Vertrauen in die Sache des Sozialismus war die Zukunft zu meistern. Die sozialistischen Helden sollten maßgeblich mithelfen, dieses Lebenselixier Vertrauen von den Vielen zu erheischen.

Vertrauen setzt Vertrautheit voraus: Es läßt sich am besten herstellen, wenn man Beziehungen von Angesicht zu Angesicht, von Mensch zu Mensch pflegt. Sicher, auch Texte, vor allem Verträge, auch technische Meisterwerke oder physische Stärke können Vertrauen schaffen. Vertrauen stellt sich wie selbstverständlich in kleinen Gruppen, in der Familie, unter Freunden, vielleicht auch unter Kollegen, ein. Man kennt sich, glaubt aus der Erfahrung zu wissen, wie der andere reagiert. Die Summe dieser Erfahrungen miteinander läßt eine Vertrautheit entstehen, aus der noch größeres Vertrauen erwachsen kann. Diesen Prozeß mußten die sozialistischen Helden in Gang setzen: Sie sollten mit den Menschen sowie ihren Sorgen und Nöten, ihren Freuden und Sehnsüchten vertraut sein. Umgekehrt wurde es den Menschen möglich gemacht, immer enger mit ihren Helden vertraut zu werden: Die sozialistischen Helden suchten unablässig den Kontakt mit ihrer Klientel. Und mit der Zeit entstand hieraus eine Vertrauensbasis, auf die Partei und Staat bauen konnten.

Doch was sind das für Menschen, die solch gesamtgesellschaftliches Vertrauen aufzurufen vermögen? Die »sozialistischen Helden«, um die es im folgenden geht, sind nicht die heldenhaft konstruierten, aber künstlichen Protagonisten der frühen DDR-Literatur, sondern »real existierende« Personen, die nach einer Definition der *Neuen Berliner Illustrierten* aus dem Jahre 1967 »im richtigen Moment, innerlich zutiefst überzeugt, das Richtige zu tun, ohne Zaudern den alles entscheidenden Schritt wagen«.[5] Sozialistische Helden vollbringen demzufolge im richtigen Moment eine richtige Tat für die richtige Sache. Sie führen auf sportlichem, ökonomischem, wissenschaftlich-technischem oder auf politischem Gebiet eine außergewöhnliche Leistung vor, die sich aus Sicht der Agitatoren und Propagandisten der Sache des Sozialismus mustergültig zurechnen läßt.

Daß der große Einzelheld bis heute psychosoziale Bedürfnisse moderner Gesellschaften befriedigt, steht außer Frage. Auch der sozialistische Held spendete Sicherheit und Vertrauen. Sein menschliches Antlitz vermochte es wie kaum etwas anderes, die komplexe sozialistische Ideologie und ihr Ethos ebenso wie die Herausforderungen der technischen Moderne zu vermitteln. Das zeigt nicht zuletzt die Helden-Infrastruktur, die in der DDR bereitgestellt und genutzt wurde: »Täve«-Radsportgemeinschaften und Kosmonautenzirkel wuchsen ebenso aus dem Boden wie die Aktivisten- und Neuererbüros. Groß und klein konnten in eigens dafür geschaffenen Institutionen tagtäglich den großen Vorbildern nacheifern – ob nun beim Ausdauertraining auf der Rennstrecke, bei spielerischen Schleuderübungen in der Kosmonautenkapsel oder beim Brüten über technischen Problemen.

Fragen an die Helden

Mit diesem Band wollen wir erste Ergebnisse einer kulturgeschichtlichen Heldeninventur vorstellen; er versteht sich nicht als Abschluß, sondern als Anfang. Wir hoffen, damit neue Frage- und Forschungshorizonte zu eröffnen. So ist es ein Anliegen dieses Buches, sowohl weitere Untersuchungen zur Sozial- und Kulturgeschichte des Heldenmythos, als auch verstärkt vergleichende Forschungen zu einer Geschichte der sozialistischen Staatenwelt anzustoßen. Die Herausgeber und Autoren dieses Bandes versuchen, die heroisierten Symbolfiguren des Sozialismus dreifach zu befragen.

Erstens: Die Botschaftsanalyse. Wie machte man aus den wirklich existierenden Menschen mitsamt ihrer Geschichte und Biographie Kunstfiguren? Welche Erzählstrukturen waren für die Heldenviten charakteristisch? Wie wurden Vertrautsein und Vertrauen in Szene gesetzt? Welche Medien hat man wann eingesetzt, um die Heldengeschichten mit bestmöglichem Erfolg zu kommunizieren? Welchen Anteil an der Heldenkommunikation hatte deren leibhaftige Anwesenheit: Welche Rolle spielten Besuche in Betrieben und Schulen sowie auf öffentlichen Veranstaltungen? Waren diese Helden bloße Marionetten der Partei, oder blieb ihnen Raum für Eigensinn und Eigenständigkeit?

Zweitens: Die Leistungsanalyse. Diese Perspektive zielt darauf ab, wie die Helden und ihre Legenden bei der Bevölkerung ankamen. Für diesen Fragenkomplex gibt es allerdings kaum aussagekräftige Quellen. Und so werden sie in den einzelnen Beiträgen auch unterschiedlich erschöpfend beantwortet. Was machten die Vielen, also die Bevölkerung, aus den Helden, wie bauten sie sie in ihr Alltagsleben ein? Etwa gar nicht? Und wenn doch, wie taten sie dies? Was verkörperten die Helden für die Menschen? Welche Erzählelemente wurden aufgenommen, welche abgelehnt? Gelang es ihnen tatsächlich, Vertrauen zu erwerben? Wann und bei welcher Zielgruppe?

Drittens: Der Heldenvergleich. Die Gestaltung von Helden war eine propagandistische Konstante, die in allen sozialistischen Gesellschaften Osteuropas als Mittel der politischen Massenkommunikation angewandt wurde. Ziel einer vergleichenden Betrachtung muß es daher sein, bestimmte Heldentypen anhand ihrer typischen Protagonisten (antifaschistische Widerstandskämpfer, Kriegs- und Fliegerhelden, Kosmonauten- und Sportlerhelden, aber auch politische Führer als Helden) ausfindig zu machen und zu charakterisieren.

Die Zusammenschau der Heldenerzählungen und der kulturellen Leistungen in verschiedenen Gesellschaften unter der politischen Hegemonie der Sowjetunion vermag über den intendierten und den realen Transfer propagandistischer wie kultureller Muster innerhalb des Systems sozialistischer Parteien und Staaten, insbesondere aber über den jeweiligen Grad propagandistischer und damit auch ideologischer »Sowjetisierung« in den einzelnen Gesellschaften Auskunft zu geben. Wieviel Eigenständigkeit in der Übernahme sowjetischer Kulturmuster vermochten sich die einzelnen Gesellschaften des »sozialistischen Weltsystems« zu bewahren und warum? Wieviel nationale Erzähltradition floß in die Gestaltung der Helden beispielsweise in der Tschechoslowakei und in Polen ein?

Im ersten Kapitel bieten wir zunächst ein Analysemodell des sozialistischen Helden an, das dabei helfen soll, die vielfältigen und unterschiedlichen Zuschreibungen einzuordnen. Im Anschluß an das Modell findet sich eine erste Bilanz, welche die Eigenschaften des Erzähl- und Kommunikationsmusters »sozialistischer Held« zusammenzufassen versucht. Wir laden Sie ein, uns sodann auf unserem Gang durch die Heldenhimmel ausgewählter sozialistischer Gesellschaften zu folgen: Chronologisch wie ideologisch an erster Stelle stehen die Vorbilder der Vorbilder, die alles überstrahlenden Helden der Sowjetunion. Dort finden wir die Urhelden. Maßstabsgetreue Kopien der Sowjethelden, aber auch »Sonderanfertigungen«, die der direkten Konfrontation mit den Herausforderungen des Westens geschuldet waren, begegnen uns bei unserem Rundgang durch das Heldenpantheon der DDR. Während dort deutsche Heldentraditionen mit Stumpf und Stiel ausgemerzt wurden, reklamierte die kommunistische Partei Polens die gesamte nationale Geschichte für sich. Traditionelle Helden und ihre Erzählmuster hat man dort ohne Skrupel für die Sache des Sozialismus in Dienst gestellt und ungerührt mit den sozialistischen Aussagen vermengt – in der Person der Helden. Die Fallstudien aus der Tschechoslowakei und aus der Ungarischen Volksrepublik bestätigen die ideologische Dominanz zweier Heldentypen, die sich im gesamten »sozialistischen Weltsystem« wiederfinden: Es sind dies die Helden des antifaschistischen Widerstandes und die Helden des Aufbaus und der Arbeit. Den hier eröffneten Reigen beschließt die Geschichte eines sozialistischen Ausnahmehelden, die Geschichte des jugendlichen Märtyrers für einen Sozialismus mit menschlichem Antlitz, Jan Palach.

Silke Satjukow/Rainer Gries

Zur Konstruktion des »sozialistischen Helden«
Geschichte und Bedeutung

Im April 1934 verliehen die Staatsoberen der Sowjetunion erstmalig den Titel »Held der Sowjetunion«. Sie wählten für ihre Ehrenbezeugung sieben Piloten aus, Männer, die Mitglieder der verunglückten Tscheljuskin-Expedition unter Einsatz ihres eigenen Lebens von einer driftenden Scholle im Eismeer gerettet hatten. Die von den Medien angespannt begleitete Aktion stellte den Auftakt für die Ernennung weiterer Fliegerhelden dar.

Das war die Geburtsstunde der massenhaften Propagierung des *institutionalisierten* Helden in der Sowjetunion. Nur ein Jahr später gründete sich die Stachanow-Bewegung, deren Aktivisten nun zu »Helden der Arbeit«, später zu »Helden der sozialistischen Arbeit« erklärt wurden.[1]

Vor allem aber pries man sie – theoretisch fundiert durch Schriften von Friedrich Nietzsche, Karl Marx, Maxim Gorki und Anatoli Lunatscharski – als »neue Menschen«, denen es oblag, die Gesellschaft anzuführen, zu gestalten und zu vollenden.[2]

Solche »neuen« Menschen tauchten nach Kriegsende auch am Heldenhimmel der anderen osteuropäischen Länder sowie der DDR auf. Sie gesellten sich zunächst zu den traditionellen nationalen Helden des jeweiligen Landes, nicht selten jedoch verdrängten sie diese auf Betreiben der gerade ins Amt gesetzten Staats- und Parteiführer in kürzester Zeit von der öffentlichen Bühne.

Die hier zusammengetragenen Heldengeschichten aus der Sowjetunion, der DDR, der Volksrepublik Polen, der Ungarischen Volksrepublik und der Tschechoslowakei werden zeigen, daß diese Umwidmung der Heldenbühnen nach dem Ende des Zweiten Weltkrieges und nach der Etablierung eines sozialistischen Staatensystems in den unterschiedlichen Ländern zu unterschiedlichen Zeiten mit unterschiedlichem Erfolg durchgesetzt wurde.

Ähnliches gilt für die spezifischen Heldentypen, die sich nach und nach herausbildeten und eine wichtige Fragestellung dieses Buches darstellen.[3] So scheint vor allem der *Kulturheld* einen hervorragenden Platz in der sozialistischen Heldenriege einzunehmen. Seit jeher kennt man Helden, die den Menschen kulturelle Gegenstände schufen und »brachten« und sie handwerkliche, künstlerische, wissenschaftliche, technische und andere Fähigkeiten lehrten. Vor allem der sozialistische Arbeitsheld gewann in den sich gründenden sozialistischen Nachkriegsgesellschaften an Bedeutung. Ihn hat es – mit unterschiedlichen Akzeptanzwerten – in allen hier betrachteten Ländern gegeben: Alexej Stachanow und Denis Bulachow aus der

Sowjetunion stehen genauso für diesen Heldentypus wie Adolf Hennecke aus der DDR, Imre Muszka aus Ungarn oder Mateusz Birkut aus Polen.

Aber auch andere Kulturhelden werden in die neuen Gesellschaften hineingeboren: Fliegerhelden wie die »Stalinschen Falken«, Kosmoshelden wie Juri Gagarin, Walentina Tereschkowa und Sigmund Jähn und nicht zuletzt Helden des Sports wie »Täve« Schur.

Einen zweiten Typus stellt der *politische Führer-Held* dar. Er diente den federführenden Agitatoren und Propagandisten als Folie dafür, jede politische Auseinandersetzung als Kampf des Heros gegen das Böse zu stilisieren – und damit die eigenen Handlungen zu legitimieren. Zu ihnen kann, neben seiner Funktion als Held des Widerstands, auch Ernst Thälmann gezählt werden.

Einen dritten, ganz traditionellen Heldentypus bilden die *Kriegerhelden*. Als ideologische Opferhelden, die sie immer auch sind, stehen sie vornehmlich in der Tradition der Märtyrer- und Heiligenlegenden. Zu ihnen gehören die Partisanin Soja Kosmodemjanskaja, die Widerstandskämpfer Ernst Thälmann und Julius Fučík ebenso wie der Student Jan Palach und die unzähligen namenlosen Kriegshelden von Stalingrad.

Nach Aussagen der Ideologen und Propagandisten waren diese hervorragenden Menschen nicht einfach nur Helden, vielmehr stellten sie als Repräsentanten der sich entwickelnden sozialistischen Gesellschaften ein ganz neuartiges, außergewöhnliches, niemals zuvor dagewesenes Phänomen dar. Mit welchen Argumenten die Ideologen und Propagandisten die Geburtsstunde des neuen Helden begleiteten und stützten, soll im folgenden beschrieben werden.

Mitte der zwanziger Jahre des vorigen Jahrhunderts verwies der sowjetische Schriftsteller Maxim Gorki in seinem Aufsatz »Über den Helden und die Menge« auf ein bedeutsames, ein einzigartiges Wesensmerkmal des sozialistischen Helden: »Für mich ist *jede Menge eine Ansammlung von Heldenkandidaten* (Hervorhebung d. A.). Für die Menschen ist es völlig gleichgültig, wer der Held ist: Max Linder, Jack the Ripper, Mussolini, ein Boxer oder ein Zauberer, ein Politiker oder ein Pilot – jeder einzelne aus der Menge will sich an der Stelle oder in der Lage eines dieser Leute sehen, die es fertiggebracht haben, aus dem dichten Dunkel des alltäglichen Lebens herauszuspringen. Der Held ist so etwas wie ein irrlichterndes Flämmchen über dem zähen Sumpf des Alltäglichen, er ist ein Magnet, der eine Anziehungskraft auf alle und jeden ausübt, der nicht nur ein passiver Zuschauer der Ereignisse sein will, auf alle, in denen eine wenn auch noch so schwache Hoffnung auf die Möglichkeit eines anderen Lebens brennt oder glimmt. Daher ist jeder Held ein soziales Phänomen, dessen pädagogische Bedeutung äußerst wichtig ist. Ein Held sein zu wollen heißt mehr Mensch sein zu wollen, als man ist. Eigentlich ist jeder Mensch in seiner Sphäre schon ein Held, wenn man nur aufmerksam in das dunkle Dickicht dieser Sphäre hineinschaut. Wir alle sind als Helden geboren und leben als solche. Und wenn die Mehrheit das verstanden hat, wird das Leben durch und durch heroisch werden.«[4]

Gorki spricht von vier Wesensmerkmalen des sozialistischen Helden, wobei die ersten drei Eigenschaften durchaus auch auf den traditionellen Helden zutreffen:

Auch er geht eine besondere Beziehung zur Menge ein, wobei sich diese Menge aus potentiellen, nicht aus realen Helden zusammensetzt; auch er repräsentiert die lichtvollen Momente in einem als dunkel empfundenen Alltag; und auch er soll erzieherisches Vorbild, Identifikations- und Integrationsfigur für die anderen sein.[5] Der traditionelle Held ist dem von Gorki und allen späteren Ideologen postulierten »sozialistischen« Helden in all diesen Merkmalen sehr ähnlich. Allein im vierten Punkt unterscheidet sich der sozialistische vom traditionellen Helden. Gorki glaubte, daß in einer entwickelten sozialistischen Gesellschaft jeder Mensch ein Held sein wird. Nein, noch exakter formuliert: Die Menschen des Sozialismus werden in naher Zukunft alle zu Helden reifen. In jedem schlummert nicht nur die Ahnung und die Fähigkeit, das Außergewöhnliche zu tun – dies galt ja auch für die Menschen früherer Gesellschaften. Es kommt noch etwas Neues hinzu: Unter den Bedingungen des entwickelten Sozialismus, in naher Zukunft also, wird es jedem Menschen möglich sein, diese bisher nur gefühlte heroische Sehnsucht und diese nur erahnte heroische Fähigkeit auszuleben. *Jeder kann ein Held werden.* Bis die Menschen diese Botschaft der Ideologen verstanden haben werden, brauchte es einzelne Vorreiter.

Maxim Gorki geht davon aus, daß die Gemeinschaft in einer nicht allzu fernen Zukunft nicht mehr den einzelnen, herausgehobenen Helden als Stellvertreter der gewöhnlichen anderen verehren wird. Der Held als eine Kompensation der eigenen Begrenztheiten kann damit nicht mehr seine psychosozialen Zwecke erfüllen und somit seinen ursprünglichen und ureigensten Sinn verlieren. Es wird zu fragen sein, ob die Bürgerinnen und Bürger diesen Verheißungen der Ideologen Glauben schenkten und ob sie bereit waren, auf diese Sicherheit vermittelnde Institution des »übermenschlichen« Helden zu verzichten. Wobei auch darüber nachzudenken wäre, was die Offerte, selbst zum Helden reifen zu können, für den gewöhnlichen Menschen bedeutet hat.

Diese Ideologie des Jedermann-Helden, postuliert von Maxim Gorki und zahlreichen anderen Schriftstellern, Philosophen und Politikern, fand, vorangetrieben von der Sowjetunion, schnell Niederschlag in den Heldenerzählungen der anderen osteuropäischen Staaten und der DDR. Überall wurden solche »neuen« Menschen geboren und es entspannten sich breite öffentliche Diskussionen darüber, was denn nun eigentlich einen »sozialistischen« Helden auszeichnen sollte, woran er denn zu erkennen sei. Über seine Herkunft schien man sich einig: »Der Sozialismus schafft mit der Herbeiführung und Entfaltung seiner Produktionsverhältnisse, der sozialistischen Arbeitskollektive und der Entwicklung der sozialistischen Demokratie die Bedingungen für die massenhafte Herausbildung bewußt handelnder Persönlichkeiten.«[6]

Was diese Persönlichkeiten aber ausmachte, darüber diskutierten nicht nur Schriftsteller und bildende Künstler, aufgefordert, in ihren Werken eben jenes neuartige Menschentum zu rühmen und zu gestalten, darüber wurde auch in der Bevölkerung, in den Brigaden, den Studentengruppen und den Schulklassen debattiert. »Der ›sozialistische Held‹«, beendete schließlich das Parteiorgan *Neues Deutschland* einen wochenlang geführten Meinungsaustausch zu diesem Thema, »ist ein ›gewöhnlicher Mensch‹. Wir haben es mit einem menschlichen Helden zu tun. Derjenige, der täglich für den Sozialismus arbeitet, die komplizierten geistigen Kämpfe der Zeit besteht und sich strebend müht, ein wahrer Mensch zu sein – verdient den Namen ›sozialistischer Held‹.«[7]

Die heroischen Bedeutungszuweisungen der Gemeinschaft blieben aber auch im Sozialismus vom Zerfall bedroht. Ob eine Tat zur Heldentat erklärt wurde, ob sie der Geschichte standhielt oder in Vergessenheit geriet, hing jeweils vom Wertesystem der Gesellschaft ab. Diese hat die Möglichkeit, den Helden den jeweiligen Anforderungen entsprechend am Leben zu erhalten, indem sie über ihn kommuniziert. Gerade diese Kommunikation ist es, die uns, wenn man etwas über die Entstehung und Bewahrung sozialistischer Helden erfahren will, interessieren muß.

Im folgenden soll deshalb ein Modell vorgestellt werden, das ein Instrumentarium dafür bereitstellen möchte, die vielfältigen Kommunikationen rund um die Konstruktion eines sozialistischen Helden zu erfassen.[8] Weil es als Modell möglichst offen angelegt ist, eignet es sich zur Analyse vielfältiger Heldentypen.[9] Die Narrative in ihrer Vielfalt freilich können jeweils nur durch spezifische Beschreibungen gefaßt werden. Sie führen in ihrer Vergleichbarkeit und auch in ihrer Unterschiedlichkeit zu wichtigen Ergebnissen über das Wesen sozialistischer Helden.

Vorstellung des Analysemodells

Im Mittelpunkt aller Kommunikationen steht zunächst einmal der heroische Mensch als historische Realität – sein Intellekt, seine Sprache, sein Aussehen und seine Körperlichkeit. Dieser lebende Mensch wird zum Träger der Kommunikationen, zum Träger von Zuschreibungen aller Art. Er vollbringt eine außergewöhnliche Tat. Diese Tat schafft den Übergang vom bloßen Menschen zum Helden. Spätestens nun nämlich bemächtigt man sich seiner Person. Jetzt beginnen unterschiedliche Kommunikatoren, ihm, dem hervorragenden Menschen, ihre Botschaften und Bedeutungen aufzuladen. Sie erklären ihn für sich und für andere zum Helden. Welche Kommunikatoren aber sind maßgeblich an der Konstruktion sozialistischer Helden beteiligt? Das hier abgebildete Modell umfaßt zunächst nur exemplarische Rollen der wichtigsten Kommunikatoren. Diese Auswahl versteht sich als Vorschlag, den es anhand der einzelnen Heldennarrative zu diskutieren und zu erweitern gilt.

Die Sphäre der Botschaften: Es ist davon auszugehen, daß es sich bei der Konstruktion sozialistischer Helden im Regelfall zuerst um eine autoritäre Setzung seitens des Staates sowie der Partei handelte. Partei und Staat sowie ihre nachgeschalteten Akteure vermittelten der Bevölkerung über den Helden definierbare eigene, ihre Macht legitimierende Botschaften. Entweder wählten sie dafür einen geeigneten, »besonderen« Menschen aus und bereiteten ihn auf seine Heldentat vor – im Falle Adolf Hennecke, Juri Gagarin und Walentina Tereschkowa war es sicher so – oder aber diese Akteure bemächtigten sich der Person unmittelbar nach der vollbrachten Tat. Sie be-

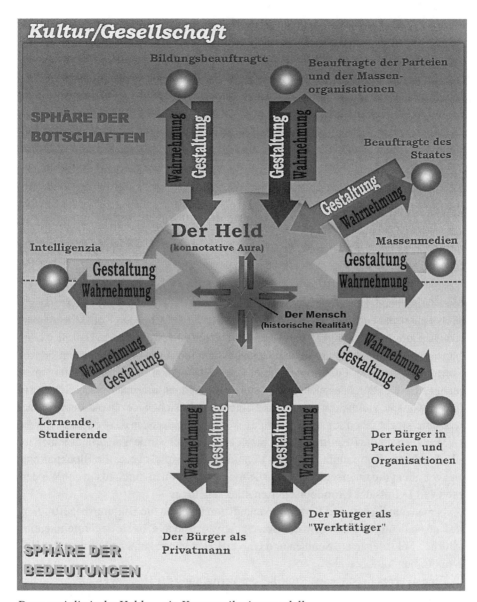

Kultur/Gesellschaft

SPHÄRE DER
BOTSCHAFTEN

Bildungsbeauftragte

Beauftragte der Parteien
und der Massen-
organisationen

Beauftragte des
Staates

Der Held
(konnotative Aura)

Wahrnehmung / Gestaltung

Gestaltung / Wahrnehmung

Gestaltung / Wahrnehmung

Intelligenzia

Gestaltung
Wahrnehmung

Massenmedien

Gestaltung
Wahrnehmung

Der Mensch
(historische Realität)

Wahrnehmung
Gestaltung

Wahrnehmung
Gestaltung

Lernende,
Studierende

Der Bürger in
Parteien und
Organisationen

Wahrnehmung / Gestaltung

Gestaltung / Wahrnehmung

SPHÄRE DER
BEDEUTUNGEN

Der Bürger als
Privatmann

Der Bürger als
"Werktätiger"

Der »sozialistische Held« – ein Kommunikationsmodell.

19

nutzten den Menschen als Inkarnation, als Fleischwerdung der eigenen Ideologie und Propaganda, pflanzten ihm die eigenen Sinnstiftungen ein. Ein überaus erfolgversprechendes Modell, denn wer könnte anderen Menschen eine Idee eindrücklicher vermitteln als ein Mensch? Weder Propagandaschriften, noch Filme, noch bloße Bilder vermögen die Glaubwürdigkeit zu vermitteln, die ein menschliches Antlitz im Bestfall mobilisieren kann.

Es wäre jedoch falsch, anzunehmen, daß die Propagandisten in jedwedem Fall planmäßig und organisiert vorgingen. So manche Beschreibung »totalitärer Propaganda« wollte den Eindruck einer allzeit perfekten Planung, Durchführung und Durchdringung erwecken. Vor allem in den vierziger und fünfziger Jahren bedienten sich die Parteioberen häufig unkoordiniert und unprofessionell der Medien und der Helden. Seit den sechziger Jahren ging man in der medialen Vermittlung und Aufbereitung deutlich präziser vor.

Die obere Hemisphäre des Schaubildes bezeichnen wir als Sphäre der Botschaften. Sie wird von der Partei und ihren nachgeschalteten Kommunikationsagenturen beherrscht. Diese Sphäre ist daher intentional monologisch sowie stark vereinheitlicht und vereinheitlichend. Hier finden sich die »Beauftragten« von Partei und Staat, wobei wir uns bei allen hier benannten Kommunikatoren des vereinfachenden Kollektivsingulars bedienen, um Anschaulichkeit und Übersichtlichkeit zu gewährleisten. Natürlich hatte man es mit vielen Individuen auf unterschiedlichen Ebenen zu tun. Schaut man sich die Korrespondenzen der Funktionäre dieser unterschiedlichen Ebenen an, kann man erkennen, daß hier durchaus nicht immer einheitliche, monolithische Botschaften reproduziert wurden. Vielmehr waren die verschiedenen Ansichten der Funktionäre immer auch eine – nicht selten sogar langwierige – Vermittlungssache in dieser Sphäre.

Was eben für die Beauftragten des Staates festgestellt wurde, galt grundsätzlich für alle denkbaren Kommunikatoren. So konnten sich beispielsweise die Blockparteien und vor allem die unterschiedlichen Massenorganisationen durchaus in der Wiedergabe von Details der Grundbotschaften unterscheiden.

Neben den Staats- und Parteipropagandisten agierten die Bildungsbeauftragten: sie sind eindeutig in der Sphäre der Botschaften anzusiedeln, da sie der Parteiintention natürlich Folge leisteten. Schulen und Universitäten gaben zumeist Vorreiter der Heldenkommunikationen ab.

Eine sicher herausragende Rolle bei der Vermittlung der Heldengeschichte spielten die Massenmedien. Sie gingen – je nach Art des Mediums und je nach den historisch-politischen Umständen – zuweilen auch über die bloße parteiverordnete Botschaft hinaus. Es gab Zeiten, in denen sie sich auch um Bedeutungen »von unten« kümmerten, die sie sodann in die »von oben« verordneten Botschaften einbauten. Auch sie formten damit – genauso wie die Intelligenzia – das Heldenbild entscheidend mit. Grundsätzlich gilt jedoch, daß die in der oberen Sphäre plazierten Akteure die von der Partei gewünschten und geforderten Elemente des Heldenbildes in die Aura des Helden einspeisen.

Die Sphäre der Bedeutungen: Am Heldenbild einer Gesellschaft wirken nicht zuletzt auch diejenigen mit, an die die Botschaften der Machthabenden hauptsächlich gerichtet sind, nämlich das Volk, die Bürgerinnen und Bürger. Eine erfolgreiche Heldenkommunikation kommt nur dann zustande, wenn die Masse diese Figur annimmt. Womöglich eignen sich die Akteure dieser Sphäre bestimmte Bausteine der Heldenaura an, die von den Machthabenden vorgegeben wurden. Die Tatsache, daß die Helden jedoch immer auch reale Menschen sind, eröffnet den Akteuren »von unten« jedoch beste Möglichkeiten, ihre ureigensten Hoffnungen, Wünsche, Sehnsüchte, kurz, ihre Erwartungen und Erfahrungen in das angebotene Heldenmuster einzubringen. Wie der Einzelne am Straßenrand die Tereschkowa oder »Täve« Schur in sein Selbst- und Weltbild, in sein Sehnen und Trachten einbaut, läßt sich nur bedingt von oben steuern.

In dieser Sphäre der Bedeutungen findet man ganz unterschiedliche Rollen von Kommunikatoren. Haben wir die obere Sphäre der Botschaften als intentional monologisch und stark vereinheitlichend charakterisiert, scheint diese Sphäre das Gegenteil davon zu repräsentieren. Sie ist intentional dialogisch und kann sich auch in sozialistischen Gesellschaften auffällig vielgestaltig darstellen. In bestimmten Kommunikationssituationen werden nicht unbedingt die politisch korrekten Zuschreibungen abgeliefert, sondern es besteht die Möglichkeit, zu variieren.

Hier agieren beispielsweise Schüler und Studenten, Bürger an Abendschulen oder in Weiterbildungskursen. Daneben sieht man die Adressaten der Propaganda in ihren ganz privaten Zusammenhängen: zu Hause, in der Datsche, unter Freunden und Verwandten. Wir müssen eine Rolle für die Bürgerinnen und Bürger in ihren begrenzten beruflichen und zuweilen halböffentlichen Zusammenhängen reservieren. Schließlich müssen wir die Reproduktion der Heldenmuster durch diejenigen Bürger beobachten, die in ihrer Eigenschaft als Mitglied einer Massenorganisation oder einer Blockpartei sprechen. Wir können also davon ausgehen, daß die Bevölkerung mehrere solcher kommunikativer Rollen gleichzeitig wahrnimmt. Das bedeutet konkret: Nicht selten spricht jemand zu Hause anders über eine Figur wie Adolf Hennecke, als ihm dies in seinem Betrieb oder in anderen öffentlichen oder halböffentlichen Arenen möglich ist.

An dieser Stelle sei auf etwas Wesentliches hingewiesen: Ein struktureller Unterschied zu anderen Medien der Agitation und der Propaganda ist, daß wir es hier mit Helden und somit mit Menschen zu tun haben. Da zum Beispiel in der DDR eine sozialwissenschaftliche Erforschung der Akzeptanz von Propagandagehalten nicht stattgefunden hat, war eine historische Propagandaforschung bislang in der Regel allein auf die propagandistischen Botschaften als Quellen verwiesen. Daher konnte kaum etwas darüber gesagt werden, wie diese Botschaften von wem aufgenommen wurden. Im Falle der Heldenagitation ist dies anders; hier eröffnet sich eine neue Quelle, welche die Aneignungen »von unten« dokumentiert. Eben weil die Helden auch Menschen waren, verspürten die Bürgerinnen und Bürger zuweilen das Bedürfnis, mit ihnen persönlich in Kontakt zu treten, sie zu sehen, zu bejubeln, sich mit Briefen direkt an sie zu wenden. Helden wurden Gedichte gewidmet, für sie wurden Lieder komponiert und gesungen, Bilder gemalt, Collagen zusammengestellt. Am Beispiel von Adolf Hennecke und »Täve« Schur können wir diese Korrespondenz nachvollziehen: Diese

Reaktionen, diese Interaktionen mit dem Helden lassen Rückschlüsse darauf zu, wie man den propagierten Helden angenommen, welches Bild man sich von ihm gemacht hat.

Das von uns entwickelte Modell geht davon aus, daß zumindest all die genannten Mitwirkenden die Aura des Helden in unterschiedlicher Gewichtung bestimmten. Sie alle bauen an dem Bild Juri Gagarins, Adolf Henneckes, Walentina Tereschkowas, Julius Fučíks und dem der anderen Heldenfiguren mit. Sie tun dies, indem sie über die Helden reden, sich zu ihnen verhalten. Dieser Kranz von Kommunikatoren, die relativ wenigen »von oben« und die vielen »von unten«, schaffen gemeinsam einen Helden. Und zwar – je nach eingenommener Rolle – mehr oder weniger eigensinnig.

Die Aura des Helden setzt sich somit aus vielfältigen Botschaften und Bedeutungen zusammen. Und weil wir die Botschaften und Bedeutungen kennen, können wir auch etwas über die Elemente dieser Helden-Aura sagen. Wir können erklären, was dieses Heldische ausmachte. Wir vermögen auch etwas über die Beziehung der propagierten Aura des Helden zu dem realen Menschen zu sagen, der weiterhin präsent bleibt, der sich zu seiner Aura selbst verhalten muß. Wie nah sind sich der Held und seine gesellschaftlich produzierte Aura? Was passiert, wenn es keine Kongruenz gibt, wenn der Mensch im alltäglichen Leben nicht der siegreiche, überlegene Held, sondern mit Fehlern behaftet ist. Er wird dann unglaubwürdig, was beide Seiten, sowohl die Machthabenden als auch das Volk, um der eigenen Versicherung willen nicht zulassen können. Beide sind schließlich auf »ihre« Helden angewiesen, beide stellen sie in Dienst.

Bausteine des Heldenmusters

Welche Ergebnisse zeitigt die Anwendung dieses Analysemodells auf die zahllosen Heldengeschichten aus der Sowjetunion und der DDR, aus der polnischen und der ungarischen Volksrepublik sowie aus der Tschechoslowakei, die wir dank der Mitarbeit zahlreicher Experten nachfolgend zu dokumentieren vermögen? Wir wollen uns hier auf drei Problemkomplexe konzentrieren. Ausgehend von der paradigmatischen Nacherzählung eines Musterhelden, von der Darstellung eines sozialistischen »Heroiden«, wollen wir eine Nutzenanalyse dieses Musters anstellen: Welche Vorzüge stellt es für die unterschiedlichen Akteure und Kommunikatoren bereit, welche Bedürfnisse vermag es abzudecken? Eng zusammenhängend mit dieser Thematik sollen zudem die Zeitkulturen diskutiert werden, die mit dem Heldenmuster gewöhnlich verbunden werden.

Was ist das Neue am sozialistischen Helden? Wie haben sich die Postulate der Ideologen auf das alltägliche Leben der Bevölkerung ausgewirkt? Verpufften sie gänzlich – ungehört von den Bürgern – in den Partei- und Presseorganen oder drangen sie ans Ohr der gewöhnlichen Menschen, bedeuteten sie ihnen etwas, spornten sie zu ähnlichen Taten an? Noch während die beiden Kosmoshelden Juri Gagarin und Walentina Tereschkowa im Jahr 1963 die DDR bereisten, begannen die dortigen Medien wieder einmal einen engagierten Diskurs über die Frage, was denn einen sozialistischen Helden ausmache. Jungpioniere und Parteifunktionäre, Filmschaffende und Literaten begaben sich auf die Suche nach dem »Wesen« dieses Prototyps vom »neuen Menschen«. »Die sozialistische Gesellschaft ist ausgewiesen als jene der massenhaften Synthese von Heldentum und Menschentum«, erklärten die Parteiideologen im *Neuen Deutschland*. Und weiter: »Die führende Partei, die kämpfende Klasse, das werktätige Volk ist ein großes Kollektiv der guten, weltverändernden, jener weltverbessernden Helden.«[10] Das Gorkische Konzept behielt im deutschen Arbeiter-und-Bauern-Staat wie auch in anderen sozialistischen Gesellschaften also weiterhin seine Gültigkeit.

Dieses aktualisierte »Programm« des sozialistischen Helden umfaßte nicht nur in der DDR zwei Teile: Erstens die Propaganda moralischer Vorbilder, die sich in ihren Grundzügen, wie eben beschrieben, an traditionelle Heldennarrative anlehnte. Damit ist die Popularisierung einzelner Heldenfiguren gemeint; um deren Konstruktionspläne soll es hier gehen. Zweitens umfaßt es die Propaganda der massenhaften Aneignung und Reproduktion dieser Heldenvorbilder im Alltag. Diese produktionspropagandistische Bewegung[11] fand unter anderem ihren Ausdruck in der inflationären Verleihung des Titels »Held der Arbeit«.[12]

Wenn wir also nun die elementaren Bausteine seiner narrativen Aura zu einem kohärenten Bildnis vom Musterhelden zu Versuchszwecken zusammensetzen, wenn wir es mithin wagen, einen Musterhelden aus den Versatzstücken der zahlreichen Heldengestalten, die in diesem Band vorgestellt werden, zu synthetisieren, so bleibt doch eine grundlegende Aussage wichtig: Beim Heldenmuster handelt es sich nicht nur um ein Erzähl-, sondern zugleich um ein Erwartungs- und Erfahrungsmuster. Ein Erzählmuster würde ausschließlich aus fiktionalen Bestandteilen bestehen und auch als reine Fiktion, als literarische Kopfgeburt, wahrgenommen werden. Sozialistische Helden weisen selbstverständlich einen Großteil mündlich oder schriftlich tradierter Erzählelemente auf, daran gibt es keinen Zweifel. Das Heldenmuster erschöpft sich jedoch in der Regel keineswegs im Erzählen, in der Zuweisung von erzählerischen Attributen. Teil der Aura sind ebenso bestimmte Erwartungs- und Erfahrungsmuster, die mit ebendiesen Figuren verknüpft sind. Bei den Arbeitshelden war dies zum Beispiel die persönliche Anschauung. Die Aufbau- und Arbeiterhelden ebenso wie die Kosmoshelden konnte man in der jeweiligen Gegenwart, im Alltag, am Feiertag, beim Besuch des Betriebes oder beim festlichen Empfang als real existierende Menschen erleben. Diese Erlebnisse wurden selbstverständlich dem Heldenmuster zugerechnet. Aktivisten und »Stachanowzen« wurden womöglich mit Orden und Geldprämien geehrt, die ihren leuchtenden Heldenvorbildern gewidmet waren; auch durch die Verleihung solcher Ehrenzeichen gebären sich Essentials des Heldenmusters, die über das rein »literarische«, die Tradierung der bloßen Heldenvita, weit hinausreichen. Die Helden des Widerstandes genossen kultische Verehrung: Die quasireligiösen Rituale um Märtyrerhelden wie Ernst Thälmann oder Julius Fučík waren mit individuellen Erwartungen und Erfahrungen der Vielen verknüpft, die gleichfalls auf die Heldenaura gespiegelt wurden. Als Kultur- und Sozialhistoriker dürfen wir also die alltäglichen und festtäglichen »laikalen« Praxen und Aneignungen des Heldischen nicht außer Acht lassen. Sie bilden einen integrierenden und nicht selten strukturierenden Teil des Heldenmusters in toto. Dies scheint uns daher eine ebenso symbiotische wie synergetische Verschmelzung von Erlebnis- und Erzählmustern, von Erwartungs- und Erfahrungszuschreibungen zu sein: Insofern sollten wir es als ein Kommunikationsmuster im weitesten Sinne verstehen. Die Gestaltung eines namenlosen Musterhelden aus dem Baukasten der sozialistischen Helden stellt folglich zwar unbedingt notwendige, nicht jedoch hinreichende Elemente des Heldenmusters ins Rampenlicht.

Der »Heroid« – das Erzählmuster »Held«

Die Vita eines – männlichen – Musterhelden ließe sich so erzählen: Der künftige Held entstammt einfachen, bescheidenen Verhältnissen. Sein Umfeld ist intakt: Der Vater ist im besten Fall weitsichtig und fürsorglich, die Mutter erfüllt getreu ihre weiblichen Pflichten. Kindheit und Jugend spielen im Arbeitermilieu, zumindest ein Elternteil ist Mitglied der Gewerkschaft oder sogar der Partei. Das Kind fällt schon früh auf; schon im zarten Jugendalter kann sich die Berufung zum Helden offenbaren: Sei es, daß der Heranwachsende erkennt, daß er das Elternhaus verlassen muß, um seine fachlichen Kenntnisse und Fertigkeiten in der Fremde zu vervollkommnen. Der Held wird nämlich einst ein Meister seines Faches sein. Sei es, daß der junge Mann Anfechtungen und Verlockungen widerstehen muß, die ihn vom Pfad seiner Heldengenese abzubringen drohen. Der Held darf zweifeln, Irrwege und Umwege gehen, er findet jedoch stets auf den rechten Weg zurück. Der künftige Held erweist sich schon in jungen Jahren als weitsichtig und anständig; schon in der Jugend, so die Legende, eröffnet sich bereits der Vorschein seines künftigen Heldentums.

Mit der Zeit kommt der potentielle Held mit der Partei in Berührung. Sie gibt ihm fortan die geistige Heimat, den Schutz und die Sicherheit, welche sein arbeiterliches Elternhaus nicht mehr geben kann. Die Partei wird nun seine Erzieherin. Der Held lernt fleißig und begierig. Er ist ein Produkt der Partei.

Herangereift und politisch wie moralisch gefestigt, vollbringt der Mann die Tat – sie ist die Manifestation des Helden. Der Held besteht die Herausforderung einer bestimmten historischen Situation unangefochten und bravourös. Diese Aktion muß nicht überlegt werden, sie ist das Ergebnis einer selbstverständlichen Anwendung der bereitgestellten Theorien. Sie ist eine notwendige, außerordentliche und außergewöhnliche Handlung, die der Held persönlich und »allein« ausführt, die jedoch dem Kollektiv, dem Betrieb, der Arbeiterklasse oder der Nation großen Nutzen bringt. Tat und Held verschmelzen für die anderen zu einem Symbol: Der Held ist überdies ein Mann der großen Tat, nicht der großen Worte.

Helden des antifaschistischen Widerstandes, deren Tat den eigenen Tod mit sich brachte, werden post mortem zu Märtyrern sakralisiert. Die anderen sozialistischen

Helden leben fortan im Einklang mit der sozialistischen Moral; die Heldenerzählung zeigt sie jetzt als unerschrockene Vorreiter ihrer Epoche und als untadelige Vorbilder ihrer Mitmenschen. Der Held wird nun im Idealfall zum Lehrer, erst jetzt erklärt er sich, fordert die anderen auf, hält Reden, wird von »den Massen« gefeiert. Die Verwandlung zum Helden läßt sich zuweilen auch äußerlich erkennen: Der Held wird als strahlend und schön geschildert. Er genießt nicht nur den Respekt seiner Fachkollegen, die Solidarität seiner Parteigenossen, sondern auch die Liebe der Menge.

Es ist ein grundlegendes Ergebnis der vorliegenden Heldensynopse, daß dieses Grundmuster mit Auslassungen und Ausschmückungen in allen sozialistischen Ländern vorkam – und von den Parteioberen und der Bevölkerung in je spezifischer Weise wahrgenommen und angeeignet wurde. Das dürre Gerüst eines mustergültigen Heldentums, in welches freilich auch wesentliche Strukturelemente des Märchens und christlicher Heiligenerzählungen eingeflossen sind, konnte, je nach den zeitlichen und nationalen Bedingungen, weiter ausformuliert und ausgestaltet sein. In der Volksrepublik Polen beispielsweise versuchten die Parteiverantwortlichen über Jahrzehnte ganz gezielt, nationale Erzähltraditionen mit diesem *framework* möglichst glaubwürdig zu verknüpfen; in den ersten Jahren nach dem Krieg reklamierte die Partei zahllose polnische Nationalhelden für sich. Dagegen wurden in der DDR »deutsche« respektive nationale Bezüge aus naheliegenden Gründen vollends ausgeklammert – jedenfalls bis zum Auftritt von Sigmund Jähn, dem »ersten Deutschen« im All. Dieses Gerüst konnte freilich nicht nur auf nationale Bedürfnisse hin zugeschnitten werden wie im Falle des polnischen Generals Karol Świerczewski oder des russischen Rittmeisters Alexej Gussew, der zum ungarischen Helden stilisiert wurde. Es zeigt sich überdies, daß definierbare Heldentypen zu bestimmten Zeiten Konjunktur hatten.

Heldenzeiten und Heldentypen

Konjunkturen des Heldentums: Gleichzeitig mit der Entwicklung einer Theorie des sozialistischen Helden in der Mitte der zwanziger Jahre des 20. Jahrhunderts gab es bereits erste Versuche, reale Helden zu gebären und zu verehren, und zwar nicht nur in der frühen Sowjetunion, sondern auch in der ungarischen Räterepublik. In Budapest wurde damals an erster Stelle Karl Marx, der Denker, verehrt und als früher Held gehandelt. Wenig später zeigte sich, daß sich sozialistische Helden zu dieser Vaterfigur, dem Theoretiker des Sozialismus, zwar nicht konträr, aber doch komplementär verhielten: Zur Marxschen Theorie fügten sie ihre zupackende Tat – das war ihr ureigenster Beitrag! Erst beide Elemente zusammen ergeben das richtige Ganze.

Der Zweite Weltkrieg und die Zeit der konservativ-autoritären, faschistischen und nationalsozialistischen Regime in Europa begründeten dann diejenigen Helden, deren Legenden christlichen Heiligen und Märtyrern am nächsten kommen. Erst existentielle Anfechtungen ermöglichten ebenso existentielle Opfer: Helden des Krieges und des antifaschistischen Widerstandes vollbrachten in den dreißiger und vierziger Jahren ihre Taten und fanden dabei den Tod. In diesem Buch werden sie durch den Deutschen Ernst Thälmann, den polnischen General Karol Świerczewski, die Partisanin Soja Kosmodemjanskaja und den Tschechen Julius Fučík, aber auch durch die Kriegshelden der Sowjetunion repräsentiert. Die Kulte dieser Helden beginnen nach dem Krieg und erfahren in den fünfziger Jahren eine Hochzeit. Diese Männer und Frauen sind heilig, denn sie verdichten die intimen antifaschistischen Gründungsmythen der noch jungen, in sich ungefestigten sozialistischen Staaten. Von ihren ausgebauten Heldenmustern erwarten sich die neuen Machthaber der Staaten im sowjetischen Einflußbereich vor allem eine Integrationsleistung nach innen. Eine Hoffnung, die zumindest bei dem Widerstandshelden Fučík durchaus in Erfüllung ging: Dieser sozialistische Held, der als einziger auch »seine« Erzählung selbst in Form eines Buches im Angesicht seiner Hinrichtung verfaßt hat, ist durchaus auch bei bürgerlichen Intellektuellen eine anerkannte Größe geworden.

Die Helden der Arbeit und des Aufbaus erschienen dann in der zweiten Hälfte der vierziger Jahre in allen hier vorgestellten Ländern. Ihre Grundaussage, nämlich die Aufforderung, den Plan einzuhalten und sogar überzuerfüllen, ist ein Grundanliegen in den sozialistischen Gesellschaften von Ende der vierziger bis in die zweite Hälfte der fünfziger Jahre hinein. Es fällt auf, daß die kräftigen Erzählfiguren und die monumentale Ikonographie dieser Heldenspezies überall vorkommen – zweifellos eine unmittelbare Folge stalinistischer »Durchherrschung«. Es ist keine Überraschung, daß diese zuweilen brachialen Vorbilder der Arbeit angefeindet und verhöhnt wurden. Und dennoch kristallisierten sich feine Unterschiede heraus: In der DDR avancierte eine Heldengestalt wie Adolf Hennecke auch zum Ansprechpartner für manchen Bittsteller und zur Drehscheibe für die Kommunikation mit Kriegsgefangenen in der UdSSR; in der jungen ČSSR wurden Helden dieses Typs von den Arbeitern abgelehnt – nicht, weil diese das politische System ablehnten, dessen Inkarnation die Helden waren, sondern weil sie traditionelle Wertesysteme in Frage stellten: Die tschechischen Arbeiter verfochten eine Norm der Qualität und nicht der Quantität wie die Arbeitshelden. Wollte man den klassischen sozialistischen Helden schlechthin fassen, so ist es mit Sicherheit eine der zahlreichen »nationalen« Figuren aus der universellen Familie der Stachanow-Anhänger.

Deren Zeit ist Ende der fünfziger Jahre bereits abgelaufen. Juri Gagarin und seine Nachfolger und Nachfolgerinnen eroberten seit Anfang der sechziger Jahre mit dem Weltraum zugleich die Moderne. Mit diesen Helden setzte auch eine Internationalisierung ein: Der Sowjetrusse Gagarin und die Sowjetrussin Tereschkowa wurden nicht nur in ihrer Heimat als Helden gefeiert, sondern im gesamten sozialistischen Lager – und sogar darüber hinaus. Die Kosmoshelden stellten sozialistische Helden und Stars der weltweiten Medienmaschinerie zugleich dar. Mit diesen Figuren erreichte das Heldenmuster in der ersten Hälfte der sechziger Jahre noch einmal eine Blütezeit.

Die siebziger und achtziger Jahre erwiesen sich allenthalben, mit Sicherheit aber in der Sowjetunion, in der DDR, in der Tschechoslowakei und in Polen, als heldenarme, ja als heldenlose Zeit: *Neue* Heldenfiguren wurden in den siebziger Jahren kaum noch und in den achtziger Jahren gar nicht mehr geboren. Statt dessen hatte sich der einstmals theoretisch formulierte Jedermann-Held überall breitgemacht: Amtlich beglaubigte, mit Orden und Prämien ausgestattete »Helden der Arbeit« gab es jetzt allenthalben, aber sie erwiesen sich als bürokratisch-blasse Figuren, nicht einmal als Kopien des klassischen Musters, Figuren also, welche Herausforderungen und Anforderungen der großen Individualhelden nicht einmal erahnen ließen. Und dennoch lebte in den späten siebziger Jahren noch einmal das Heldenmodell auf. Eine zweite Generation von Kosmoshelden eroberte jetzt den Weltraum und sollte zu Helden der Moderne aufgebaut werden: Im Rahmen des sogenannten Interkosmos-Programms unternahmen Repräsentanten der sozialistischen Bruderstaaten je gemeinsam mit ihren sowjetischen Kollegen Expeditionen ins All. Im Jahr 1978 flog zum Unmut der polnischen Führung als erster Vladimír Remek, ein Tscheche, dann erst Mirosław Hermaszewki, der Pole, und kurze Zeit später Sigmund Jähn, der erste DDR-Bürger und Deutsche. Die militärischen, ökonomischen und politischen Bedrohungen und Bedrängnisse der siebziger Jahre, so schien es, sollten durch den mutigen, zuversichtlichen, technikfreundlichen Geist des sozialistischen Internationalismus gebannt werden, den diese aus der Fliegertradition erwachsenen Helden beschworen. Zumindest die Heldenkarriere des polnischen Vertreters war rasch beendet, als im selben Jahr ein neuer polnischer Nationalheld seinen Thron bestieg: Karol Wojtyła, der polnische Papst. Dennoch bedeuteten die siebziger und achtziger Jahre nur eine Krise des Heldenmusters, keineswegs aber dessen Ende.

Zeithorizonte des Heldentums: Untersucht man die Zeithorizonte, die mit den Heldenmustern verknüpft sind, lassen sich – wenigstens bei »erfolgreichen« Heldenfiguren – drei Beobachtungen machen. Zum einen: Helden werden zu einem bestimmten Zeitpunkt »geboren«. Dieser Anfang der Heldenerzählung ist in der Regel die Publikation der Tat – oder die Tat selbst. Den Übergang vom Menschen zum Helden vermittels der Tat und deren Kommunikation als »rite de passage« zeichnet der Beitrag über die Heldengenese des Adolf Hennecke augenfällig nach.

Das zweite zeitliche Phänomen ist die verbale und – vor allem – visuelle Repetition der Heldengeschichte. Durch die stetige Wiederholung des Immergleichen in allen verfügbaren Medien, durch den Einbau der Heldenstory in die je aktuelle Propaganda und Agitation schrieb sich ein Erzählmuster in das kommunikative Gedächtnis der Vielen ein. Dafür wurden alle verfügbaren Medien eingespannt.

Besondere Berücksichtigung bei der historischen Dokumentation und der kulturwissenschaftlichen Analyse dieses Implementierungsprozesses muß den in den Printmedien, in den Wochenschauen und im späteren Fernsehen publizierten Heldenbildern eingeräumt werden. Denn »Bilder sind schnelle Schüsse ins Gehirn«, formulierte Werner Kroeber-Riel, der Begründer einer verhaltenswissenschaftlich orientierten Konsumentenforschung im deutschsprachigen Raum, zu Recht. Um ein Bild mittlerer Komplexität aufzunehmen, sind höchstens zwei Sekunden erforderlich.[13] Der Saarbrücker Verhaltensforscher widmete sein besonderes Erkenntnisinteresse deshalb der Semantik und der Wirkung von Bildern, da diese ein Maximum an Informationen weit schneller und weit wirksamer als Sprache zu vermitteln vermögen. Diese für die »kapitalistische Wirtschaftswerbung« aufgestellte Wahrnehmungshierarchie gilt – mit gewissen Abstrichen – auch für das Wahrnehmungsverhalten von politischer Propaganda; sie gibt gleichzeitig eine Hilfestellung bei der Beurteilung des Wertes der Quellen, die wir hier herangezogen haben.

Mit der Wiederholung war eine Kanonisierung und eine Veralltäglichung, zuweilen sogar eine Ritualisierung verbunden. Das Erzählmuster avancierte im Laufe dieses Prozesses sukzessive zu einem umfassenden Heldenmuster.

In der Regel war die gesamte Gesellschaft Zielgruppe eines Narrativs, dennoch gab es einzelne Heldenfiguren, die auf bestimmte Milieus gemünzt waren. Bestimmte Altersgruppen und Generationen wurden mit ganz spezifischen Heldenepen sozialisiert; der eine oder der andere Held gehörte einfach zum jeweiligen kulturellen Kontext. Es gibt demnach Generationszusammenhänge im Sinne des Soziologen Karl Mannheim,[14] die – nebst zahllosen anderen »Gehalten« – nicht zuletzt auch durch die Wahrnehmung und Aneignung definierbarer, kanonisierter Heldenerzählungen gekennzeichnet sind. Mit diesen Mustermenschen im Kinderhort, in der Schule, im Betrieb, auf der Straße oder in den Medien konfrontiert zu werden bedeutete, sich wohl oder übel zu ihnen verhalten zu müssen. Die hier vorgestellten Heldengeschichten evozierten eine große Bandbreite an Wahrnehmungs- und Aneignungsformen, an Gefühlen und Gedanken, die stufenlos von der rigorosen Ablehnung über demonstratives Desinteresse bis hin zur enthusiastischen Akzeptanz reichen konnten. Bestimmte Helden wurden auf diese Weise zu ganz ureigenen Herausforderungen für bestimmte Alterskohorten, die zumindest teilweise daran mitwirkten, daß sich das bloße Erzählmuster zu einem Kommunikationsmuster auswuchs.

Die dritte zeitliche Dimension läßt sich nicht mehr punktuell, sondern nur vage mit dem Begriff des »open end« fassen. Während die politische und gesellschaftliche Praktizierung des Heldenmusters – allmählich oder auch infolge von aktuellen Ereignissen – beendet werden kann, bleibt das Erzählmuster nicht selten verfügbar. Beileibe nicht alle, aber bestimmte Heldengeschichten können offenbar jahrzehntelang latent in einer Gesellschaft aufrufbar sein. Das gilt für fast alle in diesem Band vorgestellten Helden. Nicht zuletzt die starke emotionale Aufladung ermöglicht demnach zuweilen den Übergang solcher Narrative vom kommunikativen ins kulturelle Gedächtnis – ein Vorgang, der es lohnen würde, näher untersucht zu werden und der sicher maßgeblich durch den vorhergehenden Aufbau eines umfassenderen Kommunikationsmusters mitbestimmt ist. Insofern müssen wir genau hinschauen: Die letzten Jahrzehnte des Sozialismus brachten zwar keine großen neuen Figuren hervor, die Tradition manch »älterer« Figuren blieb in ihrem Kern jedoch ungebrochen.

Sozialpsychologie des Heldenmusters

Das Publikum, das mit diesen Helden umging, sie ablehnte oder sich auch an sie wandte, stellte keinesfalls eine homogene Größe dar, welche die von den Machthabern über sie vermittelten Botschaften einheitlich aufnahm. Nach Henneckes Tat bejubelten ihn die einen, die anderen verhöhnten ihn, drohten ihm mit Gewalt und schlugen ihm die Scheiben ein. Die Bevölkerung zeigte sich immer in der Lage, den propagierten Helden-Botschaften – je nach Standort – eigene Bedeutungen zuzuweisen. Die Machthabenden konnten per autoritärer Setzung Helden verordnen, nicht aber, diese Figuren auch anzunehmen, zu respektieren, womöglich zu verehren. Die Frage wäre also: Wie erfolgte die persönlich-individuelle Auswahl inmitten eines wohlfeil gebotenen Heldenpantheons? Warum wurden die einen noch Jahrzehnte nach ihrer Tat gefeiert, während die anderen sehr schnell wieder in der Versenkung verschwanden? Weil sie von offizieller Seite dazu angehalten wurden? Doch wer konnte die DDR-Bürger zwingen, Adolf Hennecke persönliche Bittbriefe zu schreiben, Gustav »Täve« Schur mit Liebesbriefen zu überhäufen, Juri Gagarin oder Walentina Tereschkowa enthusiastisch zu empfangen? Sicher, man konnte die Anwesenheit von Brigaden und Delegationen, von Schulen und ganzen Betrieben bei offiziellen Empfängen und Demonstrationen anweisen. Man konnte Fähnchen verteilen und Jubelgesänge anstimmen. Václav Svoboda, die tschechoslowakische Version des Arbeitshelden, zeitigte nicht im Ansatz eine ähnliche Resonanz wie Adolf Hennecke. Wieso kamen Bürgerinnen und Bürger an einem bestimmten Tag an einen bestimmten Ort, um eigenhändig zu winken und tatsächlich mitzujubeln? Sicherlich, man konnte berufliche Nachteile erfahren, wenn man nicht zu den Demonstrationen des 1. Mai erschien. Die Akzeptanz von Helden läßt sich jedoch keinesfalls vordergründig auf eine Angst vor Repressionen zurückführen – nicht einmal in den vom Stalinismus geprägten Jahren.

Helden als Lebenshelfer

Nicht wenige Menschen pilgerten zu den Veranstaltungen mit den lebenden Helden des Sozialismus, weil sie durch diese Begegnung von Angesicht zu Angesicht selbst einen Gewinn davontrugen. Die Helden nämlich konnten sie von einer existentiellen Angst befreien, von der den Individuen und Gemeinschaften zu allen Zeiten innewohnenden Angst nämlich, am Ende ihres Lebens nichts gewesen, ohne Bedeutung gewesen zu sein.

Bei der Herausbildung und der Bewahrung von Gemeinschaften, seien es Nationen, Völker oder Staaten, kam und kommt den Heroen einer jeweiligen Gruppe eine zentrale psychosoziale Bedeutung zu. Heroismus stellt eine mögliche Form dar, diese anthropologische Angst zu kompensieren. Freilich stellt sich das Konglomerat von Gründen, weshalb Menschen Helden verehren, ungleich vielschichtiger dar. Doch muß diese Angstkompensation als ein konstitutionelles Element des Heldentums zu allen Zeiten verstanden werden.

Angst als Befindlichkeit des Unbestimmten läßt den Einzelnen wie auch die Gruppe vor allem die Geburt (den Ursprung) und den Tod als jene Grenzen deutlich werden, die sie mit Wissen nicht überschreiten können.[15] Gemeinschaftsbildende Vorstellungen vermögen es, diese Spannung zu kompensieren. Zu solchen Ideen gehört die Antwort auf die Frage nach dem eigenen Ursprung ebenso wie Phantasien, welche die Überwindung des Todes imaginieren. Das corpus mysticum der Gemeinschaft ist sowohl der Schoß, der die Lebenden gebiert, als auch die vorgestellte Möglichkeit des Lebens über den Tod hinaus.

Vor allem der unbedingte Überlebenswille der Gruppe, davon sei hier ausgegangen, spielt bei der Konstruktion von Helden eine große Rolle. Allerdings geht es nicht allein um ein bloßes Weiterleben, das die Gruppe den Toten in der Erinnerung fortbestehen läßt. Es geht vor allem um ein Über-Leben in einem zweiten Sinn, um die persönliche Partizipation an einem *überindividuellen* Sein, es geht um die Sehnsucht nach dem, was über dem eigenen kleinen und individuellen Leben steht.

Es geht also nicht nur um die Angst des Menschen, mit dem eigenen irdischen Tod *nicht mehr zu sein,* sondern es geht vor allem um die Angst, *nicht gewesen zu sein* respektive *nichts gewesen zu sein.* Aus dieser emotionalen Bedrängnis heraus läßt sich der Wunsch nach dem Außergewöhnlichen, der Wunsch, etwas Besonderes zu sein, ableiten.[16]

In einer Gemeinschaft ist es nicht möglich, daß jeder Einzelne zu einem mit der Aura des Außergewöhnlichen behafteten Helden wird. Dann nämlich würde das Besondere zum Normalen werden, was seiner Negation gleichkäme. Niemals kann jeder Einzelne einer Gruppe als außergewöhnlich verehrt werden. Die Idee des Jedermann-Helden stand daher von Beginn an in einem unvereinbaren und unversöhnlichen Widerspruch zum traditionellen Heldenmuster. Schließlich ist es auch nicht so, daß jedes Mitglied einer Gruppe auch den Wunsch oder das Rüstzeug zum »todesmutigen« Helden hätte. Nicht jeder Beliebige kann oder will eine besondere Tat vollbringen. Denn eine solche schließt ja nicht zuletzt auch den angstbesetzten Tod ein.

Gemeinschaften und Gesellschaften bieten für dieses Dilemma eine Lösung an: Sie belegen sich als *Gesamtheit* mit dem Prädikat des Außergewöhnlichen, des Besonderen. Davon machten nicht zuletzt auch die sozialistischen Gesellschaften Gebrauch. Selbst in diesen als egalitär propagierten Gesellschaften blieb das Konzept des »alltäglich-gewöhnlichen Helden« weit entfernt vom realen Alltag. Auch hier konnte – und wollte – durchaus nicht jeder Einzelne als außergewöhnlich gefeiert werden. Der Jedermann-Held mit seinem Orden und der Geldprämie fristete ein bloß administratives Dasein, Jedermann-Helden wurden bald wie Waren en masse produziert und en masse geehrt. Die Ideologen des Sozialismus belegten, wie traditionelle Gesellschaften vor ihnen auch, ihren jeweiligen Staat in toto mit dem Prädikat des Außergewöhnlichen, des Besonderen. Im pathetischen Licht des Außergewöhnlichen erschien zum Beispiel die DDR, die neue deutsche Republik, als »Arbeiter-und-Bauern-Staat«, als eine wunderbare »Errungenschaft der deutschen Geschichte« und als deren »Höhepunkt«.[17]

Fortan genügte es, wenn dieses Außergewöhnliche nur bei *einigen wenigen* Individuen zum Ausdruck kam. Das waren und sind die wirklichen Helden. Mit diesen real erfahrbaren Personen bekommt das Überindividuell-Außergewöhnliche menschliches Profil und Antlitz, wird sehbar, hörbar, spürbar, greifbar und damit be-greifbar.

Indem sich die Vielen mit ihren heroischen Stellvertretern identifizierten, konnten sie an der Substanz des Kollektiv-Heroischen völlig problem- und vor allem risikolos partizipieren. Dies wurde möglich, weil das Individuum zwar um sein defizitäres Wesen weiß, aber zugleich auch die Fähigkeit hat, den eigenen Horizont zu überschreiten und nach dem Vollkommenen, dem Idealen zu streben. Die Abbilder, mit denen der Mensch umgeht, sind Vorspiegelungen des Vollkommenen. Das Geschöpfliche, also der inkarnierte Held, wird somit zugleich auch als Stellvertreter für das Absolute, das Transzendente in Anspruch genommen.

Die Person des Helden fungiert also gleichzeitig als Stellvertreter des Einzelnen wie als Repräsentant des Außergewöhnlichen. Damit bekommt das Heldenmuster die Eigenschaft eines Mediums. Diese Figuren sind geradezu prädestiniert dafür, zum Medium für die Vielen werden, zu Kommunikatoren und Mittlern zwischen dem Großen Ganzen und dem kleinen eigenen Leben und Streben.

Similis similibus solvuntur – Vom Prinzip der Ähnlichkeit

Die komplexe sozialistische Weltanschauung läßt sich mit Hilfe des Erzählmusters Held zu einer ebenso schnell wie emotional aufnehmbaren Botschaft verdichten. Präziser, eindringlicher und glaubhafter als unzählige Spruchbänder, Parteischulungen, theoretische Bücher und langatmige Reden vermochte der Held, die Ideologie und die jeweils aktuellen Propagandagehalte in seiner Person und in seiner Tat zu bündeln – und zu vermitteln: Helden kommen dem Bedürfnis der partei- und regierungsamtlichen Agitatoren und Propagandisten entgegen, eine optimale und einheitlich gesteuerte Kommunikation der Botschaft zu gewährleisten. Die persuasive Effizienz einer solchen Kombination aus Erzähl- und Kommunikationsmuster ist hoch einzuschätzen; Helden sind daher erstklassige Mediatoren und damit dem Bedürfnis der Vielen nach Transzendenz und Außergewöhnlichkeit angepaßt.[18] Zugleich übernehmen sie, wie soeben dargestellt, die Funktion des Stellvertreters: sie repräsentieren das Besondere anstelle der Menge. Das aber bedeutet: Sie müssen aus ebendieser sozialpsychischen Konstellation heraus zugleich auch gewöhnlich und alltäglich sein. Will ein Stellvertreter überzeugen, muß er zentrale Charakteristiken des Stellvertretenen aufweisen. Hier kommen wir noch einmal auf die augenfällig arbeiterlichen Elemente (im Sinne von Wolfgang Engler) des Erzählmusters Held zurück: Konsequenter als der klassische bürgerliche Held reklamiert der sozialistische Held, wie eingangs bei »Täve« Schur deutlich wurde, die Tugend der Bescheidenheit für sich:

stets besitzt er fachlich das richtige Augenmaß, stets ist er wissens- und lernbegierig, seine Schule ist das Leben und die Arbeiterpartei seine Lehrmeisterin. Der sozialistische Held ist den Arbeitern nah: er spricht die Sprache seiner Klassengenossen, er hat die Hände eines Werktätigen[19]. Er kann an- und zupacken. Und, nicht zuletzt, er steht fest in der Tradition seiner Klasse: seine Eltern sind Arbeiter. Daß die Agitatoren und Propagandisten des Sozialismus so vehement auf den Ähnlichkeiten zwischen dem Helden und seinem Publikum beharrten, erklärt sich folglich auch aus der vermittelnden, medialen Position dieser Figuren: Ähnliches wird mit Ähnlichem »gelöst«; in übertragener Form gilt diese jahrhundertealte Denkfigur der Volksmedizin auch für die Erklärung der Funktionsweise des Erzählmusters »Held«.

Überblickt man die Geschichte der Heldenkommunikationen in den einzelnen sozialistischen Gesellschaften, so fällt auf, daß die Menschen sich einer Akzeptanz des Jedermann-Helden verweigerten und daß sie statt dessen an den gewöhnlich-außergewöhnlichen Helden mit ihren einmal komponierten Erzählungen festhielten. Diese Erzählungen kamen zustande, indem sich die Machthabenden und »ihre« Bevölkerung im Laufe der Zeit auf wesentliche Gehalte der Heldenkonstrukte »einigten«. Dabei bewährte sich der Einsatz dieser Ähnlichkeiten, mithin also von Überschneidungen des Selbstbildes des Publikums und des Fremdbildes des Helden. Auf die befördernde generationelle Komponente dieses »Einigungsprozesses« haben wir schon hingewiesen: bestimmte Alterszusammenhänge wurden von bestimmten Helden oder Heldentypen besonders angesprochen.

Heldennarrative wurden und werden demnach über lange Zeiträume als kanonisierte Heldengeschichten immer wieder erzählt und damit stets aufs neue beglaubigt. Beiden, sowohl den Machthabenden als auch der Bevölkerung, dienten Helden demnach zur eigenen Versicherung. Deshalb waren auch beide Seiten am Weiterleben des einmal anerkannten Helden interessiert. Deshalb sprachen beide Seiten weiter über ihn, deshalb bewahrten und erneuerten sie sein Bild, in manchen Fällen sogar über das Fortbestehen der sozialistischen Gesellschaft hinaus.

Zumindest für die ehemaligen Bürgerinnen und Bürger der DDR und heutigen Bundesbürger können wir feststellen, daß sich die festgeschriebenen Erzählungen bis heute kaum verändert haben. Dies bestätigt das im Jahr 2001 erschienene Buch zum 70. Geburtstag »Täve« Schurs[20] ebenso wie die eingangs skizzierten Erinnerungen an Walentina Tereschkowa zu deren 65. Geburtstag[21] und an den »späten Helden« Sigmund Jähn zu dessen 65. Geburtstag im Jahre 2002.[22]

Daß der Gebrauch des klassischen Musters vom großen Einzelhelden bis heute psychosoziale Bedürfnisse moderner Gesellschaften befriedigt, steht außer Frage. Auch der sozialistische Held wird vertrauensbildend, sicherheitsspendend und – im Sinne Niklas Luhmanns – komplexitätsreduzierend wahrgenommen.[23] Sein menschliches Antlitz vermag wie kaum etwas anderes die komplexe sozialistische Ideologie und ihr Ethos ebenso wie die Herausforderungen der technischen Moderne vertrauensvoll zu vermitteln.

Sozialistische Helden werden also bis heute in Dienst gestellt und auch von der Bevölkerung, von ihrem Publikum in Anspruch genommen. Diese Beliebtheit ist nicht so sehr den spezifisch »sozialistischen« Erzählelementen ihrer Heldenaura zu verdanken als vielmehr den Elementen und dem Handlungsstrang, die auch den traditionellen Helden ausmachen. Das klassische Heldennarrativ ist es, welches in den sozialistischen Helden überlebt hat.

Die kulturelle Leistung der sozialistischen Helden

»Das Problem ist immer das gleiche«, beendete die Neue Berliner Illustrierte im Jahr 1967 einen öffentlichen Diskurs über das Wesen des Helden im Sozialismus: »Im richtigen Moment, innerlich zutiefst überzeugt, das Richtige zu tun, ohne Zaudern den alles entscheidenden Schritt zu wagen.«[24]

Sozialistische Helden vollbrachten nach der gültigen Heldentheorie im richtigen Moment eine richtige Tat für die richtige Sache. Die Entscheidung über den richtigen Moment blieb zwar den Staats- und Parteioberen vorbehalten, doch orientierten sich diese notwendigerweise sowohl an aktuellen politischen, ökonomischen als auch kulturellen Erfordernissen und Herausforderungen. Das galt für die Hochleistungsschichten der Riege der Stoßarbeiter ebenso wie für den propagandistischen Einsatz der Kosmonauten. Auch die Entscheidung darüber, was eine sozialistische Tat bedeutete, trafen die professionellen Propagandisten des Sozialismus. Auf dieser Ebene war – was den Erfolg der gesamten Heldenaktion betraf – die sozialistische Ideologie und ihre tagespolitische Umsetzung von wesentlicher Bedeutung. Natürlich wurden vor allem in diesem Sinne politische Inhalte formuliert und mit den Helden verbunden.

Die Entscheidung darüber, was denn die richtige, die »sozialistische« Sache sei, lag hingegen nur zu einem geringfügigen Teil im Bereich der Einflußnahme der partei- und regierungsamtlichen Propagandisten. Bei den Akteuren der Heldenkommunikation von oben wie von unten spielten hier die Vermittlung und Versicherung von Grundwerten und Erfahrungen die Hauptrolle, die letztlich gemeingültig über allen gesellschaftlichen Systemen, mögen es nun sozialistische oder traditionelle sein, standen und stehen: Angst und Sicherheit, Gleichheit und Gerechtigkeit, Sieg und Niederlage, Leben und Tod sind nur einige Elemente dieses Wertesystems.

Und gerade in diesem ungeteilten Wertehimmel liegt das nur auf den ersten Blick Unpolitische in der Akzeptanz der Helden verborgen. Die Begeisterung für einen Star wie James Dean ist in ihrer Tiefenstruktur nicht mit der Akklamation für einen Helden wie »Täve« Schur vergleichbar. Die Machthabenden in der Sowjetunion, in den Volksrepubliken, in der Tschechoslowakei und in der DDR stellten ihren Bürgerinnen und Bürgern die Einlösung dieser grundsätzlichen Werte in einer berechenbaren und damit planbaren Zukunft in Aussicht. Bezeugt und beglaubigt durch die Integrität und Bonität menschlicher Helden, die stets eine Gemengelage sozialistischer

Ideologeme und Propageme[25] als auch scheinbar »unpolitische« Wertorientierungen vertraten, versprachen sie ihnen, daß es eben nur der richtigen Taten bedürfe, um zu jenem utopischen Ziel zu gelangen. Wenn die Versprechungen nicht erfüllt wurden, und diese Erfahrung mußten die Bürger der sozialistischen Staaten immer wieder machen, konnte es passieren, daß mit ihnen auch die Helden als deren Zeugen untergingen.

In nicht wenigen Fällen aber spalteten die Menschen ihre Helden vom »Realen« ab und ließen sie an einem Ort Nirgendwo – um der eigenen Sehnsucht willen – am Leben, im kommunikativen und auch im kulturellen Gedächtnis.

Rosalinde Sartorti

Helden des Sozialismus in der Sowjetunion
Zur Einführung

Heldensage und Heldenepos gehören zweifellos längst vergangenen Zeiten an. Sie schienen im 20. Jahrhundert keinen Platz mehr zu haben. Die Geschichte der Sowjetunion aber strafte diese Entwicklung gewissermaßen Lügen, indem sie in ihrer kaum mehr als siebzig Jahre währenden Geschichte so viele Helden hervorbrachte, daß es durchaus berechtigt war, von Rußland als einem Land der Helden zu sprechen oder gar, wie in der sowjetischen Presse der dreißiger Jahre, vom Heldentum als einer »natürlichen Eigenschaft des Sowjetmenschen«. Es kann deshalb auch nicht verwundern, daß Helden und Heldenlegenden schon bald zu einem zentralen Topos der sowjetischen Literatur sowie der visuellen Medien avancierten.

Daß das Heldentum in der Sowjetunion zu einem kollektiven Phänomen deklariert wurde, war aber keineswegs ein Zufall, sondern entsprach nach marxistischem Geschichtsverständnis einer gesetzmäßigen Entwicklung. Schließlich war das Proletariat dazu bestimmt, kollektiv als »prometheischer Lichtbringer« den Kampf zur Verwirklichung des Reichs der Freiheit stellvertretend für die gesamte Menschheit auszufechten. Es war nicht mehr wie in früheren Epochen der eine große Held, der als Prophet, Denker, Krieger oder Retter durch eine singuläre sinnstiftende Tat die Krise bewältigen, also eine Wende herbeiführen konnte, sondern das revolutionäre Proletariat als Klasse sollte der letzte Held der Geschichte sein, seine Vollendung.

Auf dieses gedankliche Konstrukt Hegelscher und Marxscher Prägung spielte auch Wladimir I. Lenin an, als er 1920 mit voller Überzeugung verkündete, daß Rußland nicht nur in der Lage sei, einzelne Helden hervorzubringen, sondern daß es diese zu Hunderten und zu Tausenden hervorbringen könne. Dies war eine Absage an den Helden als Individuum, an die Singularität der Helden und ihren Stellvertretercharakter. Zugleich trat er damit ein für die Kollektivierung und die Demokratisierung des Heldentums mit all den damit verbundenen Versprechungen: Würde es doch in der künftigen kommunistischen Gesellschaft keine Helden und damit auch keine mit dem Heldentum verbundenen Leiden und Opfer mehr geben müssen.

Bis dorthin aber war es noch ein weiter Weg. Rückblickend gesehen, lebten die Menschen bis zum traurigen Ende dieses Experiments in einer nicht enden wollenden Übergangsphase, die dem Einzelnen wie dem Kollektiv ununterbrochen heldenhafte Leistungen und Kräfte abverlangte. Die Opferrolle, die dem Proletariat nach deterministischer Geschichtsauffassung auferlegt war, endete keineswegs mit der erfolgreichen politischen Revolution von 1917. Heldsein wurde in der Sowjetunion für den Aufbau der kommunistischen Gesellschaft der Zukunft zur staatsbürgerlichen Pflicht jedes Einzelnen. In diesem Zusammenhang wurde in der Sowjetunion ein neuer Heldentypus geschaffen, der auch für die übrigen sozialistischen Länder in der Zeit nach dem Zweiten Weltkrieg beispielhaft sein sollte, der Held der Arbeit, ein Novum in der Historie der Helden.

Die Geschichte der Sowjethelden und die Entstehung eines sowjetischen Heldenpantheons ist zum einen bestimmt durch die Diskrepanz zwischen marxistischer Theorie und sowjetischer Praxis und zum anderen durch die Frage, inwieweit der vielgepriesene Heroismus und das neue Verhältnis von Individuum und Kollektiv im Sozialismus ein Produkt der Propaganda oder aber gelebte Erfahrung war.

Der »Held der Arbeit«

Wohl kaum ein anderes Phänomen hat die sowjetische Kultur so nachhaltig geprägt wie der Held der Arbeit, das kollektive Heldentum der sowjetischen Werktätigen beim Aufbau des Sozialismus. Am Anfang der sowjetischen Geschichte stand zwar der Held des Bürgerkriegs, der von der Roten Armee in einem Lied über die Roten Kavalleristen mit den Worten besungen wurde: »Wir sind alle ungeheiligte Helden, und unser ganzes Leben ist ein Kampf.« Doch dem heroischen Kampf mit den Waffen sollten bald heroische Leistungen in der Produktion folgen, denn es mußte wahrhaft Heroisches geleistet werden. Die Geschichte sollte im Zeitraffer durchlaufen werden. Das war das Gebot, das die Bolschewiki auf die Tagesordnung gesetzt hatten, nämlich das unterentwickelte, feudalistisch-agrarische Rußland in wenigen Jahren in eine Industriemacht zu transformieren.

Die ideologische Aufwertung der Arbeit gehörte zu den Grundlagen des sozialistischen Projekts, in dem Arbeit von Beginn an als Ort der Entfaltung der Persönlichkeit verstanden wurde. Dem »Kommunistischen Manifest« entsprechend, in dem von der Arbeit als »einziger Schöpferin aller Bildung und Kultur« die Rede war, versuchte sich die Sowjetunion über Arbeit als Grundlage der sozialistischen Gesellschaft zu definieren, die mit der Oktoberrevolution – so hieß es damals – zum ersten Mal »von der Jahrhunderte währenden Entehrung befreit« war.

Dabei stellte sich schon gleich nach der Revolution ein grundsätzliches Problem, wie nämlich der Einzelne unter den veränderten Bedingungen überhaupt zur Arbeit, ja zu Höchstleistungen zu motivieren sei, wenn nicht, wie im alten System, durch die Aussicht auf Vermehrung des persönlichen materiellen Reichtums, angespornt durch Stücklohn, Prämien und dergleichen. Es wurde erwartet, daß die Arbeiter »ihre Arbeit zugunsten des Gemeinwohls [...] opfern«, und zwar aus der Einsicht heraus, daß der durch den eigenen Einsatz erwirtschaftete Mehrwert nun allen zugute kommen würde. Diese neue selbstlose Einstellung, darüber war man sich einig, setzte jedoch

»Helden der Arbeit« aus Industrie und Landwirtschaft. Plastik von Wera Muchina, Moskau 1937.

37

ein entsprechendes politisches Bewußtsein voraus, das sich die große Mehrheit erst noch aneignen mußte.

In dieser Übergangsphase sollte die Arbeit militarisiert, die Pflicht zur Arbeit der militärischen Dienstpflicht gleichgesetzt werden. Das schloß »Selbstaufopferung und Heldenmut« keineswegs aus. Das Prinzip, das fortan in der Sowjetunion zu gelten hatte, läßt sich am besten mit den Worten wiedergeben: »So wie Selbstaufopferung und Heldenmut der Soldaten unerläßlich für den Feldherrn sind, so sind Heldenmut und Selbstaufopferung der Werktätigen unerläßlich für den Leiter der Sowjetmacht.«[1]

Doch es mußte auch der »Selbstsucht« der Arbeiter Rechnung getragen werden. Sie sollte nach Meinung der bolschewistischen Führer durch Ehrenzeichen befriedigt werden: »Da der Arbeit die größte Ehre gebührt, gebühren ihr auch Ehrenzeichen.«[2] Die Werktätigen sollten öffentlich ausgezeichnet werden, etwa durch die Veröffentlichung ihrer Namen in der Zeitung, die Vergabe goldener Uhren und – als höchste Form der Ehrung – die Verleihung von Orden.[3] Nach diesem Prinzip formulierte man schließlich das Konzept des Arbeitshelden, wie es bis zum Ende der Sowjetunion bestehenblieb.

Im Juli 1927, wenige Monate vor Verabschiedung des ersten Fünfjahrplans, der die Phase der forcierten Industrialisierung einleitete, wurde offiziell der Titel »Held der Arbeit« eingeführt, der für außergewöhnliche Leistungen in der Produktion, in Wissenschaft und Forschung und im Staatsdienst vergeben wurde. Im Dezember 1938 machte man daraus den Titel »Held der sozialistischen Arbeit«, der fortan als höchste Auszeichnung auf dem Gebiet des wirtschaftlichen und kulturellen Aufbaus galt.

Kollektiver Arbeitsheroismus

Mit Beginn der forcierten Industrialisierung 1928 wurde der Refrain des Bürgerkriegsliedes »Unser ganzes Leben ist ein Kampf« zum Leitmotiv für die gesamte Bevölkerung erhoben. Im Verlauf des ersten Fünfjahrplans deklarierte man alle Gebiete menschlicher Tätigkeit als »Arbeit an der Front«, an der es unaufhörlich zu kämpfen galt. Einholen und Überholen, lautete die Devise. Überlegen sein und immer siegen. Kampf mit der Natur, gegen Ermüdung und Schwäche, nicht nachlassende Konzentration aller Kräfte – der Alltag war von Kampfparolen geprägt. In der Tat kam es in diesen Jahren vor allem unter großen Teilen der Jugend zu einer neuen revolutionären Aufbruchstimmung. Der sozialistische Aufbau, die Erfüllung und Übererfüllung der Normen und Planziffern, wurde mit Begeisterung und Enthusiasmus von selbsternannten »Stoßarbeitern« vorangetrieben.

Die *Prawda* präsentierte die Sowjetunion in der Zeit des ersten Fünfjahrplans in mehrfacher Hinsicht als Land der Helden, und zwar auf einer regulären Doppelseite mit einer Vielzahl von Heldenporträts: Die Überschrift, »*Strana* dolžna znat' svoich *geroev*«, ermöglichte zweierlei Lesart, nämlich »Das Land muß seine Helden kennen« oder aber, nahm man die typographisch vergrößerten Worte heraus: »Land der Helden«.

Diese Rubrik begleitete die ersten Jahre der forcierten Industrialisierung des Landes und machte Millionen von Lesern in Wort und Bild wöchentlich mit den neuesten Trägern des Lenin-Ordens bekannt: »Helden der Arbeit« – Helden an der Arbeitsfront. Aber auch wenn die einzelnen Arbeitshelden namentlich erwähnt ihr Foto in der Zeitung wiederfinden konnten, so machte ihre Vielzahl die heroische Arbeitsleistung doch zu einem kollektiven Phänomen. Neben Arbeitsbrigaden, denen dieser Titel zusammen mit dem Lenin-Orden kollektiv verliehen wurde, propagierte man hier nicht den Einzelnen als Vorbild, sondern die Normerfüllung und -übererfüllung, die besondere Arbeitseffektivität, die sich mit dem Begriff der Stoßarbeit und des Stoßarbeitertums verbanden. Die vielen einzelnen Helden gingen in der Gruppe der sogenannten Stoßarbeiter auf.

Stachanow – der »Neue Mensch«

Die frühe Form des kollektiven Arbeitsheroismus aber wurde schon bald durch die heroische Einzelleistung ersetzt. Die Individualisierung des sozialistischen Wettbewerbs fand ihre Krönung im zweiten Planjahrfünft durch die Leistung des Bergarbeiters Alexej Stachanow: Am 30. August 1935 schlug er in einer Schicht von sechs Stunden 102 Tonnen Kohle aus dem Berg, während er zuvor als Stoßarbeiter in derselben Zeit nur zehn bis zwölf Tonnen gefördert hatte. Wenige Tage später steigerte er seine Leistung sogar auf 175 Tonnen.

Von nun an war es nicht mehr die abstrakte Leistung, sondern die Großtat eines Einzelnen, die zum Vorbild erhoben wurde. Der Name des Helden stand für die Tat, für die Leistung. Das war die Geburtsstunde der Stachanow-Bewegung, die in der Produktion die Epoche der sowjetischen Wunder einleitete, eine Steigerung der Arbeitsproduktivität, die selbst die kühnsten Planzahlen in den Schatten stellte.

Die Heldentat Stachanows fand Nachahmerinnen und Nachahmer in allen Zweigen der Produktion: die Verdoppelung der Herstellung von Kurbelwellen, die Verdreifachung der in einer Schicht hergestellten Schuhe, die Vervierfachung der an einem Tage geernteten Menge an Zuckerrüben, die Verzehnfachung der an einem Arbeitstag gepflückten Menge an Baumwolle, neue Weltrekorde in der Stoffproduktion, sogar die Fahrtgeschwindigkeit der Güterzüge konnte verdoppelt werden. Immer aber waren es die Namen und Taten der einzelnen Helden, die dem ganzen Land bekannt gemacht wurden.[4]

Ebenso wie der selbstlose Arbeitseinsatz offenbar vom »richtigen« politischen Bewußtsein abhing, so setzten die märchenhaft anmutenden Rekorde, die man Mitte der dreißiger Jahre in allen Produktionszweigen erzielte, den Glauben an die Machbarkeit des technisch Unmöglichen voraus. Glaube versetzte Berge, und der Wunderglaube fungierte als Mittel zur Identifikation mit diesem einzigartigen Gemeinwesen, der Sowjetunion, in dem solche Wunder möglich waren. Die beschwörende Formel von der »Sowjetunion als Land der Wunder« ging im öffentlichen Diskurs einher mit einer »Auflösung der Grenzen zwischen Fiktion und Wirklichkeit«.[5]

Die Stachanow-Bewegung steht somit für eine Remythisierung der heroischen Einzelleistung im Industriezeitalter. Hier wurde in Zeiten des technischen Fortschritts nicht etwa die Maschine als das eigentliche Wunderwerk gepriesen, sondern der Mensch, der diese Maschine bediente. Stalin kleidete das im Mai 1935 in die Worte: »Die Technik in der Hand von Menschen, die die Technik beherrschen, kann und muß Wunder vollbringen.« Sie wurden zwar nicht vom blitzeschleudernden Zeus mit den »Waffen« für ihre Heldentat ausgestattet. Doch der Enthusiasmus, der diese Helden beseelte, die außergewöhnliche und übermenschliche Kraft und Energie, die sie in die Lage versetzte, jeden Rekord zu brechen, bezogen sie – so wollte es die Legende – aus der Liebe zu Stalin und aus der Liebe zur Heimat. Schon Anfang der zwanziger Jahre hatte man hinsichtlich des selbstlosen, aufopfernden Arbeitseinsatzes auf die Überzeugungskraft und den Vorbildcharakter Einzelner gesetzt, die »mit dem Hammer ihres Glaubens aus den Massen Funken der Begeisterung schlagen«[6] würden. Diese Hoffnung schien sich in der Person Stachanows und seiner Nachahmer erfüllt zu haben.

Die Heldinnen und Helden der sozialistischen Arbeit fungierten jedoch nicht nur mit ihrer Arbeitsleistung als Vorbilder. Sie verfügten zugleich über alle Eigenschaften des »Neuen Menschen« der kommunistischen Zukunft: Der Arbeiter kannte nicht nur seine Arbeit, sondern ging ins Theater, las Bücher, trieb Sport, strebte nach Bildung. Kurz, der neue Held war die allseitig gebildete Persönlichkeit.

»Held der Sowjetunion«

Neben den Helden der Arbeit, die das sowjetische Heldenpantheon seit Beginn des ersten Fünfjahrplans in größerer Zahl bevölkerten, gab es ab 1934 auch die Kategorie »Held der Sowjetunion«, die ranghöchste Auszeichnung, die für eine im Dienste des Vaterlandes vollbrachte Heldentat verliehen wurde. Hier war nicht die konkrete Leistung in der Produktion der Maßstab, sondern der wagemutige, unerschrockene Einsatz des eigenen Lebens für die Belange des Sozialismus und der sozialistischen Heimat.

Neben den »Fliegerhelden«, die 1934 nach Rettung der im Eismeer eingeschlossenen Besatzung des Forschungsschiffes »Tscheljuskin« als erste diesen Titel erlangten, waren es nach Beginn des Zweiten Weltkriegs vor allem diejenigen, die mit großer Tapferkeit, Standhaftigkeit und besonderer Unerschrockenheit ihr Leben für die Verteidigung des Vaterlandes aufs Spiel gesetzt oder sogar geopfert hatten und die meist posthum zu Helden der Sowjetunion ernannt wurden. Von 1941 bis 1945 zählten zu dieser Gruppe mehr als 10 000 – darunter etwa neunzig Frauen.

Die Wiederbelebung der Erinnerung an die heroischen Leistungen der sowjetischen Bevölkerung im »Großen Vaterländischen Krieg« unter Breschnew, die mit einer nachträglichen Verleihung des Heldentitels an ganze Städte für ihren Widerstand im Krieg einherging, ist ein anschauliches Beispiel für den Versuch, die sowjetische Nachkriegsgesellschaft in der Phase der Entstalinisierung mit Hilfe des Heldenkults zu stabilisieren.

Helden in Wort, Bild und Ton

Die Propagierung der Heldentaten und ihrer Vorbildfunktion, aber auch ihre identitätsstiftende und sozialintegrative Wirkung war nicht denkbar ohne die Rolle der Medien. Eine zentrale Rolle kam neben der Presse und dem Rundfunk den visuellen Massenmedien zu, zunächst dem Film, später auch dem Fernsehen. Die systematische Produktion von Helden ging einher mit einer nicht enden wollenden Flut von halbliterarischen Berichten und biografischen Erzählungen, Liedern, Gedichten, Theaterstücken und sogar Opern, in denen die Taten dieser außergewöhnlichen sowjetischen Menschen verherrlicht wurden. Dichter, Maler, Bildhauer, Filmregisseure, Komponisten – alle sowjetischen Künstler waren aufgerufen, die Helden und damit den »Neuen Menschen« in den Mittelpunkt ihrer Arbeit zu stellen. Die Lehr- und Geschichtsbücher für den Unterricht in »patriotischer Erziehung« taten ein übriges, um jedem einzelnen Sowjetbürger die Helden und ihre ruhmreichen Taten einzuprägen.

Oftmals war es die Art der Berichterstattung und die künstlerische Verarbeitung, die einigen Helden größere Verehrung zuteil werden ließ als anderen, die dieselbe Tat vollbracht hatten. Zum Beispiel verdankten die populärsten Heldinnen und Helden der Sowjetzeit ihre große Popularität den Schauspielern, die ihre Rolle in Spielfilmen verkörperten. Und es gab einen, der mit Beginn des Fernsehzeitalters der erste mediengerechte Held der Sowjetunion werden sollte: Juri Gagarin, der erste Mensch im Weltraum.[7] Sein Flug ins All markierte eine Zeitenwende, was ihn unbestritten zu einem Helden von makrokosmischer Bedeutung machte. Aber auch die Einbindung der Heldinnen und Helden ins öffentliche Ritual der Fest- und Feiertage trug dazu bei, daß die Vorstellung von der Sowjetunion als Land der Helden zu einer kulturellen Konstante wurde.

Helden gab es tatsächlich im Überfluß. 1987 füllten allein die Namen der »Helden der Sowjetunion« bereits zwei jeweils zweitausend Seiten starke Bände eines eigenen biographischen Nachschlagewerks. Ähnlich umfangreich fielen die Lexika »Helden der Oktoberrevolution« und »Helden des Bürgerkriegs« aus, während die Namen der »Helden der Arbeit« in getrennten, nach einzelnen Kampagnen geordneten Bänden veröffentlicht werden mußten. Doch es gab nur einige wenige »große«, kanonisierte Helden, die wirklich alle kannten. Viel zahlreicher waren die vielen kleinen »lokalen« Helden, die den großen zwar ähnelten, deren Ruhm aber über die Grenzen einer Stadt, eines Dorfes, der Fabrik, der Pionier- oder Komsomoleinheit nicht hinausreichte.[8]

Welche Helden, die kleinen oder die großen, haben eine bedeutendere Rolle für die Vorstellung vom Land der Helden gespielt? Und: Welche konnten das Ende der Sowjetunion im kollektiven Gedächtnis unbeschadet überdauern und das erreichen, was den archaischen, mythischen Helden auszeichnet: Unsterblichkeit durch ewiges Erinnern und Gedenken als Lohn für die Tat, für das Opfer?

Da sich mit der Vorstellung vom Helden das Nicht-Alltägliche, Außergewöhnliche seiner Taten verband, die er nur aufgrund seiner besonderen Fähigkeiten vollbringen konnte, was ihn aus der Masse heraushob, wurde durch die inflationäre Vergabe von Heldentiteln das heroische Element geschwächt. Oder fühlten sich tatsächlich alle, die gewissermaßen in einer *imitatio heroica* auf heldische Vorbilder zurückblickten, gleichermaßen als Held?

Die Perestroika und ihre Folgen

Über die Jahrzehnte war Rußland, zumindest quantitativ gesehen, tatsächlich zu einem Land der Helden geworden, nur daß der Titel mit der wachsenden Zahl seiner Trägerinnen und Träger zunehmend an Bedeutung verloren hatte.

Schon lange vor Beginn der Perestroika unter Michail Gorbatschow im Jahre 1986 ließ sich in der Sowjetunion eine gewisse Heldenmüdigkeit erkennen. Dies zeigte sich nicht zuletzt in zahlreichen Anekdoten, Witzen und Knittelversen, mit denen man die Helden und deren Taten nicht nur freundlich karikierte, sondern zum Teil sogar verunglimpfte. Der Titel »Held der Arbeit« (dessen abgekürzte Form »Gertrudy« an den weiblichen Vornamen erinnert und somit nicht einer gewissen Komik entbehrt) wurde in einer vom Jahresplan vorgeschriebenen Anzahl verliehen, so daß es mit der Zeit immer schwerer wurde, eine glaubwürdige Verbindung zwischen Leistung und Auszeichnung herzustellen. Das Ehrenzeichen verkam im Laufe der Jahre zu einer Blechbrosche, zu billiger Massenware. Die Sowjetunion als Land der Helden zu bezeichnen oder zu singen »Wenn es das Land verlangt, dann wird ein jeder von uns zum Held«, in der Frühphase vielleicht noch mit Stolz und Optimismus verbunden, war schließlich zu einer Floskel, einer Leerformel geworden. Allerdings sprach Michail Gorbatschow noch 1987 anläßlich einer Jubiläumsveranstaltung der Stachanow-Bewegung von den Leistungen der Bestarbeiter der dreißiger Jahre: Sie hätten durch ihre Taten eine wahrhaft makrokosmische, eine weltverändernde Bedeutung erlangt. Zugleich verweist die Entstehung einer auf das sowjetische Heldentum bezogenen Witz- und Lachkultur darauf, wie tief verankert Helden und Heldentaten in der sowjetischen Alltagskultur gewesen sind. Unabhängig vom Verhältnis des Einzelnen zur sowjetischen Führung, für die diese Helden eine Verkörperung des »Neuen Menschen« darstellten, war doch das vielgepriesene Heldentum des sowjetischen Volkes aus dem kollektiven Gedächtnis nicht mehr zu tilgen.

Die offene Ablehnung staatlich verordneten Heldentums auf der einen und das unbeugsame Festhalten an den tradierten Formen in ihrer modellbildenden und identitätsstiftenden Funktion auf der anderen Seite kennzeichnet denn auch die Situation nach der Auflösung der Sowjetunion im Dezember 1991. Daß der Titel »Held der Arbeit« (nur vom Adjektiv »sozialistisch« befreit) für herausragende betriebliche Leistungen auch in post-sowjetischer Zeit verliehen wurde, ist nur ein Beispiel für das Beharren auf Tradition.

Die Gruppe der Heldenverächter hat sich, beginnend mit der Perestroika und mit noch größerer Vehemenz nach 1991, der schonungslosen Dekonstruktion der sowjetischen Helden verschrieben. Die Öffnung der Archive leitete eine Geschichtsdebatte um die Aufarbeitung der eigenen Vergangenheit ein: Die Wahrheit über die sowjetische Geschichte ans Licht bringen, lautete die Devise. Dies ging einher mit der Offenlegung der »Wahrheit« über die Heldinnen und Helden, die nicht nur ihres Nimbus beraubt, sondern zum Teil als reine Propagandaschöpfungen entlarvt wurden. Mit ikonoklastischem Impetus hat man selbst viele der großen Helden, allen voran die einstigen politischen Führungspersönlichkeiten, vom Sockel gestürzt.

Während die Taten einiger der als Vorbilder propagierten Heldinnen und Helden schon zu sowjetischer Zeit für unglaubwürdig oder wenig heldenhaft gehalten wurden, kam es bei anderen zu heftigen Auseinandersetzungen zwischen Bilderstürmern und Bilderverehrern. Ein besonders anschauliches Beispiel für die differierende Haltung gegenüber den offiziell anerkannten sowjetischen Symbolfiguren ist der Fall von Soja Kosmodemjanskaja, der die Medien über viele Jahre beschäftigte. Für die einen war und blieb die junge Partisanin, der im Zweiten Weltkrieg posthum der Titel »Held der Sowjetunion« verliehen wurde und die zu einer der populärsten Heldinnen der Nachkriegszeit avancierte, lebendiges Symbol für die Widerstandskraft des sowjetischen Volkes im »Großen Vaterländischen Krieg«, für andere aber wurde sie zur Handlangerin Stalins bei seiner Politik der verbrannten Erde.[9]

Das Proletariat – der letzte Held der Geschichte

Die Geschichte der sowjetischen Helden ist die Geschichte einer bürokratisch-administrativen Form der Propagierung und Verehrung von Symbolfiguren, welche die Sowjetunion zu einem Land der Helden werden ließen. Sie ist aber auch die Geschichte einiger weniger aus der Vielzahl dieser Helden, die sich trotz des ideologischen Gepäcks, das sie zweifellos mit sich trugen, großer Popularität erfreuten und denen eine kultische Verehrung zuteil wurde.

Das Proletariat sollte der letzte Held der Geschichte sein, das sich als Kollektiv der Verwirklichung »des Reichs der Freiheit« hingab. Das Gebot der Selbstaufopferung aber wurde nach der Oktoberrevolution 1917 fortgeschrieben als Darbringung für den Aufbau des Sozialismus.

Der vielgepriesene selbstlose Held der sozialistischen Arbeit stand von Beginn an in scharfem Kontrast zu den repressiven Zwängen der »realsozialistischen« Lebenszusammenhänge.

Das Verhältnis der Sowjetbürger zu ihren Helden, die kultische Verehrung einiger weniger, ist Ausdruck der Verweigerung, sich selbst zu opfern, Ausdruck des Wunsches nach einem Stellvertreter, der diese Rolle besser und überzeugender spielt, als man es selber je könnte.

Es fragt sich, ob es heute nur noch die ordensgeschmückten Veteranen sind, die den alten Helden nachtrauern, oder ob nicht zumindest einige dieser Helden, unbeschadet der Versuche, sie ihres Ruhmes zu berauben, für immer ins kollektive Gedächtnis eingehen werden. Auch ist zu bedenken, daß die Sehnsucht nach den alten Helden kein sowjetspezifisches, sondern ein universales Phänomen ist.

Daniela Rathe

Soja – eine »sowjetische Jeanne d'Arc«?
Zur Typologie einer Kriegsheldin

»Ich wollte ein Gewehr in die Hand nehmen und Rache üben. […] Die Eltern wollten mich ja nicht fortlassen, aber ich wußte nur eins: an die Front, an die Front!
Wissen Sie, die Plakate, die jetzt im Museum hängen: ›Mutter Heimat ruft!‹ ›Was
hast Du für die Front getan!‹, die hatten mich gepackt. […] Aber die Triebkraft war
immer dieselbe – die Heimat, der eine Drang – die Heimat zu retten! […] da sah ich
mich gleich in der Rolle der Jeanne d'Arc. Nur an die Front und nur eine Flinte in die
Hand […]. Alles für den Sieg. Wir hatten schon über Soja Kosmodemjanskaja in der
Prawda gelesen, und da beschlossen wir, eine ganze Gruppe Mädchen, an die Front
zu gehen […].«[1]

Mit dem Eintritt in den »Großen Vaterländischen Krieg« veränderte sich die stalinistische Propaganda grundlegend. Hatte die Darstellung von Frauen bis dato eine eher
einseitige Rolle gespielt, wurden ab 1941 zwei Frauenmuster installiert: Die allegorische Figur der Mutter und das junge reinherzig idealistische, martialische Mädchen.[2] Diese zwei Kategorien beschreiben das nationalheldische Potential von Frauen,
das als Gegenstück zu männlichem Heroentum zu verstehen ist und in direktem Zusammenhang mit nationaler Identitätsstiftung steht.[3]

Die Imagination von Weiblichkeit wird in der Regel als eine Allegorie für die Nation, das Land oder politische Ideale verwendet. Dies gilt nicht nur für Rußland und
die Sowjetunion[4], sondern findet seine Entsprechung auch in anderen europäischen
Ländern wie Frankreich, man denke an die Marianne[5] oder die Freiheitsstatue in den
USA. Die Darstellung von Frauen als Allegorie für die Nation erlaubt es, ihnen eine
integrative Funktion zuzuschreiben, die nicht in Konflikt mit gewohnten Rollenvor-
stellungen steht. Diese Frauenfiguren greifen niemals selbst in das Handlungsge-
schehen ein; ihre Hauptaufgabe besteht darin, ihre Söhne und Ehemänner dazu aufzurufen, sie vor Feinden von außen zu beschützen. Sie fungieren als Talisman in der
Schlacht, als Unterpfand für Glück, bieten emotionale Wärme und Heimat. Sie selbst
verfügen über keine Biographie, sondern finden in dem abstrakten Gedanken der Nation und der Heimat ihr zeitloses Dasein in alle Ewigkeit. Die tiefere Bedeutung ihrer Existenz liegt in ihrer Inaktivität. Die ikonographischen Darstellungen zeigen
meist kräftige, gesunde Frauen, die Reproduktion und Zukunft garantieren. Grundsätzlich kann diese Vorstellung einer abstrakten Mutterschaft kein Vorbild für reale
Frauen sein, um ein kämpferisches Heroentum im klassischen Sinne zu motivieren.

Es können einzelne Aspekte wie Opferbereitschaft und Trauer um die gefallenen Söhne und Männer aufgegriffen und nachgelebt werden, was jedoch nicht explizit heroisch, sondern Aufgabe der Heldenmütter und Heldenfrauen ist. Erst der Tod der Kämpfenden oder deren Verletzung gibt der Gemeinschaft Anlaß, Mütter und Frauen zu feiern. Als Beispiel sei hier auf das bekannteste politische Plakat der frühen vierziger Jahre »Mutter Heimat ruft!« sowie die Darstellungen der russischen Heimat in Form von Frauen als entscheidender Teil der Memorialkomplexe im heutigen Wolgograd, Brest oder in Berlin-Treptow verwiesen.[6]

Die zweite Variante des weiblichen Heldentums ist die Frau, die eine aktive Rolle im nationalen Kampf oder in der Verteidigung übernimmt und dafür im Namen Gottes oder der Vorfahren in den Kampf zieht. Religion oder Ideologien relativieren die vermeintliche Eigenleistung der Kämpferin, denn sie handelt nur scheinbar aus eigenem Antrieb, ist vielmehr Ausführende. Sie gibt sich damit zufrieden, Weisungen einer höheren Macht, seien diese göttlich oder ideologisch, zu folgen. Als Auserwählte beendet sie dann das, wozu andere nicht fähig waren. Aber um dergleichen tun zu können, muß die kämpfende Heroin nicht nur mutig und entscheidungsfreudig, sondern trotz aller Aktivität auch in der Lage sein, bestimmte, als weiblich identifizierte Verhaltensmuster wie Passivität und Demut zu beherrschen. Kritik an einem politischen System oder an der Nation ist damit ausgeschlossen. Wird dies mißachtet, verliert die Frau ihr nationalheldisches Potential.[7] Die Partisanenheldin Soja Kosmodemjanskaja entspricht diesem Typ einer Nationalheldin in besonderem Maße.

Die veränderte Darstellung von Frauen in der Sowjetunion als Mütter und als kämpfende junge Frau hatte bereits in den dreißiger Jahren ihren Anfang genommen.[8] Die Politik des »Sozialismus in einem Lande« und die Hinwendung zum sogenannten Sowjetpatriotismus wandelte die marxistische Vorstellung vom internationalen Proletariat »in die eher traditionelle Idee des fortgeschrittenen sowjetischen Volkes bzw. einer Quasi-Nation neuen Typs, die prädestiniert war, eine historische Mission der Weltbefreiung bzw. -eroberung zu erfüllen«.[9]

Durch den Eintritt in den »Großen Vaterländischen Krieg« und die Konkretisierung eines direkten Feindbildes erreichte der eingeschlagene Weg des Sowjetpatriotismus und der Militarisierung der Gesellschaft einen einstweiligen Höhepunkt. Es galt nicht mehr den Systemkampf zwischen Kapitalismus und Kommunismus auszufechten, sondern die russisch-sowjetische Heimat zu verteidigen. In dem Versuch der Mobilisierung und Solidarisierung der Gesellschaft veränderte sich grundsätzlich die Propaganda in Wort und Bild, in der weibliche Stereotypen eine herausragende Rolle spielten. Die starke Präsenz von Frauen führte zu einer Emotionalisierung der Presse; die Privatsphäre wurde zum Gegenstand politischer Propaganda. Die Betonung lag auf Heimat und Familie als Schlüsselkonstituenten des Sowjetpatriotismus. Der Krieg und damit deutsche Soldaten wurden zur Bedrohung der Familie und der Heimat und motivierte gegebenenfalls Rache.[10]

Es erschienen Artikel und Briefe von und an Privatpersonen, die vor 1941 in den Zei-

»Rodina-mat sowet!« – *»Die Mutter-Heimat ruft!«: Propagandaplakat von Iraklij Toidze aus dem Jahr 1941.*

tungen *Prawda* oder *Komsomolskaja Prawda* nicht abgedruckt worden waren. Angeblich persönliche Briefe an die Angehörigen in der Heimat oder an der Front wechselten sich ab mit Heldengeschichten. Der Sowjetbürger selbst wurde angesprochen und in die Pflicht genommen, seine Verantwortlichkeiten der Heimat, der Familie und somit der »Großen Familie« mit Stalin als Oberhaupt gegenüber zu erkennen und den Stolz des Landes zu erringen.[11] Ehemänner, Väter, Brüder und Söhne waren aufgerufen, zu beschützen. Mütter, Töchter und Schwestern sollten die Männer unterstützen, indem sie in die Fabriken gingen, um die freien Posten zu besetzen. Zeitungen und Propagandaplakate wiesen eine starke emotionale Rhetorik auf, durch welche die Geschlechter in ihren jeweiligen Rollen sich gegenseitig verpflichtet wurden.

Zur Konstruktion einer Kriegsheldin

In diesem emotional aufgeheizten Klima erschien am 27. Januar 1942 in der *Prawda* ein Artikel, der die Heldentat der Soja Anatoljewna Kosmodemjanskaja, Deckname »Tanja«, schilderte, begleitet von einem Foto des Kriegsberichterstatters Strunnikow,[12] das den Mythos der sowjetischen Jeanne d'Arc begründete.

Soja war bei ihrer Ermordung 18 Jahre alt, Mitglied des Komsomol und hatte sich bei Kriegsausbruch freiwillig der Partisanenbewegung angeschlossen. Im November 1941 begab sie sich hinter die Frontlinie nahe dem bedrohten Moskau, um im Hinterland den Kampf aufzunehmen. Im gleichen Monat geriet sie in deutsche Gefangenschaft, als sie versuchte, einen Stall in der Nähe des Dorfes Petrischtschewo, wo sich deutsche Truppen aufhielten, in Brand zu setzen.[13]

Nach ihrer Festnahme wurde sie zunächst verhört, dann die ganze Nacht gefoltert und am nächsten Tag, dem 29. November, gehängt, ohne daß sie ein Wort des Verrats über die Lippen gebracht hätte.[14] So lautete die offizielle sowjetische Version.

Im Januar 1942 erschien der besagte Artikel »Tanja« mit dem Foto, das durch die freiliegende Brust auffiel, da diese Abbildung mit seiner erotischen Konnotation der vorherrschenden repressiven Sexualmoral des Stalinismus zuwiderlief.[15]

Am 17. Februar 1942 sprach die Mutter Sojas im Rundfunk über ihren Kummer und rief die sowjetische Bevölkerung zur Rache auf.[16] Bei organisierten Besuchen in Schulen berichtete sie den Schülern über ihre außergewöhnliche Tochter und mahnte, das Gedenken der Toten als Auftrag für die Zukunft zu verstehen. Rache forderte auch die Dichterin Margarita Aliger in ihrem Gedicht »Soja«, das ebenfalls 1942 veröffentlicht wurde. Im gleichen Jahr entstand ein Lied über Sojas Leben, das die Schüler im ganzen Land kannten und den verwundeten Soldaten bei Besuchen im Lazarett vorsangen. 1942 erhielt Soja eine Grabstätte auf dem Neuen Jungfrauenfriedhof in Moskau. Im März 1943 wurde sie postum mit der Auszeichnung »Held der Sowjetunion« geehrt. Bis Kriegsende erschienen fast zwanzig Publikationen über Soja, meist kleine Broschüren im Taschenformat, die die Jugend und den dramatischen Tod der jungen Partisanin schilderten. Auch nach 1945 endete die literarische Beschäf-

Jugendporträt von Soja Kosmodemjanskaja.

tigung mit der Heldin nicht. Allen Texten gemein waren stark hagiographische Züge, die das Leben Sojas und ihren außergewöhnlichen und vorbildlichen Charakter beschrieben.[17] 1944 hatte der Film »Soja« von Lew Arnschtam Premiere, der als bestes Werk des Regisseurs gilt und 1946 mit dem Stalin-Preis ausgezeichnet wurde. Aufgrund seiner poetischen Kraft konnte der Film selbst im Ausland Aufmerksamkeit auf sich ziehen.[18]

1951 erschien ein Buch über Soja und Schura, den jüngeren Bruder, das als Kinder- und Jugendbuch gilt[19] und bis in die 80er Jahre hinein verlegt wurde.[20] Als solches wurde es auch in anderen Sprachen gelesen und erlangte somit über die sowjetischen Grenzen hinaus bei den sozialistischen Verbündeten einen hohen Bekanntheitsgrad. Das Kinderbuch wurde bereits während sowie auch nach der Ära Stalin Teil der Erinnerungskultur und des Erinnerungskultes des »Großen Vaterländischen Krieges«.

Hinter dem offiziell propagierten Heldenkult um die Partisanin verbarg sich jedoch eine andere Wahrheit. Informationen über widersprüchliche Beobachtungen und Reaktionen der Dorfbewohner auf ihre Verhaftung in Petrischtschewo wurden unter Verschluß gehalten, um nicht mit der propagierten Einigkeit zwischen Bevölkerung und Partisanen in Konflikt zu geraten.[21] Eine mögliche Kollaboration der Bevölkerung sollte unter allen Umständen verhindert werden. Kam es doch zu einer Zusammenarbeit mit den Besatzern, galt es, diese zu verschweigen. Es hatte bereits Überläufer in den weißrussischen Gebieten gegeben, wo die Deutschen oftmals als Befreier begrüßt worden waren.

Anfang der neunziger Jahre, mit der Öffnung der Archive, wurde auch die Partisanin Soja Teil einer Aufklärungswelle, in deren Mittelpunkt der Versuch stand, die wahren Fakten und Schicksale der sowjetischen Helden zu klären. Es bestätigte sich der in der Forschung und der Presse gehegte Verdacht, das Soja Kosmodemjanskaja als Teil einer Diversionsabteilung dafür zuständig war, den persönlichen Befehl Stalins vom 17. November 1941 umzusetzen, der massive Eingriffe durch Partisanentätigkeit vorsah.[22] Das heißt, alle sowjetischen Siedlungen, in denen sich bereits deutsche Truppen befanden, sowie die angrenzenden Gebiete in Brand zu setzen. Die Umsetzung des Befehls hatte sich als Grausamkeit gegen die eigene Bevölkerung erwiesen, da mit der Zerstörung der Häuser die Menschen ihre Lebensgrundlage verloren. Ein Verrat an der Partisanin Soja durch die Dorfbewohner, wie es die Presse nach 1990 berichtete, erscheint daher als überaus plausibel.

Am 2. Februar 2000 erschien in der *Iswestija* ein Artikel, der diese Version unter Berufung auf Bestände des Zentralarchivs des Sowjetischen Geheimdienstes (FSB) erhärtete.[23] Die erstmals veröffentlichten Protokolle informieren darüber, daß Soja gar nicht den Partisanen angehört, sondern für die Rote Armee als Kundschafterin gearbeitet hatte und tatsächlich durch den Verrat eines Dorfbewohners in deutsche Gefangenschaft geraten war. Folgenreiche Informationen über Soja und ihre Tätigkeit, das heißt der eigentliche Verrat an ihrer Person, kamen seinerzeit allerdings aus dem Kreis der Beteiligten. Wassili Andrejewitsch Klubkow, ebenso Kundschafter, be-

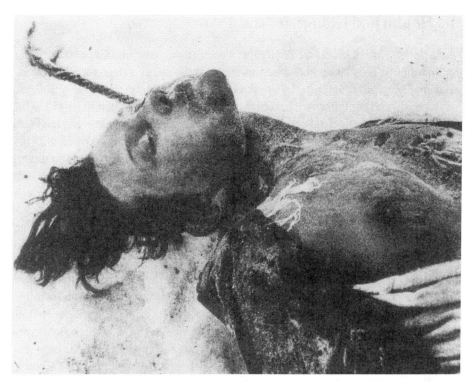

Die Partisanin Soja, nachdem sie am 29. November 1941 von deutschen Truppen gehängt worden ist.

schuldigte seine Mitkämpferin, an den obengenannten Sabotageakten teilgenommen zu haben, was automatisch ihr Todesurteil bedeutete. Klubkow selbst rettete sich zunächst, indem er fortan mit den Deutschen kollaborierte, was ihm später Gefangenschaft und Verurteilung zum Tode durch die sowjetische Seite einbrachte.

Daß Soja Handlangerin Stalins im Rahmen seiner Politik der »verbrannten Erde« war, ändert jedoch nichts an ihrer damaligen Popularität und daran, daß sie auch im postsowjetischen Rußland als Nationalheldin, als »sowjetische Jeanne d'Arc« im kollektiven Gedächtnis verankert ist. Angesichts des Erfolges dieser von der Propaganda gefeierten Heldin stellt sich die Frage, welche Vorstellungswelt sie für die Adressaten konstituierte. Wie ist die Bezeichnung »sowjetische Jeanne d'Arc« zu bewerten? Welche Verbindung besteht zu der Helden- und Heiligenfigur Jeanne d'Arc?

Um den Erfolg und die Konstruktion der Figur Sojas ergründen zu können, muß man sich das mittelalterliche Vorbild vor Augen führen, da es sich unabhängig von Zeit und nationalem Territorium um ein grundsätzliches, zumindest christlich-europäisches Phänomen handelt, das hier trotz unterschiedlicher Kontexte zum Tragen kommt.

Die Heldin und Heilige Jeanne d'Arc

Die historischen Fakten sowie die Rezeption Jeanne d'Arcs sind Gegenstand einer umfangreichen Forschung und sollen an dieser Stelle nur skizziert werden. Im ausgehenden Mittelalter befand sich Frankreich aufgrund von Interessengegensätzen, Machtpolitik und komplizierten Erbstreitigkeiten im Hundertjährigen Krieg (1339 bis 1453).[24] Binnen weniger Jahre gelang es den gegnerischen Parteien – England und dem Haus Burgund –, Frankreich bis zur Loire-Linie zu erobern. Im Oktober 1428 begann die Belagerung der strategisch wichtigen Stadt Orléans, deren Name so unverrückbar mit Jeanne d'Arc verbunden ist. Durch Stimmen von Heiligen beauftragt, sah sich Jeanne von Gott gesandt, die Stadt Orléans zu befreien, den Dauphin Karl VII. zur Krönung nach Reims zu führen und in Paris einzuziehen. Letzteres gelang nicht. Jeanne geriet in Gefangenschaft und wurde im Januar 1431 der Häresie angeklagt. Man beschuldigte sie unter anderem des ketzerischen Umgangs mit Heiligen, des Tragens von Männerkleidung sowie der Tatsache, daß sie himmlischen Stimmen folgte und nicht den Anordnungen der Kirche. Angemerkt sei, daß nicht zuletzt das Tragen von Männerkleidern sie zu einer Ketzerin machte. Später war es genau dieser Tatbestand, nämlich der Bruch gegebener Normen für das Gute, für die Einheit der Nation, der sie zu einer Volksheldin werden ließ. Sie wurde in allen Punkten für schuldig befunden und im Mai 1431 in Rouen im Alter von etwa 18 Jahren öffentlich verbrannt. Im Jahre 1456 begann ein Ehrenrettungsprozeß, der Jeanne rehabilitierte. 1909 wurde sie selig- und 1920 heiliggesprochen.[25]

Jeanne d'Arc war nicht nur während der Prozesse ein Politikum, sondern blieb es bis in das 20. Jahrhundert hinein.[26] Neben vielfältigen literarischen und später auch filmischen Verarbeitungen des Stoffes vereinnahmten sie verschiedene politische Gruppierungen für ihre Zwecke. Sie stand sowohl für den französischen Nationalismus royalistischer Couleur als auch für den republikanischen Patriotismus. Selbst linke Parteien und feministische Gruppierungen interpretierten diese Heldengestalt in ihrem Sinne. Grundsätzlich aber vereinte die »sainte de la patrie« den in Frankreich herrschenden Antagonismus zwischen katholischer Kirche und Republik.[27]

Vom 16. bis zum 18. Jahrhundert eher im Schatten des öffentlichen Interesses, genoß die Figur Jeanne d'Arc im 19. und 20. Jahrhundert eine Wiederbelebung in der öffentlichen Erinnerungskultur. Drei maßgebliche Interpretationen ihrer Taten sind zu verzeichnen, die symptomatisch sind für den politischen Riß, der durch die französische Nation ging: das Bild der Heiligen, das der Inkarnation des patriotischen, einfachen Volkes und das der Patronin eines sich nach außen hin stark abgrenzenden Nationalismus. Mit Beginn des 19. Jahrhunderts war die politische Aneignung romantisch-republikanischer Provenienz als ein Mädchen aus den Reihen des einfachen Volkes eine neue Entwicklung, die im krassen Widerspruch zu der katholisch-klerikalen Welt stand.

Dies wurde in der zu Beginn noch sehr instabilen Dritten Republik besonders deutlich. In dem Maße, in dem sich die Republik konsolidierte, verlor sich der »ursprüng-

Jeanne d'Arc opfert ihr Schwert vor dem Altar in Saint Denis.

liche Enthusiasmus der republikanischen Linken«[28], und es vollzog sich eine deutliche Rechtsbewegung des politischen Kultes. Während des Ersten Weltkrieges endeten die Streitigkeiten um die Heroin, und sie wurde endgültig zum einigenden Symbol Frankreichs, zu einer Beschützerin der zivilisierten Welt gegen die deutsche Barbarei, zur einigenden Patronin der französischen Nation, die von diesem Zeitpunkt an stark in militärische Feierlichkeiten mit einbezogen wurde.

In der Zwischenkriegszeit bemächtigte sich insbesondere die faschistische »Action française« der Heldin Jeanne d'Arc. In gleicher Weise versuchte das Vichy-Regime ab 1940, die Symbolfigur für sich zu vereinnahmen, um mit dem Verweis auf die französische Tradition die eigene Macht zu legitimieren und mit einem historischen Fundament auszustatten.

Die patriotische Jeanne d'Arc galt aber auch verschiedenen linken Widerstandsgruppen als ideologieübergreifendes Symbol der Einigkeit, das ihnen gebot, trotz aller Friktionen, der gemeinsamen Sache zu dienen. Bis heute wird der Mythos um die »Pucelle«[29] von der rechten politischen Szene Frankreichs, namentlich durch den Front national und Jean-Marie Le Pen, als populistisches Zugpferd benutzt.

Bedeutend an der Figur Jeanne d'Arcs ist jedoch nicht nur die andauernde Politisierung ihres Gedenkens in Frankreich, sondern auch ihr Bekanntheitsgrad in ganz Europa. So wurde sie in Preußen zur Namensgeberin für Königin Luise – »als ›preußische Jeanne d'Arc‹, Märtyrerin und verklärte Lichtgestalt, Hoffnungsträgerin, Racheengel und moralisch-patriotische Erzieherin in einem«[30] – und avancierte zu einer Heldin und Heiligen, die sowohl in deutschen Kinderbüchern des 19. Jahrhunderts präsent war[31], als auch in der Diskussion um den neuen Heldenmenschen in der Sowjetunion der zwanziger Jahre mit Herakles in einem Atemzug genannt wurde[32].

Soja Kosmodemjanskaja als sowjetische Variante der Heldenfigur Jeanne d'Arc

Soja Kosmodemjanskaja wie auch Jeanne d'Arc sind zwar Teil spezifischer historischer und kultureller Kontexte. Die Eigenschaften, die ihnen zugeschrieben wurden, sind jedoch ähnlicher Natur. Sowohl Jeanne als auch Soja hatten ein ausgeprägt patriotisches Sendungsbewußtsein. Für Jeanne d'Arc war König Karl VII. der legitime Vertreter Gottes auf Erden und Frankreich das Reich Christi. Parallel dazu war Stalin der Übervater und der Erretter, die Sowjetunion das diesseitige Paradies.

Beide Mädchen wurden dargestellt als unschuldig, fromm, zudem als ideologietreu, standhaft, realistisch, streng, klug, schlagfertig, altruistisch, mutig, ausgestattet mit Ungeduld, jugendlicher Frische, starkem Willen, Selbstbewußtsein und charismatischer Autorität.[33] Jeanne galt als durchsetzungsstark, da es ihr gelungen war, als sehr junges, unverheiratetes Mädchen bis an den Hof des Dauphin vorgelassen zu werden. Da man ihr mit großem Mißtrauen entgegentrat, wurde sie in den folgenden fünf Wochen verschiedenen hochgestellten Persönlichkeiten, geistlichen sowie weltlichen Würdenträgern, vorgestellt, um sie eindringlichen Befragungen zu unterziehen. Dies beinhaltete – neben der Frage, ob sie verrückt sei – auch, sie auf ihre Jungfräulichkeit zu untersuchen, um mögliches Hexentum auszuschließen. Denn »als das bestimmende oder begründende der Hexenkunst gilt der Teufelspakt, der zumeist geschlechtlich abgeschlossen respektive besiegelt wurde«.[34]

Diese erste Prüfung Jeannes scheint geradezu in der Legende Sojas nachempfunden: Ihrer Berufung folgend, beantwortete sie geschickt prüfende Fragen, als sie sich für den Fronteinsatz meldete.

Eine weitere Parallele läßt sich zwischen dem Häresieprozeß Jeannes und dem Verhör beziehungsweise den Folterungen Sojas durch die Wehrmacht ziehen. Beide hielten konsequent an ihrer Sache fest, verteidigten sich kaltblütig, mitunter kampflustig. Diese Eigenschaften wurden Soja bereits während ihrer Kindheit zugeschrieben, ganz so wie in einer Heiligenvita.

Beide Frauen erleben also zwei Schlüsselmomente, die man als »rite de passage«[35], als Initiationsritus interpretieren kann: der Moment des Übergangs vom Mädchen zur Kriegerin (sichtbar durch das Kürzen der Haare sowie das Anlegen von Männerkleidung) und von der Kriegerin zur Heldin und Märtyrerin sowie Heiligen (durch Gefangennahme, Folter und Tod).[36] Diese Schlüsselmomente sind Teil der Konstruktion dieses Heldinnentypus und spiegeln sich in den Darstellungen der »vierge guerrière«, einer androgyn-herben Schönheit in jugendlichem Alter, wieder.

Die Geschichte Jeanne d'Arcs hat bis in das 20. Jahrhundert hinein einen Prototypen weiblichen Heldentums hervorgebracht, der in seiner Universalität auch in anderen Nationen angenommen wurde und in der stalinistischen Sowjetunion ebenfalls eine Entsprechung fand. Die Ideale, die sich in der Heldenfigur Jeanne d'Arcs bündeln, haben durch sie einen Namen bekommen, eine Art Markennamen, der im Zusammenhang von Krieg und kämpfenden Frauen immer wieder bemüht und instrumentalisiert wird.[37]

Was sind jedoch die herausragenden, universalen Merkmale, die diese Figur und die sowjetische Kriegsheldin Soja Kosmodemjanskaja charakterisieren bzw. auf die Adressaten wirken?

In einer Gesellschaft, die Jahrhunderte lang durch Patriarchat, Christentum und Marienkult geprägt ist, existieren klare Vorstellungen von positiv und negativ besetzter Weiblichkeit. Unterscheidendes Kriterium ist hierbei die Keuschheit. Unkeusche Frauen sind Außenseiterinnen, die sich unter Umständen als Volksheldinnen, nicht aber als Nationalheldinnen eignen. Als »gute« Frauen gelten Mütter, die in der Idealvorstellung passiv sind, wie eingangs geschildert. Die andere Variante der »guten« Frau, die in der Wertehierarchie ganz oben steht, ist die Jungfrau, die an Reinheit nur von einem Kind übertroffen werden kann.

In dem Bemühen, der Ausstrahlungskraft Jeanne d'Arcs einen Rahmen zu geben, scheint dem Bild der »patriotischen Jungfrau in Waffen« eine besondere Bedeutung zuzukommen.

Eine weibliche Heroenapotheose schließt per se das »niedere« Triebleben aus.

Jungfräulichkeit gilt als Voraussetzung des Guten, Reproduktionsaufgaben sind mehr praktischer denn moralischer Natur und interessieren vom heroischen Standpunkt aus am wenigsten. Askese als Voraussetzung für nationales Heldentum gilt für beide Geschlechter, jedoch hat sie jeweils einen unterschiedlichen Stellenwert.[38] Der männliche Held muß sich, bevor er in den Kampf zieht, von Frauen fernhalten, da sexuelle Aktivität den Verlust von Manneskraft bedeutet. Diese Vorstellung ist bereits in vielen antiken und vorchristlichen Mythen anzutreffen. Die Frau hingegen verliert die Möglichkeit, große Taten zu vollbringen, wenn sie ihre Jungfräulichkeit aufgibt. Im Moment der »Defloration« wird sie zu einer Gebärenden, was jegliches kriegerisches Handeln ausschließt. Deutlich wird dies durch die Tatsache, daß Frauen als Mütter von aktiven Kriegshandlungen ausgeschlossen sind, Jungfrauen hingegen nicht. Der Verlust der Jungfräulichkeit führt zwangsläufig zu einer irreparablen Schwächung des weiblichen Körpers. Das Kriegführen wird zu einem heiligen Privileg der Männer, das nur in der Phantasie oder aber für eine kurze Zeit tatsächlich mit Frauen geteilt werden kann. Dies ist jedoch nur in dem Maße möglich, wie die Frau noch nicht das Privileg ihres weiblichen Geschlechts, nämlich das der Geburt, genutzt hat. Wenn Frauen an der heiligen Handlung des Krieges teilgenommen haben, dann nur, weil sie entweder Mutterschaft ablehnten oder bereits wieder weit davon entfernt waren, wie beispielsweise Witwen. Gleichzeitig bedeutet der Status der Jungfrauenschaft nicht nur den Zugang zu männlich typisierten Taten[39], sondern er ist auch Symbol des (nationalen) gemeinschaftlichen Ehrbegriffs.[40] Die Mutter gilt als für immer geschwächt und muß beschützt werden. Die Jungfrau muß in ihrer Sexualität kontrolliert und beschützt werden. Gelingt dies nicht, erleidet die zugehörige Familie beziehungsweise die Gemeinschaft einen Ehrverlust, der nur schwer wieder ausgeglichen werden kann. Sind die für die Frau verantwortlichen Väter, Vormunde etc. nicht in der Lage, die Frauen ausreichend zu beschützen, kann nur ein großer Rachefeldzug gegen die oder den Täter die Ehre der betroffenen Gruppe wiederherstellen. Die Reinheit des weiblichen Körpers steht hier für die Reinheit des nationalen Körpers.

Neben dem Aspekt der Jungfräulichkeit – dem gewichtigsten in diesem Zusammenhang – ist der Aspekt des Kampfes selbst und die Vorstellung der Amazone, die darin zum Tragen kommt, entscheidend. Ebenso wie das Zusammendenken von Jungfrau und Krieg, konstituiert der Typ der Amazone als kämpfende Frau, allein oder im Heer, eine supranationale Ideenwelt. Mit der Amazone, der Kriegerin, geht nicht die sanftmütige Seite der Frau einher, sondern eine aggressive, willensstarke Seite. Eben diese Kombination macht den Reiz der Figuren Jeanne d'Arc und Soja aus, bildhaft durch die eher androgyne Darstellung dieser Mädchen/Frauen und am deutlichsten sichtbar durch den ersten »rite de passage« (Haarekürzen, Kleiderwechsel). Jeanne d'Arc als Prototyp und Soja Kosmodemjanskaja als sowjetische Variante bilden in sich eine Synthese zweier gegensätzlicher Charakteristiken: duldsam, sanft und unberührt, gleichzeitig aggressiv und kämpferisch gegen den Feind. Die Appellstruktur dieser Heldinnen ist so beschaffen, daß alle männlich und weiblich codierten Vorstellungen und eingeübten Verhaltensmuster berührt werden.

Überlegungen zu einer Rezeption der Heldin

Grundsätzlich ist es ein transkulturelles, nationalstaatliches Phänomen, daß Krieg/Mann und Geburt/Frau in einem sich gegenseitig bedingenden Verhältnis stehen. Die Sowjetunion zur Zeit des Kriegsstalinismus machte hierbei keine Ausnahme. Soja Kosmodemjanskaja als Gegenpol zu den Darstellungen der Mutter und den kämpfenden Soldaten bestätigt dieses Muster.

Hinzu kommt, daß sie geradezu idealtypisch die Rolle der Tochter und der Schwester in der propagierten, mythisierten »Großen Familie« übernahm und somit das bereits in den dreißiger Jahren etablierte Bild Stalins als alleiniger Machthaber, Führer und Vater ergänzte.

Entscheidenden Einfluß auf die Rezeption der Heldin hatte das Foto, das 1942 veröffentlicht wurde und sich deutlich von den sonstigen Darstellungen unterschied. Besonders ausdrucksstark und grausam wirkte die Abbildung durch die freiliegende Brust der Toten; ein Symbol weiblicher Erotik, mütterlicher Zuwendung und Lebensspende.

Neben einem Martyrium und dem damit verbundenen Verweis auf ein Jenseitsversprechen assoziierte dieses Foto die Schändung einer jungen Frau, einer Russin, einer Komsomolzin, einer Patriotin und nicht zuletzt der Nation. Hinzu kam die provozierende Tatsache, daß das Verbrechen auf eigenem, sowjetischem Territorium stattgefunden hatte und Soja nicht beschützt worden war.[41] Nur ein Rachefeldzug konnte diesen Ehrverlust wiedergutmachen.

Soja Kosmodemjanskaja bot durch die idealtypisierte Propagierung eine Identifikationsmöglichkeit für junge Frauen, die noch nicht Mütter waren, für Jugendliche, fast erwachsene Mädchen, die für den Widerstand mobilisiert werden sollten und mußten, da die Situation für die Sowjetunion in den ersten Monaten des Krieges äußerst prekär war. Soja fungierte im Gegensatz zu den allegorischen Darstellungen der »Mutter Heimat« als konkretes Vorbild mit erfaßbarer Lebenszeit und eigener lokaler Bindung.[42] Ihre Jugend stellte ein wichtiges Element der Idealvorstellung vom »Homo Sovieticus« dar. Ihre Tätigkeit als Partisanin umwob der Hauch von Abenteuer und Lagerfeuerromantik, die die jungen Komsomolzen durch gemeinsame Aktivitäten bereits kannten. Der Ruf, nun tatsächlich in einen Kampf gegen den Faschismus eingreifen zu können, blieb somit nicht unerhört.

Die sowjetische Jeanne d'Arc spielte jedoch nicht nur aufgrund der Doppelfunktion Jungfrau/Amazone eine herausragende Rolle, sondern auch durch das Moment der Wandlung, das einen Widerhall in modernen Comic strips durch Helden wie Superman oder Batman findet. Soja war so lange ein zurückhaltendes Mädchen, bis sie die Kleider eintauschte und zur Amazone »Tanja« wurde. Jede und jeder durfte glauben, in ihr ruhe ein Held, der nur auf die entsprechende Situation wartete, erweckt und befreit zu werden: ein Mensch »mit einem menschlichen Alltags- und einem heroischen, zwillinghaften übermenschlichen Alter ego«[43]. Dieser Mechanismus der Heldenerweckung spiegelt sich in Gorkis Heldenbild wieder, das sich wesentlich

Denkmal für Soja Kosmodemjanskaja in Petrischtschewo bei Moskau.

vom klassischen griechischen Vorbild unterscheidet. Seine Helden sollen das heroische Potential, das dem Menschen innewohnt, aktivieren. »Daher ist jeder Held ein soziales Phänomen, dessen pädagogische Bedeutung äußerst wichtig ist. Ein Held sein zu wollen, heißt mehr Mensch sein zu wollen, als man ist. Eigentlich ist jeder Mensch in seiner Sphäre schon ein Held, wenn man nur aufmerksam in das dunkle Dickicht dieser Sphäre hineinschaut. Wir alle sind als Helden geboren und leben als solche. Und wenn die Mehrheit das verstanden hat, wird das Leben durch und durch heroisch werden.«[44]

Um einen heroischen Prototypen wie Jeanne d'Arc für die Sowjetunion zu kreieren, mußte man ihre Eigenschaften nur geringfügig verändern, waren es ja gerade diese, die in einem supranationalen Zusammenhang anwendbar und von den Adressaten leicht zu verstehen waren. Auch die Sowjetunion, die sich zwar rühmte, Frauen eine neue Rolle in der Gesellschaft zu eröffnen, entwickelte im Stalinismus eine äußerst repressive Sexualmoral, die sich stark an den christlichen Vorstellungen von sexueller Askese orientierte. Sie sollten sich mehr und mehr, auch äußerlich, dem männlichen Arbeitervorbild anpassen. Dazu gehörten Disziplin und die Kanalisierung der sexuellen Triebe zugunsten der Arbeit. Ehelicher Verkehr sollte ausschließlich der Reproduktion dienen. Als weiblich betrachtete Eigenschaften wie Schminken und Interesse für Mode galten als Relikt der bourgeoisen Epoche. Die äußere »Vermännlichung« von Frauen wurde bereits in der Vorkriegspropaganda im Rahmen der Industrialisierung zum Ideal erhoben, und mit der Militarisierung der Gesellschaft in allen Bereichen lag es nahe, daß auch eine weibliche Kämpferin geschaffen werden mußte. Das Klischee der arbeitenden Frau entsprach schon vor dem Krieg in vielen Punkten dem Heldentyp Jeanne d'Arc.

Die mittelalterliche Heldin verkörpert nicht mehr einen nur französischen »Erinnerungsort«, vielmehr sie ist zu einem Heldentypus und christlich-europäischen Topos geworden, der in Rußland und der Sowjetunion lesbar war und nur mit spezifischen Merkmalen ausgestattet werden mußte. »So überdauern oft nur die äußeren Merkmale eines lieu de mémoire, während ihre Bedeutung, ihre symbolische Aufladung sich ändern kann.«[45] Dieser Typ einer Nationalheldin fügt sich in der Person Soja Kosmodemjanskajas in das stalinistische Heldenpantheon ein. Die sowjetische Propaganda bediente sich ab 1941 eines gängigen Rollenverständnisses von Frauen, das bereits durch die Christianisierung in Rußland zementiert worden war[46] und in engem Zusammenhang mit dem Verteidigungskampf der Heimat und der Absicherung des stalinistischen Systems stand.[47] Die Interpretation der Heldin Soja Kosmodemjanskaja als »sowjetische Jeanne d'Arc« zeigt dies eindrücklich. Sie wurde zunächst als eine Art Nationalheldin propagiert, wie viele Helden nach ihr. Ihre Person erfreute sich jedoch einer ganz besonderen Aufmerksamkeit. Sie avancierte von einer nach stalinistischen Vorgaben konstruierten Nationalheldin zu einer sowjetischen Volksheldin und durchlief somit den umgekehrten Prozeß wie ihre französische Referenz Jeanne d'Arc.

Thomas M. Bohn

»Bau auf ...«
Der Maurer Denis Bulachow

Der Nachlaß von Denis Grigorjewitsch Bulachow befindet sich im Nationalmuseum der Republik Belarus in Minsk. Er umfaßt einige Fotos, ein paar Ausweise und Urkunden sowie eine Maurerkelle. Vertieft man sich in die weißrussische Publizistik der Nachkriegszeit, stellt man fest, daß Denis Grigorjewitsch in den fünfziger und sechziger Jahren zu den bekanntesten Persönlichkeiten in Minsk gehörte. Über das Privatleben dieses Mannes schweigen sich die Quellen jedoch aus. So kann man fast ausschließlich über Bulachow als Propagandafigur Auskunft finden.[1] Wir haben es mit einem von der Agitationsabteilung der Kommunistischen Partei geschaffenen Idol zu tun, das im Zuge der unter Chruschtschow betriebenen Reaktivierung und Instrumentalisierung des Heroenmythos die Bühne betreten hat. Was die Machthaber im Kreml anstrebten, war die Formierung einer Heldengesellschaft. Und am Ende dieser Entwicklung stand in Weißrußland folgerichtig die Proklamation der Heldenstadt Minsk. Denis Bulachow war also kein Einzelkämpfer. Im Gegensatz zum Namensgeber der in den dreißiger Jahren inszenierten Stachanow-Bewegung trat er durch keine besondere Tat hervor. Er wurde im lokalen Rahmen lediglich als ein besonders prominentes Vorbild gehandelt. Welche Funktionen hatte diese Figur im einzelnen zu erfüllen? Auf welcher Grundlage beruhte der Modus vivendi zwischen der Partei und den Einwohnern einer sowjetischen Großstadt nach dem Zweiten Weltkrieg? Warum ist in der Republik Belarus der Name Denis Grigorjewitsch Bulachows genauso in Vergessenheit geraten wie der Heldentitel der weißrussischen Hauptstadt?

Denis Bulachows Biographie

Die Lebensgeschichte unseres Helden ist schnell erzählt: Denis Grigorjewitsch Bulachow wurde am 6. Dezember 1905 im Dorf Olgowka im Gebiet Omsk in Sibirien geboren.[2] Mehr als zwei Schulklassen zu absolvieren, war ihm nicht vergönnt. Statt dessen erlernte er das Schusterhandwerk. Wie er die Wirren von Revolution und Bürgerkrieg überstand, ist nicht überliefert. Um der Legende Genüge zu tun, reichte den Zeitgenossen der Hinweis, daß er zu der von Dorfarmut und sozialistischem Enthusiasmus geprägten Generation gehörte, die in Nikolai Ostrowskis Roman »Wie der Stahl gehärtet wurde« mit der Figur Pawel Kortschagin einen literarischen Ausdruck

60

fand. Dieser Lesart entsprechend trug Denis Bulachow seinen Teil am Aufbau des Sozialismus bei, indem er sich zwischen 1931 und 1934 als Komsomol-Delegierter seiner Heimat-Kolchose bei der Errichtung des Hüttenkombinats Kusnezk beteiligte. Anders als bei den idealtypischen »Sowjetmenschen« seiner Zeit war für ihn der Weg in die Stadt jedoch nicht mit einem sozialen Aufstieg verbunden. Auf diesen Lebensabschnitt gründete sich später sein Nimbus als Maurer. Im Zweiten Weltkrieg soll er als Soldat der Roten Armee an der Befreiung der Städte Stalingrad und Minsk teilgenommen haben und anschließend sogar bis nach Berlin vorgerückt sein.

Warum er sich nach seiner Entlassung aus dem Kriegsdienst gegen seine sibirische Heimat entschied und statt dessen nach Minsk übersiedelte, ist unklar. Wollte er der Zwangsverpflichtung in der Kolchose entkommen? Hoffte er auf bessere Arbeits- und Lebensbedingungen in der Stadt? Gefiel ihm das Leben im europäischen Teil der Sowjetunion einfach besser? Im nachhinein läßt sich natürlich das selbstlose Motiv bemühen, er habe in Minsk, das er als Soldat in Schutt und Asche liegen sah, eine Aufbauleistung erbringen wollen. Zweifelsohne war der Minsker Verwaltung für den Wiederaufbau jeder Facharbeiter willkommen, wenngleich wegen der Arbeitsplatzbindung eigentlich ein Marschbefehl nötig gewesen wäre, der im Falle größerer Kontingente von Stalin persönlich unterschrieben sein mußte. Wie dem auch sei: Die Minsker Aufbaubehörde hatte ihren Mitarbeitern nur wenig zu bieten. Nachdem sich Bulachow 1946 mit seiner Familie in der weißrussischen Hauptstadt niedergelassen hatte, mußte er vorerst mit einem Leben in Notunterkünften, Zelten, Erdhütten und Kellern vorliebnehmen.[3]

Als Ende 1947 über den Austausch von Delegationen aus dem Bauwesen der über ein Jahrzehnt währende Städtewettbewerb zwischen Minsk und Stalingrad aufgenommen wurde, schlug unmerklich die große Stunde des mittlerweile in die weißrussische Kommunistische Partei aufgenommenen Maurers Bulachow.[4] Er wurde als Herausforderer seines Stalingrader Kollegen Nikolai Akimowitsch Gratschew bekannt, der im »sozialistischen Wettbewerb« mit innovativen Methoden neue Arbeitsnormen vorgelegt hatte, und avancierte zum Vorbild, dem im Laufe der Zeit alle wichtigen Initiativen im Bauwesen zugeschrieben wurden. Anläßlich des 30. Jahrestages der Belorussischen Sozialistischen Sowjetrepublik (BSSR) erhielt er im Januar 1949 den Leninorden, die ranghöchste Auszeichnung der Sowjetunion. In den Jahren 1950–1963 zeichnete er sich neben seiner Berufstätigkeit im Bauwesen auch als Abgeordneter im Minsker Stadtrat aus. Während der fünfziger Jahre trat er immer wieder mit Stellungnahmen in der regierungsamtlichen Tageszeitung *Sovetskaja Belorussija* (Sowjetweißrußland) hervor.[5] Und am 10. August 1958 war es dann endlich soweit: Bulachow wurden der Titel »Held der sozialistischen Arbeit«, ein zweites Mal der Leninorden sowie die Medaille »Hammer und Sichel« verliehen.[6] Drei Jahre später gab er in seiner Eigenschaft als Brigadier des 5. Bautrusts der Minsker Baubehörde in der Broschüre »Bauen wir die Stadt« seine Erfahrungen an ein breites Publikum weiter.[7] 1965 schied er schließlich aus dem Berufsleben aus. Als die Stadt Minsk 1967 anläßlich des 900. Jahrestages ihrer Gründung und des 50. Jahrestages der Oktoberrevolution den Titel eines Ehrenbürgers einführte, gehörte Denis Bulachow neben den Offizieren Alexej Burdejny aus Moskau und Nikolai Kolytschew aus Kuibyschew, die sich bei der Befreiung der weißrussischen Hauptstadt von den deutschen Besatzern hervorgetan hatten, zu den ersten Ausgezeichneten.[8] Wegen seiner Verdienste als »Held der sozialistischen Arbeit« wurde Denis Bulachow mit den finanziellen Vergünstigungen eines nach sowjetischen Maßstäben »geadelten« persönlichen Pensionärs ausgestattet. Seinen Lebensabend verbrachte er aber nicht in einem der an sowjetischen Standards gemessenen Luxusappartements an der Prachtstraße im Zentrum, sondern in einer Neubauwohnung in der Sergej-Prityzki-Straße im Westen der Stadt. Irgendwann in den achtziger Jahren ist er gestorben. Seine Brigade soll die als Tor in die Stadt geplanten Wohnhäuser am Bahnhof, das Zentrale Kaufhaus und den Palast der Gewerkschaften sowie 43 weitere Gebäude hochgezogen haben, darunter 7 Schulen, 3 Kindergärten und 18 Wohnhäuser.

Der Aufbau einer »sozialistischen Stadt«

Uns interessiert an dieser Stelle weniger der erste Teil der Biographie, nämlich die Verwobenheit der realen Person Bulachow mit dem stalinistischen System, als vielmehr der zweite Teil, also der unter dem Vorzeichen der Entstalinisierung betriebene Kult um die Figur des Bauarbeiters Denis Grigorjewitsch. Dazu ist es nötig, den Lebenslauf an den entscheidenden Punkten noch einmal aufzurollen und die Ereignisse in den historischen Kontext einzuordnen.

Aufbauhilfe aus Sibirien. In Denis Grigorjewitsch tritt uns ein großgewachsener Sibirier (russisch: Sibirjak) entgegen, wie er im Buche steht. Das Gesicht des Maurers, starke Wangenknochen, breite Nase, buschige Augenbrauen, hohe Stirn und schmale Lippen, strahlt Entschlossenheit und Kraft aus. Angesichts der nach dem Zweiten Weltkrieg in Weißrußland einsetzenden Russifizierung, die sich in der Besetzung von Spitzenpositionen mit Russen und in der Einführung der russischen Sprache an den Schulen niederschlug, lag es nahe, daß gerade der Sibirier Bulachow zum Helden gekürt wurde. Er verkörperte geradezu die Aufbauhilfe, die das als mächtig gepriesene russische Volk in materieller Hinsicht der weißrussischen Hauptstadt zur Verfügung stellte. Automatisch drängt sich die Frage auf: Hat dieser Mann quasi im Alleingang die Stadt Minsk wieder aufgebaut und ihre Bewohner mit Wohnraum versorgt? Mitnichten darf dieser Erfolg den Trümmerfrauen oder den aus den ländlichen Regionen rekrutierten Hilfsarbeitern allein angerechnet werden. Die Räumung von Bauschutt, die Renovierung repräsentativer Gebäude und die Errichtung von Wohnhäusern und Fabrikanlagen ist in der unmittelbaren Nachkriegszeit weniger den Sonntagsschichten der Bevölkerung, als vielmehr dem Einsatz von Kriegsgefangenen und Strafgefangenen zu verdanken. Faktisch war die Innenstadt 1949, auf dem Höhepunkt des Stalinkults, als Bulachow mit dem Leninorden ausgezeichnet wurde und die letzten regulären Kriegsgefangenen das Land verließen, noch nicht

»Der Bauarbeiter von Minsk«. Lithographie von Semjon Petrowitsch Gerus aus dem Jahr 1958.

so weit wiederhergestellt, daß zum 70. Geburtstag des sowjetischen »Führers« am zentralen Platz ein Denkmal hätte eingeweiht werden können.

Sozialistischer Wettbewerb mit Stalingrad. Der Aufstieg Bulachows zum Helden war durch die Verleihung des Leninordens vorgezeichnet, angesichts Tausender Minsker Bauarbeiter aber nicht zwangsläufig. Die Zahl der im Bauwesen Beschäftigten stieg von 22 000 im Jahr 1950 auf 33 800 im Jahr 1960 und auf 63 900 im Jahr 1970. Bulachow bot sich für eine öffentliche Funktion durch seine Profession als Maurer an. Mit dieser Figur ließ sich die Metapher vom »Aufbau des Sozialismus« am ehesten ausfüllen. Denn die Rekonstruktion des Zentrums sowie die Errichtung der Fabrikanlagen und der Wohnhäuser konnten damit wortwörtlich in die Hände eines Menschen gelegt werden. Es war aber nicht die einmalige Großtat, die Denis Grigorjewitsch nach vorn brachte, sondern eher eine Politik der kleinen Schritte. Bulachow wurde von der propagandistischen Welle nach oben gespült, die der sozialistische Wettbewerb mit Stalingrad mit sich brachte. De facto befanden sich Stadtplanung und Bauwirtschaft in Minsk wegen Personal- und Materialmangels sowie nicht zuletzt aufgrund des Ämterfilzes in den vierziger Jahren in einer Krise. Insbesondere der Wohnungsbau blieb weit hinter den Planzahlen zurück. In dieser Situation kurbelte die Partei die Stachanow-Bewegung wieder an und gab die Parole aus, von der Heldenstadt Stalingrad zu lernen. Das sollte durch einen intensiven Erfahrungsaustausch möglich werden. Mittels individueller oder kollektiver Verträge und einseitiger Verpflichtungen, die in den Tageszeitungen zu einem öffentlichen Anliegen gemacht wurden, wollte man eine Anhebung der Normen und damit die Erfüllung und Übererfüllung der Wirtschaftspläne erreichen. Hintergrund war natürlich das Ziel, durch materielle und ideologische Anreize die Effizienz zu steigern. In diesem Zusammenhang ist darauf hinzuweisen, daß die dem Moskauer Maurer Fedos Schawljugin zugeschriebene »Pjatjorka« (Fünfergruppe) in Minsk ursprünglich nicht – wie später immer wieder behauptet – von Bulachow, sondern – zeitgenössischem Schrifttum zufolge – von dessen Kollegen Anfill Filippow eingeführt wurde.[9] Im Gegensatz zur »Troika« (Dreiergruppe), bei der einem Maurer lediglich zwei Gehilfen zur Hand gingen, waren bei der Pjatjorka insgesamt vier Personen mit Hilfsarbeiten betraut, ein Verfahren, das angeblich nicht nur eine Erfüllung des Produktionsplanes um das Zweieinhalbfache erlaubte, sondern auch die verstärkte Einbindung von Frauen in die Bauwirtschaft ermöglichte. Was in der Theorie marxistisch-leninistischer Sozialphilosophen eingefordert wurde, war die Herausbildung einer am Allgemeinwohl interessierten Facharbeiterschaft respektive die Entwicklung eines an Vorbildern gemessenen Standesethos. Ein Blick auf die Realität der Baustelle zeigt jedoch, daß gerade die Hilfsarbeiter in provisorischen Notunterkünften und jämmerlichen Wohnheimen hausen mußten, weshalb ihnen jede Gelegenheit, den Arbeitsplatz zu wechseln – bis 1956 ohne Einverständnis des Arbeitgebers ein illegaler Akt –, recht war. Die Bauwirtschaft blieb in der Sowjetunion bis zuletzt ein Sprungbrett für junge ungelernte Kräfte vom Land, um auf die eine oder andere Art ohne explizite Aufenthaltserlaubnis in der Stadt unterzukommen.

Wende im Bauwesen. Einer Ironie der Geschichte gleich, deutete sich in dem Moment, als der Maurer Denis Bulachow zum Helden aufgebaut werden sollte, mit der Parole »Billiger, schneller, besser« bereits die große Wende im Bauwesen an. Nachdem sich seit Ende der vierziger Jahre die Notwendigkeit abgezeichnet hatte, bei den Baukosten zu sparen, rechnete Chruschtschow auf dem Moskauer Baukongreß von 1954 mit dem dekorativen »Überfluß« von Stalins Architekten ab. Indem er der Baukunst eine Absage erteilte, stellte er zugleich die Existenz einer Berufsgruppe in Frage, die auf der von Prestige und Privilegien bestimmten Stufenleiter der sowjetischen Sozialstruktur bislang weit oben gestanden hatte. Dagegen kamen die Arbeiter vor Ort, d. h. auf der Baustelle, zunächst noch glimpflich davon: 1956, im Jahr des XX. Parteitags, mit dem die Entstalinisierung eingeleitet wurde, gab es mit der Aufnahme des 12. August als »Tag des Bauarbeiters« in den sowjetischen Festkalender noch einmal eine Hommage an die Meister im Stile Denis Bulachows.[10] Obgleich mit dem Wohnungsbauprogramm von 1957 die Weichen endgültig für den Plattenbau gestellt wurden, veröffentlichten die Tageszeitungen noch Porträts von Bauarbeitern, die sich vor einer Wand aus Ziegelsteinen positionierten, ausgestattet mit einer Maurerkelle.[11] Die von dem weißrussischen Künstler Semjon Petrowitsch Gerus im Jahr 1958 angefertigte Lithographie »Der Bauarbeiter von Minsk« spiegelt dagegen anschaulich die Vorgaben der Propaganda, griff aber angesichts der Tatsache, daß die Anwendung neuer Methoden nicht von heute auf morgen erfolgte, ihrer Zeit voraus. An den Gesichtszügen ist zweifelsohne zu erkennen, daß Bulachow für den »Erbauer« der weißrussischen Hauptstadt Pate gestanden hat; stützen läßt sich diese Deutung noch dadurch, daß Denis Grigorjewitsch just im Jahr 1958 den Heldentitel erhielt. Einem Partisanen des »Großen Vaterländischen Krieges« gleich, ist er – weder Wind noch Wetter scheuend, mit Wolljoppe, Fäustlingen, Halstuch und Pelzkappe ausgestattet – lithographisch verewigt. Ikonographisch zeigt er sich dem Betrachter frontal in der Pose eines überlegen das Terrain Sichtenden, wobei seine Entschlußkraft durch das Niederdrücken der Sicherungskette noch unterstrichen wird. Der Betrachter muß perspektivisch zu ihm aufschauen und nimmt erst jetzt die auf Gerüsten turnende Brigade wahr. In diesem Moment bestätigt sich der optische Eindruck, daß auch der Gruppenführer keinen festen Boden unter den Füßen haben kann – obgleich oder gerade weil der Künstler wohlweislich den Standpunkt seines Protagonisten unterschlagen hat. Durch den Schwarzweiß-Kontrast gehen die natürlichen Farben ineinander über, die Konturen verschwinden und der ganze Hintergrund riecht nach Stahl, nach dem Stoff, aus dem die Helden sind. Deutlich wird, der »Erbauer von Minsk« hat es nicht mehr mit Kelle und Ziegelsteinen, sondern mit Kränen und Fertigteilen zu tun. Programmatisch schwebt er über den Wolken und blickt einer lichten, sich vorerst nur seiner visionären Kraft erschließenden Zukunft entgegen – einer Zukunft, die lediglich für die Kurzsichtigen und Kleinmütigen von den rauhen klimatischen Bedingungen getrübt wird. Die Kehrseite der Medaille bestand darin, daß Denis Grigorjewitsch Bulachow für eine Sache instrumentalisiert wurde, die seinem gelernten Handwerk widersprach.

Tragischer Held. An der Wende von den fünfziger zu den sechziger Jahren dominierte der Mikrorayon das städtebauliche Leitbild in der Sowjetunion – ein Wohnkomplex aus fünfstöckigen, flachdächigen Mietshäusern für ursprünglich 15 000 bis 20 000 Menschen. In Minsk wurde der erste Mikrorayon, das Prestigeprojekt im Bauwesen der sechziger Jahre, am östlichen Stadtrand hochgezogen. Die Keimzelle der sozialistischen Stadt verschob sich damit vom Zentrum an die Peripherie. Seit dieser Zeit veränderten sich in den Medien das Bild der Baustelle und des Bauarbeiters gleichermaßen in dem von dem Künstler Gerus vorgezeichneten Sinne. Gefragt war nicht mehr der Maurer, der Stein um Stein einer Hauswand aufschichtet, sondern der Kran, der auf dem Areal eines Neubaugebietes Fertigteile verfrachtet. Vor diesem Hintergrund liest sich das 1961 veröffentlichte »Testament« Denis Bulachows, das zeitgleich mit dem neuen, den Übergang vom Sozialismus zum Kommunismus verkündenden Parteiprogramm der KPdSU erschien, wie eine Tragödie.[12] Es geht in der mit Sicherheit von Ghostwritern verfaßten Broschüre »Bauen wir die Stadt« um die Stilisierung eines von Kollektivgeist und Leistungsbereitschaft durchdrungenen Menschen, der im Interesse des Allgemeinwohls seine Identifizierung mit dem sozialistischen Wettbewerb und der Erfüllung des Plansolls in Übereinstimmung bringt. Geschrieben ist dieser Rechenschaftsbericht in der Sprache der einfachen, »russischen« Menschen. Er thematisiert die Tätigkeit einer »Endproduktionsbrigade« des 4. Minsker Bautrusts, die sich dadurch auszeichnet, daß sie für die Errichtung eines Hauses vom Fundament bis zum Dach verantwortlich ist. Behandelt werden im einzelnen die Aura der sozialistischen Stadt, das Kollektiv als Mikrokosmos der sowjetischen Gesellschaft und das Berufsethos des Brigadiers.

Erstens wird Minsk als Heimat glorifiziert. Es handelt sich dabei um eine besondere Form des Patriotismus, der sich nicht auf die Tradition, sondern auf die Ästhetik des »neuen Lebens« beruft. Denn nach dem Untergang der historisch gewachsenen »kapitalistischen« Stadt im Zweiten Weltkrieg sei eine neue Stadt erwachsen, die sich durch Schönheit auszeichne. Sie präsentiere sich als ein Zentrum für Verwaltung, Kultur und Industrie und biete ihren Bewohnern jeglichen Komfort, der den städteplanerischen Prinzipien der Moderne (Licht, Luft, Grün) zugrunde liege.[13]

Zweitens wird die Leistungsfähigkeit von Bulachows 22köpfiger Brigade auf den Einfluß der kommunistischen Moral zurückgeführt. Nicht der Ausnahmezustand, sprich privilegierte Bedingungen für herausragende Arbeiter, sondern das Verantwortungsgefühl und der Korpsgeist gewöhnlicher Menschen seien ausschlaggebend für den Erfolg gewesen. Dazu gehöre die Integration von Schwachen, die gemeinsame Überwindung etwa von Nikotin- und Alkoholgenuß, das Prinzip von Kritik und Selbstkritik, die Erprobung neuer Techniken und der sparsame Umgang mit Material. Folglich bedürfe es nur der Selbstdisziplin und kollektiven Sinnstiftung, um die Verwandlung des »alten« in den »neuen Menschen« zu bewerkstelligen.

Drittens habe sich der Brigadier durch die Liebe zu seinem Beruf und durch die Perfektionierung seiner handwerklichen Fähigkeiten auszuzeichnen. Erfüllung finden könne er aber nur dann, wenn er darüber hinaus seine von patriarchalischem Geist durchdrungene Rolle als Erzieher und Lehrer ernst nehme und seine Fähigkeiten und Auffassungen der nächsten Generation vermittele.

Das skizzierte Beziehungsgefüge läuft letztendlich auf die Wohnungsfrage hinaus, laut Parteiprogramm sei sie durch die »Großtat auf dem Felde der Arbeit« zu lösen. Es handelte sich selbstredend um eine Aktion, zu der es nicht des Übermenschen, sondern des gemeinen Mannes bedurfte. Als persönliche Tragik im Schicksal Bulachows und seiner Kollegen ist dabei zu bewerten, daß von den bisherigen Helden die Selbstopferung verlangt wurde, der Identitätswechsel vom Maurer zum Monteur.

Nachwirken der Legende. Obwohl die Partei die Maurer nach Einführung der Plattenbauweise nicht mehr als Propagandafiguren brauchte und obgleich sich die Bewohner der Mikrorayons immer wieder massiv über den Pfusch am Bau beschwerten, überdauerte die Legende des Helden die Pensionierung von Denis Grigorjewitsch Bulachow. Seiner wurde gelegentlich gedacht, wenn es darum ging, die Aufbauleistung der Minsker Bevölkerung nach dem Krieg zu beschwören. Darüber hinaus diente er noch als willkommener Redner bei den Parteiaktiven im Bauwesen oder als beliebter Zeitzeuge im Heimatkundeunterricht der Schulen seiner Stadt. Er wurde dabei nicht nur als Vorbild, sondern vor allem auch als Gründervater einer neuen Stadt und einer neuen Tradition gehandelt.[14] Sein Ruhm begann erst zu verblassen, als der Mythos der sozialistischen Stadt keine integrative Kraft mehr entfaltete und durch den Mythos der Heldenstadt ersetzt wurde.

Der Held und die Heldenstadt

Um eine Antwort auf die eingangs gestellten Fragen nach dem Sinn des Heldenmythos zu finden, soll im folgenden der Hintergrund umschrieben werden, auf dem das Bild der Propagandafigur Denis Grigorjewitsch Bulachow abgelichtet wurde.[15] Hinsichtlich der Genese des Heldentitels ist festzuhalten, daß die Bezeichnung »Held der Arbeit« 1927 eingeführt und 1938 in »Held der sozialistischen Arbeit« präzisiert worden ist. Der Titel »Held der Sowjetunion« wurde 1934 eigens für die Piloten geschaffen, die die Expeditionsteilnehmer der im Eismeer gesunkenen »Tscheljuskin« gerettet hatten. Fliegermythos und Stachanow-Bewegung führten in der Folge zu einem regelrechten Heroenkult. Der von den Bolschewiki intendierte Diskurs fokussierte auf die dem Kampf um den Sozialismus verpflichtete »Große Familie« mit Stalin als Vater und der Heimat als Mutter. Helden leisteten in diesem Verbund Außergewöhnliches und übernahmen somit eine Vorreiter- und Vorbildfunktion. Das Substantiv »Held« und das Adjektiv »heroisch« konnotierten dabei Aktivität und Leistungsbereitschaft. Von den Fliegerhelden und Arbeiterhelden der dreißiger Jahre war es ein kleiner Schritt zu den Kriegshelden der vierziger Jahre, die größtenteils erst posthum zu Ehre und Ansehen gelangten. Während des Krieges wurde der Heroenkult um zwei Aspekte angereichert. Zum einen schnellte die Zahl der Helden um das Zwanzigfache empor, von 626 auf ca. 12 500. Zum anderen wurde der Begriff des Helden mit der Erhebung Stalingrads zur »Heldenstadt« im Jahre 1945 verdinglicht. »Held« intendierte nun Selbstaufgabe beim Dienst an der Heimat und unerbittlicher Widerstand gegen den äußeren Feind. In der Nachkriegszeit drehten sich die Vorzeichen ein weiteres Mal um. Als unter Chruschtschow die Überwindung des Personenkults und der Aufbau des Kommunismus propagiert wurden, verlor der Heldentitel an Exklusivität. Über die inflationäre Verleihung von Auszeichnungen wurde nominell eine Heldengesellschaft formiert. Einerseits sank die Großtat des Einzelnen im Zuge der Massenheroisierung zu einer Alltäglichkeit herab. Andererseits eröffnete man so jedem Kommunisten die Möglichkeit, die Aufgaben eines Helden zu erfüllen.

In diesem Kontext vollzog sich in Minsk in ideologischer Hinsicht eine Metamorphose von der »sozialistischen« Stadt zur »Heldenstadt«. Zu verstehen ist dieser Vorgang nur vor dem Hintergrund eines dreistufigen sozialen Wandlungsprozesses, den die Sowjetunion im Zuge von Industrialisierung und Urbanisierung durchlief. Begreift man den Stalinismus als einen ökonomischen Modernisierungsschub, dann unterlag die sowjetische Gesellschaft Ende der zwanziger Jahre einer Mobilisierung, Ende der dreißiger Jahre einer Atomisierung und Ende der fünfziger Jahre einer Konsolidierung. Als Etappen sind die Nivellierung der Bevölkerung (Verstaatlichung der Industrie, Kollektivierung der Landwirtschaft, Liquidierung der Klassenfeinde), der Elitenaustausch (Proletarisierung von Landflüchtigen, Aufstieg von Fachkräften, Parteisäuberungen) und die Etablierung neuer Hierarchien (Nomenklatura, Arbeiterdynastien, Intelligenz als Klassenmacht) festzuhalten. Im Rahmen dieses Prozesses vollzog sich eine rasante Verstädterung, auf die die Sozialplaner zu reagieren hatten. Ende der zwanziger Jahre rekurrierte der städtebauliche Diskurs auf utopische Lebensentwürfe, Mitte der vierziger Jahre auf die Erfüllung von Grundbedürfnissen und seit den sechziger Jahren auf die individuelle Selbstentfaltung. Als Wohnform wurde zunächst das Kommunehaus, dann die »Kommunalka« (Wohngemeinschaft) und schließlich der Mikrorayon anvisiert. Während der Zweite Weltkrieg für die Gesellschaft im ganzen lediglich eine Katalyse bedeutete, stellte er für den Einzelnen eine Zäsur dar, infolge derer sich die Frage der Zuordnung der Persönlichkeit neu stellte. Identität wurde in den zwanziger und dreißiger Jahren durch die soziale Herkunft, in den fünfziger und sechziger Jahren durch das Verhalten im Krieg bestimmt. Dementsprechend kontrastierten auf der Freund-Feind-Ebene in den dreißiger Jahren der »Stachanowist« und der »Kulak«, in den fünfziger Jahren der »Partisan« und der »Kollaborateur«. Unter dieser Prämisse erzielten Chruschtschow und Breschnew in den Phasen von Entstalinisierung und aufkommendem Neostalinismus innerhalb der Bevölkerung einen Massenkonsens, indem sie in ihrer Sozialpolitik den Ansprüchen auf Wohnen und Konsum Rechnung trugen und mit ihrer Propaganda antifaschistische und pazifistische Stimmungen schürten.

Vor diesem Hintergrund war es nur konsequent, daß Minsk in dieser Periode nach Stalingrad/Wolgograd, Leningrad, Kiew, Odessa, Sewastopol, Moskau, der Festung Brest, Kertsch und Noworossisk zur zehnten Heldenstadt der Sowjetunion proklamiert wurde. Wegen Differenzen zwischen der Führung im Kreml und der selbstbewußten Partisanengeneration in der weißrussischen Elite erfolgte die Auszeichnung allerdings erst am 26. Juni 1974 anläßlich des 30. Jahrestages der Befreiung Weißrußlands von der deutschen Besatzung. Begründet wurde diese Ehrung vor dem Obersten Sowjet der UdSSR damit, daß sich die weißrussische Hauptstadt beim Kampf gegen den Nationalsozialismus »Verdienste um die Heimat« erworben und bei der Entwicklung der Partisanenbewegung eine »besondere Rolle« gespielt habe, mithin trotz dreijähriger Besatzungszeit »Tapferkeit« und »Heroismus« für sich in Anspruch nehmen könne. Die weißrussische Kommunistische Partei knüpfte ihrerseits beim Sowjetpatriotismus an, um den Wertekanon des Heldenmythos zu entfalten. Die »Großtat in der Schlacht« und die »Großtat an der Arbeitsfront« standen dieser Lesart zufolge in einem Wechselverhältnis. Demnach war die Erfüllung und Übererfüllung der Fünfjahrespläne gleichbedeutend mit weiteren Siegen im Kampf um den Kommunismus.[16]

Heroenmythos und Gedenkrituale dienten in der Sowjetunion dazu, die Bevölkerung auf den offiziellen Werte- und Normenkanon einzustimmen. Die Kommunistische Partei suchte sich durch die Glorifizierung des technischen Fortschritts zu legitimieren und über Leistungsanreize die Effizienz der zentralen Planwirtschaft unter Beweis zu stellen. Allerdings beruhte die Stabilität des politischen Systems in der Ära nach Stalin im wesentlichen darauf, inwieweit die Anhebung des Lebensstandards und die Chancen individueller Selbstverwirklichung gewährleistet wurden. Arbeitsplatzgarantie und Preisstabilität bildeten die Prämisse für den zu erzielenden Massenkonsens. Auszeichnungen und Privilegien schrieben Statusunterschiede fest und trugen zur Ausdifferenzierung der Sozialstruktur bei. Konformismus war die Forderung der Machthaber, Konsumorientierung die Antwort der Gesellschaft. Vor diesem Hintergrund wurde mit dem »Helden« ein allen »Sowjetmenschen« in der einen oder anderen Form zugänglicher Lebensentwurf angeboten, der den Sozialismus nicht nur unterstützte, sondern auch von diesem profitierte.

Zwischen dem Heldenkult der dreißiger und dem der fünfziger Jahre bestand also ein wesentlicher Unterschied, der auf dem Verlust der Utopie beruhte. Der »Übermensch« wurde in der Propaganda auf ein Normalmaß reduziert. Bulachow hatte keine so herausragende Leistung zu vollbringen wie seinerzeit Stachanow, der noch ganz den Typus des Stoßarbeiters repräsentierte. Vielmehr war und blieb Denis Grigorjewitsch auch während der sechziger Jahre ein Held von lokaler Bedeutung. Er diente zum einen als Galionsfigur für die Berufsgruppe der Bauarbeiter und wurde dementsprechend als Rationalisator und Mechanisator gepriesen. Handarbeit war in der Volkswirtschaft nicht mehr angesagt. Zum anderen fungierte er als Hoffnungsträger für die von der Wohnungsnot betroffene Masse und sollte in dieser Hinsicht Genügsamkeit und Enthusiasmus ausstrahlen. Er verkörperte gleichsam die Tradition des »neuen Minsk«. Für das Erlöschen des Sternes von Denis Grigorjewitsch in den siebziger und achtziger Jahren spielten vor allem drei Faktoren eine Rolle. Erstens war der Übergang von der Aufbauphase zur industriellen Großstadt mit einem Generationswechsel und mit einem Wandel der Identität verbunden. Zweitens wurde der Typus des Maurers im Zeitalter der seriellen Fertigung als Vorbild nicht mehr gebraucht. Drittens führten die im Zeichen der Entstalinisierung betriebene Inflation des Heldentitels und die Verdinglichung des Heldenbegriffs zu einer Relativierung herausragender Persönlichkeiten. Mit dem Zusammenbruch der Sowjetunion ging schließlich eine an vorrevolutionäre Traditionen anknüpfende Suche nach einer nationalen Ideologie und die Annahme einer am Wohlstand des Westens orientierten Lebens- und Überlebensstrategie einher. Obgleich in Minsk ein Bildersturm ausblieb, setzten sich im kollektiven Gedächtnis kommunistische Symbole und Denkmäler als Relikte aus grauer Vorzeit fest, die von anderen Erfahrungen überlagert wurden.

Gerhard Kowalski

Der »Rote Kolumbus«

Juri Gagarin, der sowjetische Kosmosheld

Das meiste von dem, was im allgemeinen über den Kosmonauten Juri Gagarin bekannt ist, geht auf das Buch »Mein Flug ins All« zurück, das zwei *Prawda*-Korrespondenten in aller Eile als Ghostwriter für Gagarin geschrieben haben, sowie auf Berichte aus der damaligen gleichgeschalteten sowjetischen Presse, die nahezu kritiklos im Westen übernommen worden sind. »Mein Flug ins All« enthält zwar eine ausführliche Schilderung der Biographie Gagarins, aber nur sehr wenige Einzelheiten über den Start, den Flug und die Landung selbst. Die an dem Raumfahrtunternehmen beteiligten Personen werden gänzlich verschwiegen. Viele Vorgänge wurden zudem bewußt falsch dargestellt, um den »Klassenfeind« in die Irre zu führen, so die Rede Gagarins vor dem Start und die angebliche Landung auf der Erde im Raumschiff. Wie heute bekannt ist, wurde die Ansprache erst Tage später in Moskau aufgezeichnet, und der Kosmonaut kam am Fallschirm auf die Erde zurück. Verschwiegen hat man auch, daß der Flug fast tragisch geendet hätte, weil sich die Gerätesektion nicht programmgemäß von der Landekapsel löste, so daß das Raumschiff gefährlich ins Trudeln geriet.

Der Öffentlichkeit weitgehend unbekannt ist darüber hinaus die weitere Lebensgeschichte Gagarins bis zu seinem allzu frühen Tod beim Absturz seines Flugzeuges im März 1968. Im Bewußtsein der Menschen haften geblieben sind vor allem seine vielen Auslandsreisen, bei denen er durch seinen Charme die Herzen der Menschen im Sturm eroberte, und vielleicht seine Reden auf Partei-, Komsomol- oder Gewerkschaftskongressen. Daß Gagarin von 1962 bis kurz vor seinem Tod ein Studium absolvierte, nahm kaum jemand zur Kenntnis. Dabei ist doch gerade diese Phase seines Lebens von ausschlaggebender Bedeutung für die Einschätzung der ganzen Persönlichkeit Gagarins.[1]

Dokumente, die erst im Zuge von Glasnost und Perestroika zugänglich wurden, belegen, daß sich Gagarin zunehmend gegen die Vereinnahmung durch die Partei- und Staatsführung wehrte und sich eigensinnig zum Anwalt des »gewöhnlichen« Bürgers machte. Als Deputierter des Obersten Sowjets griff er die Sorgen und Nöte der Menschen auf, trug sie an die entsprechenden staatlichen Stellen heran und forderte von diesen Rechenschaft über die Beseitigung der Mißstände. Er avancierte zu einer von der Bevölkerung angenommenen Petitionsinstanz. Man begann, ihm zu vertrauen.

Gagarins Leistung – der erste Flug eines Menschen ins unbekannte und lebensfeindliche All – sicherte ihm innerhalb kürzester Zeit einen festen Platz in der Weltgeschichte. Der »blaue Planet«, wie Gagarin die Erde nannte, feierte ihn über alle Ländergrenzen und Klassenschranken hinweg unisono als neuen Helden. Wo immer der russische Bauernsohn bei seinen zahlreichen Auslandsreisen zu Gast war – ob in Indien, Ägypten, Japan, Großbritannien und Schweden oder in den sozialistischen »Bruderländern« –, wurde er von der Bevölkerung mit geradezu überschäumender Sympathie als globales Sinnbild des neuen, kosmischen Zeitalters aufgenommen und von den Staatsoberhäuptern für seine epochale Tat mit den höchsten Auszeichnungen geehrt. Noch heute, fast ein Vierteljahrhundert nach seinem Tod und knapp ein Jahrzehnt nach dem Zerfall des Sowjetimperiums, ist das Bild Gagarins als »Kolumbus des 20. Jahrhunderts« ungetrübt, während von so manchem anderen »sozialistischen Helden« kaum noch gesprochen wird.

Die Konstruktion des Helden

Die Kremlführung wurde von dem überwältigenden positiven Echo auf den Flug und die Person Gagarins überrascht. Mit einer solchen weltweiten Anteilnahme hatte sie nicht gerechnet. Schließlich war der 108-Minuten-Flug unter strengster Geheimhaltung vorbereitet und unter Ausschluß der Öffentlichkeit durchgeführt worden. Eine propagandistische Begleitung gab es zunächst nicht. Start und Landung erfolgten unter Ausschluß der Presse, Informationsmaterial, mit dem man die Nachfragen von überallher hätte bedienen können, lag nicht bereit.

Über die Gründe dafür wird heute noch gerätselt. Waren sich die Verantwortlichen nicht sicher, daß das Experiment gelingen würde? Doch dann hätte man zumindest einen Nachruf vorbereiten müssen, wie das in den USA für den Fall des Scheiterns der Mondlandung geschah. Vielleicht wollte man dann alles wie so oft verschweigen oder leugnen? Oder glaubte man nicht mehr daran, auch diesmal wie bei »Sputnik 1« den Amerikanern zuvorzukommen? Auch Gagarin war sich seiner Sache nicht ganz sicher. Denn vor dem Start verfaßte er noch schnell einen Brief an seine Frau, der heute wie ein Vermächtnis oder Testament anmutet.

Vor allem Chefkonstrukteur Sergej Koroljow mahnte bei den letzten Startvorbereitungen zu größter Eile, zumal der ursprüngliche Starttermin im Dezember 1960 bereits wegen einer verheerenden Katastrophe auf dem Weltraumbahnhof verschoben werden mußte. Am 24. Oktober 1960 war eine R-16 (NATO-Code: SS-7), die erste interkontinentale ballistische Rakete der Sowjets, die amerikanisches Territorium erreichen konnte, in letzter Minute am Boden in Flammen aufgegangen. Dabei kamen fast hundert Menschen ums Leben, darunter der Chef der Strategischen Raketentruppen der UdSSR, Marschall Mitrofan Nedelin. Nach diesem tragischen Unglück erkundigte sich Koroljow nahezu täglich beim sowjetischen Geheimdienst, wie weit die Amerikaner mit ihren Vorbereitungen für den ersten bemannten Start seien.

In dem Appell der sowjetischen Partei- und Staatsführung an das eigene Volk und die Völker der Welt zum Flug Gagarins wird deshalb nicht ohne Grund mit »großer

Triumphzug in Moskau zum Empfang von Juri Gagarin, der am 12. April 1961 als erster Mensch in den Weltraum geflogen war.

Freude« und »berechtigtem Stolz« festgestellt, daß der erste Mensch, der ins All geflogen ist, ein Bürger der UdSSR sei. Diese Heldentat, die Jahrhunderte von Bedeutung sein werde, sei Ausdruck »des Genius des sowjetischen Volkes und der mächtigen Kraft des Sozialismus«. Zugleich wurde versichert, daß die Kosmosforschung
der UdSSR ausschließlich friedlichen Zwecken diene – schon damals eine Lüge. Denn
Chefkonstrukteur Koroljow hielt von Anfang an auch eine militärische Variante von Gagarins »Wostok«-Raumschiff bereit. Mehr noch: Gagarin und seine Raumfahrerkol-
legen bemühten sich höchstpersönlich, die Partei-, Staats- und Militärführung davon
zu überzeugen, daß der Weltraum künftig eine entscheidende Rolle bei der Systemauseinandersetzung spielen würde. Eine der unmittelbaren Folgen solcher Forderungen war nicht zuletzt, daß drei der sieben langlebigen »Salut«-Raumstationen, die
die UdSSR zu ihrer »Hauptmagistrale bei der friedlichen Erschließung des Alls« erklärt hatte, rein militärischen Zwecken dienten. Ein Teil der Besatzungen dafür re-
krutierte sich aus jenen Kosmonauten, die eigentlich zum Mond fliegen sollten. Als
sich aber abzeichnete, daß die Amerikaner hier die Nase vorn hatten, brach der Kreml
den »Wettlauf zum Mond« ab, was sowjetischerseits offiziell allerdings nie zugege-
ben worden war.

Viele Kameras und keine Bilder

Doch zurück zu jenem 12. April 1961. Der Start Gagarins wurde zwar von Dutzenden
Kameras des Armeefilmstudios aus allen möglichen Perspektiven festgehalten. Die
Filme nahm man aber sofort unter Verschluß. Das meiste Material lagert heute noch
in geheimen Archiven. Nur wenige Sequenzen wurden bisher zur Veröffentlichung
freigegeben. Selbst auf Filmaufnahmen in der Kapsel hatte man damals verzichtet –
ein Umstand, der den Experten bis heute ebenfalls Rätsel aufgibt und einen ungarischen Autor zu der verwegenen These verleitete, Gagarin sei gar nicht geflogen.

Was hätte eigentlich nähergelegen, als das Gesicht Gagarins während der gesamten historischen Erdumkreisung im Film festzuhalten – und sei es nur aus medizini-
schen Gründen? Fotos, die Gagarin in der spektakulären »Arbeitskleidung« dieser
weltweit neuen, elitären Berufsgruppe, dem Skaphander, zeigen, erschienen zuerst
im Westen und nicht in der UdSSR. Zwei Mitarbeiter der Presseagentur *Nowosti* hatten die Gunst der Stunde genutzt, sich einige Filmabfälle aus einem Schnittstudio be-
sorgt und diese an eine westliche Nachrichtenagentur verkauft.

Die sowjetischen Zeitungen konnten somit die kargen Texte der staatlichen Nachrichtenagentur *TASS* nicht bebildern, weil keine Fotos von dem Ereignis freigegeben
wurden. Die Parteizeitung *Prawda* rettete sich wie so oft mit einer knalligen Zeichnung, die eine aufsteigende Phantasierakete zeigte, denn das Raumschiff Gagarins unterlag jahrelang strengster Geheimhaltung, weil es sich um eine modifizierte Variante
der ersten atomaren Interkontinentalrakete der Welt, der R-7 (Semiorka), handelte.
Auch Rundfunk und Fernsehen litten an akutem Materialmangel. Von einem Origi-

nalton Gagarins war zunächst keine Rede. Der kam erst mit sechs Tagen Verspätung, nachdem der inzwischen weltberühmte Kosmonaut seine angebliche Rede an das Volk vor dem Start seiner Rakete nachträglich in einem Moskauer Rundfunkstudio auf Band gesprochen hatte. Der Rundfunk behalf sich allerdings mit einem Sprecher, dessen Stimme stets in den ganz großen Stunden des Landes im Äther zu hören war: Juri Borissowitsch Lewitan. Er war flugs aus dem Urlaub geholt worden, um die trockenen TASS-Nachrichten mit dem ihm eigenen Pathos zu verlesen.

Selbst zum triumphalen Empfang Gagarins in Moskau zwei Tage nach dem Flug hatte man lediglich großformatige Porträts parat, die ihn in seiner neuen Uniform als frischgebackenen Major zeigten. Denn Gagarin war während des 108-Minuten-Fluges vom Oberleutnant zum Major befördert worden. Daneben veröffentlichte man noch ein altes Foto des Kosmos-Helden aus dessen Fliegerschulzeit in Fallschirmspringerkluft.

Gagarin als Medienstar

Die sowjetische Propaganda mußte also im nachhinein reagieren und quasi auf den Gagarin-Zug aufspringen, der international längst abgefahren war. Die weltweite Nachfrage nach Informationen wurde im wesentlichen mit der internationalen Pressekonferenz in Moskau am 15. April 1961 gestillt, für die man Gagarin sorgfältigst präpariert hatte. Denn der unbekannte Jagdflieger, der über Nacht zum größten Medienstar der Welt avancierte, mußte auf dem sehr schmalen Grad zwischen militärischer Geheimhaltung und wirkungsvoller sozialistischer Propaganda wandeln. Er durfte vor allem keine technischen Details seines Fluges und auch keine Namen verraten. Nicht einmal der Name von Koroljow und von Gagarins Double German Titow gab er preis. Ersterer hieß offiziell nur »der Chefkonstrukteur«, der andere »Kosmonaut Nr. 2«.

Auf der Pressekonferenz, die mit langatmigen offiziellen Statements eingeleitet wurde, zeigte Gagarin erstmals sein angeborenes Kommunikationstalent. Nach anfänglicher Nervosität beantwortete er die Fragen der Presseleute souverän und mit Humor. Politisch heikle Klippen wie die Frage, ob er denn da oben Gott gesehen habe, umschiffte er geschickt. Natürlich legte er auch das geforderte Bekenntnis zu Partei und Staat ab. Doch dabei sprach aus ihm nicht der künstlich aufgebaute sozialistische Held, sondern eher der patriotische Offizier. Und auch das fiel sofort auf: Gagarin hatte die Gabe, Dinge anschaulich in eigenen Worten zu beschreiben. Das sollte neben seinem unnachahmlichen Lächeln auch im Ausland bei seinen Begegnungen mit den einfachen Menschen wie mit gekrönten Häuptern sein ganz spezielles Markenzeichen werden.

Insofern eignete er sich als idealer Propagandist seines Landes – was die Staatsoberen nicht ahnen konnten. Gagarin war nicht von einer Parteikommission für seine Heldenrolle ausgesucht und präpariert worden. Bei der Auswahl der ersten Kosmonauten ging es nicht vorrangig um irgendwelche politisch-ideologischen Kriterien.

Juri Gagarin zu Gast beim Berliner Glühlampenwerk im Oktober 1963 während seiner ausgedehnten Rundreise durch die DDR.

Hier hatten die Ärzte das entscheidende Wort. Die Kandidaten für den Raumflug mußten Militärflieger und in einem bestimmten Alter sein sowie eine bestimmte Größe und ein bestimmtes Gewicht haben. Daß sie nach dem Besuch der Offiziersschule eine solide politische Grundausbildung hatten, verstand sich von selbst.

Aus den 2000 Piloten, die übrigens nur aus Einheiten im europäischen Teil der UdSSR rekrutiert wurden, filterte man schließlich eine Gruppe von zwanzig Raumflugkandidaten heraus – die sogenannte Gagarinsche Garde. Vier von ihnen kamen schließlich in die engere Wahl für den ersten Flug, Gagarin war letztendlich der Auserwählte.

Die Entscheidung für Gagarin, die von einer Kommission pro forma abgesegnet wurde, traf ein Einzelner: Chefkonstrukteur Koroljow, der »Vater der modernen sowjetischen Raumfahrt«. Er war in den dreißiger Jahren zu Unrecht der Sabotage beschuldigt und zu Zwangsarbeit in einer Goldgrube verurteilt worden, hatte sich aber hartnäckig gegen das Unrechtsurteil gewehrt und wurde schließlich von Flugzeug-konstrukteur Tupolew in sein Konstruktionsbüro geholt, um dort Raketenantriebe für die Flugzeuge der Roten Armee an den Fronten des Zweiten Weltkriegs zu bauen.

Den Ausschlag für Koroljows Entscheidung, Gagarin auszuwählen, hat ganz offenbar ein Umstand gegeben, der eher kleinbürgerlich anmutet: Gagarin zog für das erste Probesitzen in seiner »Wostok«-Kapsel die Schuhe aus. Das beeindruckte den Chefkonstrukteur, der Ordnung über alles liebte. Gagarin war ihm schon vorher höchst positiv aufgefallen. Allerdings nicht durch seine Leistungen im Training, wo er nie Primus in einer Disziplin, aber in der Summe der Fächer, »im Mehrkampf«, wie man es nannte, der Beste war. Koroljow gefiel vor allem Gagarins offenes, seiner Meinung nach »russisches« Gesicht, seine Ernsthaftigkeit bei der Arbeit, seine Klugheit, seine Hartnäckigkeit, sein Gerechtigkeitssinn, seine jungenhafte Fröhlichkeit sowie sein Vermögen, Dinge wahrzunehmen und zu schildern. Koroljow war sich sicher, daß niemand seine Eindrücke von dem Flug besser wiedergeben könnte als Gagarin, womit er recht behalten sollte. Erinnert sei nur an das weltberühmte »Pojechali!« (Los geht's!), für das seither zumindest in der Raumfahrt Gagarin das Copyright hat, und die Bezeichnung der Erde als »blauen Planeten«.

Koroljow hat mit seiner Wahl eine der klügsten kaderpolitischen Entscheidungen in der Geschichte der UdSSR getroffen. Wenn Gagarin eine entsprechende Ausbildung erhalte, werde er einmal zu den hellsten Köpfen des Landes gehören, prophezeite der Chefkonstrukteur damals. Leider konnte er die Verwirklichung dieser Vorhersage nur noch wenige Jahre verfolgen, denn Koroljow starb im Januar 1966 kurz nach seinem 60. Geburtstag. Die Lücke, die er hinterließ, ist auch heute noch schwer zu schließen. Denn er war nicht nur ein genialer Konstrukteur, sondern vor allem der alles beherrschende Organisator der sowjetischen Weltraumerfolge. Sein Nachfolger, Wassili Mischin, konnte diesen Allround-Könner nicht annähernd ersetzen. In seiner Zeit geriet die erfolgverwöhnte sowjetische Raumfahrt durch die bittere Niederlage beim Wettlauf mit den Amerikanern um den Mond deutlich ins Hintertreffen.

Gagarin läuft aus dem Ruder

Koroljow hatte recht: Gagarin schickte sich an, eine beachtliche wissenschaftliche Karriere zu machen. 1962 nahm er zusammen mit seinem Freund German Titow und anderen Kosmonauten ein Studium an der »Schukowski«-Militärakademie auf, das er kurz vor seinem Tod im März 1968 mit einer ausgezeichneten Diplomarbeit beendete, deren Thema allerdings jahrelang geheim war, da es um ein militärisches Weltraumprojekt ging. Die lange Studienzeit ist der Tatsache geschuldet, daß die Kosmonauten immer wieder auf ausgedehnte Auslandsreisen geschickt und auch im Inland von einer Institution zur anderen weitergereicht wurden. Daneben nahm Gagarin seine gesellschaftlichen Funktionen etwa als Mitglied des Zentralkomitees des Komsomol und als Deputierter des Obersten Sowjets der UdSSR, die er hauptsächlich aus

Repräsentationsgründen erhalten hatte, sehr ernst, sogar zu ernst, wie viele der Oberen bemängelten. Denn wenn Gagarin bei ihnen mit einem Anliegen seiner Wähler anklopfte, ließ er gewöhnlich nicht locker. Und das gefiel den verantwortlichen Funktionären nicht. Denn eigentlich hatten die Kosmonauten ihrer Meinung nach ihre Pflicht und Schuldigkeit getan, als sie die Erde umkreisten. Nun bestand ihre Aufgabe im wesentlichen darin, das Land und damit die Führung zu repräsentieren und so zu legitimieren. Dem eigensinnigen Helden Gagarin aber war dies zuwenig.

Durch die internationalen Auftritte und nicht zuletzt durch das Studium spürbar selbstbewußt geworden, forderte er ein Mitspracherecht. So beklagte er sich schon nach den ersten Auslandsreisen offiziell darüber, daß man ihn immer wieder zwinge, vorbereitete Reden vorzulesen. Er wisse sehr wohl selbst, was er wo zu sagen habe, beschied er den Chef der Kosmonautenabteilung, General Nikolai Kamanin, der als einziger in der sowjetischen Führungsriege der »Weltraum-Verantwortlichen« öffentlich genannt werden durfte. Auch über den Kult, der mit ihm in der einheimischen und der Presse der sozialistischen Bruderländer getrieben wurde, beschwerte sich Gagarin. Wenn er manche Beiträge lese, sei ihm »unbehaglich«, bekannte er einmal gegenüber der Regierungszeitung *Iswestija*. Denn er werde wie ein »hyperidealer Mensch« dargestellt, dem immer alles gelinge. »Aber ich habe wie viele andere Menschen auch viele Fehler.«

Zusammen mit anderen Kosmonauten schrieb Gagarin schließlich einen brisanten Brief an das Zentralkomitee der KPdSU. Darin verwahrten sie sich dagegen, zu Veranstaltungen ins Land geschickt zu werden, die nicht echten gesellschaftlichen Zwecken, sondern den lokalen Parteibeauftragten nur als Anlaß für »Besäufnisse« dienten. Auf diese Weise seien ihnen allein in einem Jahr bis zu fünfzig Studientage verlorengegangen, rechneten die Männer der Parteiführung vor. Gagarin selbst ging sogar noch einen Schritt weiter. Er verlangte, daß man das gegen ihn aus Sicherheitsgründen verhängte Verbot, Flugzeuge zu fliegen, aufhob und ihn zudem ein zweites Mal ins All starten ließ. Er könne sich nicht glaubhaft dem kosmonautischen Nachwuchs widmen, wenn er nicht selbst fliege, begründete er seine Haltung. Für den Fall, daß man seiner Forderung nicht nachkomme, drohte Gagarin sogar mit seinem Rücktritt als stellvertretender Leiter des Zentrums für die Kosmonautenausbildung – eine Ungeheuerlichkeit für damalige Verhältnisse, die die Verantwortlichen natürlich in Rage brachte. Nur mit Mühe konnte Kamanin einen Eklat verhindern, der auch ihn den Posten gekostet hätte. Gagarin rang dem General aber das feste Versprechen ab, wieder fliegen zu dürfen, wenn er sein Diplom mit Erfolg abgeschlossen habe.

Gagarin geriet in seinen letzten Lebensjahren immer stärker in Konflikt mit dem System und der herrschenden Nomenklatura, der er selbst angehörte. Die Voraussage Koroljows vom »hellen Köpfchen« Gagarin bekam so eine völlig neue Bedeutung. Das Verhältnis zwischen Parteichef Leonid Breschnew und seinem stalinistischen Gefolge zu den Kosmonauten, speziell Gagarin, kühlte zusehends ab. Das Gerücht, Gagarin habe Breschnew im Streit bei einem Empfang ein Glas Champagner ins Gesicht geschüttet, stimmte zwar nicht. Aber es war doch symptomatisch für den großen Wi-

Empfang für Juri Gagarin am Londoner Flughafen im Juli 1961. Auch im Westen wurde der Kosmonaut als Held gefeiert.

dersprüch »zwischen dem ausschweifenden Leben der Oberen und dem schwierigen Dasein des Volkes«, wie Professor Sergej Bjelozerkowski später schrieb, der Gagarin zum Diplom geführt hatte. Ihm vertraute sich der Kosmonaut in seiner offensichtlichen Not immer wieder an.

Breschnew sah in den Kosmonauten ganz offenbar die folgsamen Getreuen und manchmal sogar die »Lieblinge« seines umtriebigen Vorgängers. Deshalb sei nach dem Sturz Chruschtschows dessen gesamte Umgebung aus der politischen Arena entfernt worden, wie Wladimir Semitschastny, Geheimdienst-Chef unter Chruschtschow, in seinem letzten Interview aussagte. Auf diese Weise habe Breschnew unter allen Umständen verhindern wollen, daß sich diese Leute gegen seine Regierung vereinen könnten. In jenen Jahren sei jedes Anzeichen von Unabhängigkeit und Freiheitsliebe und jede Suche nach demokratischen Entwicklungswegen im Keim erstickt worden, wie sie etwa in der Periode des sogenannten Tauwetters oder der »April«-Bewegung ihren Ausdruck fand.

Gagarin war damals »mehr als alle sowjetischen Ideale« zum »Symbol des Landes« geworden. »Dies konnte nur Neid auslösen und die Gefahr heraufbeschwören, daß die Situation für die regierenden Funktionäre unkontrollierbar wird«, sagte dazu Ludmila Pawlowa, die Tochter des besten Freundes von Gagarin, Sergej Pawlow.

79

»Im Tandem mit meinem Vater, der politische Macht besaß, hat sich diese Gefahr in ihren und den Augen des KGB noch verstärkt«, fügte sie hinzu. Der einst mächtige Komsomol-Chef Pawlow war von Breschnew kurz vor dem fünfzigsten Jahrestag des kommunistischen Jugendverbandes abgesetzt und auf den bedeutungslosen Posten des Sportministers abgeschoben worden.

Vom Umgang mit einem renitenten Helden

Mit Gagarins Studienabschluß im Februar 1968 stand die sowjetische Führung vor der schwierigen Frage, was mit dem widerspenstigen Helden zu tun sei. Eigentlich hatte er mit seinem Flug längst seine Schuldigkeit getan. Jetzt mußte für ihn also ein »Versorgungsposten« gefunden werden. Doch das schien gar nicht so einfach. Im streng hierarchisch aufgebauten kommunistischen System war für einen wie Gagarin kein Platz. Niemand, schon gar nicht seine unmittelbaren Vorgesetzten in der Armee, wollte diese festgefügte Ordnung sprengen. Die Kompetenz des Kosmonauten und sein Einfluß waren Armee, Staat und Partei ein Dorn im Auge. Ihnen war Gagarin nur willkommen, wenn sie sich mit seinem Ruhm schmücken und so die angebliche Überlegenheit des Systems demonstrieren konnten. Diese Rolle billigten sie ihm gern zu. Doch zeigte es sich immer deutlicher, daß die Persönlichkeit Gagarin schon längst aus diesem Rahmen herausgewachsen war. Deshalb ließ man ihn immer häufiger ins Leere laufen. Gagarins Vorstöße als Deputierter des Obersten Sowjets in zentralen Fragen, so der Verbesserung der allgemeinen Lebensbedingungen, wurden regelmäßig abgeblockt. Lediglich auf der untergeordneten Ebene konnte sich der Kosmonaut dank seines Rufes als aufrichtiger Held durchsetzen.

Es gab also – außerhalb seiner Repräsentationspflichten als erster Kosmonaut im All – keinerlei weiterführende Pläne der Staats- oder Armeeführung für den Absolventen der »Schukowski«-Militärakademie, den Nationalhelden Oberst Juri Alexejewitsch Gagarin. Auch die angekündigte Beförderung zum Generalmajor anläßlich des Tages der Sowjetarmee am 23. Februar 1968 blieb zum Erstaunen vieler ohne Erklärung aus. Das einzige berufliche Angebot, das Gagarin bekam, stammte von seinem Lehrer. Dieser schlug ihm vor, an der Akademie zu bleiben und seine wissenschaftliche Arbeit an Kosmosflugzeugen, wie der späteren Raumfähre »Buran«, fortzusetzen. Gagarin war dem nicht abgeneigt, erbat sich aber Bedenkzeit. Er wollte offenbar erst einmal sehen, welche Möglichkeiten sich ihm noch boten. Am liebsten wäre ihm allerdings ein zweiter Raumflug gewesen.

Der frühe Unfalltod Gagarins im März 1968 kam so manchem in der Führung nicht ganz ungelegen. Der Absturz des ersten Kosmonauten der Welt bei einem normalen Übungsflug schockierte nicht nur das sowjetische Volk, sondern die ganze Welt. Der Amerikaner Neil Armstrong, der 1969 als erster Mensch den Mond betrat, würdigte den Kosmos-Pionier, dem er nie persönlich begegnet war, mit den Worten: »Er hat uns alle in den Weltraum gerufen.«

Größte Untersuchung in der Geschichte der UdSSR-Luftfahrt

Der Absturz des zweisitzigen Schulflugzeuges UTI-MiG-15 mit Gagarin und seinem Instruktor Wladimir Serjogin an Bord löste die größte Untersuchung in der Geschichte der sowjetischen Luftfahrt aus. Es wurden ungezählte Kommissionen und Unterkommissionen eingerichtet. Ihr gehörten die besten Fachleute des Landes an: Wissenschaftler, Luftfahrtexperten, Kriminologen, Ärzte und sogar Ornithologen, da man eine Kollision der Maschine mit einem großen Vogel nicht ausschloß. An der Unglücksstelle bei Moskau wurde jedes noch so kleine Teil der fünf Tonnen schweren MiG geborgen, deren Trümmer auf 810 Metern Länge und 50 Metern Breite in einem Waldstück verstreut lagen. In einem Hangar wurde das Flugzeug fast vollständig wieder zusammengesetzt.

Die Untersuchungsergebnisse füllen drei Dutzend dicke Aktenbände. Doch eine plausible Erklärung für den Absturz konnte – nach heutigem Erkenntnisstand muß man wohl besser sagen: wollte – die Regierungskommission nicht bieten. Die Maschine sei bis zum Aufprall voll funktionstüchtig gewesen und die Piloten hätten professionell gehandelt. Eine gesundheitliche Gefährdung schloß man aus. Insofern müsse die Katastrophe auf die Verkettung mehrerer unglücklicher Umstände zurückgeführt werden, lautete das salomonische Fazit.

In dem geheimen Abschlußbericht wurde behauptet, die Maschine sei höchstwahrscheinlich durch ein »jähes Manöver« der Piloten ins Trudeln geraten. Möglicherweise wollten sie einem wie auch immer gearteten Hindernis – einem Wetterballon, einem anderen Flugzeug oder einem Vogel – ausweichen. Danach hätten sie die Maschine nicht mehr abfangen können. Wie wir heute aus dem Geheimbericht wissen, der erst im März 1987 teilweise veröffentlicht wurde, hat man die Schuld für den Absturz indirekt den Piloten gegeben. Für alle Beteiligten bedeutete dies die günstigste Lösung des Falls. Denn es gab somit praktisch keine Schuldigen, die man hätte zur Rechenschaft ziehen müssen.

Schon damals haben fünf Kollegen Gagarins, darunter sein Double Titow, in einem Brief an den für Raumfahrt zuständigen Sekretär des Zentralkomitees der KPdSU, Dmitri Ustinow, dagegen protestiert, daß die beiden Männer nachträglich zu Sündenböcken gestempelt wurden. Die Behauptung vom »jähen Flugmanöver« sei schon aus flugdynamischen Gründen »durch bewußtes Handeln der Besatzung« irrelevant und somit »aus den Fingern gesogen«.

German Titow, der der Untersuchungskommission angehörte, sagte später aus, daß ihm mehrfach der Rausschmiß aus dem Gremium angedroht wurde, da er gefordert habe, die Fragen der Flugsicherung näher unter die Lupe zu nehmen. Doch damit stieß er direkt in ein Wespennest. Wie aus den Unterlagen hervorgeht, gab es gerade in diesem Bereich gravierende Versäumnisse. Dazu gehört, daß die Piloten mit falschen Wetterdaten losgeschickt worden waren, das Bodenradar nicht funktionierte und die Maschine veraltet war. Außerdem befanden sich noch mehrere andere Flugzeuge vorschriftswidrig in Gagarins Flugsektor, und schließlich wurden dort zu der besagten

Zeit mindestens sechzehn Wetterballons aufgelassen. Doch all diesen Dingen ging die Kommission bewußt nicht nach, weil das Konsequenzen für viele hohe Militärs und sicher auch für einige Politiker nach sich gezogen hätte. Titow hatte im nachhinein auch noch feststellen müssen, daß seine schriftlichen Berichte und Eingaben zum Teil gefälscht worden waren.

Auch andere namhafte Experten zweifeln das offizielle Untersuchungsergebnis des Gagarin-Absturzes an. Als wahrscheinlichste Variante gilt der Zusammenstoß mit einer Ballon-Sonde, da man im Absturzgebiet auch Reste von Ballonhüllen gefunden hatte. General Kamanin, der nach dem Tod Gagarins ins Kreuzfeuer der Kritik geriet, hat in seinen posthum veröffentlichten Tagebüchern sogar die Möglichkeit von Sabotage nicht ausgeschlossen. Beweise gibt es dafür allerdings bis zum heutigen Tag keine.

Auch der ehemalige Komsomol-Chef Pawlow glaubte nicht an einen Unfall. Ihr Vater sei »überzeugt« gewesen, »daß der Tod Gagarins kein Zufall war«, sagte seine Tochter Ludmila in einem Interview zum vierzigsten Jahrestag des ersten Weltraumfluges am 12. April 2001. »Von dieser Überzeugung konnten ihn weder Hinweise auf Schlamperei am Boden noch auf Fehler der Piloten abbringen. Seine Überzeugung wurde noch dadurch erhärtet, daß er praktisch unmittelbar nach dem Tod Gagarins seines Postens als ›Komsomolführer‹ enthoben wurde.« In den Augen ihres Vaters »mußte zwischen beiden Ereignissen eine Verbindung bestehen«. Dessen ungeachtet sei sie überzeugt, »daß die Geschichte des Todes von Juri Alexejewitsch niemals bis zu Ende geklärt« werden wird.

Zumindest für die Familie Gagarins kam es mit dem Regierungsantritt Wladimir Putins zu einer jähen Wende. Nachdem sich Walentina Gagarina auch zum vierzigsten Jahrestag des Fluges ihres Mannes am 12. April 2001 strikt geweigert hatte, an irgendwelchen Festveranstaltungen teilzunehmen, machte Präsident Putin ihr und ihren Töchtern höchstpersönlich im »Sternenstädtchen« bei Moskau seine Aufwartung. In einem Gespräch bei Tee und Kuchen eröffnete der Präsident überraschend der ältesten Tochter Gagarins, Jelena, daß er sie zur Chefin der Kreml-Museen ernannt habe. Damit wurde die bisherige stellvertretende Abteilungsleiterin im Moskauer »Puschkin«-Museum von einer Minute auf die andere in die neue Kreml-Nomenklatura katapultiert. Einen Grund für diesen überraschenden Schachzug nannte Putin nicht. Kenner der Szene gehen davon aus, daß sich der Präsident damit des guten Rufes Gagarins bedienen wollte.

Gagarin war kein Regimekritiker

Ein Regimekritiker war Gagarin trotz seiner Konflikte mit der Obrigkeit nicht. Er hielt sich – seiner kommunistischen und patriotischen Grundhaltung als Offizier verpflichtet – an die Spielregeln der Staats- und Parteioberen. Am deutlichsten kommt das darin zum Ausdruck, daß er über den dramatischen Verlauf seines Fluges konsequent schwieg, den er am Tag nach der historischen Erdumkreisung in einem Geheimbericht zu Protokoll gab. Dabei hätte die Veröffentlichung seine Heldentat in einem noch viel hellerem Licht erscheinen lassen. Eine propagandistische Verbrämung wäre gar nicht nötig gewesen, um ihn in das Pantheon der sozialistischen Helden einziehen zu lassen. Gagarin nahm jedoch den Anspruch, den die Sowjetgesellschaft an sich selbst gestellt hatte, sehr ernst und stieß dabei überall an Grenzen, die zu akzeptieren er sich immer weniger bereit zeigte.

Gagarin war sich natürlich auch im klaren darüber, daß er von Staat und Partei instrumentalisiert wurde. Mehr noch: Er ließ diese Indienstnahme bis zu einem gewissen Grad ohne aufzubegehren zu und erfüllte seine Aufgabe eine Zeitlang ausgesprochen gern und gut. Doch als selbstbewußter, entwicklungsfähiger Mensch erkannte er sehr schnell, daß seine Pflicht schließlich nur darin bestehen sollte, eine von den Ideologen und Propagandisten fest vorgeschriebene Rolle möglichst perfekt auszufüllen. Sich dem widerspruchslos zu fügen, ließ Juri Gagarins Eigensinn nicht zu.

Rainer Gries

Die Heldenbühne der DDR
Zur Einführung

»Unser Ruf den Feinden entgegenhalle: Walter Ulbricht – das sind wir alle!«[1] Mit diesem auf den ersten Blick bloß propagandistischen, in seiner semantischen Tiefenstruktur jedoch programmatischen Vers endet ein Gedicht von Otto Gotsche. Der Schriftsteller und Sekretär des Staatsrates der DDR hatte in seinem Hymnus auf den damaligen Ersten Sekretär der Partei eine der Grundaussagen der Ulbricht-Propaganda der sechziger Jahre verdichtet. In jenem Jahrzehnt sollte die Propagandafigur Walter Ulbricht die unverbrüchliche Einheit von Partei und Staat, aber auch die unverbrüchliche Einheit der Werktätigen mit dem Arbeiter-und-Bauern-Staat darstellen.

Ulbrichts ganzes Denken und Handeln folge, so der Dichter, dem Prinzip »Aus dem Volk – mit dem Volk – für das Volk«: Die Zuschreibungen, welche die DDR-Propaganda auf die Figur Walter Ulbricht zu projizieren versuchte, waren allumfassend. Er ist ein guter Mensch, er ist ein guter Deutscher, er ist ein sorgender Vater. Er hat die Hände eines Arbeiters, ist der Sohn der Arbeiterklasse: Als Staatsmann neuen Typus ist er nicht nur fest mit dem Kollektiv verbunden, sondern arbeitet auch Tag und Nacht. Stets ist er Lernender und Lehrender, Analytiker und Wissenschaftler, Historiker und Modelldenker. Er weiß den Weg und er weist den Weg. Die Arbeiter und die Werktätigen, die Frauen und Mütter, die Thälmann-Pioniere und die FDJ-Jugendlichen – sie alle lieben und verehren ihn. Sie alle vertrauen ihm.

Das Postulat der Volksnähe, die Rhetorik einer vollkommenen Einheit von Volk und Führer, lief über die fundamentale Zuschreibung: »Walter Ulbricht, der deutsche Arbeitersohn«. Dieses Postulat hatte bereits für die Ulbricht-Propaganda der fünfziger Jahre grundlegende Bedeutung. Johannes R. Becher, der von 1954 bis 1958 als Kulturminister amtierte, hatte ihm zum 65. Geburtstag im Jahre 1958 eine biographische Skizze geschrieben, ein Büchlein von rund zweihundert Seiten, das allein diesem Epitheton gewidmet war.[2] Aber der Dichter der Staatshymne und die Agitatoren und Propagandisten der Partei versuchten, Walter Ulbricht in den fünfziger Jahren darüber hinaus zu einem Übermenschen mit geradezu prometheischen Eigenschaften zu stilisieren. Nach dem Tod des beleibten und beliebten Staatspräsidenten Wilhelm Pieck, genannt »Papa Pieck«, wollte und sollte Ulbricht auch dessen Rolle des verständnisvollen und ausgleichenden Patriarchen übernehmen. Ulbricht wurde in den sechziger Jahren daher nicht mehr als Inkarnation des Außergewöhnlich-Übermenschlichen inszeniert, sondern als Sohn und Vater des Volkes, als gewöhnlicher

Mensch unter gewöhnlichen Menschen, fest verwurzelt im »arbeiterlich« geprägten Alltag des neuen Lebens. In der Person »Walter Ulbricht« schienen fortan alle Gegensätze im Marxschen Sinne »aufgehoben« zu sein – wie auch in der DDR die Unvereinbarkeit der Klassen nach offizieller Lesart keine Rolle mehr spielte. Walter Ulbricht war die Inkarnation des Neuen und des Ganzen. Im Jahrzehnt der Ratio und der Rationalität, der Wissenschaftlichkeit und der Wirtschaftlichkeit sollte er für die DDR in toto stehen: für Staat und Gesellschaft, für die Partei und die Menschen, für die Gegenwart wie für die lichte Zukunft des Sozialismus auf deutschem Boden.

Eine solch weitgehende Kommunikationsleistung konnte die reale Person Walter Ulbricht nicht im Ansatz erbringen; sein Nachfolger Erich Honecker vermochte dies ebenfalls nicht.[3] Zwar verkörperte Honecker »auch im umfassenderen Sinn die politischen Traditionen, in die die DDR seitens ihrer Gründer gestellt wurde. […] In Honeckers Biographie fanden sich mithin alle Elemente, die das politische Selbstverständnis der DDR auszeichnen sollten: die zur politischen Herrschaft gelangte Arbeiterklasse, die parteikommunistische Sozialisation, der aktive Antifaschismus und das Leiden unter dem nationalsozialistischen Terror sowie nicht zuletzt die Bindung an die Sowjetunion.«[4] Dennoch gelang es auch ihm nicht, eine echte charismatische Kommunikation zu evozieren. Die beiden Generalsekretäre und das führende politische Personal der DDR waren zu keinem Zeitpunkt in der Lage, Idee und Ideologie des Sozialismus überzeugend zu verkörpern.

Auf der Bühne der Öffentlichkeit in der DDR bedurfte es um so mehr anderer Figuren, welche die Idee des Sozialismus zu personifizieren vermochten. Diesen Part übernahm die Riege der sozialistischen Helden. Sie sollten als die lebendigen Zeugen sozialistischen Willens und Könnens, sozialistischer »Überlegenheit« und sozialistischer Zukunft gelten. Die Propaganda mit menschlichem Antlitz, das Charismatische, das Menschlich-Überzeugende konnte nicht von den politischen Führern, sondern – wenn überhaupt – allein von ihnen, den Helden, erbracht werden.[5]

Wie lassen sich die politischen, gesellschaftlichen und damit die kommunikativen Bedingungen in der DDR charakterisieren, unter denen das Propaganda- oder besser: das Kommunikationsschema »sozialistischer Held« zur Entfaltung kam?

Die Propagandabühne der DDR

Die Struktur der Öffentlichkeit(en) in der DDR sei hier mit einer Bühne verglichen.[6] Sie ist der Intention nach eine Propagandabühne – sie soll nach dem Willen ihrer Betreiber zuerst dem Zweck dienen, die marxistisch-leninistische Weltauffassung zu propagieren und den »neuen Menschen« des Sozialismus zu entwickeln und zu erziehen.[7] Die »sozialistischen Helden« der DDR sind Teil des Ensembles, sie sind Akteure auf dieser Bühne. Sie handeln eindringlich, sie sprechen die klassischen Texte; ihre Moral ist sozialistisch, nicht selten auch allgemein menschlich. Sie werden in Szene gesetzt und ins rechte Licht gerückt von den politischen Regisseuren des Staates und der Partei, den Verantwortlichen für Agitation und Propaganda. Sie sorgten letztlich für die richtige Botschaft. Die Helden spielen für das Publikum und bieten diesem eine Projektionsfläche: Sie sind von den Rängen aus in ihren Heldenrollen und ebenso als Menschen erkennbar. Jedermann vernimmt ihre Botschaft, geht damit um, lehnt sie ab, akzeptiert sie oder begrüßt sie gar freudig – und schreibt den Figuren und ihren Rollen seinerseits Bedeutungen zu. Hinter der Bühne, vor der Bühne und auf der Bühne finden sich also Handelnde. Insoweit könnte das Bild auch auf die Verhältnisse in den sozialistischen Bruderstaaten zutreffen. Worin jedoch liegt das Spezifische dieses propagandistischen Bühnengeschehens in der DDR?

Das Bühnenbild: Wenn wir den Hintergrund dieser Bühne betrachten, so zeigt sich eine Besonderheit dieses Theaters: Die Protagonisten des Systems traten letztlich vor einer zweigeteilten Kulisse, vor einem »geteilten Himmel«, auf.

Einerseits agierten sie vor dem ideologisch-propagandistischen Hintergrund der DDR. Der funkelnde Horizont dieser Helden war naturgemäß die große Erzählung vom sozialistischen Arbeiter-und-Bauern-Staat, der »größten Errungenschaft der deutschen Geschichte«, »ihrem bisherigen Höhepunkt«. Die DDR verkörperte demnach »das opferreiche Ringen der Arbeiterklasse unter Führung ihrer revolutionären Partei gegen kapitalistische Unterdrückung und Ausbeutung, gegen Imperialismus, Militarismus und Krieg, für Demokratie, Frieden, gesellschaftlichen Fortschritt und für den Triumph des Sozialismus und Kommunismus.«[8] Ende der fünfziger Jahre dominierte eine dreifache endzeitliche Naherwartung das Bühnenbild: Bis 1961 wollte man den Westen ökonomisch einholen und überholen. Bis 1965 sollte der Sozialismus in der DDR vollendet sein, und für die Jahre von 1980 bis 2000 prophezeite man den Anbruch des Kommunismus im dann mutmaßlich vereinten Deutschland.

All diese Hoffnungen wurden in den schönsten Farben und üppigsten Bildern ausgemalt.[9] Auf dieser Seite der Propagandabühne sehen wir in lichten Höhen das euphorische Gemälde der Sowjetunion: den friedliebenden Staat der Revolution. Und wir sehen den charismatischen Führer des Sowjetvolks, den von Millionen Arbeitern umjubelten »Schöpfer des russischen Wunders« (1963), Genosse Nikita Sergejewitsch Chruschtschow.[10] Nach dem Willen der Dramaturgen des Ostens wären Bühne und Szene damit komplett.

Die schöne neue sozialistische Welt illuminierte jedoch nur die »linke« Seite der Bühne. Auf der rechten Seite dieser Propagandawelt sieht man die Schatten des anderen Deutschlands, das aus Ostberliner Sicht den »Hort des Imperialismus und des Militarismus« darstellte. Es gelte, so die Warnung der Protagonisten, immer wachsam zu sein, denn die aggressiven Mächte der Reaktion, die Agenten des »Bonner Adenauerstaates«, seien stets bemüht, den friedlichen Aufbau in der DDR zu unterminieren. Der »faschistische Putsch« vom 17. Juni 1953 habe das zur Genüge bewiesen.

So manche Verführung des Westens ragte trotz des Versuchs einer radikalen Abschottung immer in die wohlgeordnete Bühnenwelt des Ostens herein: westliche Konsumangebote und Unterhaltung, der Rhythmus und die Rhythmen des Westens, kurz, die ewigen Verlockungen einer unerreichbaren, anderen Kultur des Alltags. Die Erwartungen an den Westen und seine politischen wie kulturellen Protagonisten, die rudimentären Erfahrungen mit dem Westen – das alles gehörte ebenfalls zum Horizont der Helden, der unbestechlichen Zeugen für die sozialistische Sache. Die propagandistische Metaerzählung, aber auch die Heldennarrative konnten jederzeit in Frage gestellt, karikiert und sogar konterkariert werden. Die öffentlichen Arenen hierfür stellte die Bundesrepublik Deutschland bereit. Die sozialistischen Helden, ihr Habitus und ihr Handeln, müssen also auch vor der ideologischen innerdeutschen Konkurrenz gesehen werden. Und nicht zuletzt vor der Konkurrenz bundesdeutscher Helden.

Die Schauspieler: Die Bühne sollte nach dem Anspruch ihrer Betreiber eine tabula rasa sein: In der politischen Öffentlichkeit des neu geborenen, antifaschistischen Arbeiter-und-Bauern-Staates[11] hatten die »monarchistischen«, die »nationalistischen« und die »faschistischen« Helden keine Rolle mehr zu spielen. Der Gründer des Reiches, Kaiser Wilhelm I., der Eiserne Kanzler, Otto von Bismarck, der »Sieger von Tannenberg«, Paul von Hindenburg, die Fliegerhelden des Ersten Weltkrieges, selbstverständlich die U-Boot-Helden des Zweiten Weltkrieges, die Helden der nationalsozialistischen »Bewegung« wie Horst Wessel und Leo Schlageter – sie alle sollten per Besatzerdekret nach Kriegsende in der Versenkung verschwinden.[12] Schon im Nationalsozialismus waren tradierte Helden regelrecht weggeräumt worden: Ungeliebte Bismarck- und Kriegerdenkmäler beispielweise hatten bereits der architektonischen Gigantomanie des Nationalsozialismus weichen müssen.[13] Nach dem Krieg hätten die Besatzungsmächte die Räumung der Bühne übrigens nicht eigens befehlen müssen. Die aus dem Moskauer Exil zurückkehrenden KPD-Funktionäre warteten mit einem kompletten Programm auch für einen Bühnenumbau auf; es beinhaltete auch die Propaganda der neuen Werte und ihrer Exponenten. Die Leitsätze des geistigen und politischen Neuanfanges etwa für den Kulturbund formulierte Johannes R. Becher so: »Vernichtung der Nazi-Ideologie auf allen Lebens- und Wissensgebieten, Bildung einer nationalen Einheitsfront der deutschen Geistesarbeiter; Schaffung einer unverbrüchlichen Einheit der Intelligenz des Volkes; Neugeburt des deutschen Geistes im Zeichen einer streitbaren demokratischen Weltanschauung; Verbreitung der Wahrheit [...].«[14]

Und unter der ideologischen Ägide der Partei wurde die entleerte Bühne nun Zug um Zug wieder neu bevölkert und belebt. Wir sehen zunächst in anderen Rollen, nicht in der Heldenrolle, Heroen des Geistes, Goethe und Schiller, verklärt, unbeweglich auf ihren Sockeln.[15] Nicht von ungefähr traten die Oberkommandierenden, zunächst der amerikanischen und später der sowjetischen Besatzungsmacht, in Weimar noch am Tag ihrer Ankunft an die Dichtersärge. Zum groß gefeierten Goethejahr 1949, in der Phase der sogenannten antifaschistisch-demokratischen Umwälzung, trat auch Thomas Mann auf. Noch vor dem Entstehen der DDR aber wurden bereits zwei »wahre« Heldengestalten auf dieser Bühne installiert: Ernst Thälmann, der legendäre Arbeiterführer und Widerstandskämpfer,[16] und Jossif Wissarionowitsch Stalin, der weise Führer der siegreichen Sowjetmacht. Und noch vor der Gründung des Arbeiter-und-Bauern-Staates gebar das neue Deutschland bereits seinen ersten originären sozialistischen Helden: Adolf Hennecke, den Kumpel, der aus der Tristesse der unmittelbaren Nachkriegszeit den Horizont der neuen Zeit meißelte.

Mit der Gründung der DDR am 7. Oktober 1949 wurde auf der Bühne ein Figurenensemble der Politik installiert, das bis zum Jahr 1960 in seinen Grundzügen Gültigkeit behielt: Zum Präsidenten der Republik avancierte Wilhelm Pieck, der gemütliche ältere Herr, dessen Physiognomie Ruhe und Behäbigkeit ausstrahlte. Pieck wird als ein Mann von Herzlichkeit, ein Mann voller Verständnis, als Mann des Ausgleiches wahrgenommen. Er verkörperte daher die Rolle des Vaters der Republik, immer wieder auch vom Publikum liebevoll »Papa Pieck« genannt.[17] Otto Grotewohl, der führende Sozialdemokrat in der Sowjetischen Besatzungszone, spielte während der fünfziger Jahre den schwachen Part des sensiblen, harmoniebedürftigen, nachdenklichen Bürgerlichen in der Partei. Er übernahm die Rolle des Ministerpräsidenten.[18] Bereits wenige Jahre nach Gründung der Republik wurde jedoch auch dem Publikum deutlich, daß der Ministerpräsident nur eine Galionsfigur darstellte, daß er nicht im entferntesten die Spielregeln vorzugeben vermochte.

Regisseur hinter den Kulissen und seit 1952 zunehmend selbst Akteur auf der Bühne war Walter Ulbricht, der Erste Sekretär des Zentralkomitees. Seine langatmigen Reden, sein sächsischer Dialekt waren verpönt. Seine Person, seine Physiognomie, seine Politik und seine Propaganda gewannen das Publikum nicht.[19] An Ulbrichts Nachfolger, Erich Honecker, knüpfte das Publikum, dem er mit seiner Politik der »Einheit von Wirtschafts- und Sozialpolitik« entgegenzukommen versuchte, anfangs große Erwartungen. Doch auch Honecker vermochte es nicht, Politik und Propaganda des Arbeiter-und-Bauern-Staates überzeugend darzustellen.[20]

Die Heldentrilogie der fünfziger Jahre

Die große Zeit der DDR-Helden waren die fünfziger Jahre. Im ersten Jahrzehnt des sozialistischen deutschen Staates agierten gleich drei Gattungen von Helden auf der Bühne: Die toten Helden des antifaschistischen Widerstandes waren – in der zweiten Hälfte der vierziger Jahren bereits überhöht und auf ihr Podest gehoben worden. Annette Leo zeigt am Beispiel des Mythos um Ernst Thälmann, daß diese Figuren als Personifizierungen des antifaschistischen Gründungsmythos der DDR seit Anfang der fünfziger Jahre in besonderem Maße gebraucht wurden. In die erste Hälfte der fünfziger Jahre wurden überdies die großen Helden des Aufbaus hineingeboren. Silke Satjukow geht den Konstruktionsprinzipien dieser Heldenlegenden nach, die im Gegensatz zu den Helden des Widerstandes nicht tot, sondern lebendig waren, was zwangsläufig Unterschiede in Konstruktion und Kommunikation der Helden zur

Folge hatte. Ein dritter Heldentypus bevölkerte vor allem in der zweiten Hälfte dieses Jahrzehnts die Bühne: die Sporthelden, welche in Ost wie West Wir-Gemeinschaften[21] begründeten.

Die Helden des antifaschistischen Widerstandes

Der Kult um »Helden des antifaschistischen Widerstandes« wie Ernst Thälmann wurde ritualisiert und institutionalisiert wie kein anderer Heldenkult in der DDR. Das Selbstverständnis der DDR kumulierte in diesen Personen, deren Heldentum während vierzig Jahren DDR überhöht und sakralisiert wurde. Figuren wie Thälmann waren Helden und Heilige des Sozialismus zugleich: im wahrsten Sinne des Wortes unangreifbar, unantastbar. Eine solch überragende heroische Dignität konnten nur Gefallene und Kämpfer für die kommunistische Sache erlangen. Selbst Walter Ulbricht, immerhin der Erste Sekretär der Einheitspartei, nahm die Person Thälmann für den Aufbau seines eigenen Propagandabildes in Anspruch. Auch er stellte sich unter dessen Schutz, auch er reklamierte für seine Person und für sein Amt das alles überstrahlende Licht des mythischen Arbeiterführers Thälmann. Eine solch demonstrative »Unterordnung« des Ersten Parteimitgliedes unter die sich später etablierenden Heldenfiguren wäre undenkbar. Die Sakralisierung Thälmanns und der Kämpfer des Widerstandes fand ihren architektonischen Ausdruck in der Gestaltung und Indienststellung der Nationalen Mahn- und Gedenkstätte Buchenwald,[22] fand zahllose literarische und publizistische Ausgestaltungen, zuerst in dem Roman »Nackt unter Wölfen« von Bruno Apitz. Es war dieser Roman, der, Pflichtlektüre in den Schulen, einen Großteil der Narrative bereitstellte, welche die Rolle des kommunistischen Widerstandes im Lager Buchenwald überhöhte und zur Ehre der Altäre erhob.[23]

Doch nicht nur die DDR verfügte über Helden des Widerstandes. Auch auf der bundesdeutschen Bühne sollten – zumindest nach dem Willen interessierter Gruppen und Parteien – ebenfalls Helden des Widerstandes auftreten. Hier boten sich die Opfer des 17. Juni 1953 an. Nicht von ungefähr kamen die ersten Überlegungen, die Toten des Juniaufstandes zu Helden zu machen, von den Amerikanern. Im Dienste der psychologisch-propagandistischen Kriegführung gegen den Osten wollte man ursprünglich eine »Hall of Heroes« errichten, in welcher die Gefallenen des Aufstandes ihre letzte Ruhestätte hätten finden können. »Die Pläne gipfelten schließlich darin, ein CIA-finanziertes ›National Commitee to Memorialize the Martyrs of Freedom‹ zu etablieren, dessen Aufgabe die Pflege der Erinnerung an den vaterländischen Freiheitsaufstand in Ostberlin und in Ostdeutschland gewesen wäre.«[24] Es blieb dann vor allem bei unzähligen Heldenerzählungen; die ersten zeitgenössischen Berichte jener Tage im Juni gebaren ein publizistisches Genre, das sich uns heute als eine Melange aus Erlebnisberichten und Unterhaltungsliteratur, aber auch als Geschichtsbuch, als politische Analyse und politische Propaganda darstellt. Diese »Tatsachenberichte« aus der Feder von Journalisten »waren hypertrophierte, im Präsens geschriebene Reportagen, deren oberflächliche Sprache bis zum heroischen Kitsch in bester NS-Manier getrieben wurde. […] Ziel der reißerischen und von aufgeblähtem Pathos geprägten Bücher war es, mit dem 17. Juni die DDR zu widerlegen, vor allem aber, ein antikommunistisches Heldenepos vom kämpfenden deutschen Arbeiter zu präsentieren.«[25] Auf dem Rudolf-Wilde-Platz vor dem Schöneberger Rathaus fand ein Trauerakt statt, zu dem Konrad Adenauer regelrecht gedrängt werden mußte. Vor sieben Särgen, die die sterblichen Überreste von Westberliner Opfern der Ostberliner Unruhen bargen, legte der Bundeskanzler einen feierlichen »Schwur für das ganze deutsche Volk ab«. Die Helden des Aufstandes würden niemals vergessen werden, bis das ganze deutsche Volk dereinst wieder in Frieden und Freiheit vereint sei.[26] Beglaubigten die Kämpfer vom Potsdamer Platz für den Bundeskanzler seinen Kurs der Westbindung, so hätten die Arbeiter-Helden des 17. Juni aus der Sicht von Sozialdemokraten und Gewerkschaften eben die »geschichtsbildende Kraft der Arbeiterschaft« offenbaren sollen. Während die vereinigte Arbeiterpartei in Ostdeutschland mit Ernst Thälmann den *antifaschistischen* Widerstandshelden für sich reklamierte, wollte die sozialdemokratische Arbeiterschaft des Westens nunmehr die *antikommunistischen* Widerstandshelden für sich in Dienst stellen. Die Protagonisten des 17. Juni ließen sich als Blutzeugen für eine sozialdemokratische Doppelrevolution in Anspruch nehmen, »aus der sich Identität schöpfen ließ: eine Revolution sowohl gegen den Totalitarismus in Gestalt der kommunistischen Unterdrücker und Zwangsvereiniger im Osten als auch gegen eine kleindeutsche ›restaurative‹ Regierung Adenauer und den Bonner Teilstaat rheinisch-katholischer Prägung im Westen.«[27] Ein gewichtiger Unterschied zwischen den Widerstandshelden des Westens und des Ostens bleibt jedoch anzumerken: Während sich ein regelrechter Kult um die Arbeiterhelden des Westens niemals durchsetzen ließ und sich selbst das vor allem durch die FDP ritualisierte Gedenken an den 17. Juni bereits Ende der fünfziger Jahre überlebt hatte, da dessen Grundaussage nicht mehr mit dem nun gültigen bundesdeutschen Selbstverständnis kompatibel war, behielten die Arbeiterhelden des Ostens bis zum Schluß ihr sakrosanktes Patronat über den Arbeiter-und-Bauern-Staat.

Die Helden des Aufbaus und der Arbeit

Für die zweite Gruppe von Helden, für die »Helden des Aufbaus«, gab es keine Westpendants. Silke Satjukow erzählt die Geschichte von Adolf Hennecke, der 1905 in Westfalen geboren wurde. Der legendäre Bergmann steht exemplarisch für eine ganze Gruppe von Helden, die man ebenso unter dem Rubrum »Helden des Aufbaus« wie unter der Kennzeichnung »Arbeitshelden« erörtern könnte.[28] Zu dieser Kategorie gehört beispielsweise auch die Heldenvita von Luise Ermisch, die 1916 in Halle geboren wurde. Diese Näherin und Aktivistin zählte 1949 zu den Mitinitiatoren des Wettbewerbs um den Titel »Brigade der ausgezeichneten Qualität«, und ab 1954

Plakat der DDR von 1951 zur Propagierung der Aktivisten-Bewegung.

»Heldin der Arbeit« auf einem Propagandaplakat zum Siebenjahrsplan der DDR-Volkswirtschaft Anfang der sechziger Jahre.

wurde die »Luise-Ermisch-Methode« zur Planaufschlüsselung propagiert. Als weibliches Pendant zu Adolf Hennecke galt jedoch Frida Hockauf. Die 1903 in Reichenau bei Zittau geborene Meisterweberin war 1946 in die SED eingetreten und seit 1951 im VEB Mechanische Weberei Zittau beschäftigt. Auch ihr gelang es im Jahr 1954, den Plan überzuerfüllen. Ihre Aufgabe war es, die Aktivistenbewegung nach dem Einbruch des 17. Juni 1953 wieder anzukurbeln.

Das Tempo der neuen Zeit sollte vorrangig am Arbeitsplatz greifen: In den fünfziger Jahren mußte eine omnipräsente Beschleunigungsmetaphorik dazu dienen, die Arbeitsproduktivität zu steigern. Der erzielte »maximale Zeitgewinn« sollte zugunsten des Betriebes und damit zugunsten der Gemeinschaft erwirtschaftet werden. Die Produktionspropaganda versuchte den Werktätigen einzubleuen, daß Partei und Staat das höhere Arbeitstempo gleichsam als »Geschenk« von ihnen erwarteten – und erwarten durften. Im Gegenzug versprachen sie eine goldene Zukunft. Inkarnationen dieser Beschleunigungsmetaphorik und dieser Zeitpropaganda während des ersten Dezenniums der DDR waren die Arbeitshelden. Als paradigmatisch für diese Tempo- und Zeitpropaganda darf das vermeintliche Wort der Weberin Frida Hockauf vom Herbst 1953 gelten: »So wie wir heute arbeiten, wird morgen unser Leben sein!«[29] Damit war die zentrale Botschaft der Gruppe der Aufbau- und Arbeitshelden formuliert.

Diese Sentenz der Weberin aus der Oberlausitz umschreibt zugleich den konsum- und gesellschaftspolitischen Hauptsatz der DDR während ihres ersten Jahrzehnts: Wer heute fleißig arbeitet, wird morgen belohnt werden. Adolf Hennecke und seine Nachfolgerinnen und Nachfolger standen somit für eine der zentralen Kommunikationsabsichten des Regimes in den ersten Jahren nach Gründung der Republik.[30] Sie warben auch für einen bewußten Konsumverzicht in der Gegenwart – zugunsten einer kommenden sozialistischen respektive kommunistischen Gesellschaft. Die Arbeitshelden sollten durch ihr Vorbild nicht nur Initiativen beflügeln und Aktivisten aufhelfen, sondern auch für die Einhaltung des Planes werben – und glaubhaft Zeugnis dafür ablegen, daß sich in einer absehbaren Zukunft die Früchte der Arbeit aller in Wohlstand für alle verwandeln werden.

Die konsumpolitische Implikation, die sich aus dem Weltverständnis der Arbeitshelden dieser Jahre ergibt, ist auch ein Reflex auf die Herausforderungen Westdeutschlands. Der prosperierende Westen Deutschlands, die seit der Währungsreform 1948 gefüllten Regale und Schaufenster und die Mitte der fünfziger Jahre einsetzende Modernisierung der Alltagsästhetik stellten für den hinterherhinkenden Osten Deutschlands eine bedrohliche Utopie dar: die Zukunft einer Wohlstandsgesellschaft. Sie wirkte tagtäglich auf das Bühnenpublikum der DDR ein und stellte die Legitimität des zweiten deutschen Staates permanent in Frage. Indem Helden wie Hennecke den Plan übererfüllten und sich persönlich dafür verbürgten, daß die produzierten Waren einst auch ihren Produzenten zugute kommen werden, unternahmen sie den Versuch, indirekt eine Antwort auf diesen konsumtiven Vorsprung des Westens zu geben. Sie waren die rechtmäßigen und rechtschaffenen Boten des Paradieses des Sozialismus, die Helden einer künftigen Waren-Fülle – durch einstweilige

Genügsamkeit und Anstrengung. Keine andere Heldengattung in der DDR vermochte den Topos der Bescheidenheit überzeugender darzustellen als die Helden des Aufbaus.

Grundsätzlich richteten sich die Botschaften dieser Gruppe an die gesamte Gesellschaft der DDR. Die Träger der Botschaft waren in den ersten beiden Jahrzehnten des Jahrhunderts geboren, in den fünfziger Jahren also zwischen vierzig und fünfzig Jahren alt. In den Kindergärten und Schulen wurden diese Helden jener ersten Generation von DDR-Bürgern, die ausschließlich in der neuen Gesellschaft aufwuchs, als Vorbilder vorgeführt. Die Reaktionen der Kinder und Jugendlichen, die Silke Satjukow in den Archiven entdeckt hat, lassen deutlich werden, daß die Hennecke-Botschaft dort aufgenommen wurde. Daß dies auch »kritisch« geschah, belegen Briefe, die investigativ nachfragen, ob denn womöglich dieser oder jener Teil der veröffentlichten Legende seine Richtigkeit habe. Die hauptsächlichen Adressaten ihrer Botschaft dürften jedoch weder die Jüngsten noch die Ältesten gewesen sein, sondern die Mitglieder jener Aufbau-Generation, die ihre Verstrickung in die Ideale des Nationalsozialismus abarbeiten wollte. Die Propaganda der fünfziger Jahre mußte den Versuch unternehmen, diese Generation, in den dreißiger Jahren geboren, für die sozialistische Sache und für den sozialistischen deutschen Staat zu gewinnen. Noch waren die Grenzen zum Westen leicht überwindbar, um so mehr kam es daher darauf an, die potentiellen Leistungsträger einer sozialistischen Gesellschaft zu gewinnen und zu umwerben. Die Helden der Arbeit sollten die politischen Werbefiguren für diese Generation abgeben. Daß dies ein höchst problematisches Unterfangen war, wird nicht nur anhand der Statistik der Abwanderung während der fünfziger Jahre deutlich, sondern auch an der Erhebung des 17. Juni 1953. Gleichwohl, die Blut-Schweiß-und-Tränen-Botschaft der Aufbauhelden traf bei der Aufbau-Generation auf vergleichbare nationalsozialistische Prägungen, welche die Akzeptanz der Botschaft zumindest nicht verringert haben dürften. Die Forderung nach einem vollen, harten Einsatz im Interesse der Gemeinschaft war den jungen Menschen durchaus nicht fremd – bei Wohlverhalten und guter Arbeit stellten die Vorbilder des Aufbaus die Integration in eine neue geistig-moralische Heimat in Aussicht, eine für diese Generation durchaus attraktive Zielvorgabe. In den sechziger Jahren, als diese Generation »die Kommandohöhen« der Gesellschaft erobert hatte, wurden Vorbilder dieser Art nicht mehr benötigt. Der Zeitgeist der sechziger Jahre machte Heldinnen und Helden eines neuen Typus erforderlich.

Die Wir-Helden

Bevor die »Helden eines neuen Wir-Gefühls« näher vorgestellt werden, sei noch einmal ein Exempel vorgeführt. Dieser mustergültige Held kommt aus bescheidenen, aber intakten Verhältnissen. Sein Vater ist ein angesehener und arbeitsamer Spenglermeister, der es im Ort zu etwas gebracht hat – und der trotz aller Mühen des Alltags

94

Sport und Musik nicht vergißt. Es war ein solch »allseitig interessierter« Vater, der die Spur des Helden »haarscharf vorgezeichnet« hatte: »Diese Spur verläuft kerzengerade und kennt keine Abweichungen.« Die Mutter ist der Sonnenschein der Familie, von ihr hat der Held die Ausgeglichenheit, die kecke Nase und das spitzbübische Lachen. Sie »ist eine Mutter wie viele tausende […] auch«.[31]

Wird mit diesen Attributen ein sozialistischer Held umschrieben? Nein, hier wird eine idyllische, familiäre Heimat beschworen, die einen überragenden Helden des Sports hervorgebracht hat, ein nationales Symbol Österreichs: Toni Sailer, den »Helden« »zahlloser internationaler Skirennen«,[32] den siebenfachen Weltmeister und dreifachen Olympiasieger, den »schwarzen Blitz aus Kitz«, den Begründer der »Skiweltmacht Österreich«. Der bescheidene Musterbürger und Mustermensch wird in der zweiten Hälfte der fünfziger Jahre zur Inkarnation österreichischen Selbstbewußtseins. Nach der österreichischen Selbstwahrnehmung war mit dem Staatsvertrag von 1955 endlich die Erlösung vom Joch der seit 1938 andauernden fremden Besatzungen gekommen – und mit den Siegen von Toni Sailer 1956 die Wiedergeburt Österreichs als Großmacht, so seinerzeit die Wahrnehmung in dem Alpenland. Nicht ohne Grund wurde der Mann aus dem Volke in der zeitgenössischen Presse als »Triumphator«[33] tituliert: Mit dem einfachen Spenglerburschen, einem Meister seines Faches, obsiegte das ganze, im eigenen Selbstverständnis geknechtete österreichische Volk. »Das also sind die Sailerschen, eine Familie, wie sie im Bilderbuch stehen könnte. Toni, einer aus dieser Familie, ist über Nacht zum Idol eines ganzen Volkes geworden. Weil er sieben ›Goldene‹ nach Hause gebracht hat, weil er so fesch ist, weil er so ›herzig‹ und bescheiden wirkt. Toni Sailer ist das Idol der Backfische zwischen 15 und 55 geworden. […] Toni Sailer aber sollte das Vorbild unserer Jugend schlechthin sein. All das, was hier über ihn und seine Familie berichtet werden konnte, ist Grund genug dafür. Es liegt nur an den Erziehern und den die öffentliche Meinung bildenden Institutionen, aus dem Wunderknaben Toni das zu machen, was unsere Jugend so bitter nötig hat – ein Ideal.«[34]

Wir sind wieder wer, weil: wir sind wie er! Diese Aussage, die Figur und Volk verband, auf die sich die österreichische Nation in den fünfziger Jahren einigte, fand auch in der Bundesrepublik ihre lebenden Projektionsflächen: Die Siegermannschaft bei der Fußballweltmeisterschaft von 1954, die »Helden von Bern«. Auch bei diesen »elf Freunden« handelte es sich um Helden des Sports, die im internationalen Vergleich siegreich blieben. Auch die »Helden von Bern« konstituierten eine Wir-Gemeinschaft, nämlich diejenige Westdeutschlands, die von nun an stolz sagen konnte: Wir sind wieder wer!

Der sportliche Erfolg des Helden blieb im Verständnis der Vielen jedoch keine einmalig erbrachte Großtat. Der enge Konnex dieser ebenso überragenden wie erlösenden Leistung im Sport und den Leistungen der Menschen, die daheim an den Radiogeräten und den wenigen Fernsehapparaten den Kampf ihrer Protagonisten verfolgen konnten, wurde auf der triumphalen Rundreise durch die Bundesrepublik deutlich, welche die bescheidenen und freundlichen Mitglieder der Sieger-Mannschaft unternahmen: Überall präsentierten Unternehmer wie Arbeitnehmer den Siegern ihre Siege, die Früchte ihrer Anstrengungen, ihre besten Erzeugnisse und Produkte. Das westdeutsche Wir-sind-wieder-wer, inkorporiert von den Heldenfiguren von Bern, war in seiner Tiefenstruktur deutlich an den Stolz auf ökonomische Leistungen und Erfolge geknüpft. Die siegreiche westdeutsche Nationalmannschaft des Jahres 1954 spielte übrigens auch auf der DDR-Bühne ihren Part, weil sie stets auch eine deutsch-deutsche Bühne war. Ihre Botschaft, das »Wir-sind-wieder-wer!« des Westens, wurde auch vom Publikum vor der Schaubühne des Ostens vernommen.[35]

Den Wir-Helden des Ostens gab Gustav-Adolf Schur, genannt »Täve«. Auch er konnte sich mit großem Erfolg gegen die internationale Konkurrenz durchsetzen. Auch er entsprach dem in West wie Ost gefragten Bild des einfachen, stets freundlichen Mannes aus dem Volke. Norbert Rossbach stellt die kommunikative Biographie dieses »Meisters des Sports« vor. Der Radrennfahrer steht komplementär zu den sozialistischen Helden des Aufbaus: Deren Hauptaussage war die moralische Forderung, die Ästhetik des Verzichts. Der Sportheld kann nun nicht nur Erfolge und Erlösung, sondern eine erste Einlösung vorweisen: In der DDR begründete sein Sieg ebenfalls ein »Wir-sind-wieder-wer«. Mit diesen heroisierten Identifikationsfiguren kommen die drei Nachfolgestaaten des »Dritten Reiches« zu sich selbst: Sie finden in diesen Personen zu einem politischen und kulturellen Selbstbewußtsein und Selbstverständnis.

Im Kern der Botschaft müssen wir jedoch einen entscheidenden Unterschied zwischen »Täve« und Toni feststellen: »Täve« Schur soll den Anspruch nach eine Wir-Gemeinschaft begründen, die entsteht, weil das Ich, das Individuum, zugunsten eben-dieser Gemeinschaft zurücktritt. Wohingegen der Kern derjenigen Wir-Gemeinschaft, die Toni Sailer vertritt, eine diametral entgegengesetzte Philosophie der sozialen Kohärenz transportiert. Der Ski-Star Toni Sailer postuliert als persönliches Leitmotiv ein liberalistisches »Jeder-für-sich«; das parteiloyale Radfahrer-As »Täve« Schur wird für die SED-Propagandisten zur probaten Inkarnation der Ende der fünfziger Jahre forcierten Losung »Vom Ich zum Wir«. Der schweigsame »Täve« Schur wird damit nicht nur zum Projektionstableau der neuen Gesellschaft, sondern eine beredte Inkarnation des 1958 proklamierten »Neuen Menschen«, der mit Hilfe der »Zehn Gebote der sozialistischen Moral« erzogen werden sollte. Seine Heldenbiographie entspricht präzise dem neuen Moralkodex, den Walter Ulbricht auf dem V. Parteitag der SED im Juli 1958 verkündet hatte.[36] Mit der Person des 1931 geborenen Gustav-Adolf Schur wird die gelungene ideologische und kulturelle Integration der Hitlerjugend-Generation im Laufe der fünfziger Jahre auf eindrucksvolle Weise dokumentiert. Es ist interessant nachzulesen, was das Publikum der DDR aus der Heldenofferte Schur für sich herauslas. Norbert Rossbach konnte feststellen, daß diese Figur in ihrem Radsattel eine Attraktivität entfaltete, die nicht zu den intentionalen Botschaften gezählt haben dürfte. Der Held hatte Sex-Appeal!

Urkunde für einen als »Held der Arbeit« ausgezeichneten Aktivisten.

Die Helden der Dynamik

Die beiden Heldenfiguren der sechziger und siebziger Jahre, die in der DDR wirksam wurden und hier porträtiert werden sollen, vollbrachten die große Tat nicht auf dem Territorium des Sozialismus, sondern bestenfalls auf dem Boden der sozialistischen Ideologie: Die Moderne formte die ihr gemäßen Taten und Personen.

Mit ihren spektakulären Flügen ins All wollten die russischen Kosmonauten Anfang der sechziger Jahre die Überlegenheit der sozialistischen Ingenieure und Techniker demonstrieren: 1963, bereits wenige Jahre nach dem Raumflug Juri Gagarins, umrundete die Russin Walentina Tereschkowa die Erde. Mit ihren Flügen sollte sich ihr allzu menschlicher Blick in einen quasi wissenschaftlichen Überblick verwandeln, ihre grandiosen Aussichten auf die Erde sollten politische Einsichten nach sich ziehen. Diese Helden und Heldinnen repräsentierten gleich ein ganzes Bündel von Siegen: den Sieg überlegener Technik über die Natur, die Überwindung der durch die Erdanziehung bedingten Trägheit, den Sieg des wissenschaftlich geleiteten Willens zur Veränderung, den Sieg der Sowjetunion über die Vereinigten Staaten, schließlich die Überlegenheit der sozialistischen Gesellschaftsordnung. Die große Botschaft dieser Helden lautete: Wer den Orbit beherrschte, dem gehörte mit Fug und Recht auch die Beherrschung des Orbis.

Das Hergebrachte in Frage zu stellen, an Planbarkeit und Machbarkeit zu glauben, der Ratio und der Rationalität zu huldigen, Veränderungen und Dynamik in Gang zu setzen – das waren die Konstituenten der Kultur der sechziger Jahre, im Westen wie im Osten auf jeweils eigene Weise und in gesellschaftsspezifischen Mischungsverhältnissen. Alles ist plan- und errechenbar, alles ist auf wissenschaftlich begründeten Wegen erreichbar. Die Sterne ebenso wie der Sozialismus. Die Gleichberechtigung der Geschlechter ebenso wie die Ankunft des Kommunismus. Auch auf der öffentlichen Bühne der DDR wurden die Personifizierungen dieses Welt- und Lebensverständnisses geradezu euphorisch gefeiert. Hunderttausende jubelten Gagarin und Walentina Tereschkowa auf ihrer Triumphreise durch die DDR im Jahr 1963 zu. Das Interesse, die Begeisterung der Vielen dürfte damit zu erklären sein, daß eine Figur wie die erste Kosmonautin diese Paradigmen präzise verkörperte: Das Gros ihrer Botschaften mußte gar nicht von außen oktroyiert werden, sondern wurde vergleichsweise problemlos akzeptiert. Gerade die Frau Walentina Tereschkowa verlieh damit dem Geist der sechziger Jahre ein denkbar plausibles und nachvollziehbares Antlitz.

Die Tereschkowa und natürlich auch der »späte Held« Sigmund Jähn sind auf den ersten Blick Helden der Technik: Der technische Fortschritt sollte in den sechziger Jahren das Kennzeichen des Sozialismus schlechthin sein. Diese Botschaft hatte wenige Jahre zuvor, 1957, bereits ein künstlicher Held zur Erde gefunkt: Mit dem sowjetischen Erdtrabanten »Sputnik« begann die Eroberung des Weltraums, und Juri Gagarin wurde wenige Jahre später in der DDR als der »rote Kolumbus« gefeiert. Die Kosmoshelden stehen für die Entdeckung neuer Welten – und sie rechtfertigen damit die Beherrschung der alten Welten.

Anhand der heroisierten Frauenfigur konnte die zeitgenössische Mentalität der Machbarkeit fühlbar, erlebbar werden. Die Perspektive des perfekten Planes war zu einer properen Person geworden! Gleichwohl, es bleibt bemerkenswert, daß schon in den sechziger Jahren eine Frau und Sowjetbürgerin – eine importierte sowjetische Heldin sozusagen – mit Erfolg bei zahlreichen Zielgruppen zu einer sozialistischen Heldin der DDR gemacht werden konnte. Zwar war nicht erst mit ihr das klassische, männliche Heldenmuster transzendiert worden. Nimmt man die Geschichte der Helden in den Blick, so stellten bereits die weiblichen Arbeitshelden der fünfziger Jahre eine geradezu revolutionäre Neuerung dar, aber deren alltagskulturelle Durchschlagskraft läßt sich mit derjenigen Walentina Tereschkowas nicht vergleichen. Die in ihrer Person sinnlich wahrnehmbare Perspektive war Anfang der sechziger Jahre nicht nur für eine bestimmte Frauenklientel, worauf Monika Gibas in ihrem Beitrag fokussiert, sondern auch für die ehemalige Hitlerjugend-Generation von größter Relevanz. Sie verhielt sich pragmatisch, nicht politisch, votierte stets für das Machbare, blieb ergebnis- und erfolgsorientiert und ließ sich von den ökonomischen Innovationen des Ulbrichtschen »Neuen Ökonomischen Systems der Planung und Leitung« (NÖSPL) »mitreißen«. Diese Generation war nicht mehr mit dem Topos materieller Bescheidenheit zu gewinnen: Man wollte die Früchte der Arbeit, die Früchte des Sozialismus ernten. Gestus und Habitus der Tereschkowa vermochte den Angehörigen dieser Generation Hoffnung zu geben, daß ihre Lebensplanung doch noch zu einem glanzvollen Ergebnis und zu materiellen Erfolgen führte. Diese Russin wurde nicht nur für Walter Ulbricht zu einer Vorzeigefrau des Sozialismus, sondern für eine Vielzahl von Männern und Frauen in der DDR, die in ihr den Vorschein der Erfüllung eigener Sehnsüchte und Wünsche aufleuchten sahen.

Die Erzählmerkmale des Heldischen treffen uneingeschränkt auch für den letzten in der DDR gestalteten Helden zu. Sigmund Jähn fungierte als Held in einer gewissermaßen heldenlosen Zeit. Nichtsdestotrotz erweist sich das Kommunikationsschema des sozialistischen Helden auch in diesen bereits problematischen Jahren der DDR als funktionstüchtig und – bedingt – erfolgreich.

Sigmund Jähn war gleichfalls der bescheidene Mensch, der strebsame Arbeitersohn, der überlegene Pilot und Offizier, der Freund und Lehrer der Jugend, der überzeugte Kommunist. Ronald Hirte diskutiert in seinem Beitrag, daß sich die SED-Propagandisten überdies »nationale« Zuschreibungen leisteten: Der Sachse war nicht nur der erste DDR-Bürger im Weltraum, sondern der erste »Deutsche« im All. Gegen Ende der siebziger Jahre rechneten die Propagandisten zu Recht mit einer positiven Akzeptanz des Heldenmusters. Der Kosmosheld der DDR wurde in eine Zeit hineingeboren, in welcher die Aufbruchstimmung der ersten Honecker-Jahre bereits verflogen war, bei vielen hatte sich bereits Enttäuschung breitgemacht, denn die Erwartungen an ein sozialistisches Konsum- und Wohnparadies waren doch nicht in Erfüllung gegangen. Da war es die vornehmste Aufgabe des Helden, Unbill und Unsicherheiten zu bannen und Sicherheit durch Kontinuität zu gewähren.

Walentina Tereschkowa und Sigmund Jähn sind daher nur auf den ersten Blick

Inkarnationen von gesellschaftlichem Wandel und entfesselter Dynamik. Diese Bausteine sind zwar in der Tat integrierende Bestandteile ihrer verbalen und visuellen Aussage. Beide Helden der Moderne rufen jedoch gleichzeitig auch das Komplementäre dieser Essentials auf: Sie verkörperten im selben Atemzug Sicherheit, Beständigkeit und Verläßlichkeit. Zwar war ihre heroische Tat revolutionär, ihr Gestus und Habitus durchaus zeitgemäß, alle weiteren Erzählelemente blieben jedoch der überkommenen, beharrenden Semantik des sozialistischen Helden verpflichtet: Die Stories dieser beiden Figuren der sechziger und siebziger Jahre folgen unbeirrt der Tradition. Diese in ihrer Grundstruktur konservative Konfiguration kam den Erwartungen des Publikums an »seine« Helden entgegen. Wenn die Tereschkowa bei ihren Verehrern bestens »ankam«, so nicht zuletzt deshalb, weil die große Komplexität der gesellschaftlichen Dynamik der sechziger Jahre, für welche sie auf einer Aussageebene Werbung machte, durch ihr Antlitz, durch ihr So-Sein und durch ihr Mensch-Sein erheblich reduziert wurde. Die Helden der Dynamik mußten also janusköpfig sein; sie mußten zugleich glaubwürdig versprechen, die Bedrohungen und Gefahren der Dynamik abzumildern.

Mit dem deutschen Kosmonauten wurde die Krise des Heldenkonzeptes deutlich. Große Individualhelden wurden in den letzten beiden Jahrzehnten der DDR nicht mehr geboren – Jähn bildete die Ausnahme. Das mag einerseits daran liegen, daß die Gestaltungskraft und die visionäre Potenz der Propaganda in den siebziger und achtziger Jahren spürbar nachließen, aber auch daran, daß es keine Persönlichkeiten und »Taten« mehr gab, an die sich ein Heldenmythos glaubwürdig hätte anbinden lassen. Schließlich dürfte eine Rolle gespielt haben, daß die jüngeren Generationen in der DDR sich nicht mehr mit einem solchen Narrativ erfolgreich sozialisieren und erziehen ließen. Die Institutionalisierung des Heldenmusters am Arbeitsplatz, die Vervielfältigung in den Sportstätten und die massenhafte Traktierung der Helden des Alltags in der Publizistik verweisen auf die Krise der Propaganda in den letzten beiden Jahrzehnten der DDR. In jener Phase standen keine ökonomischen und – vor allem – keine ideologischen Ressourcen mehr zur Verfügung, die auf hervorragende Helden glaubwürdig hätten projiziert werden können. An deren Stelle traten »kleine« Heldinnen und Helden. Die neuen Helden des Alltags waren: der Mustermeister hier, die mustergültige Volkspolizistin dort, der Genosse Generaldirektor, die Riege der erfolgreichen Sportler – sie offenbarten nicht nur den Niedergang des Heldenkonzepts, sondern den bereits laufenden Niedergang des sozialistischen Staatswesens DDR.

Das alles bedeutete aber keineswegs den Tod der bereits etablierten Helden in der DDR. Ältere Heroen wie beispielsweise Thälmann oder »Täve« erwiesen sich als getreue »Genossen«: Sie wurden immer wieder, bis zum vierzigsten Jahrestag der DDR 1989, als Zeugen der guten Sache aufgerufen und publizistisch in Szene gesetzt. Aus heutiger Sicht wird deutlich, daß die mit ihren Botschaften groß gewordenen Generationen ihnen und ihren Geschichten die Treue hielten – und teilweise bis heute halten.

Annette Leo

»Deutschlands unsterblicher Sohn …«

Der Held des Widerstands Ernst Thälmann

»Thälmann und Thälmann vor allen / Deutschlands unsterblicher Sohn«, diesen Refrain sangen zu feierlichen Anlässen die Schulkinder in der DDR. Die Pionierorganisation trug seinen Namen. Wer Mitglied dieser Organisationen wurde, gelobte in einer feierlichen Zeremonie, »zu leben, zu kämpfen und zu lernen wie er«. Ernst Thälmann gehörte zu den wichtigsten Kultfiguren in der DDR. Zahlreiche Straßen und Plätze, Schulen und Betriebe waren nach ihm benannt. Es gab mindestens zehn Thälmann-Gedenkstätten mit ständigen Ausstellungen, etwa fünfzehn Thälmann-Denkmäler, wovon das bedeutendste in Berlin stand, es gab über achtzig Gedenksteine, nicht zu sprechen von unzähligen Filmen, den Bildbänden, Wanderausstellungen, Dia-Ton-Vorträgen, Schulungsmaterialien, die für jede Altersgruppe speziell aufbereitet waren.

Ernst Thälmann galt in der DDR als Held des Widerstands. Er verkörperte gewissermaßen das Herzstück der Legitimationsideologie der SED – die Identität von antifaschistischem Widerstand und Kommunistischer Partei. Bis zum Ende der DDR waren deshalb Thälmann-Kult und Macht der Partei unauflöslich miteinander verbunden.

Um den Mythos besser verstehen zu können, soll hier ganz kurz Thälmanns Biografie skizziert werden. Er lebte von 1896 bis 1944 und stammte aus Hamburg, wo seine eher unpolitischen Eltern eine Gastwirtschaft, später einen Gemüseladen betrieben. Thälmann kam als junger Arbeiter über das Engagement in der Gewerkschaft erst zur Sozialdemokratischen Partei, dann 1920 zur USPD, schließlich 1921 zur Kommunistischen Partei. Sein rascher Aufstieg in der KPD begann mit dem gescheiterten Hamburger Aufstand 1923. Bereits 1924 war er Vorsitzender der Partei und Mitglied des Exekutivkomitees der Kommunistischen Internationale. Kurz nach dem Reichstagsbrand im März 1933 wurde er von den Nationalsozialisten verhaftet und im August 1944 in Buchenwald umgebracht.

Die janusköpfige Thälmann-Legende

Die Biografie des Helden lieferte das Material für den Mythos. Aber sie wurde umgeformt, umgedeutet. Während bestimmte Elemente ausdrücklich betont wurden, verschwanden andere im Hintergrund oder bekamen einen anderen Sinn. Wir haben es beim Thälmann-Kult zweifellos mit einer politischen Mythenbildung zu tun, die der Legitimation und Befestigung von Herrschaft dienen sollte. Gleichzeitig jedoch, und dies macht die Ambivalenz der Thälmann-Legende aus, liegt ihr Ursprung in der Überlieferung einer Geschichte von Verfolgung, Unterdrückung und Tod, die erst später in einen anderen Kontext gestellt wurde. Deshalb waren bis in die späte DDR-Zeit hinein zwei Ausprägungen des Thälmann-Kultes zu beobachten, die einander an manchen Punkten überlagerten oder durchdrangen: auf der einen Seite ein offizieller, staatstragender Kult mit Denkmälern, Büsten, Namensverleihungen, Fahnen, Abzeichen, Gedenkstätten und -veranstaltungen sowie den dazugehörigen, immer wiederkehrenden Zeremonien, deren Botschaft lautete, das Vermächtnis des ermordeten Arbeiterführers sei in der DDR verwirklicht. Auf der anderen Seite gab die Person des KPD-Vorsitzenden eine Projektionsfläche für untergründige, stille und beinahe rebellische Hoffnungen auf eine Alternative zum Sozialismus in der DDR ab.

Ich habe mit alten Arbeitern gesprochen, die keineswegs alle Kommunisten waren. Sie äußerten sich zuweilen enttäuscht und verbittert über die Politik der SED – sprachen jedoch mit leuchtenden Augen über Ernst Thälmann, der ihrer Meinung nach alles besser gemacht hätte, wenn er nur am Leben geblieben wäre. Ähnliches wollte wohl auch Wolf Biermann – halb ernst, halb ironisch – zum Ausdruck bringen, als er in den sechziger Jahren dieses Lied verfaßte: »Mir träumte von Teddy Thälmann die Nacht einen schönen Traum / [...] / Wir konnten mit Ernst Thälmann im ganzen deutschen Land, / den Sozialismus besser bau'n, als du ihn je gekannt: / die Freiheit ohne Ende und schön wie nie die Frau'n.«

Die Thälmann-Legende ist in ihrer Entstehungsgeschichte eng mit dem Ort Buchenwald verbunden. In Buchenwald liegt eine ihrer Wurzeln. Ende August 1944 erschien in der nationalsozialistischen Presse eine Nachricht, wonach der kommunistische Führer Ernst Thälmann und der sozialdemokratische Funktionär Rudolf Breitscheid bei einem Bombenangriff auf das Konzentrationslager Buchenwald ums Leben gekommen seien. Später bildete sich eine andere Lesart heraus: Thälmann und Breitscheid sollen nicht durch alliierte Bomben getötet, sondern einige Tage vor dem Fliegerangriff am 18. August 1944 im Hof des Buchenwalder Krematoriums erschossen und sofort verbrannt worden sein – das berichteten ehemalige Häftlinge, die im Krematorium gearbeitet hatten und beobachtet haben wollen, daß die SS an jenem Abend eine geheime Aktion vorbereitete. Der Tod beider an diesem Ort wurde als Mahnung zur Einheit der Arbeiterklasse gedeutet. Die Vereinigung von KPD und SPD zur SED 1946 galt als die Erfüllung ihres Vermächtnisses. Sie waren demnach nicht umsonst gestorben. In Verbindung mit der Legende von der Selbstbefreiung der Häftlinge und ihrem Schwur ergab dies die Botschaft von Buchenwald, die in eine sozialistische Zukunft wies, in der alle Schrecken der Vergangenheit aufgehoben sein würden.

Es scheint eine seltsame Ironie der Geschichte, daß die erste Zeremonie zur mythischen Verklärung des Helden noch im Konzentrationslager Buchenwald ausgerechnet von Häftlingen veranstaltet wurde, die vor 1933 der KPD-Opposition angehört und in dieser Eigenschaft den lebendigen Thälmann politisch bekämpft hatten.

Robert Siewert und Willi Bleicher richteten im Keller des Desinfektionsgebäudes gegen den Willen der vor allem aus linientreuen Kommunisten bestehenden illegalen Häftlingsorganisation eine heimliche Totenfeier für den KPD-Vorsitzenden aus, die verraten wurde – und später selbst Teil der Legende werden sollte. Noch verwickelter wird es, wenn man weiß, daß diese heimliche Zeremonie ihren Ursprung in einer weiteren mit Buchenwald verbundenen Legende hatte. Bruno Apitz erzählt in seinem weltbekannten Roman »Nackt unter Wölfen« historisch korrekt genau jenen Verrat, die Verhaftung der Verdächtigen, deren Vernehmungen durch SS und Gestapo sowie die endliche Rettung der Beteiligten – nur daß es in seiner Geschichte nicht um eine heimliche Totenfeier geht, sondern um ein jüdisches Kind, das vor der SS versteckt und gerettet wurde.

Derart mythisch aufgeladen, nahm das Gedenken an Ernst Thälmann in der Arbeit der Nationalen Mahn- und Gedenkstätte Buchenwald von Beginn an einen besonderen Platz ein. Es beschränkte sich nicht nur auf eine Gedenktafel am Krematorium und den Gedenkraum im Keller des Desinfektionsgebäudes. Die erste Ausstellung auf dem Ettersberg – noch vor der Eröffnung der Gedenkstätte – war dem Lebensweg Thälmanns gewidmet. Jahrelang wurden die jährlichen Gedenkfeiern in Buchenwald vor allem als Thälmann-Feiern ausgerichtet.

Mit der Geschichte des Konzentrationslagers Buchenwald hatte die historische Person Ernst Thälmann notwendigerweise kaum etwas zu tun; sie konnte kaum etwas damit zu tun haben. Denn Thälmann hatte sich, wenn es denn so gewesen ist, nur für einen kurzen Moment in Buchenwald aufgehalten – gerade angekommen, wurde er umgebracht. Dies zeigt die Diskrepanz zwischen Legende und Wirklichkeit.

Die inszenierte Erinnerung an den einen aber verdeckte die Sicht auf die vielen anderen, eben auf die Häftlinge von Buchenwald, deren Geschichte unerzählt blieb, weil sich aus ihrem Leben und Sterben nicht die gewünschte Botschaft destillieren ließ. Damit meine ich nicht nur die vielen nicht genannten oder kaum erwähnten Häftlingsgruppen, etwa Juden, Sinti und Roma sowie Homosexuelle. Zu dem Zeitpunkt, da der Thälmann-Kult in der DDR seinen entscheidenden Aufstieg nahm, galten selbst die Akteure der Selbstbefreiung, die Mitglieder des kommunistischen Parteiaktivs des Lagers, als nicht erwähnenswert. Sie hatten ihre Machtpositionen im KPD-Apparat an die Moskauer Emigranten abgeben müssen, nachdem ihr Verhalten als Funktionshäftlinge[1] im KZ ins Zwielicht geraten war.[2]

Die Thälmann-Legende, den Thälmann-Kult allein auf Buchenwald zu beschränken, würde allerdings zu kurz greifen. Allein aus dem Kontext des Konzentrationslagers ist er nicht erklärbar. Im Rahmen der Gesamt-Erzählung des DDR-Antifaschismus galt Ernst Thälmann lange Zeit als *die* Symbolfigur des Widerstandes gegen den Faschismus in ganz Deutschland: als ein seltsam körperloses, artifizielles Symbol, das sich gut als Projektionsfläche eignete. Denn – bei allem Respekt vor Thälmanns Leidensweg in der Haft und seinem tragischen Tod – mit dem realen Widerstand gegen das NS-Regime hatte er ebensowenig zu tun wie mit dem Konzentrationslager Buchenwald. Er war am 3. März 1933, vier Tage nach dem Reichs-

Ernst Thälmann als Vorsitzender des Rotfrontkämpferbundes der KPD, um 1925.

Ernst-Thälmann-Denkmal in Bautzen, das im September 1960 eingeweiht wurde.

tagsbrand, verhaftet worden und blieb bis zu seinem Tod im August 1944 ein besonders bewachter, von anderen Häftlingen völlig abgeschirmter Gefangener der Gestapo.

Elemente eines Thälmann-Kultes waren schon vor 1933 zu beobachten. Mit seiner charakteristischen Gestalt gab er eine populäre Figur ab, zu welcher die Lederjacke, die Mütze und sein Beiname »Teddy« gehörten. Die Arbeiter sahen ihn als einen der ihren an. Seine Sprache, seine Kleidung und sein Gestus betonten seine proletarische Herkunft. Thälmann muß Charisma besessen haben. Vor allem in den Anfangsjahren, als er noch nicht vom bürokratischen Apparatdenken beherrscht war, muß er auch Lebensfreude und Sinnlichkeit ausgestrahlt haben. Darauf gründete sich der Kult, mit dem die KPD-Führung – analog zum Stalin-Kult und auch zum Führerkult der Nazis – die Person ihres Vorsitzenden umgab. Ähnliches gilt für die Legende vom mitreißenden Redner wie die Legende vom Helden des Hamburger Aufstandes, die eigentlich hätten auf recht wackligen Füßen stehen müssen, weil es doch genug Menschen gab, die das Gegenteil hätten bezeugen können. Aber solche Legenden besitzen ein Eigenleben; sie hielten sich nicht zuletzt deshalb, weil die Menschen daran glauben wollten.

So schrieb Margarete Buber-Neumann in ihren Erinnerungen über Thälmanns Reden: »Das erste Mal wollte ich meinen Ohren nicht trauen. Ich war erschüttert von dem Niveau seiner Reden. Sie schienen mir wie ein Gemisch aus primitivem Gefasel und mißverstandenem marxistischen Jargon zu sein. Aber dann sah ich die Gesichter der Arbeiter, die in meiner Nähe standen. Ich sah, wie ihre Blicke an seinem Munde hingen, obwohl sie bestimmt ebensowenig wie ich begriffen, was er eigentlich sagen wollte. Da fühlte ich mich nicht mehr berechtigt, ihn zu kritisieren, denn schließlich hatte ›Teddy‹, wie sie ihn nannten, ja nur als Transportarbeiter begonnen und wenig Möglichkeiten gehabt, sich weiterzubilden [...]. Quälend wurde es erst am nächsten Tag, wenn ich die Berichte der Parteipresse las. Dort wurde seine Rede auch noch mit lobenden Adjektiven bedacht, obwohl ich mich gerade vom Gegenteil hatte überzeugen können. Aber auch das mußte sicher seinen Grund haben, denn man brauchte Teddy eben, weil er der populärste aller KP-Führer war, weil die Masse der kommunistischen Arbeiter in ihm den echten Vertreter ihrer Klasse sah.«[3]

Änne Wagner, eine Kommunistin, die später KPO-Mitglied[4] wurde, erwähnt in ihren Lebenserinnerungen einen Auftritt Thälmanns 1926 in ihrer Heimatstadt Solingen. Sie beschreibt, wie er vom Bahnhof kam, die Rednertribüne bestieg, vor der schon viele Arbeiter auf ihn warteten. Ehe er zu reden begann, riß er sich den Schlips vom Hals und öffnete seinen Hemdkragen. Änne Wagner war, ebenso wie viele andere Zuhörer, begeistert von dieser zupackenden Geste, die ihr so spontan und unkonventionell erschien und ihr den Redner gleich nahebrachte. Erst die Bemerkung eines Kollegen, wonach Thälmann sich vor jeder Rede die Krawatte abreiße, ernüchterte sie ein wenig.[5] Diese beiden Zeuginnen waren, als sie ihre Erinnerungen aufschrieben, nicht mehr in der strikten Parteigläubigkeit gefangen, sondern schrieben bewußt gegen Gläubigkeit und Verklärung an.

In dem Band »Deutschlands unsterblicher Sohn«, der in den sechziger Jahren in der DDR erschien, sind auch episodenhafte Erinnerungen früherer Kampfgefährten an Ernst Thälmann festgehalten, die einen anderen Blickwinkel erkennen lassen. Dort berichtet Herrmann Grosse von einem Auftritt Ernst Thälmanns im September 1930 im Berliner Sportpalast: »Kräftige Fäuste der Kameraden des Roten Front-kämpferbundes hoben Ernst Thälmann und trugen ihn unter dem Jubel der Menge zur Tribüne. Beifall brandete durch den Raum, ebbte ab, schwoll wieder an und wollte kein Ende nehmen. Dazwischen wiederum Rufe, stimmgewaltige Sprech-chöre, die Losungen riefen. Vertrauen, Zuneigung und Liebe strömte die Menge aus. Thälmann war einer der ihren. Er stand an ihrer Spitze im Kampf, er ging furchtlos voran, er kannte ihre Gefühle, ihre Sorgen, ihren Zorn und ihren Haß und er verlieh all dem Ausdruck. Aus ihm sprach die Stimme des Volkes.«[6]

Der Parteiveteran Karl Bathke, damals Schriftsetzer in der Druckerei Rote Fahne, erinnert sich an ein Gespräch, das er und seine Druckereikollegen mit Thälmann führten: »Bei dieser persönlichen Unterredung beobachtete ich sein Gesicht aus nächster Nähe. Alles war darin einfach und klar. Auf seinem Gesicht spiegelten sich seine Gedanken wider, ebenso wie das bei Lenin der Fall gewesen war. Oftmals leuchteten seine Augen, manchmal war er hart, oft polternd. Er war eben ›Teddy‹, so eine richtige Bärengestalt, die wir liebten und die die Arbeiter liebten. So wurde er auch zu ihrem Führer, weil er ein Stück von ihnen war, niemals überheblich, immer einfach, bescheiden, immer das Ohr an der Masse, immer wissend, wo den Arbeiter der Schuh drückte.«[7] Und Fritz Selbmann, damals Leiter des KPD-Bezirks Sachsen, berichtet von einer Wahlkampfreise 1932 mit Ernst Thälmann, während der es zu einem kurzen Aufenthalt auf dem Bastei-Felsen kam. Eigentlich habe er ihm einen politischen Bericht erstatten wollen: »Aber Ernst Thälmann stand stumm in den großartigen Anblick versunken, und ich mochte ihn nicht stören. Das lange Schweigen wurde mir zuletzt doch etwas unheimlich. Ich sah ihn verstohlen von der Seite an. Das Gesicht war ruhig und gelöst, und der Blick war weit in die Ferne gerichtet. Endlich sagte er etwas, ganz leise: ›Wie schön ist doch unser Deutschland!‹ Dann drehte er sich um und wir gingen schweigend zurück.«[8]

Der Unterschied dieser Zeugnisse zu den beiden ersten Texten ist unübersehbar. Abgesehen davon, ob die jeweiligen Geschichten so erlebt wurden oder ein wenig anders, bildet hier die verklärende Legende den Rahmen, in den die eigenen Erinnerungen gestellt werden. Das Bewußtsein, es mit einer überragenden Persönlichkeit zu tun gehabt zu haben, ist dabei eine Voraussetzung, die weder begründet werden mußte noch hinterfragt wurde. Dieses Bewußtsein verlieh jeder noch so banalen, alltäglichen Begebenheit und Äußerung die Aura des Einmaligen, des Besonderen und unbedingt Mitteilenswerten. Dabei sei nur am Rande bemerkt, daß die Überhöhung der Bescheidenheit und Volksverbundenheit Thälmanns zweifellos noch eine andere Funktion erfüllte. Sie muß zudem als eine versteckte Kritik an der verknöcherten und lebensfernen Parteiführung der sechziger Jahre gelesen werden. Hier scheint wieder die andere Seite, die ursprüngliche Seite des Thälmann-Mythos auf.

Der Prozeß der Kanonisierung

Wie schon erwähnt, gab es bereits vor 1933 Elemente eines Thälmann-Kultes. Der eigentliche Prozeß der Verklärung jedoch begann nach seiner Verhaftung 1933, als Ernst Thälmann vor allem im Ausland zu einem Symbol für die verfolgte deutsche Arbeiterbewegung avancierte.

Das Bild, das von ihm auf den Solidaritätsversammlungen entworfen wurde, hatte immer weniger mit der Person Thälmanns, mit seiner tatsächlichen politischen Rolle in der Weimarer Republik zu tun. Parallel zur Überhöhung seines Bildes verlor er real an Einfluß und Bedeutung innerhalb der KPD-Führung. Als die Kommunistische Partei 1935 auf der Brüsseler Konferenz einen Kurswechsel vollzog und sich von der bis dahin in erster Linie von Thälmann repräsentierten Politik des Kampfes gegen die Sozialdemokratie und die Weimarer Republik distanzierte, wurde die Schuld für die verfehlte Politik zwar offiziell auf seine Anhänger Heinz Neumann, Herrmann Remmele, Fritz Schulte und Herrmann Schubert geschoben. Mit der Entmachtung und späteren Ermordung seiner Mitstreiter in der Sowjetunion verlor Thälmann jedoch seine Hausmacht in der Parteiführung. Seine Nachfolger im Politbüro hatten augenscheinlich mehr Interesse an dem Symbol »Ernst Thälmann« für ihre Propaganda-Kampagnen als an dem Menschen und Konkurrenten Thälmann, der ihnen nach einer Freilassung die Machtstellung womöglich wieder streitig gemacht hätte. Seine mehr als zehn Jahre während Haft und seine Ermordung im Jahr 1944 machten aus dem KPD-Vorsitzenden vollends einen Märtyrer, dessen politische Handlungen jeglicher Kritik entzogen waren.

Trotzdem war unmittelbar nach der Befreiung Deutschlands vom Nationalsozialismus ein Thälmann-Kult zunächst nicht zu beobachten. Die KPD/SED vertrat noch eine Linie des antifaschistischen Bündnisses, sie war in Nachkriegsdeutschland eine Kraft unter vielen. Gleichwohl wurde auch Thälmann als einem der vielen Opfer des Nationalsozialismus Respekt gezollt. Dies entsprach den Machtverhältnissen der ersten Nachkriegsjahre und hatte mit einer Rücksichtnahme gegenüber den Vertretern des christlichen und bürgerlichen Widerstandes sowie gegenüber den überlebenden Juden zu tun, mit denen die Kommunisten in den Antifa-Ausschüssen und später in der Vereinigung der Verfolgten des Naziregimes (VVN) zusammengeschlossen waren. Auch im Hinblick auf die Vereinigung von KPD und SPD wurde Thälmann zunächst nicht in den Vordergrund gestellt. Für die meisten Sozialdemokraten war der frühere KPD-Vorsitzende keine Symbolfigur, mit der sie sich identifizieren wollten. Für sie stand Thälmann vor allem für den Roten Frontkämpferbund, für Krawalle, Schlägereien mit Sozialdemokraten und für eine wütende Feindschaft zur SPD, schließlich für eine gescheiterte Politik, die überwunden werden sollte. Und in der Anfangsphase der Vereinigung signalisierten die Kommunisten schließlich noch, daß auch sie bereit seien, aus den Fehlern der Vergangenheit zu lernen.

Die Figur Thälmanns wurde erst wieder wichtig, als der Kalte Krieg begann und das Bündnis mit den Gruppen des christlichen, bürgerlichen und sozialdemokratischen Widerstands zerbrach. Die Kommunisten erklärten sich nunmehr offen zur dominierenden Kraft und stülpten den anderen Gruppen ihre Traditionen über. Die Inszenierung des Thälmann-Kultes war der formulierte Anspruch auf die führende Rolle der Kommunisten, den sie aus dem Widerstand ableiteten und der sich auf die Gesellschaft der Gegenwart wie der Zukunft erstreckte.

Während die Widerstandskämpfer aus dem bürgerlichen, dem sozialdemokratischen und dem christlichen Lager ebenso wie Kommunisten aus der Westemigration im Zuge der stalinistischen Säuberungen als Feinde und Verräter diffamiert wurden und ihren Platz in der Gesellschaft wie im Kanon der offiziellen Erinnerung verloren, rückte die Figur Ernst Thälmann auf. Geehrt wurden zwar auch andere ermordete Kommunisten wie John Schehr und Ernst Schneller, aber sie waren eindeutig der Thälmann-Figur untergeordnet. Seine strahlende Ikone schob sich vor das widerspruchsvolle und komplexe Bild von Widerstand und Verfolgung, das mit seinen Brüchen und Widersprüchen, den beunruhigenden Grauzonen von Verrat, Kollaboration, dem Bewußtsein von Versagen und Fehlentscheidungen noch in der frühen Nachkriegsgesellschaft ganz schmerzhaft präsent war.

Das zeigte sich zum Beispiel an der Form der alljährlichen Kundgebungen zum Gedenken an die Opfer des Faschismus. Während in den ersten Jahren über der Tribüne die Fahnen der Nationen der Anti-Hitler-Koalition wehten, trat 1950 an deren Stelle ein großes Thälmann-Bild. Etwa bis 1951 wurden Entwürfe für ein internationales Mahnmal des Widerstands in Berlin diskutiert. Auf dem Berliner Marx-Engels-Platz sollte eine große Weltkugel aufgestellt werden, welche die Insignien der FIAPP hätte tragen sollen, der internationalen Organisation der ehemaligen politischen Häftlinge. Diese Vorstellungen wurden bald von Plänen abgelöst, auf dem damaligen Thälmann-Platz in Berlin-Mitte ein würdiges Denkmal des KPD-Vorsitzenden zu errichten. Dazu kam es allerdings auch nicht, weil der Platz zu dicht an der Sektorengrenze lag und sich die Vorarbeiten für das Denkmal bis zum Mauerbau 1961 hinzogen.

Eine weitere Zäsur bei der Einführung eines regelrechten Thälmann-Kultes in der DDR bildet das Jahr 1953. Im Februar jährte sich zum zwanzigsten Mal die letzte Tagung des Zentralkomitees der KPD, die damals schon halb konspirativ im Sporthaus Ziegenhals, südöstlich von Berlin, stattgefunden hatte. Das SED-Zentralkomitee inszenierte deshalb am 7. Februar 1953 eine feierliche Gedenkveranstaltung im historischen Hinterzimmer der Gastwirtschaft, die an diesem Tag als die erste Thälmann-Gedenkstätte eingeweiht wurde. Diese Gedenkstätte besteht vor allem aus dem damaligen Tagungsraum, der bis heute so belassen wurde, wie er 1933 war. Im Vorzimmer ist eine kleine Ausstellung über »das Leben und den Kampf« Ernst Thälmanns zu sehen, und am Ufer des Zeuthener Sees unter einem Schilfdach liegt das kleine Motorboot »Charlotte«. In den fünfziger und sechziger Jahren hieß es noch, Thälmann sei mit dem Boot über den See gefahren, nachdem die Sitzung abrupt wegen der Gefahr der Entdeckung durch die SA abgebrochen werden mußte. Später wurde die Geschichte dahingehend modifiziert, daß einige Tagungsteilnehmer das Boot benutzt hätten, während Thälmann mit dem Auto geflohen sei. Vor einigen Jahren fand der Historiker Heiner Wörmann heraus, daß an diesem Tag niemand mit dem Boot gefahren sein konnte, weil laut meteorologischem Bericht besonders strenger Frost geherrscht und eine dicke Eisschicht den Zeuthener See bedeckt hatte.[9] Man muß sich die Frage stellen, welche Rolle dieses Boot im Rahmen der Thälmann-Legende spielte. Es ist vielleicht ein übriggebliebenes, sinnlich greifbares Element der Volkslegende, eine Reliquie sozusagen, ein Gegenstand, der etwas von der Dramatik der überlieferten Geschichte verkörpern sollte, von der überhasteten Flucht, der Gefahr der Entdeckung. Der Anblick dieses Bootes mag die Phantasie vieler Besucher der Gedenkstätte weitaus mehr angeregt haben als die erklärenden Fotos und Schrifttafeln.

Aber die wichtige, die politische Botschaft war weniger mit dem Boot verbunden, als vielmehr mit der Rede, die Walter Ulbricht an diesem 7. Februar 1953 im Hinterzimmer des Sporthauses hielt. Die damalige Ansprache Ernst Thälmanns, so sagte er, sei leider nicht vollständig überliefert. Er wolle deshalb ihren Hauptinhalt referieren und deren grundlegende Ideen darlegen. Man kann davon ausgehen, daß der Erste Sekretär der Partei sie so wiedergab, wie es ihm im Jahr 1953 politisch nützlich erschien, um sich selbst als den besten Erben und als den Erfüller des großen Vermächtnisses zu präsentieren. Ulbrichts Rede von 1953 fiel liturgisch bei weitem nicht so perfekt aus wie die Rede, die Stalin 1924 am Grabe von Lenin gehalten und in der er die wesentlichen Maximen seines Herrschaftsanspruches und seiner künftigen Politik in eingängiger und eindringlicher Form verkündet hatte. Ulbricht war ein schlechter Redner, er besaß nicht die rituellen Erfahrungen des ehemaligen Klosterschülers Stalin. Aber seine Interpretation der Rede Thälmanns von 1933 sollte den gleichen Zweck erfüllen wie Stalins Grabrede: die Politik und den Herrschaftsanspruch seiner Nachfolger zu legitimieren, die Figur Thälmanns aus dem historischen Zusammenhang zu lösen und sie in den Rahmen des Mythos zu stellen.

Die wichtigste Botschaft seiner Rede war die Rehabilitierung der Politik der KPD vor 1933. Alle Selbstkritik der Vergangenheit schien damit ausgestrichen. Die Politik der KPD im Kampf für die Einheit der Arbeiter und gegen den Faschismus war richtig, ebenso richtig wie die Politik der SED gegen den »westdeutschen Imperialismus und Faschismus«. Ulbricht definierte die SED jetzt nur noch von der kommunistischen Tradition her. Den Sozialdemokraten wurde wieder eine Mitschuld am Aufkommen des Nationalsozialismus zugeschrieben. Alle Wünsche und Hoffnungen von Ernst Thälmann, so Ulbricht, seien in der DDR erfüllt. »Nur eine Aufgabe konnten wir bisher nicht erfüllen. Das ist die Wiederherstellung der nationalen Einheit.«[10] Ulbricht schloß seine Rede mit einem feierlichen Credo: »Geloben wir mit der gleichen kämpferischen Energie wie Ernst Thälmann, mit der gleichen marxistisch-leninistischen Überzeugung wie Ernst Thälmann, mit der gleichen Verbundenheit mit dem arbeitenden Volk wie Ernst Thälmann, mit der gleichen Treue zur sozialistischen Sowjetregierung und zum Genossen Stalin den Kampf zu führen für eine einige glückliche Zukunft unseres Volkes, für den Sozialismus.«[11]

Einen Monat nach der Gedenkveranstaltung in Ziegenhals starb Stalin. Wahrscheinlich ohne daß das ursprünglich intendiert war, verfügte die SED mit Thälmann nun über ein kultisches Ersatzobjekt, eine eigene nationale Heldenfigur, die an die Stelle des bald darauf ins Zwielicht geratenen Stalin in Szene gesetzt werden konnte.

Widersprüche und Wirkungsmacht

Seit 1950 und verstärkt seit 1953 wurde aus dem historischen Ernst Thälmann durch Weglassen und Hinzufügen allmählich die glatte Kunstfigur modelliert, an der die SED dann bis 1989 mit nur wenigen Modifikationen festhielt. Legenden haben unter anderem nur dann Bestand, wenn sie erzählbar sind, das heißt, wenn sie auf einem einfachen Grundmuster beruhen. Im Falle Thälmanns wird die Geschichte eines Mannes erzählt, der sein ganzes Leben in den Dienst der Befreiung der Menschheit gestellt hat, der dieses Ziel aber selbst nicht mehr erleben konnte, weil er vorher den Märtyrertod sterben mußte. Trotzdem ist er niemals gestorben, weil sein Geist lebendig ist. In seiner Jugend bestand er mehrere wichtige Bewährungsproben (Revolution, Kapp-Putsch, Hamburger Aufstand), die allesamt Verheißungen auf eine bessere Zukunft darstellten. Im Kontakt mit den kommunistischen Gottheiten Lenin und Stalin (letzterer mußte später wieder aus der Legende herausgenommen werden) erhielt er die höheren Weihen, die ihn zum Führer der deutschen Arbeiterklasse bestimmten. Er wurde so der unfehlbare, weitsichtige Politiker, der die Kommunistische Partei zusammenschweißte und die Feinde entlarvte. Er war der weise Lehrer der Jugend, ein gütiger, aber strenger Führer der Arbeiterklasse. Die KPD galt unter seiner Führung als die einzige politische Kraft in Deutschland, welche die Gefahr des Faschismus rechtzeitig erkannt, die einzige, die später konsequent Widerstand geleistet hatte und die deshalb »die fortschrittliche, zukunftsweisende Linie der deutschen Politik verkörperte«[12].

Thälmann wurde zum Symbol des Antifaschismus, zum Symbol der führenden Rolle der SED in der Gesellschaft. Er war ein nationaler Held und Vorkämpfer für die Einheit Deutschlands, solange das noch opportun schien, später wurde er zum Vater des sozialpolitischen Programms der SED. Er diente als Vorbild für die Kinder. Als Leiter des Roten Frontkämpferbundes spielte er eine wichtige Rolle bei der militärischen und vormilitärischen Erziehung in der DDR, und anhand des Prozesses gegen den SS-Mann Wolfgang Otto, des mutmaßlichen Thälmann-Mörders, konnte der Beweis angetreten werden, daß in der Bundesrepublik die Nazi-Täter Schutz und Fürsorge genossen.

Die eigentliche, ebenso widerspruchsvolle wie interessante Geschichte aber steckt hinter dieser Erzählung.

Es mußte verschwiegen werden, daß Ernst Thälmann schon 1924 (nicht erst 1925) den Parteivorsitz erlangt hatte, und zwar als Mitglied der später geschmähten ultralinken Fraktion um Ruth Fischer und Arkadi Maslow; es mußte verschwiegen werden, daß er 1928 politisch schon am Ende gewesen war, als ihn die Mehrheit des ZK von seiner Funktion suspendierte, weil er eine Unterschlagung des Hamburger KP-Funktionärs und seines Freundes Wittdorf gedeckt hatte, und daß ihn erst ein Brief von Stalin wieder in sein Amt hob. Verschwiegen wurde auch, daß 1928 die Widersacher seiner Politik als sogenannte Rechte aus der Partei ausgeschlossen worden waren – die einzigen, die seinerzeit ein realistisches Konzept zur Verhinderung des Nationalsozialismus anzubieten hatten. Verschwiegen wurden darüber hinaus die politisch verheerenden Auswirkungen der Komintern-These vom Sozialfaschismus, der wütende Kampf der KPD gegen die Sozialdemokratie, der 1931 im gemeinsamen Volksentscheid von Nationalsozialisten und Kommunisten gegen die Preußische Regierung gipfelte. Es ließen sich noch viele andere Beispiele anführen, wie mit der Thälmann-Erzählung Geschichte umgefälscht und geglättet wurde. Hier sei erinnert an die Umstände von Thälmanns Verhaftung, die Ermordung seiner engsten Mitarbeiter während der Säuberungswellen der dreißiger Jahre in der Sowjetunion, seine vergeblichen Versuche, die KPD-Führung und Stalin dazu zu bewegen, ihn durch Austausch oder auf andere Weise aus der Haft freizubekommen, seine Verzweiflung und Einsamkeit im Gefängnis. Es sei erinnert an seine Schriften, die er im Gefängnis verfaßte, aus denen man maßlose Selbstüberschätzung, spießige Wertvorstellungen, Heimat- und Familienkitsch, sogar latenten Antisemitismus herauslesen kann. All diese Umstände, die die Banalität und menschliche Tragik seines Schicksals verständlich gemacht hätten, fanden in der sterilen Heldengeschichte keinen Platz.

Die kommunistischen Widerstandsmythen sind auch mit christlichen Heiligen-Legenden verglichen worden. Es gibt viele Parallelen. In beiden Fällen handelt es sich um Erzählungen von Verfolgung und Martyrium, die später – und das Später dauerte immer länger als die Zeit der Verfolgung selbst – zur Begründung von Machtansprüchen dienten. Das Zusammenspiel dieser beiden Faktoren macht die Tragfähigkeit von solchen ritualisierten Erzählungen aus. Die zeitliche Wirkungsmacht der christlichen Mythen ist allerdings – das kann man nach fast zweitausendjähriger Erfahrung sagen – zweifellos höher zu veranschlagen, während sich die Botschaft der kommunistischen Heldengeschichten schon nach wenigen Jahrzehnten und manchmal bereits vor dem Zusammenbruch der Herrschaft, deren Befestigung sie dienten, verbraucht hatte.

Was die Fortexistenz der Thälmann-Legende betrifft, so hat wohl im Laufe der Jahrzehnte das partei- und staatsoffiziell erstarrte Bild über die Elemente einer volkstümlichen Legende vom alternativen, rebellischen Thälmann die Oberhand gewonnen. Dieses Phänomen war vor allem an die Generation der alten Kommunisten gebunden, die ihre eigenen Hoffnungen und Sehnsüchte auf die Figur des KPD-Vorsitzenden projiziert hatten, ohne sich dabei Vorschriften machen zu lassen. Eines der letzten Zeichen von ihnen habe ich Anfang der neunziger Jahre im Thälmann-Park in Berlin gesehen: Handgeschriebene Zettel an Laternen und Häuserwänden, verfaßt wahrscheinlich am Geburtstag oder am Todestag Thälmanns: »Für unseren Kameraden Teddy«, stand darauf, »hoch die Faust!« Thälmann als Volksfigur, als soziali-

Thälmann-Ehrung auf dem Dresdner Altmarkt im Rahmen des VII. Pioniertreffens 1982.

stischer Superheld, lebt aber auch noch fort im Bewußtsein der in der frühen DDR sozialisierten HJ/FDJ-Generation, die zwar zur Tradition der Vorkriegs-Arbeiterbewegung keine Verbindung mehr besaß, für die der ermordete KPD-Vorsitzende jedoch nach dem Zusammenbruch des »Dritten Reiches« eine Art Führer-Ersatz bedeutete. Nachdem sie in der DDR als Betriebsdirektoren, Kaderleiter, Polizeioffiziere oder Bürgermeister Verantwortung getragen haben, sehen die Angehörigen dieser Generation ihre Lebensleistung nach 1990 häufig entwertet und halten allein schon aus Protest die Erinnerung an Thälmann weiter hoch. So »besitzt« der »Verein der Thälmannwerker und Freunde e. V.« Magdeburg, wie mir ein Vertreter schrieb, sogar ein Thälmann-Denkmal, das noch aus dem volkseigenen Betrieb stammt »und das einen würdigen Standort gefunden hat, an dem der Verein im April seinen Geburtstag und im August zum Todestag kurze Gedenkminuten hält und Blumengebinde niederlegt«. Vertreter dieser Altersgruppe melden sich regelmäßig zu Wort, wenn es um die Entzauberung ihres Idols geht. Als in einer Thüringer Zeitung ein kleiner Bericht über einen meiner Vorträge zum Thälmann-Kult erschien, schrieb mir Günther W.: »Der Artikel über Ernst Thälmann stimmte mich ärgerlich und traurig zugleich. Die besonders hervorgehobene diskriminierende Äußerung der Buber-Neumann ist ein journalistischer Tiefschlag unter die Gürtellinie.« Alfred S. aus Weimar äußerte sich ebenfalls in einem Leserbrief: »Es ist eine Infamie, wie heute über Thälmann hergezogen wird. Thälmann ist und wird immer ein Vorbild für mich bleiben.«

Die jüngste Generation der ehemaligen DDR-Bürger kann jedoch mit diesem Vorbild nicht mehr viel anfangen. Nach dem Wegfall der politpädagogischen Pflichtprogramme verschwand Ernst Thälmann weitgehend aus dem öffentlichen Bewußtsein. Bei dieser Feststellung stütze ich mich auf die Berichte zweier Thüringer Lehrerinnen an die Thüringische Landeszentrale für politische Bildung, die im Jahr 1998 mit Schülern der neunten Klasse, die 1989 sechs Jahre alt gewesen waren, die Gedenkstätte Buchenwald besuchten. Eine der Lehrerinnen listete die Fragen auf, welche die Schüler anschließend stellten: »Wußten die Weimarer tatsächlich nichts? Was sind Sinti und Roma? Was ist mit den Peinigern aus dem KZ Buchenwald geworden?« Und schließlich: »Wer war Ernst Thälmann?« Der Bericht der zweiten Lehrerin konstatierte schlicht: »Ernst Thälmann ist leider den meisten kein Begriff mehr, deshalb auch Erstaunen und teilweise Ratlosigkeit an der Gedenktafel, die an seine Ermordung erinnert.«

Silke Satjukow

»Früher war das eben der Adolf ...«
Der Arbeitsheld Adolf Hennecke

Sein Gesicht wurde oft in Gips geformt und in Bronze gegossen: Seine hohe Stirn, die eingefallenen Wangen und die schmalen Lippen zeugten von tiefer Ernsthaftigkeit. Sein Körper wirkte lang und dünn, sogar hager; das blonde Haar war schon schütter. Muskeln, wie sie ein Bergmann gewöhnlich vorweisen konnte, ließen sich bei Hennecke nur erahnen. In sein Gesicht hatten sich tiefe Furchen eingezeichnet. Als er seine legendäre Schicht fuhr, war er 43 Jahre alt, von einem jungen Kumpel konnte nicht die Rede sein.

Adolf Hennecke wurde 1905 in einem kleinen Dorf in Westfalen geboren, als er neun Jahre alt war, starben die Eltern kurz hintereinander an Lungenentzündung. Die Kinder teilte man unter den Verwandten auf. Adolf kam zu einem Onkel, der als Bergmann tätig war. Weil er als guter Schüler galt, durfte er Kaufmann werden. Der Junge sollte es einmal besser haben. Diese Offerte schien Adolf Hennecke sein Leben lang zu begleiten. Er arbeitete zunächst als kaufmännischer Angestellter, entschloß sich aber, nachdem er immer wieder ohne feste Anstellung war, wie einst sein Vater und sein Onkel in den Bergbau zu gehen. Dort schien auch in schweren Zeiten Platz für einen zu sein, der anpacken konnte. Adolf Hennecke arbeitete also seit 1926 als Kumpel, obwohl er diesen Beruf nach dem frühen Tod seines Vaters für sich selbst immer abgelehnt hatte.

Seit Mitte der dreißiger Jahre lebte er mit seiner Frau Helene zusammen. Sie bekamen vier Mädchen. Das vierte Kind wurde später aus Henneckes Lebenslauf getilgt, es war 1945 infolge mangelnder Ernährung verstorben. Wahrscheinlich war der Tod der Tochter ein wesentlicher Grund dafür, daß der Bergmann, der bis zu diesem Zeitpunkt nie einer Partei angehört und weder in den Zwanzigern noch während des Nationalsozialismus eine Auszeichnung erhalten hatte, im Jahr 1946 in die Sozialistische Einheitspartei Deutschlands (SED) eintrat. Nur die Arbeit, glaubte er, vermochte es, die Menschen aus dem Chaos der zerstörten Nachkriegsgesellschaft herauszuführen. Und so schuftete er zuverlässig. So viel wie nie zuvor, erinnerte er sich später. Das brachte es mit sich, daß er im Sommer 1947 in die Parteischule aufgenommen wurde. Er qualifizierte sich bald zum Schulungsreferenten, galt aber bei seinen Kollegen nicht als ideologischer Eiferer.

Was also machte diesen gewöhnlichen Bergmann zum Arbeiterhelden? Denn ein Held war er für viele, und dies nicht nur auf dem Papier. Den »offiziellen« Titel »Held der Arbeit« verlieh man ihm allerdings erst am Ende seines Lebens, im Jahr 1973.

Längst hatten Hunderttausende diese Auszeichnung nebst Orden und Geldprämie erhalten, Anfang der fünfziger Jahre auch Walter Ulbricht.

Warum avancierte gerade Adolf Hennecke zum Helden? Weil er der erste war? Keineswegs. Seit geraumer Zeit hatte die Partei – teils sogar mit Erfolg – im Gefolge der sowjetischen Stachanow-Bewegung in den Betrieben eine Wettbewerbswelle initiiert. Ende 1946 schon riefen die sowjetischen Besatzer per Dekret das Leistungsprinzip ins Leben. Im Juli 1948 zählte man allein in den sächsischen Steinkohlegruben über 2000 Aktivisten. Doch wurden weder ihre Persönlichkeit noch ihre Leistungen in der Öffentlichkeit wahrgenommen. Die Antwort auf die Frage, warum gerade Adolf Hennecke ein Held wurde, muß lauten: Seine *Tat* war außergewöhnlich. Hennecke leistete seiner Klasse genau im richtigen Moment einen unschätzbar wertvollen Dienst. Im Parteiorgan *Neues Deutschland* klang dies rückblickend später so: »Weil er schon damals unter den kompliziertesten Bedingungen die einzig gültige Wahrheit erkannte, sie aussprach und danach handelte: ›Ein besseres Leben für die Werktätigen kann nur durch die Werktätigen selbst erarbeitet werden.‹«[1] Innerhalb weniger Tage kannte jeder seinen Namen. Die westlichen Medien schimpften, die Ostpresse jubelte. Manche warfen Hennecke die Fensterscheiben ein, zündeten sein Auto an; andere schrieben ihm Briefe und Gedichte. Auf dem Kölner Karneval zog er sogar als überlebensgroße Spottfigur aus Pappmaché mit.

Der Held des Aufbaus als Propagandafigur

Alles begann am Samstag, dem 9. Oktober 1948: Die Ablehnung des Marshall-Planes seitens der Moskauer Führung traf auf den vehementen Widerstand der Bevölkerung in der Sowjetischen Besatzungszone, vor allem auf den Widerstand der meisten Arbeiter. Schließlich war eine Verbesserung der drängenden Versorgungslage mit internationaler Hilfe am schnellsten zu erreichen. Der Parteivorstand beklagte selbst bei Mitgliedern der SED »ernste Schwankungen und Abweichungen von [der] grundsätzlichen Linie [...], die sich aus den wirtschaftlichen Schwierigkeiten, aber auch aus dem Verwirrungsmanöver der Gegner«[2] herleiteten. Der allerorten propagierte »Aufbau aus eigener Kraft«, der sein ganzes Vermögen auf den Ausbau der Schwer- und Grundstoffindustrie konzentrierte, ging seit langem auf Kosten des Konsumgütersektors. Der Lebensstandard war überaus niedrig. Der Forderung der Arbeiter: »Erst mehr Essen, dann mehr arbeiten«, stand der Ruf der Partei gegenüber: »Mehr produzieren, richtig verteilen und besser leben«.[3] Dabei war natürlich auch den Funktionären in Berlin klar, daß die Menschen ausreichend ernährt werden mußten, um mehr arbeiten zu können. Die Stabilisierung der Situation durch sozialpolitischen Flankenschutz wurde zum Gebot der Stunde, formuliert im Befehl Nr. 234 der Sowjetischen Militäradministration in Deutschland (SMAD) vom Oktober 1947. Doch auch dieses System aus Akkord, Leistungsprämien, Sonderzuteilungen und Disziplinarmaßnahmen verbesserte die Situation nicht grundsätzlich.[4]

Im Sommer 1948 spitzte sich die Lage im Bergbau dramatisch zu. Die Norm wurde immer seltener erfüllt. Die Kumpel fuhren statt dessen aufs Land und verscherbelten die gestohlene Kohle gegen Lebensmittel, selbstverständlich alles während der Arbeitszeit. Manchmal fehlten in einer Schicht mehrere hundert Männer. Und die übrigen waren alles andere als daran interessiert, durch eigenen Kraftaufwand ihrerseits die Norm zu erfüllen. Schließlich funktionierte das von den Besatzern eingeführte Prämiensystem ohnehin nicht. Jeder Bergmann bekam seine Zulage unabhängig von der Leistung, gewissermaßen als Zubrot in Zeiten des Hungers. Dabei ging es den Bergarbeitern hinsichtlich ihrer Versorgung vergleichsweise gut. Bereits 1946 hatte die SMAD »zum Zwecke der Verbesserung der Ernährung der Arbeiter und des ingenieur-technischen Personals« in Steinkohlen- und Braunkohlengruben eine Zusatzverpflegung in Form eines warmen Mittagessens und die Ausgabe diverser, für die übrige Arbeiterschaft nicht erhältlicher Lebensmittel verfügt.

Die zu geringe Förderung der Steinkohle wurde nun schnell zur Chefsache. Von Berlin entsandte Vertreter der Deutschen Wirtschaftskommission sollten mit den Arbeitern in den Gruben verhandeln. Es war klar, daß nur weitere materielle Anreize wirkliche Verbesserungen bringen konnten. An besagtem 9. Oktober 1948 saßen nun die Direktoren des Oelsnitzer Steinkohlewerks »Gottes Segen«, Vertreter anderer Gruben, Funktionäre der Landes- und Kreisvorstände der SED und des Freien Deutschen Gewerkschaftsbundes (FDGB) sowie Mitarbeiter der von der SMAD herausgegebenen Zeitung *Tägliche Rundschau* beisammen, um eine Aktion zu planen, die neben Prämierungen vor allem darauf zielte, die Einstellungen der Kumpel zur Arbeit mittels Propaganda zu verbessern. Die Idee der Funktionäre war, daß man einen Kumpel finden müsse, der den anderen in einer Hochleistungsschicht vormachte, wie der bereits seit den dreißiger Jahren in der Sowjetunion propagierte und nach Kriegsende auch in der Sowjetischen Besatzungszone eingeführte »Neue Mensch« für sein Land arbeiten sollte. Pate für die Aktion stand der sowjetische Aktivist Alexej Stachanow. Der Bergmann aus dem Donezbecken hatte in einer Schicht gefördert, wofür andere 14 Schichten benötigten.[5] Ziel war es, so der sächsische SED-Vorsitzende Otto Buchwitz, »herauszufinden, wie wir eine breitere Aktivistenbewegung entwickeln können. Wir haben uns gesagt: Dazu brauchen wir einen zentralen Punkt, eine Persönlichkeit. Und ich gebe gern zu, wir wurden ein wenig beeinflußt, daß wir so etwas Ähnliches wie einen Stachanow bei uns brauchen.«[6]

Der »deutsche« Stachanow, den man an eben diesem Samstag verpflichten wollte, sollte in einer besonderen Schicht beweisen, daß schnelleres Arbeiten mit der nötigen Technik kein Hexenwerk, sondern von jedem zu bewältigen war. Als Problem stellte sich dabei allerdings heraus, das wußte in den Gruben jedermann, daß, wenn erst eine Anzahl Männer besser arbeitete, nicht etwa eine Lohnerhöhung folgte, sondern lediglich die Anhebung der Norm. Von vornherein mußte der künftige Stachanow den Kollegen als Normbrecher und Lohndrücker gelten.

Im Kreis der Funktionäre sah man das anders. Für die Anwesenden stellte sich hier allein die Frage, wer die Hochleistungsschicht fahren solle. Wer war geeignet, zahlreiche Bergleute mitzureißen? Man ließ zunächst den Bergmann Franz Franik aus dem Schacht ausfahren. Der arbeitsame, noch junge Mann der Praxis gehörte für die Versammelten zur ersten Wahl. Nachdem sich Franik allerdings die Pläne zu einer öffentlichkeitswirksamen »Sonderleistung« à la Stachanow angehört hatte, lehnte er brüsk ab. Keinesfalls wollte er seinen Kollegen mit einer solchen unsolidarischen Aktivistenleistung in den Rücken fallen. Nun versuchten die im Raum versammelten Funktionäre ihr Glück bei Adolf Hennecke. Dieser war seit September Arbeitsinstrukteur und außerdem Parteimitglied. Nachdem sie stundenlang auf ihn eingeredet hatten, stimmte er im Beisein der Reporter der *Täglichen Rundschau* den Plänen zu: am 13. Oktober wollte er erheblich mehr Kohle fördern als je zuvor.

Hennecke hatte nach Meinung der Anwesenden trotz – oder vielleicht sogar wegen – seiner Durchschnittlichkeit das Zeug zum Helden dieser neuen sozialistischen Gesellschaft. Andererseits konnte er natürlich eine Menge Erfahrungen vorweisen. Schon im Sommer war der Mann aufgefallen, weil er seine Norm stets übererfüllte, weniger aus politischer Überzeugung, als vielmehr aus pragmatischen Gründen: Er war der Meinung, daß ein Fachmann seine Leistung zu bringen habe, außerdem hatte er zu Hause drei Kinder, die zusätzliche Prämien dringend brauchen konnten.

Ein zweiter Umstand erwies sich für die Staats- und Parteioberen als nicht weniger ausschlaggebend: Hennecke kam sehr gut mit den anderen Kumpel aus. Er genoß einen guten Ruf, man sprach mit Achtung von ihm. Oft saß er abends beim Bier mit den anderen zusammen und spielte mit ihnen Skat. Der Adolf sprach die Sprache des sächsischen Bergmanns.

Am Mittwoch, dem 13. Oktober 1948, vier Tage nach Henneckes Verpflichtung, fuhr er eine Stunde früher als sonst in den Schacht. Was an diesem Morgen folgte, erzählte Hennecke bis zu seinem Tod immer wieder – wortwörtlich: »Dann ging es los. Der Magen knurrte wie immer, aber ich vergaß es. Ich wollte unbedingt viel schaffen. Daß ich auf diese 387 Prozent kam, hat mich trotz allem selbst gewundert. Unter den damaligen Verhältnissen so eine Leistung […]. Aber, daß sie echt war, können dir tausend Kumpel bestätigen. Die haben sich nur gefragt, warum muß der das gerade jetzt machen? Wo wir zu essen verlangen, arbeitet der. Also gönnt der uns das Essen nicht.«[7]

Keiner der an jenem Samstag beratenden Funktionäre konnte die Brisanz der weiteren Ereignisse auch nur erahnen. Für Adolf Hennecke veränderte sich nach dieser Sonderschicht sein ganzes Leben; er wurde in kürzester Zeit von »Adolf«, dem Kumpel von nebenan, zum »Hennecke« – zum unerreichbaren »Helden«.

Unmittelbar nach der Schicht sah es zunächst gar nicht danach aus, daß seine Leistung überhaupt irgendeine Wirkung zeitigen würde. Als Hennecke um 13.15 Uhr ausfuhr, hatte er das Tagessoll mit sagenhaften 387 Prozent übertroffen. Vor dem Schacht wartete zunächst niemand auf ihn. Die verantwortlichen Funktionäre hatten den Zeitpunkt seines Schichtendes schlichtweg verpaßt. Als das Jubelkomitee nebst herbeizitierten Schulkindern endlich am Schacht ankam, stand Hennecke schon unter der

118

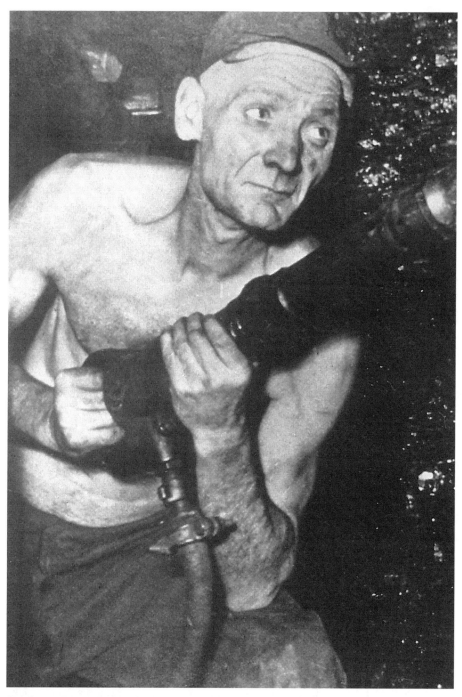

Das kanonisierte Heldenfoto des Bergmanns Adolf Hennecke.

Dusche. Hastig stieg er noch einmal in die völlig verdreckte Arbeitsmontur. Schließlich sollten die Fotos authentisch wirken. Das Gesicht mußte sich Hennecke nicht mehr kohlenschwarz schmieren. Auf den unzähligen, später veröffentlichten Fotos sollten die entschlossenen Züge des Bergmanns Hennecke deutlich zu erkennen sein. Wenigstens die Prämie für seine Leistung lag vorsorglich bereit: Anderthalb Kilogramm Fett, drei Schachteln Zigaretten, eine Flasche Branntwein, fünfzig Mark und ein Anzugstoff. Bald machte folgender Witz die Runde: Hennecke kommt mit dreißig Zentimeter Stoff zum Schneider und bestellt einen Anzug. Der Schneider nimmt Maß und sagt daraufhin: »Kommen Sie in einem Jahr wieder, dann wird der Stoff reichen.«[8]

Zwei Tage nach der Schicht wurde eine authentisch wirkende Dokumentation von Henneckes Tat gedreht. Noch einmal filmte man seine siegesbewußte Ausfuhr aus dem Schacht. In der Wochenschau und zu vielfältigen anderen Anlässen gezeigt, vermittelte dieser Streifen einen deutlich anderen Eindruck von den Geschehnissen des 13. Oktober als an den historischen Tag selbst. Nun empfing ein aus Funktionären und Kumpeln bestehendes Jubelkomitee den erschöpften, aber glücklichen Hennecke am Grubenausgang. Allen Anwesenden schien unisono klar zu sein, daß diese Schicht die richtige Tat im richtigen Moment für die richtige Sache war.

Hennecke erinnerte sich später nur sehr ungern an die Tage nach seiner Aktivistenschicht: »Als ich am nächsten Tag auf dem Schacht ankam, haben mich die Kumpel nicht mehr angesehen. Das ist alles andere als ein schönes Gefühl, wenn du ihnen in die Augen siehst und sagst ›Glückauf‹ und sie nicken zwar noch, aber du hörst nichts mehr. Früher war das eben der Adolf, ein Kumpel wie jeder andere. Jetzt aber stand eine Wand zwischen uns.«[9]

Dabei ließ sich die erste, negative Reaktion der meisten Arbeiter wohl nicht allein auf klassisches Abwehr- und Isolationsverhalten gegenüber Normbrechern reduzieren, obwohl dies sicher eine Rolle spielte. Ein anderer Grund für die Desavouierung stellte eher der Umstand dar, daß die Aktion als Verrat an den Gegnern des Leistungslohns erschien, und zwar zu einem Zeitpunkt, zu dem diese verstärkt mit der Forderung nach allgemeinen Lohnerhöhungen aufwarteten. Und schließlich wollten die Kumpel über die Ablehnung der Hennecke-Tat auch Kritik an der SED-Politik insgesamt kundtun.

In der Parteipresse las sich das später ganz anders: »Als im Revier die Rekordförderung des Häuers Adolf Hennecke bekannt wurde, versammelten sich die Kumpel vor der Anlage I der Karl-Liebknecht-Grube und ehrten in einer Betriebsversammlung unter freiem Himmel den Aktivisten. Die versammelten Kumpel brachten durch ihren Sprecher zum Ausdruck, daß sie stolz seien, in ihrem Revier den Bahnbrecher einer neuen Massenbewegung zu haben.«[10]

Drei Tage nach Henneckes Schicht veröffentlichte die *Tägliche Rundschau* den bereits am 9. Oktober geplanten Beitrag über das spektakuläre Ereignis. Nun schickten auch Wilhelm Pieck und Otto Grotewohl ein Glückwunschtelegramm. Es gehe aber auch darum, schrieben sie, »neben den Spitzenleistungen die Durchschnittsproduktion pro Kopf zu steigern, damit eine weitgehende Übererfüllung des Plansolls im deutschen Bergbau erreicht« werden konnte.[11] Die Öffentlichkeit nahm Adolf Hennecke nun zur Kenntnis.

Es erschien kaum noch eine Zeitung ohne Hennecke-Schlagzeile; kein Leitartikel, in dem seine Tat nicht gerühmt wurde. Auch der Rundfunk schaltete sich ein, Hennecke war auf allen Kanälen zu hören. Im Osten füllten Sätze wie: »Henneckes Beispiel reißt uns alle mit«, »Die Henneckes – Vorbilder für alle«, »Wir brauchen viele Henneckes« die Zeitungen.

Die Westpresse überschüttete Hennecke hingegen mit Hohn und Verachtung. Hier war unter anderem zu lesen: »Hennecke treibt Sabotage«, »Hennecke wird ›versollt‹«, »Stachanow auf deutsch«.Im Westen wurde er als Inbegriff verinnerlichter Zwangsarbeit dargestellt, Hennecke spreche so, meinte nicht nur *Die Welt,* »wie die Herrscher des Arbeiter- und Bauernstaates es von ihren Untertanen am liebsten hören«.[12]

War Hennecke tatsächlich dieser »Homunculus socialisticus« – geschaffen und am Leben erhalten einzig durch die Mächtigen der DDR? Die meisten sahen in ihm zunächst noch den Kumpel Adolf Hennecke; zwar war er bei vielen seiner Kollegen in Mißkredit geraten, doch konnte man mit ihm immer noch ungehemmt reden. Er arbeitete im Schacht wie die anderen und lebte mit seiner Familie in aller Bescheidenheit. Nach Feierabend traf er seine Skatfreunde. Bald allerdings fing er an, über das Maß zu trinken – und lud die anderen freigiebig ein. Nicht zuletzt hatte ihm der 1949 verliehene Nationalpreis, die höchste Auszeichnung der DDR, auch viel Geld eingebracht. Frauen, so lauteten Gerüchte, gingen bei ihm ein und aus. Über all das schwieg die Propaganda. Helden mußten schließlich makellos dastehen.

Vor allem die ersten Tage nach der Tat waren eine entscheidende Erfahrung für Henneckes weitere Zukunft. Sie bedeuteten eine Schwelle, die der reale Mensch Hennecke zu überschreiten bereit sein mußte, um zum Helden Hennecke zu werden.

Fünf Tage nach der Hochleistungsschicht, am 18. Oktober, stand Hennecke erstmals am Rednerpult, in einem Saal voller brodelnder Kumpel. Für ihn schien es nur eine Möglichkeit zu geben, wieder anerkannt zu werden, er mußte die Kollegen von der Richtigkeit und der Rechtmäßigkeit seines Tuns überzeugen.

Mit der Zeit gelang ihm dies sogar in bestimmter Weise: Zählte man Ende 1948, also unmittelbar nach der Schicht, 4000 sogenannte Hennecke-Aktivisten, war ihre Zahl bis Ende 1950, also innerhalb von zwei Jahren, auf fast 150 000 angewachsen. Vor allem volkseigene Betriebe trumpften bald mit entsprechenden Aktivistenleistungen auf. Angesichts der politisch-ideologischen Bedeutungszuweisung avancierte die Bewegung nach dem 13. Oktober allerdings schnell zu einem Gegenstand der Bürokratie, die sie ihrerseits in ein Netz von Registrierung, Kontrolle und Berichterstattung einpaßte. Die anfängliche Uneinheitlichkeit hinsichtlich der Bewertungen von sogenannten Hennecke-Leistungen war amtlichen Definitionen darüber gewichen, welche Erfolge einen Arbeiter zur Würdigung als Hennecke-Aktivisten berechtigte.[13] Das System der Auszeichnung und Prämierung folgte nun einer festen, ja geradezu starren Rangordnung und Zeremonie, festgelegt im »Gesetzbuch der Arbeit« vom April 1950.[14]

Bei Henneckes erster großer Rede im vollbesetzten Betriebssaal war nicht daran zu denken, daß dies einmal so kommen würde. Die vor ihm sitzenden Kumpel waren weit entfernt von dem Vorsatz, mehr Kohle zu fördern. Wozu auch, argumentierten sie immer wieder, schließlich konnte man sich für das Geld ja doch nichts Anständiges kaufen. Hennecke rief daraufhin seinen Kritikern entgegen: »Kommt zu eurer Schicht! Hört auf mit den Hamsterfahrten. Es geht nicht, daß der eine nach Kötschenbroda fährt, der andere schwarz nach Hannover, der dritte sonstwohin. Ihr seid zu lange weg.« – »Fahr du für uns!«, antwortete nun ein Kollege: »Bei dir geht's schneller! Dir hat die Regierung ein Auto geschenkt!« Der Saal dröhnte vor Lachen.

Ein anderer stand auf und rief: »Adolf, was red'st du eigentlich! Wir nehmen einen Rucksack von unserer Kohle mit raus und tauschen ihn gegen Mehl. Du nimmst vierundzwanzig Kubik und tauschst sie gegen ein Auto. Gib zu, daß wir viel bescheidener sind als du!« Wut, Neid, Unverständnis überwogen an diesem Nachmittag. Hennecke schrie die Kollegen an, später flehte er fast um ihre Zustimmung: »Glaubt mir doch endlich: meine Schicht war nicht außergewöhnlich. Ihr könnt sie nachmachen, könnt mich überbieten. Ich helfe euch dabei. Ihr müßtet nur Ordnung halten im Schacht, daß keine Förderstörungen aufkommen. Laßt die Rutsche möglichst tief auf der Sohle liegen, dann braucht ihr euch beim Schaufeln nicht so zu plagen. Spart eure Muskelkraft, strengt dafür das Köpfchen an. Ihr merkt es dann bald in eurem Portemonnaie. Kollegen, wir brauchen eine neue Arbeitsmoral.«[15] Das waren praktische Ratschläge von einem Fachmann auf dem Weg zum Helden.

Und tatsächlich versuchten nun die ersten Kumpel, es ihm nachzumachen. Sie taten es nicht allein wegen des Geldes oder der Sachprämien. Viele Arbeiter, besonders aus den Reihen der Stammbelegschaften, identifizierten sich in gewisser Weise mit »ihrem Betrieb«, wie auch mit den neuen gesellschaftlichen Verhältnissen. Für sie war der Verfall tradierter Arbeits- und Arbeiterkulturwerte in den Nachkriegsjahren eine schlimme Erfahrung. Eigene Ideen, Vorschläge und Aktionen zur Verbesserung der Arbeitsbedingungen und Arbeitsmethoden standen für diese Fachleute nicht nur für einen neuen Aufschwung. Die Kumpel schufen darüber hinaus etwas ganz Neues: Sie veränderten ihren Status weg vom bloßen Befehlsempfänger hin zum Mitgestalter. Daneben spielten freilich auch persönliche Aufstiegserwartungen eine große Rolle. Den Bekanntheitsgrad, den Hennecke in nur wenigen Tagen erlangte, hielten auch sie für durchaus erstrebenswert. Höchstleistungen versprachen – und das sah man nicht zuletzt an Hennecke – eine berufliche und soziale Karriere. Zwischen der Masse der leistungsbereiten, vom Krieg Gebeutelten einerseits und der neuen Führung andererseits rückte eine Art »Sozialvertrag« in greifbare Nähe. Die Regierung bot »Karriere« vor allem als Ersatz für die in den Westen geflohenen Funktionseliten. Die nach persönlichem oder gesellschaftlichem Erfolg strebenden Arbeiter und Angestellten lieferten ihrerseits den geforderten Beitrag bei politischem Wohlverhalten, bei Anpassung oder bei wirklicher Übernahme sozialistischer Über-

Der Hauer Adolf Hennecke (3. v. r.) nach seiner gefeierten Schicht im Oktober 1948.

zeugungen.[16] Hennecke-Aktivisten rückten häufig nach der Demonstration ihrer überragenden Fähigkeiten in den betrieblichen Leitungs- und Aufsichtsapparat auf: Sie wanderten in der Regel als Vorarbeiter durch die verschiedenen Kollektive der Belegschaften und instruierten vor allem diejenigen, die bei der Normerfüllung weit zurücklagen; sie traten auf Aktivistenkonferenzen auf, tauschten mit Stachanow-Arbeitern Erfahrungen aus oder warben in volkseigenen Betrieben für die sowjetischen Neuerer-Methoden. Vor allem aber schickte man sie zu Weiterbildungen, nicht zuletzt, um so eine neue »Betriebsintelligenz«[17] zu etablieren.

Zehn Tage nach der Hennecke-Schicht schaffte ein Kumpel aus dem Nachbarschacht 493 Prozent der Normalnorm. Aus Zwickau kam die Nachricht von einer Sonderschicht mit 520 Prozent Normerfüllung, kurze Zeit später gar mit 609 Prozent. Ein Kampf der »Giganten« war ausgebrochen. Im Kalischacht »Solvay-Hall« vermeldeten die Verantwortlichen bald 850 Prozent. In Freiberg verkündete ein Kumpel vor Journalisten des Rundfunks, er wolle nun eintausend Prozent »machen«: »Gebt mir bitte eine Krankenschwester mit, die mir, wenn mir übel wird, eine Spritze gibt, damit ich die 1000 Prozent erreiche.«[18] Keiner dieser »Aktivisten« erlangte jedoch die Berühmtheit eines Adolf Hennecke. Es wird noch zu beantworten sein, warum dies so war.

Bei knapp elfhundert Prozent, erbracht im Braunkohletagebau Ammendorf bei Halle am 7. November 1948, endete der Wettkampf der Arbeitshelden. Es schien den Verantwortlichen nun höchste Zeit, den zweifelhaften Kurs zu korrigieren. Bereits

Treffen der nach Adolf Hennecke benannten Aktivisten-Bewegung 1949 in Berlin.

in den ersten zentralen Stellungnahmen nach dem 13. Oktober war postuliert worden, daß es neben den Spitzenleistungen gelten müsse, »die Durchschnittsproduktion pro Kopf zu steigern«[19]. Die nun allerorten sporadisch vollzogenen Hennecke-Schichten allein waren, wie sich am gleichbleibend niedrigen Stand der allgemeinen Normerfüllung zeigte, nicht geeignet, echte und dauerhafte Produktionsfortschritte zu erzielen. Vielmehr sollte den Arbeitern vermittelt werden, daß nicht Einzelergebnisse, sondern Kollektivleistungen anzustreben seien: »Bei der Veranstaltung von sogenannten Hennecke-Schichten, die zweifellos oft beachtliche Produktionsergebnisse bringen, kommt es nicht darauf an, nur einmalige Rekordleistungen zu vollbringen, sondern wir müssen in den volkseigenen Betrieben das Bestreben haben, endlich zu erhöhten Dauerleistungen zu kommen. Mit nur einmaligen Höchstleistungen, die dann wieder auf den alten Stand zurückfallen, ist weder dem Arbeiter noch dem Betrieb gedient.«[20] Zur Erreichung dieses Ziels, vermeldeten die Funktionäre, müßten Brigaden gebildet werden, die miteinander in den Wettbewerb treten konnten.[21]

Die Regeln für den nur zögerlich aufgenommenen Aktivistenkampf willkürlich zu verändern, führte nicht zu höheren Leistungen, sondern dazu, daß man den verantwortlichen Funktionären nun mit noch mehr Mißtrauen begegnete. Gerade deshalb aber brauchten die Partei- und Staatsoberen einen Helden wie Hennecke. Der »Mann aus dem Volke« wußte noch am ehesten, wie man mit den Kumpel umzugehen hatte. Und er glaubte an die Sache, das merkten allmählich auch seine einstigen Gegner. Adolf Hennecke war bald zum Hauptarbeitsinstruktor befördert worden und leitete fortan das »Hennecke-Büro«, von dem aus in den ersten Jahren unzählige Aktivitäten organisiert wurden.

Aber er bekam nun auch – vor allem am Anfang – Protestbriefe bis hin zu Morddrohungen: »Tod dem Arbeitermörder Hennecke« hieß es da unter anderem, ausgesprochen von einer obskuren Vereinigung, die sich »Die Geschworenen der schwarzen Hand« nannte und mutmaßlich aus dem Zwickauer Umfeld stammte. Auf einer Postkarte stand geschrieben: »Ein Jahr lang hast Du nun den Schweiß Deiner Kameraden an die Russen verkauft und den Judaslohn genommen. Noch ein Jahr erlebst Du nicht Lump! Hängen werden wir dich nicht, aber einmauern vor Ort. Deine Kumpel.«[22] Henneckes Auto wurde vor dessen Haustür angezündet, die Scheiben seiner Wohnung eingeschlagen.

Er hielt trotzdem Vorträge, erst vor Hunderten, später vor mehreren tausend Menschen. Dabei machte er eine gute Figur. An den Reden, die er selbst schrieb, bastelte er oft tagelang und lernte schließlich Satz für Satz auswendig. Seine Reisen führten ihn bald in die Sowjetunion, wo er sich mit Alexej Stachanow traf, später auch nach Vietnam, Sri Lanka, Korea, China, Indien, Westdeutschland, Österreich, Ungarn, Polen, die ČSSR und in weitere Länder. Er kam herum, wurde gewandt im Umgang mit Menschen. Sogar Walter Ulbricht schrieb er persönliche Briefe und wurde von hochrangigen Persönlichkeiten dienstlich und privat eingeladen.

Der Held des Aufbaus als Petitionsinstanz

Gerade weil er zwischen den Welten zu pendeln vermochte, avancierte er für immer mehr Bürgerinnen und Bürger zur ersten Petitionsinstanz des jungen Staates. So schrieb er auf Wunsch der Zwickauer Kumpel einen privaten Brief an Ulbricht und forderte ihn freundlich auf, Sonderlebensmittelkarten für besonders verdienstvolle Bergleute zu genehmigen. Oberst Sergej I. Tulpanow, den Leiter der Informationsabteilung der SMAD, bat er in Fragen des Postverkehrs zwischen deutschen Kriegsgefangenen in der Sowjetunion und ihren Familien zu Hause um Hilfe.[23] Immer öfter ersuchten ihn die Menschen um Rat, und Adolf Hennecke nahm diese Herausforderung an: Aus sowjetischen Kriegsgefangenenlagern erreichten ihn Berge von Briefen. Man schilderte ihm, wie erfolgreich die Brigadearbeit in Sibirien von der Hand ging, vor allem aber bot man an, bei der neuen Hennecke-Bewegung sofort und rückhaltlos dabeizusein, wenn man nur bald nach Deutschland zurückkommen könne. Beigefügt waren manchmal auch selbstverfaßte Gedichte, selbstgemalte Bilder und selbstkomponierte Hennecke-Lieder. So hieß es im Lied der Brigade »Berkenhagen« des russischen Kriegsgefangenenlagers 10 L/R, geschrieben zur »Hennecke-Dekade« vom Januar 1949: »Niemals wollen wir vergessen, / Daß ein jeder Spatenstich / Kämpft für unsre Interessen, / Kämpft für Dich und kämpft für mich, / Hilft der Heimat zu erfüllen, / Siegreich den Zweijahresplan, / Und in diesem Kampfeswillen / Geht uns Hennecke voran.«[24]

Hennecke wurde zum Wundertäter. Kinder schickten ihm Briefe gleich Wunschzetteln. So schrieb der Grundschüler Lutz Höfchen im Februar 1949: »Lieber Aktivist und Kandidat Adolf Hennecke! Ich möchte Ihnen und Ihren Kollegen etliche Wünsche aussprechen: Erstens, daß nie ein Krieg wieder entfacht wird, denn viele Menschen wurden obdachlos, viele Kinder verloren ihre Eltern, darum kämpfen wir und sie für den Frieden. Zweitens: Daß die Lebensmittelkarten wegfallen, aber nicht wie im Westen mit Schulden, sondern aus eigener Kraft. So lieber Kandidat, dieses waren meine Wünsche. Es grüßt von ganzem Herzen Lutz Höfchen.«[25] Hennecke antwortete: »Mein lieber junger Freund! […] Du sprichst mir Dein Vertrauen aus […], wofür ich Dir herzlichst danke.« Hennecke betonte in seinem ausführlichen Schreiben, er kenne seine Aufgaben, nämlich, »daß wir das in uns gesetzte Vertrauen des Volkes rechtfertigen, indem wir alles tun, um den Frieden zu erhalten, unsere Wirtschaftspläne zu erfüllen und damit ein besseres und schöneres Leben für unsere deutschen Menschen zu schaffen.« In dem engbeschriebenen eineinhalbseitigen Brief folgten dann detaillierte Darlegungen zur Rationenpolitik in der DDR. Immer mehr Bürger nahmen das Vertrauens-»Angebot« Henneckes an und baten ihn um Hilfe: So benötigte ein Bergmann ein Küchenbüfett. Hennecke ließ es sich nicht nehmen, mit zahlreichen Möbelfabriken zu telefonieren und anschließend dem Bittsteller fachkundigen Rat zu geben. Eine Funktionärin im Bergbau hatte den dringenden Wunsch, in die Sowjetunion zu reisen, was Adolf Hennecke veranlaßte, erneut die Militärverwaltung und sogar Tulpanow persönlich einzuschalten.

Das von Hennecke ausgehende Vertrauensangebot weitete sich sukzessive aus. Im Verlauf dieses Prozesses, in dem sich bedingt beiderseitiges langfristiges Vertrauen ausbildete, wurde es sogar möglich, daß dieses sich auf immer wichtigere und damit allgemeine gesellschaftliche und politische Fragen der Zeit ausdehnte. Der Held konnte so durchaus zu einem erfolgreichen Kommunikator und »Opinion leader« werden. Durch sein positives Image sowie sein ausgewiesenes Expertentum wurde er, zumindest für bestimmte Bevölkerungskreise, zu einer Moralinstanz.

Unzählige Privatpersonen schickten ihm Briefe. Die meisten waren privater Natur, freiwillig verfaßt und ehrlich gemeint. So schrieb Horst Haase, Traktorist bei der Motoren-Austausch-Station (MAS) Niederwürschnitz bei Karl-Marx-Stadt (Chemnitz), wie er den Entschluß gefaßt habe, »ein Hennecke auf dem Lande zu werden«. »Es war an einem trüben Frühlings-Nachmittag, ich hatte mir in Thalheim bei dem Neubauern Paschke ein besonders schwer zu bearbeitendes ¾ ha großes Stück Rodeland zur Bearbeitung ausgesucht. Die Norm für zum ersten Male urbar gemachtes Rodeland liegt zwischen 0,50 und 0,75 ha in 8 Stunden. Wir haben die Norm für den besonders schwer zu bearbeitenden Thalheimer Waldboden vor Bekanntwerden der Richtlinien jedoch selbst auf die jetzige Höchstgrenze von 0,75 ha pro Tag festgelegt, wie wir sie auf Grund der Leistungen meiner Traktoristen-Kollegen ermittelt hatten. In 105 Minuten war ich mit der Bearbeitung des Feldes fertig und glaube nicht, daß ich schludrig gearbeitet habe oder meine Maschine überbeanspruchte.« Der Traktorist beendet den Brief mit den Worten: »Dir, lieber Adolf Hennecke, verspreche ich, jeden Tag, wenn ich auf's Feld fahre, so zu arbeiten, wie Du uns Werktätigen den Weg gewiesen hast.«[26]

Schüler berichteten ihm aus ihrem Leben. Sicher wurden sie oft von ihren Lehrern dazu angehalten, aber schaut man sich die Briefe genauer an, wird man unterscheiden müssen zwischen denen, die allein der Pflicht geschuldet, und denen, die wahrhaftig gemeint waren, in denen sich also der Eigensinn der Kinder widerspiegelte. So erzählten die Schüler von sich, ihren Problemen und wie sie mit diesen umzugehen gedachten. Nicht selten baten sie Hennecke um seinen Rat. Manchmal verkündeten sie auch stolz die eigenen Leistungen. So vermeldete Günter Springer aus Halle im Auftrag seiner Klasse folgendes: »Mein lieber Freund Hennecke! Wir möchten Ihnen einen Brief schreiben. Darin kommt vor, was wir leisteten. Wir stellten nämlich einen Zehnwochenplan auf. Es handelte sich darum, daß wir die Bummler und Faulen senken. In den zehn Wochen haben wir nur 141 Faule statt 180 und 31 Bummler statt 60. In der Woche durchschnittlich 3,1 Bummler und 14,1 Faule. Am zweiten Mai beginnt wieder ein neuer Plan. Er heißt jetzt Zwölfwochenplan. Er soll bis zu den großen Ferien gehen. In dem Zwölfwochenplan wollen wir fünf Punkte festsetzen. Der erste ist die Bummler und Faule, der zweite Gedichtvortrag, der dritte bessere Diktate und Aufsätze, der vierte die Zahl der Jungen Pioniere und der fünfte ist Sport. Wir bitten Sie nun, daß sie uns wieder schreiben. Wir möchten einmal fragen, ob eine Schule nach Ihrem Namen heißen kann? Die Schule soll Henneckeschule heißen. Herzliche Grüße von Günther Springer.«[27]

All diese Briefe, Aufsätze, Gedichte und Bilder erreichten Hennecke, als er schon nicht mehr Hauptarbeitsinstrukteur im Zwickau-Oelsnitzer Kohlerevier war. 1951 berief man ihn ins Wirtschaftsministerium der DDR nach Berlin. Zwar wollte Hennecke lieber in der Nähe der Kumpel wohnen und arbeiten, er wäre lieber Lehrausbilder geblieben, doch die Regierungs- und Parteioberen hatten mehr mit ihm vor. Für sie, die selbst zu allen Zeiten starr und vertrauensunfähig geblieben waren, stellte der Held der Arbeit Adolf Hennecke einen besonderen Wert dar, denn vor allem in den wirren Anfangsjahren des »Arbeiter-und-Bauern-Staates« ließen sich komplexe ideologische und politische Sachverhalte sowie schwer vermittelbare moralische und ethische Forderungen viel rascher und viel eindringlicher durch glaubwürdige Personen vermitteln. So war Hennecke für sie ein äußerst erfolgversprechender Mediator ihrer Propaganda. Er, der einfache Kumpel, hatte es nicht nötig, die Botschaft der politischen Führer in endlose abstrakte Sentenzen zu gießen: Seine auf anerkanntem fachlichem Können basierende Tat, sein gutes und freundliches Wesen ermöglichten – zumindest bei einigen Bevölkerungskreisen – eine rasche und präzise Aufnahme der gewünschten Botschaft.

Auf Anfrage trat er nun überall auf. Er äußerte sich zu Aktivistenfragen ebenso wie zu aktuell politischen Diskursen oder auch zu Fragen der Ethik. Weit entfernt von dem Lebensumfeld der Kumpel, entwickelte er sich allerdings – mehr und mehr – zum unantastbaren Helden, zu einer unfehlbaren Moralinstanz. Adolf, der Kumpel, vielen einst noch von Angesicht zu Angesicht bekannt, verschwand so allmählich aus dem Blickfeld der Menschen; die Erinnerung an die tatsächlichen Umstände seiner Tat verblaßten allmählich. Niemand sang mehr das »Hennecke-Lied«; die Hennecke-

Witze starben mit der Zeit aus, immer seltener waren Sprüche im Umlauf wie »Es gießt wie Hennecke«, wenn es stark regnete, oder »Der rennt wie Hennecke«, wenn es jemand eilig hatte.

Die nachfolgende Generation wuchs vielmehr mit zahlreichen, kulturell vermittelten Erzählungen über den unfehlbaren Helden auf. Sogenannte Forschungsaufträge wie »Der Kumpel – sein Leben – damals und heute« wurden nun regelmäßig, vor allem aber zu Jahrestagen der Hennecke-Schicht, an die Pioniergruppen weitergegeben. Die Schüler bedienten sich aus dem ihnen zur Verfügung gestellten Fundus von Heldenerzählungen und fügten diese zu eigenen, sich aber dennoch immer wieder einander ähnelnden Geschichten zusammen. Adolf Hennecke übernahm es dann nicht selten, die ihm zugesandten Arbeiten mit persönlichen Kommentaren zu versehen und sie somit zu autorisieren. Der Brief der Klasse 4c der Diesterweg-Schule in Geringswalde an ihren »Helden der Arbeit« verdeutlicht den dringenden Wunsch nach kanonisierten, erwartbaren und damit Vertrauen generierenden Narrativen: »In der Schule erzählten wir viel von Ihnen. In unserem Lesebuch steht eine Geschichte, die Sie selbst schrieben. Sie berichten uns darin vom Bergwerk und davon, wie sie Bergmann wurden. In der Geschichte in unserem Lesebuch steht, daß Sie als Junge niemals daran dachten, einmal Bergmann zu werden. Es heißt darin weiter, daß Sie durch Arbeitslosigkeit den Beruf des Bergmanns ergriffen. Vor einigen Tagen bekamen wir von unserer Lehrerin die ABC-Zeitung, die wir sehr gern lesen. Wir freuten uns alle, daß darin wieder eine Geschichte von Ihnen stand. Beim Lesen der Geschichte merkten wir, daß Sie darin anders erzählten als im Lesebuch. In der ABC-Zeitung heißt es: ›Ich bekam Achtung vor diesem Beruf und beschloß damals, während ich an der Hand des Vaters dem Ausgang zuschritt, Bergmann zu werden.‹ Wir würden uns freuen, wenn wir von Ihnen genau erfahren könnten, wie es tatsächlich kam, daß Sie Bergmann wurden. Herzliche Grüße senden Ihnen die Schüler der Klasse 4c.«[28] Adolf Hennecke beruhigte die Kinder dann mit ausführlichen Erläuterungen über seine Kindheit, seine Berufswünsche und über die gesellschaftlichen Verhältnisse, die seine Pläne damals beeinflußt hatten.

Bilder in Öl und steinerne Büsten vom berühmtesten Arbeitshelden der DDR fanden nun überall Aufstellung. Schmal und ernst blickte er aus Nischen in Traditionskabinetten, in Betriebskantinen und in Jugendklubhäusern. Eine Vielzahl von Romanen über Hennecke im besonderen und Aktivisten im allgemeinen fanden ihr mehr oder weniger freiwilliges Publikum. Erinnert sei an Eduard Claudius' »Menschen an unserer Seite« (1951) oder Heiner Müllers »Lohndrücker« (1957) bzw. »Zement« (1973).

Die Reden, die Hennecke auch im fortgeschrittenen Alter und von Krankheit gezeichnet noch immer hielt, fielen in den sechziger Jahren zunehmend inhaltsarm aus. Zu unterschiedlichen Fragen in unterschiedlichen Zusammenhängen hielt er, anders als in den Anfangsjahren, formalisierte Texte bereit, die sich deshalb alle so ähnelten, weil sie angefüllt waren mit sozialistischen Standardphrasen. Es gab einige wenige Ausnahmen: So sprach er 1968, zwanzig Jahre nach seiner berühmten Schicht,

Adolf Hennecke im Kreis von Staats- und Regierungsfunktionären im Dezember 1948.

wieder einmal vor den Zwickauer Kumpel. Der neunseitige, bereits gedruckte Text genügte ihm zu diesem Anlaß aber nicht. Er verbesserte fast jede Zeile noch einmal handschriftlich, wieder und immer wieder. Seine gute alte Zeit, damals auf Du und Du mit den Kumpel, schien ihm immer noch wichtig zu sein, er wollte bei ihnen keinen schlechten Eindruck hinterlassen. Dennoch zeigen die fotografischen Aufnahmen gerade dieses Auftritts etwas ganz Offensichtliches: daß das Kohlerevier nicht mehr seine Heimat war, daß er die Nähe zum gewöhnlichen Bergmann in den Berliner Jahrzehnten verloren hatte. Er war nur als Gast gekommen.

Erst am Ende seines Lebens, im Jahr 1973, verlieh man ihm offiziell den Titel »Held der Arbeit«. Ein Vierteljahrhundert war seit seiner berühmten Schicht vergangen. Längst gab es eine lange Reihe anderer Arbeitshelden. Als ausgezeichneter »Held der Arbeit« trat er nun kaum noch an die Öffentlichkeit. Dennoch blieb er denjenigen, die ihm einst die Chance gegeben hatten, heldenmütig zu handeln, loyal gesinnt. In einem seiner letzten Briefe, geschrieben an Erich Honecker am 8. Oktober 1974, bestätigte er dem obersten Parteivorsitzenden und wohl auch sich selbst noch einmal die Richtigkeit seiner Tat, seiner Reden und damit auch die Erfülltheit seines sich zum Ende neigenden Lebens: »Lieber Genosse Erich! Als ich gestern Vormittag im Fernsehen die Ehrenparade unserer Nationalen Volksarmee sah, war ich restlos begeistert. Die führenden Genossen unserer Partei und unseren Freund, Genossen Leonid Iljitsch Breschnew, so nah vor mir zu sehen, war für mich eine große Freude. Der Bote des Zentralkomitees unserer Partei überbrachte uns während der

129

Parade Deinen wunderschönen Blumengruß. Mir fehlen die Worte, das auszudrücken, was meine Frau und ich in diesem Augenblick empfanden. Neben Deinen Verpflichtungen und bei Deiner Riesenarbeit, die Du für unsere Partei verrichtest, auch noch Fürsorge für kranke Menschen, die z. Z. leider nicht mehr aktiv am politischen Geschehen teilnehmen können, walten zu lassen und solchen herrlichen Blumengruß zu schicken, das ist überwältigend. Hab' herzlichen Dank, lieber Genosse Erich. Ich habe den ganzen 25. Jahrestag am Fernsehen miterlebt, und keine Szene der wunderbaren Tage ist mir entgangen. So hatte ich auch meine stille Freude. Zum Schluß möchte ich Dir sagen, was ich eigentlich zum Anfang meines Briefes zum Ausdruck bringen wollte, nämlich Dir sehr herzlich zu gratulieren, wenn auch nachträglich, zum 25. Jahrestag unserer Republik. Wir haben viele Kämpfe gemeinsam durchgestanden in dieser Zeit, aber wir sind auch vorwärtsgekommen mit unserer Partei und mit unserem Volk. Ich grüße Dich mit herzlichem Glück auf Adolf Hennecke.«[29]

Kurze Zeit später, am 22. Februar 1975, starb Adolf Hennecke. Starb er als ein Held, wie sein Begräbnis, auf dem hochrangige Politiker Lobgesänge auf ihn und seine Tat hielten, suggeriert?

Eine einfache, aber auch oberflächliche Antwort wäre folgende: Im Jahr 1973 verlieh ihm die Regierung der DDR den Titel »Held der Arbeit«. Adolf Hennecke hat im richtigen Moment für die sozialistische Gesellschaft eine sozialistische Tat erbracht. Das ist unstrittig. Das machte ihn, zumindest nach offizieller Lesart, zum sozialistischen Helden. Eine hier vertretene Grundannahme aber ist, daß nur derjenige zum Helden werden kann, über den die Gesellschaft, und zwar sowohl die Staats- und Parteioberen wie auch die Bevölkerung, als einen Helden spricht. Hat man über Adolf Hennecke als Helden kommuniziert? Die Regierungs- und Parteibeauftragten propagierten Hennecke, dies ist deutlich geworden, als ihren Helden des Aufbaus. Die Botschaften lesen sich bis zu Henneckes Tod als Heldennarrative. Und die Bevölkerung? Wie hat sie die Botschaften der Machthabenden gedeutet?

Darauf kann es nur eine differenzierte Antwort geben: Diejenigen, die den Menschen Hennecke noch von Angesicht zu Angesicht kannten, seine Tat verfolgen konnten, verhielten sich lange Zeit kritisch gegenüber den Botschaften der Machthaber. Zu groß war der Unterschied zwischen dem Menschen Adolf und dem propagierten Helden Hennecke; diese Kluft vermochten die meisten Weggefährten Henneckes nur schwer oder gar nicht zu überwinden.

Für diejenigen aber, die Adolf Hennecke nur als Held wahrnahmen, sei es, daß sie zu weit entfernt von seiner Alltagswelt lebten, wie dies etwa für intellektuelle Kreise zutraf, sei es, daß sie nachfolgenden Generationen angehörten und darum allein auf die kulturell vermittelten Heldenerzählungen angewiesen blieben, war es einfacher, Hennecke als Helden zu akzeptieren. Die Schülerbriefe mit ihren Bekenntnissen beweisen dies. Sie fordern – ganz traditionell – die einmal eingeprägten Geschichten ab. Das Ritual schuf diese Orientierung und Sicherheit. Nun könnte man dagegenhalten, daß eine gesteuerte »kulturelle« Konstruktion keine lebendigen, »wirklichen«

Helden schafft, daß diese Figuren nur Kunstgeschöpfe sind, zu unglaubwürdig und starr, um den Nachgeborenen imponieren zu können.

Aber wie verhielt es sich denn mit den Helden in traditionellen Gesellschaften? War es dort nicht auch so, daß Menschen auf dem Weg zum Heldentum mythischen Paradigmen angeglichen wurden, wobei vor allem der Zeitfaktor, das Vergessen der eigenen Vergangenheit eine entscheidende Rolle spielte? Erst um den entsozialisierten, ahistorischen Helden konnte sich ein Heroenkult bilden. Er stand über dem Volk, das sich seinerseits ihm gegenüber zu Dank verpflichtete. Das Muster vom großen, unantastbaren Einzelhelden befriedigte und befriedigt wohl bis heute psychosoziale Bedürfnisse vieler Gesellschaften. Sein menschliches Antlitz vermag es wie kaum etwas anderes, die komplexen Ideologien und deren Ethos ebenso wie die Herausforderungen der technischen Moderne vertrauensvoll zu vermitteln. Verhält es sich so auch bei dem sozialistischen Helden Adolf Hennecke?

Entscheidend für Hennecke war nicht so sehr die Tatsache, daß die Grenze zwischen dem tatsächlich existierenden, sich weiterentwickelnden Menschen und dem von Propagandisten wie gewöhnlichen Bürgern konstruierten Helden unüberwindbar blieb. Diese Grenzziehung unterschied ihn nicht vom traditionellen Helden, auch hier stimmte die reale Person, sofern es sie denn überhaupt gegeben hat, nicht unbedingt mit dem über sie verbreiteten Heldenbild überein. Das Problem mangelnder Akzeptanz im nahen Umfeld Henneckes schien vielmehr gewesen zu sein, daß es die reale Person Hennecke überhaupt gab, vor allem, daß man sie mit all ihren Fehlern weiterhin wahrnehmen mußte. Der gewöhnliche und damit auch unvollkommene Bergmann Adolf Hennecke hatte nun mit dem eigenen Heldenbild zu konkurrieren. Im günstigsten Fall wäre dies ein Gewinn gewesen. Wenn Mensch und Held sehr nahe zusammentrafen, konnte das Phänomen Mensch das Phänomen Held befruchten. Der Held wirkte dann um so glaubwürdiger.

Falls dies aber – wie bei Adolf Hennecke – nicht geschah, falls beide Sphären aus unterschiedlichen Gründen nicht zusammenpaßten, mußte die Sphäre Mensch – wie in vormodernen Zeiten – aus dem Blickwinkel der Gesellschaft verschwinden. Dies erfolgte, anders als in der Vergangenheit, nicht mehr durch den Faktor Zeit. In früheren Zeitaltern verwandelte sich das kommunikative Gedächtnis allmählich zu einem kulturellen Gedächtnis. Im Fall Hennecke übernahmen das die der Moderne eigenen Medien: den von Mängeln geprägten Menschen vergessen zu machen, den unantastbaren Helden hingegen zu propagieren. Der Kumpel Adolf Hennecke verließ im Jahr 1951 das Zwickauer Kohlerevier, in Berlin angekommen, zeigte man ihn dem Publikum nun ausschließlich als Helden.

Welche Rolle spielt der Arbeitsheld Adolf Hennecke für das Phänomen des sozialistischen Helden? Den sozialistischen Helden machte eine wesentliche Neuerung aus: Nicht mehr der ausgewählte Einzelne, ausgestattet mit besonderen Fähigkeiten, wie dies für traditionelle Gesellschaften galt, avancierte zum Helden, sondern der gewöhnliche Mensch, der im Alltag immer wieder das Richtige für die sozialistische Gesellschaft tat. Der Grundgedanke des Mitte der zwanziger Jahre von Maxim Gorki veröffentlichten Aufsatzes zum Wesen des »neuen« heldenhaften Menschen geriet nun auch zum Leitgedanken der DDR-Propagandisten.[30] In unzähligen öffentlichen Diskursen, in Kompositionen, Bildern und Büchern versuchten sie, die Bevölkerung von der Idee des »gewöhnlichen Helden« zu überzeugen. Allein, die Bürger konnten und wollten diese neuerweckten Helden, die zu Tausenden täglich gute Taten vollbrachten, nicht anerkennen. Man schimpfte über sie, verspottete sie oder zeigte zumindest Unverständnis.

Das Beispiel Adolf Hennecke verdeutlicht, daß sich die Menschen in der DDR ausgesprochen traditionell verhielten. Sie verweigerten sich den Allerweltshelden in Form der nach dem 13. Oktober 1948 emporstrebenden Aktivisten und hielten am Konzept des außergewöhnlichen Helden Adolf Hennecke mit seinem einmal komponierten Heldennarrativ fest. Diese Erzählung kam zustande, indem sich die Machthabenden und die Bevölkerung auf wesentliche Gehalte des Heldenkonstruktes Hennecke »einigten«. Jahr um Jahr wurde dieses kanonisierte Narrativ zum besten gegeben und damit stets aufs neue beglaubigt. Das erklärt auch, weshalb Hennecke, als ihm der Orden »Held der Arbeit« endlich verliehen wurde, seine Tat mit fast den gleichen Worten wie in seinem Buch aus dem Jahr 1949 schilderte.[31]

Aber etwas hat die jahrzehntelange Heldenpropaganda und ihre partielle Umsetzung im Alltag womöglich doch erreicht. Gerade die Bürgerinnen und Bürger der DDR wußten um die eigenen, aber auch um die von der Gesellschaft oktroyierten Grenzen und sie waren in der Mehrheit auch bereit, diese Grenzen zu akzeptieren. Daneben aber verspürten sie jene dem Menschen seit jeher innewohnende Sehnsucht danach, weiterzugehen, nach dem Vollkommenen, dem Idealen zu streben. Mit der Offerte der Ideologen: »Ihr alle könnt Helden werden, Ihr müßt es nur wollen, Ihr müßt nur die gute Tat vollbringen«, und der teilweisen Einlösung derselben fühlten sich wohl nicht wenige Menschen in der DDR so nah wie nie zuvor an jenem Ort ihrer Sehnsucht.

Norbert Rossbach

»Täve«

Der Radsportler Gustav-Adolf Schur

»Wenn ich dir sage, aus dem Jungen wird einmal was, dann kannst du's getrost glauben. Heute fährt er sein erstes richtiges Rennen, und wie es bei der Fahrt durch Halle eben aussah, geht er bestimmt als erster durchs Ziel. Der Bursche ist ein Naturtalent, ein Mann mit Zukunft.«[1]

Die Radsportfreunde hätten gleich einen Blick für Gustav-Adolf Schurs Talent gehabt, behaupteten später die Biographen. Es war ein kleines Rennen, rund um die Chemiewerke südlich von Halle, bei dem der Radsportler im Frühjahr 1951 an den Start ging. Schon damals riefen die Zuschauer »Täve«, um ihn anzufeuern. In der Magdeburger Gegend, wo er aufgewachsen war, nannte man viele Gustavs so, als der etwas altmodisch anmutende Vorname noch Konjunktur hatte. Die Koseform, die sich auf die zweite Silbe von Gus-*tav* bezieht, entwickelte sich in der DDR bald zum geflügelten Wort. »Täve! Täve!« skandierten die Massen zur Friedensfahrt, dem härtesten Etappenrennen für Radamateure. An der Strecke standen Zehntausende, zumeist freiwillig, und schwenkten ihre »Winkelemente«.

Die Friedensfahrt gewannen eine Reihe von DDR-Fahrern, aber nur »Täve« Schur schaffte es zur Legende. Wenn Kinder mit ihren Rädern um die Wette fuhren, riefen sie oft seinen Namen, ohne sich der Bedeutung bewußt zu sein. Noch kurz vor der Wende wählten ihn die Leser der *Jungen Welt* zum »besten und populärsten Sportler der DDR«. Dabei saß »Täve« schon lange nicht mehr auf dem Sattel. Nachdem er 1964 an der Qualifikation für die Olympischen Spiele gescheitert war, sich zudem Herzbeschwerden bemerkbar machten, beendete er seine Karriere als Spitzensportler.

Als Held wurde »Täve« in der DDR offiziell nie bezeichnet, aber die Attribute, die man ihm zuschrieb, verhießen Heroik. Die Zeitungen schrieben, er sei »untadelig« und »würdig«, ein »Ritter des Pedals« und eine »echte Persönlichkeit des Sports«. Solche Leute brauchte das Land. Im folgenden soll die Funktion heroischer Elemente im Kontext der Parteiideologie am Beispiel »Täve« Schur skizziert werden.

Das Heroische ist Bestandteil jeder totalitären Kultur, die sich auf das Volk beruft, ganz unabhängig von der Ideologie. Dem Helden kommt dabei die Rolle eines dynamischen Zentrums zu. In ihm konzentrieren sich die aktivistischen Energien.[2] Auf solche heroischen Elemente war die sozialistische Ideologie angewiesen, seit ihre Verfechter das Marxsche Theorem in die Praxis umsetzten. Ein Ende des Kapitalismus war schließlich nicht in Sicht. Die Linke argumentierte mit Hegels Vorstellung eines »vernünftigen Telos« der Geschichte. Demnach sollte die Zeit irgendwann den Widerspruch der Systeme lösen. Doch diese Perspektive entfiel mit dem zunehmenden Einfluß der Philosophie Nietzsches: Er deutete Geschichte als lebensfeindliche Macht, von der keine Mithilfe zu erwarten war. Daraus leitete sich die Forderung ab, diesen negativen Prozeß durch sogenannte Übermenschen zu kompensieren. Damit zog das heroische Element um die Wende vom 19. zum 20. Jahrhundert auch in die sozialistischen Konzepte ein.[3]

Die Arbeit und deren Akteure zu heroisieren, ergab sich am ehesten aus einer Gedankenwelt, die der Arbeiterklasse eine »historische Mission« zuschrieb. Auch »Täve«, der Sportler, wurde mit stolzem Verweis auf seine proletarische Herkunft präsentiert. Er war der »Arbeiterjunge aus Heyrothsberge«, der »Sohn eines einfachen Ziegeleiarbeiters«, der eine Ausbildung zum Maschinenmechaniker machte und später als Brunnenbaumeister seine Brötchen verdiente.[4] Auch sein Äußeres entsprach dem visuellen Anforderungsprofil der typisiert dargestellten Arbeiterhelden der frühen Jahre. Er gehörte nicht zu den leichten, grazilen Sportlern, die es gelegentlich auch im Spitzenradsport gibt. »Täve« war das Kraftpaket und seine Stärke der langgezogene Sprint, dem kaum jemand gewachsen war.[5] Das mag propagandistische Phantasien zusätzlich genährt haben.

Die »klassischen« Arbeitshelden der fünfziger Jahre wie Adolf Hennecke charakterisieren nur unzureichend den Gesamtbestand der Helden in der DDR. Vor allem die allzu plakativen Typen im Gefolge der Aktivistenbewegung verschwanden nach der Abkehr vom Spätstalinismus. Aber bis zum Untergang der DDR kündeten die Helden weiter von der Notwendigkeit des sozialistischen Aufbaus.[6] Die besonderen Bedingungen dieses Aufbaus schränkten allerdings das Spektrum der möglichen Kandidaten ein. Nicht jeder Held aus dem Pantheon des Sozialismus, in dem auch Repräsentanten der Bruderländer ihren Platz gefunden hatten, taugte auch für die DDR. Das galt zum Beispiel für Kriegshelden, die im sowjetischen Musterland eine unverzichtbare Rolle einnahmen. In der DDR kamen sie als effektives Medium der Propaganda nicht in Frage, weil sie im Nachkriegsdeutschland kaum Chancen auf eine breite Akzeptanz versprachen.

Das rückte die »Meister des Sports« um so mehr ins Rampenlicht. Sie waren ohnehin auf einem komplexen Terrain tätig, das alle Politikbereiche der DDR umfaßte. Die SED-Führung proklamierte, der »Sport [sei] nicht nur als Lebensbedürfnis, sondern stets auch als eine wichtige politische Waffe zu betrachten und zu handhaben«[7]. Deshalb war der Sport Chefsache und fest in die zentrale Kommandostruktur eingebunden. Zumindest auf dem Papier vermittelte der »Volkssport« die »sozialistische Moral« und stärkte die Leistungsfähigkeit und Verteidigungsbereitschaft der Werktätigen. Tatsächlich erleichterte der Sport die Identifikation mit einem Staat, der sich aufgrund der Teilung nur beschränkt auf nationale Traditionen berufen konnte.

Die Möglichkeit einer Wertevermittlung über den Sport schien verlockend, denn die Botschaften der Propagandisten waren mitunter abstrakt und für die Zeitgenossen schwer nachvollziehbar. Die »Erkenntnisse des Marxismus-Leninismus« gingen von der gesetzmäßigen Höherentwicklung zum Kommunismus aus, doch das Schlaraffenland war real noch nicht in Sicht, die Erfahrungswelt der Bevölkerung sowieso eine andere. Übertragen auf den Sport, waren Parteilehrsätze griffiger, lauteten zum Beispiel »Schneller, höher, weiter!« und funktionierten vor aller Augen. Damit bezeugte die Erfolgsgeschichte des Sports die Metageschichte des Systems, und schon »Täves« erster Weltmeisterschaftssieg bestärkte »die Gewißheit, daß der Sozialismus siegen wird«[8].

Daneben hatten besonders die frühen sportlichen Erfolge der DDR eine außenpolitische Dimension. Mit Leistungen der »Diplomaten im Trainingsanzug« klagten die Funktionäre die Aufnahme der DDR in die internationalen Sportverbände ein. Auch »Täves« Erfolge galten als »Beweise der internationalen Anerkennung, die, wenn es auch einigen ›Sportführern‹ in Westdeutschland nicht ins Konzept paßt, unsere sozialistische Sportbewegung als die führende in Deutschland legitimieren«[9]. Insofern verschoben sich die Perspektiven. Nicht beim Zieleinlauf erlebte Schur »den schönsten Augenblick seines Lebens«, sondern als »ihm zu Ehren die Hymne der Deutschen Demokratischen Republik erklang«.[10] Symbolisch bedeutete das die Staatswerdung der DDR, die sich in ständiger Auseinandersetzung mit der Bundesrepublik vollzog.

Die Konfrontation schien vorprogrammiert, wenn »Täve« bei deutsch-deutschen und internationalen Wettkämpfen an den Start ging. Und manchmal wurden die »Feinde« auch konkret: Der BRD-Fahrer Pommer soll »Täve« in der gesamtdeutschen Olympiamannschaft von 1956 »in der entscheidenden Phase« im Stich gelassen haben. Der DDR-Fahrer Tüller, »der vom Kollektivgeist so wenig hielt wie der Westdeutsche«, kam nicht viel besser weg, wohl weil er später der Republik, »der er so viel zu verdanken hatte, schmählich den Rücken« kehrte.[11] Auch diese Gegenspieler waren Teil der Inszenierung und dramaturgisch wertvoll. Erst die Polarisierung gab der Heldengeschichte über »Täve« den letzten Schliff.

Zur Entstehung der Heldenerzählung »Täve«

Die publizistischen Rahmenbedingungen des »Täve«-Narrativs bildeten sich bis Mitte der fünfziger Jahre heraus. Die SED-Führung hatte auch die Sportpublizistik in ihre »Presse von neuem Typus« integriert und die Journalisten angewiesen, eine »planvolle und konkrete Werbetätigkeit« zu entfalten, die »ideologisch vorbildliche Spitzensportler« populär machen sollte.[12] Der Deutsche Sportausschuß drohte, »über kurz oder lang wird in unserer Sportpresse keiner mehr mitarbeiten, der nicht klar, offen und eindeutig sich zu unserer fortschrittlichen Auffassung bekennt«. Sportzeitungen, die weiter »in Sensation und Effekthascherei […] mach[t]en, seitenlange unpolitische Sportreportagen [brachten]«, wurden verboten.[13] Im Mai 1953 traf dieses Los auch den *Illustrierten Radsport,* die Monatszeitschrift, die bis dahin über »Täves« Metier berichtet hatte.

Der zweimalige Weltmeister Gustav-Adolf Schur hatte das Zeug zum Helden, und er trat zum richtigen Zeitpunkt am richtigen Ort auf die Bühne. Der Radsport ernährte bereits in den dreißiger Jahren zahlreiche Profisportler und lockte auch in der Nachkriegszeit auf beiden Seiten der Grenze unzählige Zuschauer an die Strecken. Aber nicht nur wegen seiner Massenwirksamkeit nutzte die SED-Führung diesen Sport mehr als andere Sportarten als Medium der Propaganda. Sieht man genauer hin, scheint gerade der Radsport in »Täves« aktiver Zeit eine Fundgrube für allegorische Deutungsmöglichkeiten gewesen zu sein und eine Quelle für heroische Geschichten.

Beispielhaft zeigte sich das bei den Weltmeisterschaften der Radamateure von 1960 auf dem legendären Sachsenring bei Hohenstein-Ernstthal: »Täve« Schur, der Kapitän der DDR-Mannschaft, galt als Favorit, 150 000 Zuschauer erwarteten von ihm den dritten Weltmeistertitel in Folge. Nach 175 Kilometern näherte sich eine Spitzengruppe mit drei Fahrern dem Ziel: »Täve, sein Mannschaftskamerad Bernhard Eckstein und der Belgier Willy Vandenberghen.« Den Zieleinlauf deutete Erik Neutsch einige Monate später in seinem Roman »Spur der Steine« folgendermaßen: »Der Weltmeister verzichtete auf jedes Risiko. Er rief dem Kleinen zu: ›Tritt an! Ab, ab! Ich halte ihn.‹ Der Kleine schoß davon, stürzte sich die Abfahrt zum Ziel hinunter. Für Sekunden schien der tapfere Belgier zu erstarren. Mit einem solchen Angriff hatte er nicht gerechnet. Der Kapitän setzte sich vor ihn und bewachte ihn. Er sicherte den Sieg seines Mannschaftskameraden.«[14]

Noch heute fragen sich die Fans, ob »Täve« damals seinem Mannschaftskollegen wirklich den Vortritt gelassen hat oder ob er am Ende seiner Kräfte war. Aus der Perspektive von 1960 gab es keinen Zweifel, »Täve« Schur war der gute Mensch vom Sachsenring. Das »Moralische« hatte Konjunktur, seit der V. Parteitag der SED 1958 den »sozialistischen Menschen« anhand von Normen und Geboten in eine konkrete Form gegossen hatte.[15] »Vom ich zum Wir!« und »Vom isolierten Individuum zur sozialistischen Gemeinschaft!« lauteten die Parolen. Der Sachsenring war das Tüpfelchen auf dem »i«, das große symbolische Ereignis, das noch ausstand. Jetzt endlich fanden auch die aufgeladensten Charakteristiken ihre sinnbildliche Entsprechung. Schon nach seinem ersten WM-Sieg von 1958 hatte das *Neue Deutschland* »Täve«, den sozialistischen Mustermenschen, gefeiert: »Nicht nur, weil er ein blendender Rennfahrer ist. Mehr noch, weil er immer der populäre und beliebte »Täve« blieb, der einfache, bescheidene Sportler, der Typ des Menschen, der den unseligen Star im Sport in Vergessenheit geraten läßt [...], der nicht nur im Sport Großes leistet, sondern auch die vom V. Parteitag verkündeten Moralgebote zu seinem persönlichen Grundsatz erhoben hat.«[16] Die zum Topos geronnene Litanei aller erfüllten Verhaltenskodizes erscheint heute paradox. Je mehr sich der Rennfahrer damals ins Kollektiv einordnete, desto übermenschlichere Züge nahm er an. Walter Ulbrichts postulierte sozialistische Moralgebote vor Augen, brach er letztendlich den Rekord der »freiwilligen« Unterordnung der Individuen unter das Diktat der Partei. Sportliche Leistungen traten in den Schatten und wurden zum Beiwerk einer übergeordneten

Der Radsportler Gustav-Adolf »Täve« Schur nach der Weltmeisterschaft 1958.

Wahrheit. Der sozialistische Sportstar, der im Grunde gar kein Star sein wollte, wurde gerade dadurch zum Helden, daß er seinen persönlichen Sieg dem Sieg des Sozialismus opferte.

Abgesehen von den Ereignissen auf dem Sachsenring erlangte »Täve« seine Popularität im eigenen Land weniger durch Weltmeisterschaften und Olympische Spiele, sondern durch ein anderes Rennen, mit dem sein Name bis heute eng verbunden ist – die Friedensfahrt. Dieses Rennen galt als eines der härtesten seinesgleichen: Die Fahrer legten Tagesetappen weit über 200 Kilometer zurück und hatten am Ende der Tour mitunter 1500 Kilometer »in den Beinen«. 1950 erhielt die DDR auf Drängen der Sowjetunion zum ersten Mal eine Einladung zu diesem Sportereignis, das damals noch von Polen und der ČSSR allein veranstaltet wurde. Moskau konsolidierte zu diesem Zeitpunkt seinen Machtbereich und verordnete den Polen und Tschechen einen Aussöhnungsprozeß mit den Ostdeutschen. Da kam die Friedens-Tour gerade recht, auch um mit althergebrachten Vorurteilen auf beiden Seiten aufzuräumen.

Wie bereits beschrieben, versuchte auch die SED-Führung, die neue Ordnung über den Sport zu vermitteln. Die langen Straßenradrennen, die jedes Jahr im Mai, wenn der politische Feierkalender am dichtesten war, stattfanden, wurden zu »machtvollen Kampfdemonstrationen« umgedeutet. So avancierten die Radfahrer bald zu »Friedensfahrern«, denn die Physiologie des Radsportes schien geeignet, die Botschaften der Friedenspropaganda zu transportieren. Radsport ist kein Kampfsport, aber er betont Körperkraft und körperliche Auseinandersetzung mit dem Gegner. Damit tat sich ein Symbolreservoir auf, das der antiimperialistischen Frontstellung Rechnung trug. Schließlich, so die Ideologen, verfolge der Imperialismus immer noch die »Neuaufteilung der Welt« und versuche »die gesetzmäßige Entwicklung« aufzuhalten.[17] »Warschau, Prag, Berlin«, sagte Walter Ulbricht, »werden durch diese Friedensfahrt noch enger verbunden im gewaltigen Lager der Weltfriedensfront kämpfen, an deren Spitze die Sowjetunion steht.«[18]

Zwölf Jahre lang fuhr »Täve« Schur auf den »Straßen des Friedens«, zweimal, 1955 und 1959, konnte er die Tour gewinnen. Sein spektakulärstes Rennen aber bestritt er schon einige Jahre zuvor, obwohl er damals »nur« auf Rang drei landete. Diese VI. Friedensfahrt von 1953 gilt heute noch als eine der härtesten in der Geschichte. Im Mai fiel noch Schnee, und von 93 Fahrern, die in Prag aufgebrochen waren, erreichten lediglich 38 das Ziel. Trotz etlicher Stürze gelang es Gustav-Adolf Schur, den gewaltigen Rückstand auszugleichen und für die DDR den ersten Mannschaftssieg zu erringen. Walter Ulbricht war im Freudentaumel. Für einen Augenblick vergaß der Parteichef alle Freundschaftsrhetorik und pries das »große patriotische Bewußtsein« der siegreichen Fahrer, die der Partei damit »für die großzügige Förderung des Sportes gedankt« hätten.[19]

Mit solchen außergewöhnlichen Leistungen wurde »Täve« Schur bald zur zentralen Figur in der Mannschaft, und nach und nach übernahm er exponierte Rollen im Festritus der Tour. Als Kapitän überreichte er dem sowjetischen Mannschaftsführer

Viktor Werschinin am »Tag der Befreiung«, dem 8. Mai, einen bescheidenen Tulpen-
strauß, ein Akt, der über jeden Verdacht erhaben schien, eine Anweisung »von oben«
zu sein. Die kleine Geste vor dem Start zeigte später im offiziellen Sprachgebrauch
»die enge Freundschaft, die heute den friedliebenden deutschen Staat der Arbeiter
und Bauern mit der großen Sowjetunion verbindet«.[20] Dieser Blumengruß, zunächst
ein ganz privates Anliegen von »Täve« Schur, gehörte bald zum Gesamtkomplex einer ausgefeilten Ritualisierung und Inszenierung von Handlungen. Die kleine Geste kam alljährlich im *Neuen Deutschland* auf die erste Seite, und der Gratulant hieß
bis in die sechziger Jahre hinein zumeist »Täve«.

Wenn die Saison beendet war, ging Schur auf Vortragstournee in Betriebe, Schulen und Hochschulen. Im September 1954 fragte die Betriebssportgemeinschaft Leuna
an, ob »Täve« bereit wäre, »noch vor dem 17. Oktober – dem Tag der Volkswahlen –
in unserem Werk vor den Kolleginnen und Kollegen über die großzügige Unterstützung der Regierung, wie du sie am eigenen Leibe in der Ausübung des Sports erlebst,
zu sprechen«. Mit solchen Anfragen überschütteten unzählige sozialistische Brigaden und Pioniergruppen den Sportler, wie zahlreiche Briefe belegen, die er über
die Jahre gesammelt hat. Diese umfangreiche Korrespondenz bewahrt Schur heute
auf seinem Dachboden auf, in einem Seesack und mehreren Aktenordnern. 1955
schrieb ihm die Leitung eines Kinderferienlagers: »Ihr großer Erfolg bei der Friedensfahrt soll uns, Kindern und Erziehern, Verpflichtung sein, unsere ganze Kraft für
die Erhaltung des Friedens einzusetzen.«

Solche Verpflichtungen als dramaturgische Elemente der Festkultur der DDR
entwickelten sich zu einem festen Bestandteil der sich im Zusammenhang mit der
Friedensfahrt etablierenden Riten. Bergarbeiter aus dem Erzgebirge versprachen
Extra-Schichten zu Ehren des Rennens, Spreewaldbauern erhöhten die Schweine-
fleischproduktion und die Landwirtin Martha Lehmann gab an, 800 Eier mehr liefern zu wollen.[21]

Wie alle großen Feste in der DDR sollte auch die Friedensfahrt zu einer Phase ge-
steigerter Kräfteanspannung werden. Schüler schrieben Aufsätze über die Bedeutung
des Rennens, dessen Losungen bereits auf Wandzeitungen standen, selbst auf Tüten
und Einwickelpapier wurden sie gedruckt. Die sinnstiftenden Vorgaben, die das Zentrale Organisationskomitee der Friedensfahrt festgelegt hatte, übertrugen die Agitatoren auch auf geeignete Fahrerpersönlichkeiten. Über das Rennen vermittelte Botschaften, wie etwa die antiimperialistische Solidarität oder Ideen des proletarischen
Internationalismus, bekamen ein menschliches Gesicht. So wurden sozialistische Sekundärtugenden wie Kameradschaftlichkeit, proletarische Herkunft oder Fleiß per-
sonalisiert und besonders auf »Täve«, den exponiertesten unter den Friedensfahrern,
zugeschnitten. »So zielstrebig er sich vom Anfänger zum Weltmeister emporarbeitete«,
war zu lesen, »genauso stand er voller Energie vom ersten Lehrjahr an immer im Beruf als Elektromechaniker und Schmied seinen Mann und wurde 1952 – also bevor
er der ›große Täve‹ war – als Aktivist ausgezeichnet.«[22]

Im Kontext der propagandistischen Erfordernisse, im hier genannten Beispiel der

Aktivistenbewegung der sechziger Jahre, nahm die Kommunikationsfigur eine konkrete, auf die jeweilige Botschaft und Zeit bezogene Gestalt an. Auch Jahrzehnte nach seiner aktiven Zeit wirkte das Modell »Täve« nach. Anfang der achtziger Jahre berichtete das *Neue Deutschland* über seine Tätigkeit als Volkskammerabgeordneter: »Auch Eingaben bearbeitet der Kandidat im Wahlkreis 51 mit der Energie, die ihn einst im Sport weltberühmt werden ließ und die das Gesetz in unserem Land vorschreibt.«[23] Die Übertragung seiner Erfolge auf alle Lebensbereiche und ihre zeitliche Verlängerung trugen dazu bei, daß die Konnotationen des Sportes in der DDR, besonders der Friedensfahrt, in »Täve« leibhaftig wurden. Der Held schien nicht unwesentlich daran beteiligt, die ganze Gesellschaft zu einem Kampfplatz zu verwandeln, an dessen »Fronten« Siege zu erringen waren.[24]

Neben dem kämpferischen Element rief die »Täve«-Legende auch die ideologischen Legitimationsgrundlagen des Systems in Erinnerung. Das zeigt sich exemplarisch beim Empfang des Helden, der gerade in Reims (1958) das erste Mal Weltmeister geworden war. Im Schrittempo bahnte sich der offene Wagen auf der Berliner Stalinallee den Weg durch die jubelnde Menge: »Und der sympathische blonde Sportler lachte und warf die ihm ins Auto geworfenen Blumen wieder zurück in die Menge. ›Hier Kumpel‹, und mit weitem Schwung landete ein großer Strauß Gladiolen in den Armen eines verdutzten Maurers. Vielleicht wußte dieser nicht, daß Täve selbst einmal Maurer war und deshalb die weißen, kalkbespritzten Gesellen besonders schätzte.«[25]

Hinter der Szenerie stand ein propagandistisches Gesamtkonzept, das von der Organisation der Siegesfeier bis zur Berichterstattung in den Medien reichte. Nicht von ungefähr führte die Parade durch die Stalinallee, die erst zwei Jahre zuvor vollständig fertiggestellt worden war. In den Augen der herrschenden Eliten symbolisierte sie den politischen Mittelpunkt der DDR.[26] Mit der Siegesfeier selbst wurde der WM-Erfolg auf zweierlei Weise auf das gesamte Land übertragen. Zum einen verband der vorgegebene Horizont der Stalinallee den sportlichen Erfolg mit den ideologischen Legitimationsgrundlagen des Landes. Zum anderen transferierte die bauliche Öffnung der Allee zum Osten hin, was die Ostbindung des Landes unterstrich, Schurs Erfolg in gewisser Weise auch räumlich auf die gesamte DDR.

Der überlieferte »Blumenwurf« des Helden erfolgte keineswegs ins »Blaue«. »Täve« gab den WM-Erfolg so an die gesamte Arbeiterschaft weiter, die der Maurer verkörperte. Dieser war ganz praktisch am Aufbau der DDR beteiligt. Über den Maurer wurde wiederum auf »Täves« proletarische Herkunft verwiesen. Er hatte als Arbeitersohn immerhin die westlichen Fahrer geschlagen, die nur auf ihre Profiverträge warteten und sich so den bürgerlichen (Sport-)Verhältnissen beugten.

Der Empfang auf der Stalinallee zeigt, wie man propagandistische Urbotschaften auf den Helden projizierte. In diesem Rahmen bewegte sich auch die Inszenierung der proletarischen Herkunft »Täve« Schurs. Wenn auch die Gesamtzahl der Berufe unüberschaubar war, die der Rennfahrer ausgeübt haben soll, bevor er spätestens seit 1956 im Sportclub »Wissenschaft Leipzig« hauptberuflich Sport trieb, wurde das proletarisch-aktivistische Element zu einem immer wieder aufgenommenen Bestandteil seiner Biographie. Durch solche permanenten Inszenierungen der Arbeiterklasse versuchte die SED, der These von der »historischen Mission« Nachdruck zu verleihen, und legitimierte ihre Ansprüche auf die politische Führung dieser Mission.[27]

Mit den Jahren wurde Schurs Lebensweg immer häufiger herangezogen, wenn es galt, den »erreichten Stand des Sozialismus« zu bilanzieren. Die Indienstnahme begann bereits zum ersten runden Republikgeburtstag, als die Zeitungen verstärkt in der »Täve«-Chronik blätterten. »Als er […] eine Lehrstelle als Schlosser annahm, fuhr er mit seinem altersschwachen Stahlroß Tag für Tag die sechs Kilometer vom Arbeitsplatz bis nach Hause. […] sein erster ›Gegner‹ war der Frühbus, nicht weniger altersschwach als sein Fahrrad.«[28] Aus der Erzählperspektive von 1959 konnte bereits auf die »altersschwachen« Provisorien der Vergangenheit verwiesen werden. Das war nicht mehr die Gegenwart. Der Lebensstandard war spürbar gestiegen, im Juni 1958 wurde für die letzten Waren die Rationierung abgeschafft.[29] Angesteckt vom sowjetischen Zukunftsoptimismus, beschloß der V. Parteitag im selben Jahr die »Vollendung des sozialistischen Aufbaus«. Mit »Täve« Schur in eine graue Vergangenheit zu reisen, erhöhte die Gegenwart. Die unterschwellige Botschaft hieß hier: Sie alle waren auf dem richtigen Weg.

Vier Jahre später schilderte die Presse die gleiche Episode erneut. Dies zeigt, wie sich Rückblicke in den folgenden Jahren immer deutlicher auf das Wachsen und Werden des Staates bezogen: »Erinnern Sie sich, liebe Leser, noch der ersten schweren Jahre nach 1945? Manche haben vieles zu schnell vergessen. […] In jener Zeit wuchs […] Schur heran […] 1950 bestritt er sein erstes Radrennen […] auf einem uralten ›Hirsch‹ und – gewann. Unter Trümmern hatte er die Einzelteile des ›Rades‹ hervorgezerrt. Für ihn begann die Laufbahn mit dem ›Nichts‹. 1951 war er schon Rennfahrer. Das Gesetz zur Förderung der Jugend ebnete ihm den Weg.«[30]

Im Huckepackverfahren kommunizierte die Erfolgsgeschichte »Täve« immer deutlicher die Erfolgsgeschichte »DDR«. Mit der Technik, das Abstraktum »Staat« auf Mustermenschen mit Musterbiographien zu beziehen,[31] versuchten die Agitatoren, das Bild des mit positiven Zuschreibungen besetzten Sportlers auf das Staatsganze zu übertragen. »Sein Aufstieg«, berichtete ganz in diesem Sinne ein Biograph des Rennfahrers, »ist der Aufstieg unseres Staates, an einem tüchtigen, fleißigen Menschen demonstriert, an einem Menschen, der Millionen bewies, was Wille und Fleiß für eine gute Sache vermögen.«[32] Wirkungschancen hatten solche typisierten Rückblicke nicht zuletzt durch die individualpsychologischen Prozesse der Rekonstruktion von Vergangenem. Wenn das Gedächtnis selbst die Tendenz zur Übersteigerung hat, so die Theorie, bleibt bereits Übersteigertes am besten in Erinnerung, weil es dem Erinnern den geringsten Widerstand leistet.[33]

»Täve« als »die DDR« zu kommunizieren bot ein weites Deutungsreservoir, mit dem auch die Frage nach dem Woher beantwortet werden konnte. Der Hitlerjunge Gustav-Adolf Schur war bei Kriegsende vierzehn Jahre alt. Die erste Biographie, die

1955 erschienen war, sparte die Kriegsjahre aus und setzte erst 1951 mit einem der frühen Wettkämpfe des Radsportlers ein.[34] Jahrzehnte später thematisierte die *Junge Welt* in einem Interview die mentalen Umbrüche in »Täves« Kindheit: »Es brach eine Welt damals für mich zusammen, als die Russen kamen, und es dauerte eine Weile, bis ich mitkriegte, unter der neuen Macht ist was Gutes, für unsereins nie Dagewesenes. [...] Wer weiß, was aus mir geworden wäre, wenn hier nicht alles auf bessere Gleise geraten wäre.«[35]

Die über »Täve« vermittelte einfache Botschaft lautete, die verbrecherische nationalsozialistische Vergangenheit rechtfertige die gegenwärtige Mangelgesellschaft. Ein Mythos, der sich bis zur Wende 1989 hielt. Der antifaschistische Grundgedanke hatte bis zum Ende der DDR und darüber hinaus einen wichtigen Platz im Kopf der DDR-Bürger eingenommen. Etabliert wurde er nicht zuletzt mit Hilfe von Zeugen wie Schur. Schon unmittelbar nach Ende des Zweiten Weltkrieges begann die SED-Führung, aus der nationalsozialistischen Vergangenheit einen eigenen historisch-moralischen Führungsanspruch abzuleiten.[36] Sieht man von der ersten Biographie über den Rennfahrer einmal ab, die die Zeit vor 1945 verschwieg, hatten alle Rückblicke aus der »Täve«-Perspektive diese Grundausrichtung: Der kindliche Schur wird in allen Schilderungen als Unmündiger, Verführter und Mißbrauchter dargestellt. Ein bißchen freilich keimte schon sein Heldentum auf: »Ich war zwar damals noch ein Kind, aber ich dachte viel nach [...].«[37] Letztlich waren ihm aber die Hände gebunden.

Solche Schilderungen enthielten, sofern »Täve« über ein Testimonial-Konzept kommuniziert wurde, einen tieferen Sinngehalt: »Die DDR war rein und unschuldig wie ein Kind, denn sie stand in der Tradition des Antifaschismus.«[38] Ein so verstandener Antifaschismus richtete sich zwar streng gegen die alten Eliten,[39] allen anderen gewährte er jedoch den Freispruch, der ihnen einen Neubeginn ohne Schwierigkeiten ermöglichte.[40] Ganz in diesem Sinn negierte auch die »Täve«-Kommunikation symbolisch jeglichen Einfluß der nationalsozialistischen Ausgangssituation auf die DDR-Gesellschaft. »Täve« verlängerte höchstens die Geschichte der DDR um eine unmündige embryonale Phase vor ihrer »Geburt«. Rückblicke aus der Sicht von »Täve«, die bis in diese embryonale Phase zurückreichten, sollten also nicht nur den historisch-moralischen Führungsanspruch der SED legitimieren, sondern auch Identität und Identifikation für Jedermann vermitteln.

»Täve« – ein Held in den Herzen der Menschen

Inwieweit solche Botschaften letztlich angenommen wurden, kann anhand der vorliegenden Briefe, die Schur vor allem in den fünfziger Jahren erhielt, nur teilweise beantwortet werden. Eine Einschätzung läßt sich am ehesten aus den zahlreichen Kinderbriefen formulieren. Vergleicht man diese mit den Briefen von Erwachsenen, war die nachwachsende Generation offensichtlich eher bereit, propagandistische Kommunikationsangebote aufzugreifen. Das mag damit zusammenhängen, daß die Schulen inten-

GUSTAV ADOLF SCHUR

Durch die großzügige Unterstützung durch unsere
Regierung, die Regierung der Arbeiter und Bauern,
und dank dem Gesetz zur Förderung der Jugend
und des Sportes ist es mir möglich, meinen Sport
unbeschwert und in Frieden auszuüben.

Daher gebe ich meine Stimme bei den Volkswahlen den Kandidaten der Nationalen Front und
rufe alle Sportler auf, das gleiche zu tun und für
ein einiges und friedliebendes Deutschland zu
kämpfen.

GUSTAV ADOLF SCHUR
Meister des Sports

Die Ikone Gustav-Adolf Schur wirbt für die Kandidaten der Nationalen Front.

143

siv in die Vorbereitungsphasen der Friedensfahrt eingebunden waren. Exemplarisch sei auszugsweise ein Brief angeführt, den »Täve« im Sommer 1954 erhielt und der sich auf die Weltmeisterschaft in Solingen bezog: »Ich konnte kaum diese Minuten erwarten, wo das Radio von diesem Rennen berichtete. Als der Sprecher verkündete, daß Sie wieder ganz groß gefahren sind und den 5. Platz belegten, rannte ich gleich zu meiner Mutti und teilte ihr mit, daß Sie wieder einmal die Deutsche Demokratische Republik so würdig vertreten haben.« Die Aussage »Täve gleich DDR« war also am ehesten dort wirksam, wo Individuen bereits entsprechend prädisponiert waren.

Darüber hinaus zeigen selbst diejenigen Kinderbriefe, die nicht direkt durch Massenmobilisierungskampagnen initiiert waren, wie sehr Sprachschablonen, die die Massenmedien und Schulen im Zusammenhang mit »Täve« vermittelten, in die halböffentliche bzw. halbprivate Sprache der Kinder einflossen. Im Winter 1954 erhielt der Sportler einen Brief, in dem ein 14jähriger offensichtlich Elemente seines Schulaufsatzes einbaute: »Ja, wir können ruhig sagen, unser Meister des Sports hat diesen hervorragenden Titel nicht umsonst bekommen, sondern hartes und nochmals hartes Training war die Ursache. Schon bei der Friedensfahrt stellte sich heraus, daß Gustav-Adolf Schur einmal ein großer Könner seines Fachs wird. [...] Denn er ist meiner Ansicht nach ein großer Stern für unsere Republik und er wird jederzeit bereit sein, die Farben der DDR zu vertreten. [...] Als es hieß, Gustav-Adolf Schur habe den 6. Platz belegt und sei damit bester Deutscher Straßenfahrer [Amateur-WM 1954 in Solingen, d. A.], freute ich mich vielleicht mehr als Du, lieber ›Täve‹. Ich weiß wie es ist, wenn man vor so einem großen Ereignis steht, wo es gilt, die DDR zu vertreten. [...] Ich habe immerhin schon 6 Urkunden und einige Medaillen.«

Der Schüler war sichtlich bemüht, die Verhaltensweisen seines Vorbildes zu übernehmen. Die Psychologie spricht von Identifikation, einem komplexen Prozeß, der in der Entwicklung der normalen Person bei der Über-Ich-Bildung auftritt.[41] Relativ unkritisch akzeptiert der 14jährige den Rennfahrer als Leitbild, identifiziert sich intensiv mit ihm, wobei eine starke Gefühlsbindung entsteht. Dieser zunächst individualpsychologische Vorgang, der sich auch auf Bezugspersonen im näheren Umfeld konzentrieren kann, ist als gruppenpsychologisches Phänomen ein zentraler Mechanismus des Starkultes.

Diese Beobachtung verweist darauf, daß »Täve« Schur als kulturelles Phänomen nicht nur durch die Intentionen der Propaganda determiniert wurde, sondern auch durch seine gesellschaftliche Funktion als Sportstar. Mit einem sozialpsychologischen Ansatz erklärt Carlo Michael Sommer den Star »als herausragende Symbolisierung des Publikums« und damit letztendlich als »vom Publikum gemacht«.[42] Im Kontext sozialer und historischer Prozesse ordnen sich Individuen bestimmten sozialen Kategorien zu. Daraus ergeben sich gruppenspezifische Werte und Normen, die einer Symbolisierung bedürfen. Diese sind nicht nur Ausdruck der Gruppenwerte. Sie haben eine zentrale Bedeutung für den Zusammenhalt und die Identität der Gruppe, aber auch des einzelnen Mitgliedes.

Die Symbolisierung der Wertorientierungen erschöpft sich dabei nicht in Objekten, Institutionen und Aktivitäten. In Sommers Argumentation symbolisieren auch Stars, Idole und Helden die zentralen Werte einer Gruppe und ihrer Anhänger. Die Herausbildung von Einstellungen und Handlungsdispositionen darf dabei nicht als Prozeß verstanden werden, den eine Gruppe von Individuen quasi aus sich heraus vollzieht, also losgelöst vom Rahmen, den Politik, Gesellschaft und Kultur setzen.

Das sozialpsychologische Erklärungsmodell schließt also einen Anteil von Propaganda im Sinne eines kommunikativen Prozesses am Aufbau von gesellschaftlichen Werten und Orientierungen ausdrücklich mit ein. Stars beeinflussen als Multiplikatoren und Leitbilder auch politische und gesellschaftliche Sichtweisen und Handlungen der Rezipienten, die sich mit ihnen identifizieren.[43] Die Ansicht, Schur sei schon allein deshalb das Idealmedium der Propaganda gewesen, ist allerdings ein Trugschluß. Jede vorgegebene propagandaintendierte Symbolisierung war »als Teil des gesellschaftlichen Diskurssystems […] zugleich Bestandteil selbstbestimmter sozialer Praxen und entwickelte eine nicht voraussehbare Eigendynamik in Handhabung und Deutung«[44]. Die Rituale, deren Einhaltung nicht lückenlos kontrolliert werden konnten, bargen in sich schon die Wurzeln einer vorsichtigen Umdeutung. Keineswegs konnte sich also die Propaganda ihren »Täve« nach Belieben formen und instrumentalisieren.

Im Herbst 1954 schrieben zehn Mädchen an »Täve«. Sie stellten sich vor als Lehrlinge des VEB Baumwollspinnerei Flöha, die sich am 7. Berufswettbewerb der Freien Deutschen Jugend beteiligen wollten: »In den vergangenen Jahren war es so, daß jedes Lernaktiv sich ein besonderes Vorbild wählte, dem die einzelnen Mitglieder des Aktivs in seinen Leistungen nacheifern. Da wir nun begeisterte Radsportfreunde sind und Ihre Erfolge im nationalen und internationalen Rahmen bei uns großen Widerhall fanden, haben wir beschlossen, daß unser Aktiv in diesem Berufswettbewerb Ihren Namen tragen soll. Wir bitten Sie nun sehr, unseren Wunsch zu erfüllen und dieser Namensverleihung Ihre Erlaubnis zu geben. In unserer Lernarbeit führen wir auch eine Aktivistenchronik. Darin befindet sich von jedem Lehrling ein Lebenslauf mit Bild. Deshalb bitten wir Sie, uns von Ihnen ebenfalls ein Bild mit kurzem Lebenslauf zu senden.«

Die Schreiberinnen bemühten sich um eine politische Sprache. Um keine Absage zu riskieren, arbeiteten sie mit Versatzstücken vorgegebener Interpretationen. Inwieweit sie letztlich von diesen beeinflußt waren, sich ausgerechnet an »Täve« zu wenden, bleibt im dunkeln. Spätestens als die Mädchen behaupten, ein Foto und ein persönlicher Brief ihres Idols sei für das Ritual unerläßlich, erweitern sie es um ihre persönlichen Vorlieben. In diesem Kontext stand auch der erstaunliche Wunsch von vierzehn Lehrlingen und einer Lehrausbilderin des VEB »Elektrowärme Sörnewitz«: »Zur Zeit lautet der Name unseres Aktivs ›7. Oktober‹. Aufgrund Ihrer guten sportlichen Leistungen […] und Ihrem Kampf für den Frieden und die Einheit Deutschlands, bitten wir Sie um Ihre Einwilligung, damit wir unser Aktiv ›Gustav-Adolf Schur‹ nennen können.« Auf einen offensichtlich beliebten Sportler schwor es sich leichter ein als auf einen Republikgeburtstag oder einen Parteitag, schon wegen der emotionalen, eher identifikationsstiftenden Dimension. Hinter dem schematischen Sprachgerüst »offizieller« Anfragen offenbaren sich Elemente des Starkultes. In den vorliegenden Briefen kommt der weitaus größere Teil der Anfragen sozialistischer Brigaden und Lehrgruppen, die »Täve« um seinen Namen bitten, aus Bereichen, in denen überwiegend Frauen beschäftigt waren.

Nun bewahrt »Täve« Schur in seinen Aktenordnern auch zahlreiche Liebesbriefe auf. Die Frage ist also, wo sich in diesem Kontinuum diejenigen Menschen bewegen, die ihre Briefe eher aus privatem Antrieb verfaßten. Es ist ein Trugschluß zu glauben, der DDR-Bürger habe virtuos zwischen dem öffentlichen und privaten Bereich hin- und herspringen können. Dieser Widerspruch deckt sich mit dem Befund aus den Briefen. Selbst der größte Teil der Liebesbriefe trägt keinen hundertprozentig privaten Charakter. Den Tenor verdeutlicht exemplarisch der folgende Textauszug: »Lieber Täve, schön, daß Du in den Farben unserer Republik gewonnen hast. [...] Sei mir nicht böse, aber ich bin nämlich ganz toll verliebt in Dich.« Hinter dem stilistischen Ansatz, selbst in Liebesbriefe offizielle Sprachschablonen einzubeziehen, verbirgt sich mehr als eine Höflichkeitsfloskel. Alle Elemente des Starkultes, dessen Riten zumeist individuell blieben, weil sie nicht in einem marktwirtschaftlichen Sinne institutionalisiert waren (Fanclubs usw.), wurden in die Bahnen vorgegebener Riten der »Täve«-Verehrung gelenkt.

Ein zweiter Brief der jungen Baumwollspinnerinnen aus Flöha erhärtet diese Vermutung. Als Schur ihren Antrag auf die Verleihung seines Namens nicht bestätigte, wendeten sich die zehn Mädchen im Winter 1954 erneut an den Sportler: »Wir haben eine ganz gro-o-o-o-o-ße Bitte an Sie. Wir wollen eine kleine Weihnachtsfeier veranstalten. Wir würden Sie gerne als unseren Gast betrachten [...]. Der Versuch, Sie zu sprechen, blamierte uns auf allen Seiten [...]. Der Grund der Einladung besteht darin, daß wir unserem Aktiv Ihren Namen gaben, aber noch auf Ihre Zustimmung warten. [...] Für [die anderen] ist es ein Geheimnis, daß wir an Sie schreiben. Schicken Sie bitte ihre Antwort an [...] Christine.«

Viele Verehrerinnen wie die Lehrlingsmädchen der Baumwollspinnerei, die Fans, vor allem aber die Kinder machten ihren »Täve« auch dadurch, daß sie ihn für einen Star hielten, am Ende zum Helden, entsprechend der vorgegebenen Deutungsmuster. Trifft das zu, sind Elemente des Starkultes auch in den nichtsprachlichen Zeichenkomplex abgeleitet worden, etwa dann, wenn ein Volkseigener Betrieb eine Feier zu Ehren des Sportlers ausrichtete, eine Klasse ein Geschenk bastelte, sich alle Halstücher anlegten und zum Appell antraten, weil »Täve« persönlich einer Pionierfreundschaft seinen Namen verlieh. Umgekehrt relativiert sich durch diese Beobachtung auch die Wirkungsmacht der Propaganda, deren vorgegebene Deutungen auch in Bezug auf den Rennfahrer Gustav-Adolf Schur nie unkritisch, sondern immer mit einem gewissen Eigensinn übernommen wurden.

Monika Gibas

»Venus vom Sternenstädtchen«
Walentina Tereschkowa, Heldin der Moderne in der DDR

»Aber noch in lichtjahrfernen Zeiten / Wird man staunend ihren Namen nennen.« Mit diesem Zweizeiler endet ein Gedicht, das im Sommer 1963 in der vielgelesenen DDR-Frauenzeitschrift *Für Dich* abgedruckt wurde.[1] Schon aufgrund der beiden Zeilen kann es dem Genre der Heldenverehrung zugeordnet werden. Sie ähneln auf den ersten Blick den Lobgesängen an die »revolutionären Helden der Weltgeschichte«, die seit Gründung des ostdeutschen Staates zur DDR-Erinnerungslandschaft gehörten. Doch in diesem Falle ging es einmal nicht um tote Helden, die Märtyrer von Revolution und antifaschistischem Widerstand.

Heldin dieses kleinen Gedichts war die Kosmonautin Walentina Tereschkowa. Die Besungene war keine fiktive Gestalt. Zwar hatte die Begeisterung für die Raumfahrttechnik, die der Start des ersten Erdtrabanten »Sputnik« im Jahre 1957 und die bald folgenden bemannten Erdumkreisungen sowjetischer und amerikanischer Raumpioniere weltweit auslösten, dem literarischen Genre der Science-fiction auch in der DDR eine Blütezeit beschert. Dieses Gedicht allerdings war eine Hommage an eine lebende Zeitgenossin.

Am 16. Juni 1963 hatte die Sowjetunion ein neues spektakuläres Weltraumunternehmen gestartet: den ersten Flug einer Frau ins All. Die Protagonistin dieses Ereignisses, die 26jährige Sowjetbürgerin Walentina Wladimirowna Tereschkowa, war eine Altersgenossin des jungen DDR-Lyrikers Rainer Kirsch[2], der sie euphorisch in die Ahnenreihe der erinnerungswürdigen Gestalten der Menschheitsgeschichte stellte. Ihr Name war am 16. Juni 1963 wie ein Komet aus der Anonymität aufgetaucht. Ihr Porträt im Astronautenhelm, ob als Foto, als Graphik auf Plakaten oder auf Briefmarken, ging um die Welt. Es wurde – neben dem legendären »Sputnik 1« und der Figur des ersten Menschen im All, Juri Gagarin[3] – rasch zum Markenzeichen einer neuen Epoche wissenschaftlich-technischen Fortschritts im Realsozialismus.

Die Medien der östlichen wie der westlichen Hemisphäre verbreiteten es unverzüglich und kommentierten das Ereignis auch unisono als eine »Pionierleistung der sowjetischen Raumfahrt«. Walentina Tereschkowa – im Volksmund zumeist einfach »Walja« genannt – schaffte damit, wie vor ihr schon Juri Gagarin, auf Anhieb den Sprung sowohl in die Helden-Riege der sozialistischen als auch in die Star-Arena der westlichen kapitalistischen Welt.

Die erste Frau im Orbit

Das Ereignis hatte in der Tat historischen Rang. In der kurzen Geschichte der Raumfahrt der UdSSR war das Unternehmen »Frau im Weltraum«, nach der Sputnik-Sensation von 1957 und dem ersten Menschen im All 1961 mit Juri Gagarin, der dritte Paukenschlag. Die »harten« Fakten dieses noch heute einhellig von Experten der internationalen Raumfahrt als Pionierleistung anerkannten Raumfluges[4] sind schnell zusammengetragen: Walentina Wladimirowna Tereschkowa, Textilarbeiterin und in ihrer Freizeit Fallschirmspringerin, geboren am 6. März 1937 in einem Dorf namens Maslennikowo im Gebiet Jaroslawl (Wolga), startete am 16. Juni 1963 in der Raumkapsel »Wostok 6« in den erdnahen Raum. Sie umrundete den Planeten in siebzig Stunden und fünfzig Minuten achtundvierzig Mal und legte dabei eine Flugstrecke von insgesamt 1 971 000 Kilometern zurück. Es war der zehnte bemannte Raumflug in der Menschheitsgeschichte und der zweite »Gruppenflug«[5] in der Geschichte der sowjetischen Raumfahrt, bei dem zwei Raumflugkörper – im anderen saß Waleri Bykowski – gleichzeitig gestartet worden waren.[6]

Die junge Frau hatte sich nach dem sensationellen Raumflug Juri Gagarins – wie viele junge Menschen in der Sowjetunion auch – spontan für eine solche Mission beworben. Den wissenschaftlich-technischen Eliten, die das Weltraumprogramm der UdSSR vorantrieben, kam solch massenhafter Enthusiasmus der sowjetischen Jugend gerade recht. Das Team von Raumforschern um Chefkonstrukteur Sergej Koroljow hatte schon kurz nach dem erfolgreichen Flug Juri Gagarins die Idee, Frauen als Kosmonauten einzusetzen.[7] Denn auf ihrem Forschungskatalog stand unter anderem auch die Klärung der Frage, ob der Organismus einer Frau wohl den Anforderungen und Belastungen von bemannten Raumflügen gewachsen sein würde, ob es physiologische und psychische Besonderheiten oder gar Ausschließungsgründe für weibliche Raumfahrteinsätze gäbe. Die Entscheidung für ein »weibliches« Raumfahrtprogramm entsprang also keineswegs dem politischen Paradigma, Frauen möglichst früh und gleichberechtigt in eines der interessantesten und spannendsten Forschungsprogramme der Menschheit einzubeziehen. Und auch die Aussicht, daß eine Schlagzeile wie »Sowjetbürgerin als erste Frau im Kosmos« propagandistisch natürlich hervorragend als Demonstration der Gleichberechtigung der Frau im Sozialismus hätte genutzt werden können, war durchaus nicht der Hauptgrund für diese Entscheidung. Es gab vielmehr ein starkes, durchaus unideologisches, rein technizistisches Interesse. Der Ehrgeiz, möglichst rasch eine umfangreiche wissenschaftliche Liste von Fragen und Problemen zu klären, spielte bei der Realisierung des sowjetischen Programms der bemannten Raumfahrt also die entscheidende Rolle.[8] Dazu kam, daß sich die sowjetischen Ingenieure und Wissenschaftler in steter Konkurrenz zur amerikanischen Luft- und Raumfahrtbehörde NASA sahen, die ebenfalls mit Hochdruck ein Programm bemannter Flüge vorantrieb.[9]

Von 1962 an trainierten im Ausbildungszentrum für Kosmonauten des legendären »Sternenstädtchens« bei Moskau fünf Frauen für den Einsatz in einer Raumkapsel.[10]

Die sowjetische Kosmonautin Walentina Tereschkowa, die im Juni 1963 als erste Frau in den Weltraum flog.

Gleiches war bereits einige Jahre zuvor in den USA erfolgt. Hier lief schon seit 1959 eigens ein Projekt zur Auswahl von Frauen für einen Raumflug – das »Women in Space Education«-Programm (WISE). Dazu hatten sich 25 Frauen gemeldet, von denen immerhin 19 die notwendigen Tests bestanden. Das Vorhaben wurde aber – trotz massiver Proteste der ausgewählten Frauen – abgebrochen, da die NASA aus politischen Gründen ihre Forschungsschwerpunkte verlagerte und sich auf eine Mondlandung binnen weniger Jahre konzentrierte.[11] Die sowjetischen Weltraumexperten dagegen sahen in ihrem Frauenprogramm eine strategische Aufgabe.[12]

Warum die Wahl der zuständigen Kommission ausgerechnet auf Walentina Tereschkowa fiel, läßt sich nicht mit Sicherheit sagen. Es spricht einiges dafür, daß es nicht zuletzt auch ihre Biographie war, die sie in den Augen der Entscheidungsträger für den Flug prädestinierte. Denn diese hatten sich schon vorab darauf geeinigt, daß die Kandidatin neben den für die technische und physische Bewältigung des Einsatzes nötigen körperlichen und geistigen Trainingsleistungen weitere Anforderungen erfüllen sollte: Sie mußte auch über Eigenschaften wie »grenzenlosen Patriotismus«, »Liebe zur Arbeit«, über »Einfachheit« und »Bescheidenheit« sowie über »große menschliche Wärme und Aufmerksamkeit für die Mitmenschen« verfügen.[13] Die sowjetischen Raumpioniere mußten nach den Vorstellungen der politisch Verantwortlichen nicht nur durch ihre herausgehobene Tat, sondern mit ihrer ganzen Persönlichkeit die »Epoche des siegreichen Sozialismus« verkörpern. Sie sollten zur Symbolfigur taugen, vom Publikum in aller Welt als Botschafter ihres Landes und des Weltsozialismus erkannt und anerkannt werden.

Schon der Auswahl Juri Gagarins hatte ein vergleichbarer Katalog von Anforderungen zugrunde gelegen. Einer seiner Mitbewerber, German Titow, sprach aus, welche Art von Assoziationen die biographischen Lebensdaten der Auserwählten beim staunenden Publikum auslösen sollten: »Es gibt etwas Symbolisches beim Lebensweg und in der Biographie Gagarins. Das ist zum Teil die Biographie unseres Landes. Sohn eines Bauern, der die schrecklichen Tage der faschistischen Okkupation überlebt hat. Schüler einer Handelsschule. Arbeiter. Student. Kursant in einem Fliegerklub. Flieger. Diesen Weg sind Abertausende Altersgenossen Juris gegangen. Das ist der Weg unserer Generation.«[14] Die Geschichte vom russischen Bauernsohn, welcher der Menschheit den Weg ins All bahnte, gehörte zur weltweit kolportierten Heldengeschichte Juri Gagarins.

Auch die Biographie der 26jährigen Walentina Tereschkowa entsprach diesen Vorgaben in entscheidenden Punkten. Die Tochter eines russischen Bauern stammte aus bescheidenen Verhältnissen. Der Vater war im »Großen Vaterländischen Krieg« gefallen, die Mutter mußte sich mit drei Kindern allein durchschlagen. Sie hatte es bis zur Fabrikarbeiterin und Komsomol-Funktionärin geschafft und konnte so als Paradebeispiel einer jungen Frau im Sowjetsozialismus dargestellt werden: eine politisch engagierte junge Arbeiterin in der modernen sozialistischen Produktion, durch ihre Familiengeschichte mit der leidvollen und heroischen Geschichte ihres Landes, der Sowjetunion, eng verbunden.

Sie leistete mit ihrer mutigen Tat, dem Weltraumflug, einen entscheidenden Beitrag zum internationalen Ruhm ihrer Heimat und zum Fortschritt der Menschheit.[15] Auch die Struktur ihrer Persönlichkeit und ihre Ausstrahlung schienen präzise in das Kommunikationskonzept »sozialistische Heldin« zu passen. Sie vermochte glaubwürdig den Typus der modernen jungen Frau der sechziger Jahre zu verkörpern, wie er den Helden-Konstrukteuren des »Sternenstädtchens« vorschwebte: couragiert, dabei aber bescheiden und diszipliniert, sportlich, freundlich, offen. Walentina Tereschkowa war damit die ideale Besetzung für die Rolle der modernen sozialistischen Kosmos-Heldin! Doch wollten die Funktionäre für Propaganda und Agitation nichts dem Zufall überlassen. Der Biograph des Chefkonstrukteurs Koroljow berichtet, daß sich Staats- und Parteichef Nikita Chruschtschow das letzte Entscheidungsrecht vorbehielt. Er habe Tereschkowa unter den drei von der Expertenkommission vorgeschlagenen Kandidatinnen persönlich ausgewählt.[16]

Die »Konstruktionspläne« für die neue Heldin lagen schon bereit, noch bevor die Heldentat erfolgte. Seit dem »Sputnikschock« von 1957 wurden alle Weltraummissionen der UdSSR von akribisch geplanten Propagandaaktionen begleitet.[17] Auch Chruschtschow sah in erfolgreichen Raumfahrtunternehmen einen Werbeträger für die Botschaft von der »strategischen Überlegenheit des sozialistischen Systems über den Kapitalismus«. Er nutzte die Erfolge des sozialistischen Raumfahrtprogramms als Trumpfkarte in den Propagandaschlachten des Kalten Krieges.

Wegen der politischen Brisanz der Materie – Raumforschung war und ist bis heute vorrangig auf militärische und erst in zweiter Linie auf zivile Erkenntnisse und Problemlösungen gerichtet – wurde auch die Informationspolitik zu Fragen der bemannten Weltraumforschung von einem kleinen Kreis sowjetischer Militärs und Journalisten geradezu generalstabsmäßig konzipiert und überwacht.[18] Strikte Reglementierung der Berichterstattung der sowjetischen, vor allem aber der ausländischen Presse war oberstes Gebot. Denn es sollten keinerlei Informationen über strategisch wichtige Details, Probleme, Pannen oder gar Fehlschläge der sowjetischen Raumfahrt an die Öffentlichkeit dringen.[19]

Die offiziellen »Sprachregelungen« zu den sowjetischen Raumfahrterfolgen wie zur Biographie der Kosmos-Heldin Walentina Tereschkowa gaben die Propagandisten des sowjetischen Raumfahrtzentrums vor. Wichtigster Aspekt war dabei die Entwicklung einer einfachen sowjetischen Textilarbeiterin und engagierten Komsomol-Funktionärin zur kühnen, disziplinierten Kosmonautin. Diese Grundsentenz, zuerst von der sowjetischen Nachrichtenagentur *TASS* verbreitet, fand sich dann auch tatsächlich in allen Berichten wieder. Die Presse der sozialistischen Staatenwelt nahm sie ebenso auf wie die Berichterstatter westlicher Länder.

Von der Propaganda-Figur zur bejubelten Heldin

Natürlich war es nicht allein die akribische Vorarbeit der sowjetischen Propaganda-Strategen, die den Kommunikationserfolg des ersten Raumfluges einer Frau sicherte. Helden und Stars werden in letzter Instanz von ihrem Publikum »gemacht«. Sie müssen – ob mit einer besonderen Tat oder mit ihrem Charisma – den Zeitgeist treffen, müssen die Gefühls- und Vorstellungswelt vieler Mitmenschen wenigstens für einen kurzen historischen Moment ansprechen. Nur wenn das erreicht wird und dieser Moment der Übereinstimmung vielen Einzelnen als besonderes Erlebnis in Erinnerung bleibt, gelingt die Plazierung der Figur im Helden-Pantheon des kulturellen Gedächtnisses einer gesellschaftlichen Gruppe, einer Nation oder gar der Menschheit.[20] Im Falle Walentina Tereschkowas war ein solches Phänomen der Wechselwirkung mit dem »Zeitgeist« unmittelbar zu beobachten. Ein westdeutscher Korrespondent kommentierte die spontane Reaktion der Moskauer so: »Als in den Straßen Moskaus am Sonntagvormittag die Nachricht vom geglückten Start des Mädchens aus den Lautsprechern dröhnte, ergriff die Zehntausende von Spaziergängern und einkaufenden Bauern aus der Umgebung zum ersten Mal wieder jene spontane Freude, die dem Sowjetbürger bei den Starts der vorausgeflogenen Kosmonauten infolge Gewöhnung an solche Ereignisse und wegen der Überfütterung mit Propaganda langsam abhanden gekommen war.«[21]

Vor allem Frauen waren von dem Ereignis berührt. Sie gingen nun »durch die Straßen mit dem Gang von Königinnen«, befand ein Journalist, der die Augenblicke der Verkündung des neuen Erfolges im All in Moskau erlebt hatte.[22] Das war durchaus keine der üblichen journalistischen Übertreibungen. Zahlreiche Zeugnisse solcher Begeisterung gibt es etwa von der mehrmonatigen Propaganda-Tour, die Walentina Tereschkowa und Juri Gagarin im Sommer 1963 durch verschiedene Länder absolvierten. »Prag hat sich in Walja wahrhaftig verliebt«, so urteilte ein Korrespondent nach dem Empfang der Kosmonautin in der Hauptstadt der Tschechoslowakischen Sozialistischen Republik im August 1963.[23] »Mexiko begrüßt Walja und Juri!«, lautete eine andere Schlagzeile. Tausende Einwohner der mexikanischen Hauptstadt, so berichtete das *Neue Deutschland,* hätten das »Kosmonautenpaar« bejubelt.[24]

Ähnliche Beobachtungen von ehrlicher Begeisterung, ja regelrechter Euphorie konnte ein *Spiegel*-Reporter auch beim Eintreffen von Walentina Tereschkowa und Juri Gagarin in Ostberlin im Oktober 1963 machen: »An diesem Abend findet man das graue Berlin hinter der Mauer in eine Stimmung versetzt, die mit den üblichen krampfhaften Ovationen für sozialistische Staatsträger nichts gemein hat. Hunderttausende haben sich mit ihren Kindern an den Straßen aufgestellt, dem ersten Kosmonauten und der ersten Kosmonautin der Welt mit politischem Demonstrationsgerät, das reichlich ausgegeben worden ist, ein völlig unpolitisches Willkommen zuzuwinken. Lampions und Fähnchen mit den Emblemen des ungeliebten Regimes schwenkend und in die planmäßigen Sprechchöre von SED- und FDJ-Kadern ein-

Briefmarke der DDR
zu Ehren von Walentina
Tereschkowa.

stimmend, bereiten die eingemauerten Bürger den beiden Weltraumfliegern einen für Ostberliner Maßstäbe unvergleichlichen Triumphzug.«[25] Aber nicht nur Ostberlin war damals fasziniert und euphorisch. Das Kosmos-Fieber hatte die ganze DDR infiziert. Menschenmassen versammelten sich an allen sogenannten Protokollstrecken, welche die beiden Raumfahrt-Pioniere bei ihrem Besuch absolvierten.

Sicher waren die begeisterten Massen in den sozialistischen Ländern im doppelten Sinne »bewegt«, denn nicht wenige der Jubelnden waren als Mitglieder von Betriebs- und Schuldelegationen auf den Straßen.[26] Die Anteilnahme an dem Ereignis war offenbar echt, viele wollten sich die leibhaftigen neuen Helden nicht entgehen lassen. Es war natürlich nicht die über die Medien vermittelte ideologische Konstruktion, die Taten der beiden Raumpioniere seien als bedeutende Leistungen »im Namen des siegreichen Sozialismus« zu betrachten, die ein solch hohes Maß an wohlwollender Aufmerksamkeit bewirkte. Es war das Sensationelle, Außergewöhnliche ihrer Taten und der persönliche Mut, der dazu gehörte, sich solch einem Experiment zu stellen, was das Publikum damals faszinierte. Diese Wirkung erzielte die junge Heldin über die Grenzen der Gesellschaftsordnungen hinweg. Auch im Westen war Tereschkowa ein Star: Anläßlich eines Aufenthaltes in der britischen Hauptstadt im

Februar 1964 begrüßte der Staatssekretär im britischen Luftfahrtministerium, Neil Marten, die Kosmonautin mit den Worten: »Das britische Volk ist von Ihrer Kühnheit begeistert!«[27]

Woraus speiste sich diese Faszination? Es war nicht die Persönlichkeit der jungen Frau, nicht ihre gut komponierte und präsentierte Geschichte, die kurz nach ihrer Tat niemand kennen konnte. Die Welle der Faszination, die »Walja« weltweit entgegenschlug, beruhte vielmehr auf einer brisanten Mischung, mit deren erotisierender Kraft auch heutige Produktstrategen ganz bewußt spielen: die Verbindung von »schwachem Geschlecht« und – im Regelfall noch heute männerdominiert – modernster Technik. Allein die Tatsache, daß eine Frau in die Riege der neuen »Pioniere des technischen Fortschritts«, der Raumfahrer, vorgestoßen war, löste bei vielen Menschen Anfang der sechziger Jahre Begeisterung aus, vor allem bei den Frauen, deren Selbstbewußtsein und Emanzipationsdrang sich in diesem Jahrzehnt der gravierenden kulturellen Umbrüche zu regen begannen. Die sich verändernden Beziehungsstrukturen zwischen den Geschlechtern waren ein entscheidendes Merkmal der kulturellen Revolution, die sich in den entwickelten Ländern der kapitalistischen wie der sozialistischen Welt nun in einem Tempo vollzog, das wenige Jahre zuvor auch für die »moderne« Welt noch nicht vorstellbar gewesen war. Die Frauen begehrten immer stärker gegen die ihnen zugeschriebene Rolle als Mütter und Hüterinnen der Familie auf. Sie strebten nach gleichberechtigter Teilhabe am gesamten gesellschaftlichen Leben.[28] Die Tatsache, daß Frauen in die männerdominierte Welt der Technik vordrangen und hier »ihren Mann standen«, wie es in patriarchaler Sprachmanier noch lange hieß, erlangte daher hohen Symbolwert. Die erste Kosmonautin der Welt, die sich in die Sphäre der Raumtechnik gewagt hatte, gab eine ideale Projektionsfläche für emanzipatorische Vorstellungen der jüngeren Frauen-Generationen ab.

»Unsere Walja«: Eine junge Heldin für die moderne Frau

Die Medien der DDR feierten in ihren ersten Meldungen den »grandiosen neuen Sieg im Wettbewerb der Systeme«. »Neuer Triumph des Kommunismus im All«, titelte das *Neue Deutschland* am 17. Juni 1963.[29] Die Zeitschrift für Thälmann-Pioniere und Schüler wartete mit der Überschrift auf: »Neue sowjetische Großtat bei der Erforschung des Kosmos hält die gesamte Welt in Spannung!«[30] So und ähnlich lauteten viele Schlagzeilen. Es wäre zu einfach, diese Facette des Kommunikationsereignisses »sozialistische Heldin Walja« eindimensional als aufgesetzte, von »oben« diktierte ideologische Botschaft zu interpretieren. Man kann noch heute beim Lesen der Artikel die Genugtuung regelrecht spüren, die manchen Journalisten erfüllt haben muß, daß er endlich einmal von echten und wahren »Weltspitzenleistungen des Sozialismus« berichten konnte. Denn hier, auf dem Gebiet der Raumfahrt, war der Osten nicht im Hintertreffen, mußte nicht erst »überholen ohne einzuholen«, wie eine gängige DDR-Propagandaformel der späten sechziger Jahre in Bezug auf den ökonomischen Wettbewerb mit der

Walentina Tereschkowa und Juri Gagarin erhielten im Rahmen ihrer gemeinsamen Reise durch die DDR im Herbst 1963 den Karl-Marx-Orden von SED-Chef Walter Ulbricht persönlich überreicht.

Bundesrepublik Deutschland suggerierte. Auf diesem Gebiet war – vom Systemgegner anerkannt – das sozialistische System Spitzenreiter. Man brauchte also nicht – wie so oft im Propaganda-Alltag der DDR – wider besseres Wissen übertreiben und aufbauschen. Die Vision, daß der als »fortschrittlichste gesellschaftliche Ordnung« apostrophierte Sozialismus Pionier des technischen Fortschritts sein werde, schien wenigstens in dieser Arena realisierbar. Die Erkundung des Weltraumes wurde zu dem Forum des Systemwettstreites stilisiert, dessen Sieger Anfang der sechziger Jahre schon ermittelt war.

In der DDR fand die Kampagne zur neuen sozialistischen Heldin Tereschkowa im Jahre 1963 aber noch besondere Resonanzbedingungen vor. Hier lief unter dem Slogan »Die Frau, der Frieden und der Sozialismus« seit dem Frühjahr 1962 eine mit großem logistischem und propagandistischem Aufwand inszenierte frauenpolitische Kampagne.[31] Eines der Hauptziele dieser Aktion war unter anderem, mehr Frauen für technische Berufe zu interessieren. Man wollte so dem Mangel an hochqualifizierten Facharbeitern und Technikern beikommen, unter dem volkswirtschaftliche

Schwerpunktvorhaben der DDR-Planwirtschaft damals litten. Der Slogan »Frau und Technik« war auch 1963, zum Zeitpunkt des Raumfluges von Walentina Tereschkowa, noch einer der überstrapazierten Phrasen im öffentlichen Diskurs der DDR. Die Medien waren das Sprachrohr. »Wir können den Sozialismus nicht nur mit Friseusen aufbauen«, hatte der damalige Staatschef der DDR, Walter Ulbricht, auf einer von der SED-Führung 1962 einberufenen zentralen Frauenkonferenz erklärt.[32] Die erste Kosmonautin der Welt startete also geradezu in diese Kampagne hinein und wurde zum idealen Medium der Kampagne »Frauen, erobert die Technik!« Vor allem in den ersten beiden Jahren nach ihrem Raumflug, vom Sommer 1963 bis 1965, war Walentina Tereschkowa ein regelrechter medialer Dauerbrenner. Große Reportagen über ihren Flug und über ihr Leben erschienen in diesem Zeitraum in dichter Folge. In Tageszeitungen und Illustrierten, in Fachperiodika wie auch in Kinder- und Jugendzeitschriften wurde über sie geschrieben.

Reaktionen des Publikums, besonders des weiblichen, zeigen, daß ebendiese Botschaft – Frauen können mit Technik umgehen, ja sie können ebenso wie Männer technische Höchstleistungen vollbringen – die wesentliche Assoziation war, die das neuerliche Raumflug-Ereignis auslöste. »Besonders bewundere ich den Mut dieser Frau, die ein großes Vorbild für die Gleichberechtigung aller Frauen in unserer Gesellschaftsordnung gibt«, hieß es in einem Leserbrief einer Lehrerin.[33] Die jüngere Generation der DDR-Frauen brachte ihre Gedanken schon ohne die in dieser Formulierung noch anklingenden ideologischen Floskeln auf den Punkt: »Mein Vorbild ist Walentina Tereschkowa. Sie war die erste Frau im Kosmos und sie bewies, daß Frauen keinen Deut weniger können als Männer.«[34] Diese Antwort gab eine junge Frau 1964 im Zuge einer Umfrage unter DDR-Jugendlichen nach ihren Vorbildern. Dabei kam die Kategorie »Kosmonauten« nach den »literarischen Vorbildern« auf Rang zwei der Identifikationsfiguren, noch vor »Künstlern« und »Sportlern«. Eine Auswertung der Ergebnisse nach dem Geschlecht der Vorbilder ergab, daß unter den »Heldinnen« Walentina Tereschkowa am häufigsten genannt wurde. Bei den Antworten auf die Frage nach beruflichen Zielen waren als Traumberufe »bekannter Forscher« und »Kosmosentdecker« recht häufig.[35]

Auch aus den Texten der DDR-Journalisten läßt sich herauslesen, daß sie persönlich vor allem von der Deutungsmöglichkeit des Ereignisses inspiriert waren, die auf die Sentenz »Frau und moderne Technik« abhob. Erwin Bekier, der sich über viele Jahre intensiv mit der Tereschkowa-Geschichte befaßte, Reportagen und Bücher über sie schrieb und so an ihrer Verankerung im kulturellen Gedächtnis der DDR entscheidend mitwirkte, scheint noch im Jahre 1976 sichtlich beeindruckt, als er mit Blick auf den erfolgreichen Start der ersten Kosmonautin formulierte: »Dieser Anblick war unvergleichlich. Eine Frau flog durch die Sterne! So schien es wenigstens, wenn man Waljas Flug beobachtete. Jeder auf seine Art, aber alle verstanden das Grandiose der Entwicklung, die auf dem Planeten Erde begonnen hatte. Sekunden, Minuten, Grenzen-los wie dieser Raum dort, so war auch der menschliche Geist. Milliarden Lichtjahre setzte er Milliarden Gehirnzellen entgegen und – eine Frau.«[36]

Bekier gehörte zu dem kleinen Kreis von Journalisten, die sich auf das Raumfahrt-thema spezialisiert hatten und den nachwachsenden Generationen der DDR immer wieder auch die Geschichte der ersten Kosmonautin der Welt »erzählten«.[37] Nach der Dauerpräsenz des Themas in den ersten zwei, drei Jahren beschränkten sich aus-führlichere Darstellungen später auf Beiträge zu runden Jahrestagen, die das Ereig-nis regelmäßig neu ins Gedächtnis des Publikums holten. Das blieb so bis zum Ende der DDR. Noch 1988, zum 25. Jahrestag ihres Raumfluges, erschienen große Bild-berichte.[38] Selbst aus diesen späten Texten ist noch die ganz persönliche Beziehung der Autoren zu diesem Stoff herauszuspüren, die Faszination, die gerade diese Ge-schichte der »Eroberung des Kosmos durch die Frauen« auch auf die Journalisten ausgeübt haben muß.

Die große Resonanz, die »Walja«, die erste Kosmonautin der Welt, beim DDR-Publikum fand, hatte auch mit der Tatsache zu tun, daß die Helden-Bühne des ost-deutschen Staates mit »Heldinnen zum Anfassen«, also mit realen Frauen, die als Identifikationsfiguren in Frage kamen, nicht gerade reich bestückt war. Die wenigen zu Heldinnen der frühen Aufbaujahre stilisierten Frauen, wie die »Aktivistinnen der sozialistischen Produktion« Luise Ermisch[39] oder Frida Hockauf[40], kamen für die jüngere Generation kaum als Projektionsfläche für ihre Ziele und Träume in Frage. Das Ideal eines sozialistisch-protestantischen Arbeitsethos, das etwa mit der Frida Hockauf zugeschriebenen Losung »So wie wir heute arbeiten, werden wir morgen leben!« beschrieben wurde, war für die in den Nachkriegsjahren geborene Genera-tion, die erste ureigene DDR-Generation, wenig attraktiv. Die jungen Leute der sechzi-ger Jahre waren durchaus leistungsbereit. Aber das Verständnis von Arbeit hatte einen Wandel erfahren. »Arbeit« sollte jetzt – und so stellte es die Propaganda unentwegt dar – eine interessante, erfüllende und die Persönlichkeit formende Tätigkeit für das Projekt der sozialistischen Zukunft sein. Die neue Heldin, Walentina Tereschkowa, symbolisierte jene Modernität, die einem solchen Werteumbruch zu hedonistische-ren Lebensvorstellungen, der sich auch in der DDR abzuzeichnen begann, entge-genkam. Walentina Tereschkowa, die »moderne sozialistische Heldin«, stand also nicht allein für weibliches Emanzipationsstreben. Diese Figur sprach mit ihrer Tat auch Zusammenhänge an, die für das jüngere Publikum der sechziger Jahre Orien-tierungspunkte darstellten: Spannung, Nervenkitzel, Geschwindigkeit, Beschleuni-gung – all das also, was man mit dem »Abenteuer Technik« verbinden konnte.

Die Russin Tereschkowa schien damit geradezu für die sich modernisierende DDR dieses Jahrzehnts der Bewegung und der Dynamik geboren und »erfunden« zu sein. Sie füllte eine zeittypische Lücke im Pantheon der sozialistischen Helden der DDR.

Ronald Hirte

Ein später Held

Sigmund Jähns Flug ins All

»Dunkel, Genossen, ist der Weltraum, sehr dunkel.«
Heiner Müller

1997 erschien der kleine, sehr spöttische Band »Deutsche Helden!«[1]. Er verzeichnet nur zwei ostdeutsche Heldenfiguren. Zwischen Joseph Kardinal Ratzinger, Perry Rhodan und dem Sarotti-Mohren findet sich zum einen das Sandmännchen Ost, das im Auftrag des DDR-Fernsehens ab November 1959 auf Reisen ging. Als Held der kleinen Kinder bringt es seitdem den traumbeladenen »Abendgruß« in deutsche Wohnzimmer und hat den Wandel der Zeiten und die westdeutsche Konkurrenz schadlos überstanden. Zwischen Derrick-Fanclub, Deutschen Meistern und der populärsten deutschen Hure Domenica tauchen zum anderen die Digedags bzw. Abrafaxe auf. Die kleinen, alterslosen Helden – Dig, Dag und Digedag bzw. Abrax, Brabax und Califax – wurden vom Zentralrat der Freien Deutschen Jugend (FDJ) gegen die kapitalistische Mickymaus ins Rennen geschickt, welche angeblich die antiimperialistisch erzogenen DDR-Kinder gefährdete. Der semirealistisch gezeichnete Comic strip »Mosaik« war ausgesprochen kosmopolitisch angelegt – seine Helden übersprangen in ihren Abenteuern Kontinente wie Zeiten. Nachdem die Sowjetunion am 4. Oktober 1957 den »Sputnik« ins All geschossen hatte, wurde der überaus erfolgreiche Comic naturwissenschaftlich-technischen Themen geöffnet. Im Dezember 1958 erschien »Die Entführung ins All«, in der auf witzig-lehrreiche Weise die Weltraumfliegerei beschrieben wurde. Bis 1962 – 16 Jahre vor Sigmund Jähns Flug in den Kosmos – kamen regelmäßig Hefte dieser Art mit den märchenhaften (auch Propaganda-)Helden auf den Markt.[2]

Ein Held des sozialistischen Internationalismus

Samstag, 26. August 1978. Auf einem Starttisch des Kosmodroms Baikonur zünden 15.51 Uhr Mitteleuropäischer Zeit die Triebwerke der dreistufigen »Sojus 31«-Trägerrakete. An der Spitze des fast fünfzig Meter langen Projektils sitzen Kommandant Oberst Dr. Waleri Bykowski, 44 Jahre, und Forschungskosmonaut Oberstleutnant Sigmund Jähn, 41 Jahre, Fliegeroffizier der Nationalen Volksarmee der DDR. Ziel ist die Raumstation »Salut 6«, in der die beiden sowjetischen Langzeitflieger Wladimir Kowaljonok und Alexander Iwantschenkow warten. Podjom! – Aufstieg. Fernes Grollen. 20 Millionen PS machen sich nacheinander frei. Kraftspektakel, bei dem Start und Katastrophe nahe beieinanderliegen. Die Rakete zittert. Feuer. Das Ungetüm schiebt sich Richtung Himmel und entschwindet dem Blick. Die vier Blöcke der ersten Stufe knallen weg. Kurz darauf folgt die zweite Stufe, dann die dritte. Schließlich das Absprengen der aerodynamischen Verkleidung, in achtzig Kilometern Höhe. Schlagartig wird es in der Kommandokapsel hell. Die Erde ist wieder zu sehen.

Sigmund Jähn ist Kind einer Arbeiterfamilie aus dem Vogtland, das einst zu den ärmsten Gebieten Sachsens zählte. Er kam am 13. Februar 1937 in Rautenkranz zur Welt, besuchte bis 1951 die Volksschule in seinem Geburtsort und sollte zur Zeit der Schulreform eigentlich auf die Oberschule delegiert werden. Jähn war »Junger Pionier« und nahm 1951 als FDJler an den III. Weltfestspielen der Jugend in Berlin teil. Da sich seine ursprünglichen Berufswünsche Förster oder Lokführer nicht verwirklichen ließen, nahm Sigmund Jähn in Klingenthal eine Lehre in der »schwarzen Kunst« auf und arbeitete bis 1955 als Buchdrucker. In diesem Beruf machte er seine »Adolf-Hennecke-Erfahrung«: »Ein bißchen habe ich die Norm übererfüllt und vielleicht 50 Mark« – bei 380 Mark brutto – »mehr verdient. Aber nicht durch verbesserte Arbeitsorganisation, sondern durch jugendliches Tempo. Der richtige Weg war das natürlich nicht. Die alten Hasen hatten mir das auch klargemacht.«[3] Offenbar hatte das Kollektiv eingegriffen. »Helden der Arbeit« wie Hans Garbe, Adolf Hennecke, Frida Hockauf und andere »waren so etwas wie der Stachel im Fleisch der Kollektive und wurden von der Mehrheit der Kollektivmitglieder auch so empfunden«.[4] Die junge DDR hatte eine Reihe von vorbildhaften »Helden der Arbeit« gezeugt, »weil sie über ökonomische Hebel nicht oder doch nicht in ausreichendem Maße verfügte; sie förderte mit allen nur erdenklichen Mitteln ein heroisches Verhältnis zur Arbeit, hatte der verbreiteten Unlust auf derartiges Heldentum aber wenig entgegenzusetzen«.[5]

Auf Werben seines alten Klassenlehrers wurde Jähn Pionierleiter an der Zentralschule Hammerbrücke, mit der Aussicht, in den Lehrerberuf überwechseln zu können. Dazu kam es nicht mehr. Im FDJ-Aufgebot von 1955, einer wettbewerbsartigen Initiative der Jugend zur Realisierung parteilicher Beschlüsse, hatte sich Jähn zu den bewaffneten Organen gemeldet und war zur Kasernierten Volkspolizei (KVP) nach Bautzen gegangen. Dort lernte er eine FDJ-Sekretärin im Robur-Werk kennen, seine spätere Frau Erika. 1955 kandidierte Jähn für die SED, deren Mitglied er ein Jahr später wurde. Er erlebte die Gründung der Nationalen Volksarmee (NVA), in der die KVP aufging, und war somit Soldat der ersten Stunde. Er flog alle Arten von Jagdflugzeugen und war einer der ersten Düsenjägerpiloten der DDR. Als Offiziersschüler an der Hochschule der Luftstreitkräfte/Luftverteidigung »Franz Mehring«, an der er bis zu seiner Ernennung zum Unterleutnant 1958 studierte, bekam er den »Sputnik«-Start mit. Zur Zeit des Gagarin-Flugs war er Leutnant, Flugzeugführer und Politstellvertreter, etwas später »Leiter der Lufttaktik und Luftschießen« eines Jagdflieger-Geschwaders. Als die ersten »Sojus«-Raumschiffe ins All aufstiegen, lernte Jähn an der Militärakademie »Monino« bei Moskau. Als Absolvent dieser Akademie und als erfahrener NVA-Militärflieger sowie Jagdflieger-Ausbilder wurde Sigmund Jähn 1976 Kandidat für den gemeinsamen Weltraumflug der DDR und der UdSSR, 1978 schließlich startete der erste Deutsche ins All.

Drei für sozialistische Helden potentiell grundlegende Perspektiven können festgehalten werden: die erstklassige Arbeiter-Herkunft – der Vater Sägewerksarbeiter, die Mutter Näherin –, elementar für den »Einer von uns«-Mythos der proletarischen Gesellschaft; das Lehrer-Talent, denn Helden sind immer auch Erzieher; und der Fliegerhelden-Mythos, auch im Sozialismus die wahrscheinlich prägnanteste Ausformung des Ideals von Soldatenpersönlichkeiten.[6]

Sonntag, der 27. August 1978. Im Orbit. Ankoppeln von »Sojus 31« am Heck von »Salut 6«. Die Klappe zur Kopplung öffnet sich nicht. Noch eine Erdenrunde muß gedreht werden. Erneuter Anlauf, diesmal erfolgt die Kopplung. Jähn: »Das waren Minuten gemäßigter Aufregung.«[7] 20.33 Uhr Mitteleuropäischer Zeit Umstieg. Fernsehkameras sind auf die Umstiegsluke gerichtet. Diese läßt sich zunächst nicht öffnen. Drücken und Rütteln, der Deckel geht auf. Jähn und Bykowski schweben hinüber. Das Gesicht Jähns erscheint auf dem Monitor. Applaus im Flugleitzentrum Kaliningrad bei Moskau.

Sigmund Jähn war der 143. Raumflieger nach Gagarin 1961 und der Vertreter einer fünften Nation im All. Vor ihm erreichten 71 Amerikaner sowie 69 Sowjetbürger, ein Pole und ein Tschechoslowake den Orbit. Das bedeutete zahlenmäßigen Gleichstand zwischen den Weltmächten. Die Geschichte der Raumfahrt stellt sich als eine Geschichte des Kalten Kriegs im Weltall, als eine »Mission unbeschäftigter Krieger«[8] dar – hatte doch die Technologie strategischer Waffen die Voraussetzung für zivile Trägersysteme geschaffen. Vergleicht man die Höhepunkte und Reihenfolge der Raumfahrt-Ereignisse, so drängt sich die Metapher des Wettkampfes zweier Systeme in weltferner Arena geradezu auf.[9] Die USA führten von 1975 bis 1981, das heißt vom »Sojus-Apollo«-Testprojekt bis zur Premiere des »Spaceshuttle«, keine Weltraumflüge durch, und im November 1983 flog erstmals ein Ausländer, der westdeutsche Ulf Merbold, mit Amerikanern ins All, nachdem die Sowjets 1982 schon den französischen Testpiloten Jean-Loup Chretien als ersten Westeuropäer, gewissermaßen als »systemfeindlichen« Vertreter, ins All zu »Salut 7« befördert hatten.

Montag, der 28. August 1978. Bordreportage, Generalprobe für den folgenden Tag in »Salut«. Dienstag, der 29. August 1978. Internationale Tele-Pressekonferenz Erde–Kosmos. Die Stimmung live aus dem All, »350 Kilometer über uns«. Später erste Sandmännchen-Sendung aus dem All. Die Kosmonauten verheiraten den Liebling der Jüngsten im Weltraumanzug mit dem russischen Maskottchen Mascha. Mittwoch, der 30. August 1978. Interview des Fernsehens der DDR mit der Besatzung.

1976 hatte die UdSSR das sogenannte Interkosmos-Programm aufgelegt. Sie bot Gastmannschaften gemeinsame Weltraumflüge an, die jeweiligen Gastländer brachten ihr Know-how ein, ihre Kandidaten wurden im sowjetischen Kosmonauten-Ausbildungszentrum vorbereitet. Die DDR war mit den Schwerpunkten Kosmische Nachrichtentechnik, Meteorologie, Biologie/Medizin, Kosmische Physik sowie Erdfernerkundung dabei und lieferte ihr liebstes technisches Weltraumkind, die Multispektralkamera »MKF 6«. Jähn gehörte als Vertreter der DDR zusammen mit polnischen und tschechoslowakischen Kandidaten zur ersten Interkosmonautengruppe, deren Training Ende 1976 begann. Eine zweite Gruppe mit Kosmonauten aus Bulgarien, Ungarn, Kuba, Rumänien, Vietnam und der Mongolei folgte Anfang 1978, während im März des gleichen Jahres der tschechische Fliegermajor Wladimír Remek, im Juni der polnische Luftwaffenpilot Mirosław Hermaszewski und im August endlich Sigmund Jähn ins All geschossen wurden.

Im Dezember 1976 waren Jähn, seine Frau und seine zweite Tochter Grit ins »Sternenstädtchen« Swjosdny Gorodok gezogen, vierzig Autominuten von Moskau entfernt. Mit vierzig Jahren mußte Jähn im Ausbildungszentrum noch einmal von vorn anfangen; zwei Jahre lang ließ er Anstrengungen wie Zentrifuge, Drehstuhl und Kipptisch über sich ergehen, um bald an den Bullaugen von »Sojus« und »Salut« hängen und auf die Erde schauen zu können. Im »Sternenstädtchen« wohnte Familie Jähn neben Alexej Leonow, der sich beim Flug von »Woschod 2« im März 1965 als erster Mensch frei im Weltraum bewegt hatte, Andrijan Nikolajew, Teilnehmer am ersten Gruppenflug zweier »Wostok«-Raumschiffe, und Walentina Tereschkowa. Sein Partner für den Flug war Waleri Bykowski, Kosmonaut aus der »Gagarinschen Garde«, sowjetischer Kosmonaut Nummer Fünf (Moskauer Pkw-Kennzeichen MMO-005), dessen erster Flug im Juni 1963 und der zweite im September 1976 stattgefunden hatte.

Drei weitere, sozialistische Helden bildende Aspekte fallen auf: das ewige Lernen, die freundschaftliche Nähe zu anderen Helden und eine Frau fest an der Seite des Helden. Ein sozialistischer Held reflektiert also lernend sein Tun, agiert aufgefangen im Helden-Kollektiv und kann auf scheinbar uneingeschränkten Rückhalt seiner Familie bauen. Am reichen, tradierten sowjetischen Raumfahrt-Pool voller Symbole, Rituale und Mythen konnte Jähn teilhaben und einen eigenen mythischen Raum übernehmen.

Freitag, der 1. September 1978. Bordreportage Jähns für DDR-Fernsehzuschauer. Die Raumstation ähnelt einem Krämerladen voller DDR-Nippes. Bis Samstag, den 2. September 1978, 22 Experimente. Bei 28 000 Kilometer pro Stunde. Sonntag, 3. September 1978, 9.20 Uhr Mitteleuropäische Zeit. Abkoppeln von »Sojus 29« vom Bug des Orbitalkomplexes »Salut 6/Sojus 31«. Die Schotten sind dicht. Ein autonomer Beobachtungsflug in Richtung Erde beginnt.

Ein Blick auf die ersten zwei Jahrzehnte der Raumfahrt-Geschichte zeigt, daß »das Raumfahrtwesen von einem Unternehmen zur Erkundung des Weltraums (mission to space) zu einem Projekt zur Erkundung der Erde (mission to earth) umgedeutet« wurde.[10] Seit »Lunar 1« 1966 von der Mondumlaufbahn ein Bild von der am Mondhimmel aufgehenden Erde schoß, »wurde die Neuentdeckung des Heimatplaneten zur eigentlichen Offenbarung der amerikanischen Raumfahrt«.[11] Der Wechsel in der Perspektive durch die Satellitenoptik – eine »umgekehrte Astronomie«[12] – richtete die meisten raumfahrttechnischen Aktivitäten wie Nachrichtenübermittlung, Fernerkundung, Wetterbeobachtung, Geodäsie oder Navigation auf die Erde. Im »Potential des orbitalen Blicks«[13] zeigt sich, daß der Planet Erde selbst für die für die Raumfahrt so unentbehrlichen Visionen wichtiger ist. Der extraterrestrische Blickwinkel, diese Gesamtschau auf den blauen Planeten, der einfach so daliegt, fordert geradezu sentimentale Statements nach dem Motto »Sie ist so klein und braucht unsere Pflege« heraus. Bei Jähn klingt das so: »Doch erblickt man dann diesen zarten und zerbrechlichen Planeten Erde in seiner kugelförmigen Gestalt, so wird verständlich, daß seine Fortentwicklung ein gezieltes und umfassendes Zusammenwirken aller zwingend voraussetzt.«[14]

Der nationale Held des sozialistischen Deutschland

Sonntag, 3. September 1978. Die Außenhaut der Kapsel erhitzt sich auf über 2000 Grad. Sturz durch einen Feuerorkan. Von 28 000 Kilometern pro Stunde auf Fallschirmgeschwindigkeit. Ein mächtiger Ruck. Bykowski und Jähn liegen in den hautnah ausgegossenen Konturensesseln. Knall der Pyropatrone. Stoßdämpfer setzen auf. Um 12.40 Uhr Mitteleuropäischer Zeit Landung in der kasachischen Steppe. 140 Kilometer südöstlich von Dscheskasgan. Es stürmt. Die Landekapsel überschlägt sich. Eine harte Landung. Jähn zieht sich eine Verletzung an der Wirbelsäule zu. Bykowski raucht erst mal eine. Das Bergeteam taucht auf. Dann beginnt der Presserummel. Jähn schreibt mit Kreide »Herzlichen Dank« an den von der Hitze verfärbten Landeapparat.

Ein gigantomanischer, beispielloser Wirbel um Sigmund Jähn nahm sogleich seinen Lauf. In Kürze wurde der Vogtländer zum Nationalhelden schlechthin, seine Popularität schien keine Grenzen zu kennen. War bereits am Tag des Starts das *Neue Deutschland* in einer Sonderausgabe mit der Schlagzeile »Der erste Deutsche im All – ein Bürger der DDR« vertreten, hatten die Chefredakteure aller wesentlichen DDR-Blätter Instruktionen und Material erhalten, die den Kosmonauten der DDR in sämtlichen Farben würdigten, hatte sich schon die »Aktuelle Kamera« während des Raumflugs fast eine Woche lang nur diesem gewidmet, strotzte überhaupt das DDR-Fernsehen vor »Kosmos-Studio-Sondersendungen« und war bereits das Land mit Souvenirs überschwemmt – so startete nach der Landung eine organisierte Ju-

Sigmund Jähn (vorn r.) und Waleri Bykowski (vorn l.) mit dem deutschen Sandmännchen und dem sowjetischen Maskottchen Mascha in der Raumstation »Salut 6« im Sommer 1978.

beltour voller triumphaler Empfänge und Volksfeste. Nach Pressekonferenzen in Baikonur und Stationen in Moskau – am 12. September 1978 überreichte »auf Beschluß des Präsidiums des Obersten Sowjets der UdSSR« Leonid Breschnew Jähn den Lenin-Orden und den Orden »Held der Sowjetunion«[15] – kam Jähn am 21. September in Berlin an. Dort zeichnete ihn Erich Honecker mit der höchsten staatlichen Auszeichnung, dem Karl-Marx-Orden, sowie dem drei Jahre zuvor gestifteten Orden »Held der DDR« aus, Verteidigungsminister Armeegeneral Heinz Hoffmann beförderte ihn und sein Double Eberhard Köllner zu Obersten. Am folgenden Tag erhielt Jähn durch die Akademie der Wissenschaften die Leibniz-Medaille und das Berliner Neubaugebiet Marzahn eine »Allee der Kosmonauten«. Am 23. September erfolgte der Besuch im Strausberger Kommando der Luftstreitkräfte/Luftverteidigung der DDR, Jähns Einheit, am darauffolgenden Tag der Besuch des VEB Carl Zeiss Jena. Am gleichen Tag noch empfing ihn sein Geburtsort Rautenkranz, wo ihn Freunde und Verwandte spontan begrüßten und die Tourgepflogenheiten gestört wurden, als der Gesangsverein mit seinem »Wer hat dich du deutscher Wald?« die offizielle Hymne verdrängte. Die jeweils mächtigsten, ehrwürdigsten und vorzeigewürdigsten Instanzen markierten also den Marsch durch das Land: auf Staat und Militär folgten Wissenschaft, Wirtschaft und Heimat. Am 25. September waren dann die Bezirke Dresden und Karl-Marx-Stadt, am 26. Potsdam Station. Wieder in Berlin, fand nach einer internationalen Pressekonferenz die Verabschiedung Waleri Bykowskis, der auf dieser einwöchigen Tour stets dabei war, auf dem Flughafen Berlin-Schönefeld statt.

Jähn wurde in der Folgezeit überhäuft mit Orden, Ehrenbürger- und Ehrenmitgliedschaften, er wurde in Stein gehauen, in Metall gegossen, in Öl sowie Pastell gemalt – ein Ölgemälde von Bernhard Franke mit dem Titel »Waleri Fjodorowitsch Bykowski und Sigmund Jähn« von 1980 hängt heute in der Galerie der Ehrenbürger im Berliner Abgeordnetenhaus –, als Hauptpreis »Ein Tag mit Sigmund Jähn« vergeben,[16] in Liedern besungen, in Büchern beschrieben und als »Himmelsstürmer«[17] verfilmt. Schulen, Brigaden und Schiffe wurden nach ihm benannt, Museen mit ihm gefüllt, sein Lebenslauf und seine Karriere vorbildhafter Unterrichtsstoff. Auf zahlreichen Reisen absolvierte er pflichtbewußt und erfolgreich Kongresse, Konferenzen, Foren, besuchte unzählige Betriebe, Schulen, Gedenkstätten, beantwortete zahllose Post.

Seine Rundreise führte ihn 1979 durch alle DDR-Bezirke. Ende Januar war er in Leipzig, Anfang Februar in Suhl, wo er innerhalb zweier Besuchstage auch den Kalibetrieb »Werra« im rhönischen Merkers erreichte. Dort empfingen ihn die Arbeiter mit Sprechchören, Bergmannskapelle und »Glück auf!« genau dort, wo sie im Oktober 1963 schon Juri Gagarin begrüßt hatten. Und wie Gagarin das neue Reglerbügeleisen und den automatischen Teppichklopfer aus dem VEB Elektrogeräte hatte ausprobieren müssen, mußte Jähn zwischen Suhl und Schwerin am Sprenglochbohrwagen ein sechs Meter tiefes Loch ins Gebirge bohren oder den »Kosmonauten-Cocktail« trinken.

Als beispielhafte Etappe sei ein Empfang am 5. März 1979 in Schwerin geschildert, und zwar in den Worten des Bezirksblattes: »Die Zeit der in froher Stimmung wartenden Hunderte Schweriner, die gestern vormittag den ersten Fliegerkosmonauten der DDR, Oberst Sigmund Jähn, persönlich begrüßen wollten, verkürzten die Sänger und Musikanten der Betriebsberufsschule Handel u. a. mit ihrer gesungenen Siegesgewißheit: ›Vietnam wird nicht besiegt‹; und schufen so die richtige Stimmung vor dem Haus der Bezirksleitung der SED, vor dem um zehn Uhr mit militärischer Pünktlichkeit Oberst Sigmund Jähn dem Wagen entstieg, herzlich begrüßt vom Genossen Heinz Ziegner, Mitglied des Zentralkomitees und Erster Sekretär der Bezirksleitung der SED. Unser Kosmonaut gewann sofort die Liebe der Schweriner und erwiderte sie, als er die vielen Hände schüttelte, die Kleinsten der Bezirksstadt aus dem Clara-Zetkin-Kinderheim herzte und die ersten Autogramme gab. Nach der Begrüßung empfing das Sekretariat der Bezirksleitung der SED den Kosmoshelden, wobei Genosse Heinz Ziegner unserem Gast einen Überblick über die erfolgreiche Entwicklung des Bezirkes Schwerin, besonders seit dem VIII. und IX. Parteitag der SED, vermittelte. Eine Stunde später begrüßte die Malerbrigade von Gerhard Rohde den ersten Kosmonauten der DDR, der vom Genossen Heinz Ziegner und vom Mitglied des Sekretariats und Vorsitzenden des Rates des Bezirkes, Genossen Rudi Fleck, sowie von Schwerins OB, Genossen Frank Grimm, begleitet wurde, in einer von der Brigade in hoher Qualität tapezierten Wohnung im Teil III auf dem Großen Dreesch, und es kam dabei zu herzlichen Begegnungen, während der die Kollegen den Wunsch äußerten, fortan den Namen ›Waleri Bykowski‹ tragen zu dürfen.«[18]

Jähn erfüllte zuverlässig und nach all seinen Möglichkeiten die Rolle des auf Erden wandelnden Kosmonauten. Er war einfach Sozialist und politischer Offizier, insofern bedeutete das Schlagwort »gesellschaftliche Verpflichtung« für ihn keine Phrase. Inwieweit er sich mit dem Wirbel um seine Person wohlfühlte und wie er sich in seiner Rolle einrichtete, muß noch hinterfragt werden. Auf jeden Fall hatte Jähn durch seine Ausstrahlung, Aufrichtigkeit und gewinnende Persönlichkeit wie wenige andere Erfolg mit seinen Auftritten. Seine Bescheidenheit und Natürlichkeit schienen glaubwürdig, ebenso wie der Stolz und die Zuneigung vieler DDR-Bürger aller Generationen ihm gegenüber. Charakteristisch für Jähns Propaganda-Aufzüge war sein allgegenwärtiger Dank an alle. Stets betonte er, er habe nur das vollendet, was Millionen Menschen in fleißiger Arbeit schufen, jeder habe seinen Anteil, die Leistung eines jeden sei ebenso groß wie die seine. Jähn sollte ein Gemeinschaftsheld, ein kollektiver und gewöhnlicher Held sein. Diese paradigmatische Dankbarkeit in Verbindung mit der Vergewöhnlichung[19] war gängiges Element des propagandistischen Kommunikationsstils seit den fünfziger Jahren, als es galt, jede Tat der »Helden der Arbeit« einzuholen und zu überbieten. Jähns Tat war aber faktisch nicht einholbar.

Es gab kaum ein Ereignis auf Jähns Triumphfahrt 1978/79 bzw. bei seiner ersten Reaktivierung als Held zum fünften Jahrestag des Flugs, als er erneut mit Bykowski durch das Land tourte, wo sich ihm nicht DDR-Machthaber und lokale Politchefs anschlossen. Diese meist unpopulären Herren waren immer dabei und versuchten, sich in immer wieder gleichen Ritualen zu inszenieren. Die Anerkennung und Bewunderung, die Jähn besonders unter der Jugend genoß, sollte auf diese ständigen staatlichen Begleiter übertragen werden. Natürlich ermöglichte der Weltraumerfolg so etwas wie eine nationale Identifikation mit dem eher ungeliebten Staat und bot Gelegenheit, von anderem Unvermögen abzulenken. Und daß die Propagandamaschine anlief und man versuchte, in nicht gerade heldenträchtiger Atmosphäre das Ereignis zu nutzen, war naheliegend und nachvollziehbar. Nur verkannte die SED-Führung wie so oft ihr Maß und die politische Aufnahmefähigkeit der Bevölkerung. So konnten zwar ehrliche Freude, Anteilnahme oder gar Stolz geweckt werden, aber politisch war dieser Kraftakt fad. Bei all den Lobpreisungen, Grüßen und Leistungsversprechungen zeigten die AgitProp-Leute wenig Fingerspitzengefühl. Ihre wohlfeile, platte Propaganda diskreditierte vieles. Vielleicht bestand eine der größten Leistungen Jähns darin, all das Peinliche des nervenden Polit-Getues durch sein Auftreten etwas kompensiert zu haben.

Tatsächlich war das Unterfangen der Machthaber und ihrer Propagandisten in der DDR der siebziger Jahre recht aussichtslos. Mit Hilfe des Himmel-Helden wollten sie in bilanzierender Sprache die gesetzmäßige Überlegenheit des Systems zeigen, an die nur noch die wenigsten glauben mochten. Es wurde gepriesen, »daß der erste Deutsche im Weltraum aus der DDR kam, was geschichtlich betrachtet folgerichtig ist. Die DDR ist der deutsche Staat, der den entscheidenden Schritt unserer geschichtlichen Epoche zuerst getan hat, den Schritt vom Kapitalismus zum Sozialismus. Nachdem unser Land in eine neue Sphäre der gesellschaftlichen Entwicklung eingetreten war, nahm es auch teil am Aufstieg in eine neue räumliche Sphäre.«[20] Realiter war der Bereich der gesellschaftlichen Entwicklung eher blockiert, die Topoi der sozialistischen Metaerzählung[21] – Frieden, Wohlstand und Würde des kleinen Mannes – hatten nicht gerade Konjunktur. Die nach dem IX. Parteitag der SED 1976 propagierten Versuche, sich »stärker auf das Leistungsprinzip« zu konzentrieren sowie »lohnpolitische Maßnahmen« einzuführen, um dem Spannungsfeld zwischen tatsächlicher Arbeitsproduktivität und Konsumentenrolle bzw. Dienstleistungskundenschaft zu begegnen, hatten nicht gegriffen. Die innenpolitischen Schwierigkeiten und Stagnationssymptome konnten durch Zugeständnisse an den Lebensstandard wie Erhöhung der Mindestlöhne und -renten sowie Verkürzung der Schichtarbeitszeit nicht entschärft werden. Das Mißtrauen gegenüber den SED-Funktionären war gewachsen, die Armut des Sozialismus, die Unproduktivität der Wirtschaft und die ideologiegetränkte Ödnis der Einheitspresse waren augenfällig.

In ihrer Euphorie über den kosmischen Punktsieg schlugen die Propagandisten dann noch über die Stränge. Aus dem Bilderbuch-Kommunisten Jähn in steter Fliegeruniform wurde gleichzeitig nationalpathetisch der erste Deutsche im All, ein für die DDR der ausgehenden siebziger Jahre recht ungewohnter Sprachgebrauch. Schließlich hatte Ende September 1974 die Volkskammer die Verfassung der DDR korrigiert. In Artikel 1 hieß es nicht mehr »Die Deutsche Demokratische Republik ist ein sozialistischer Staat deutscher Nation«, sondern »Die Deutsche Demokratische Republik ist ein sozialistischer Staat der Arbeiter und Bauern«. Zahlreiche Umbenennungen folgten, die Zuschreibung deutsch oder der Begriff Deutschland wurden weitgehend umgangen, wobei die Sozialistische Einheitspartei Deutschlands (SED), ihr Zentralorgan *Neues Deutschland,* die Blockparteien, die Massenorganisationen sowie die Deutsche Reichsbahn ausgenommen wurden. »So verabschiedete sich die DDR-Führung offiziell von der gesamtdeutschen Nation. Für den Alltag der DDR-Bürger hatte dies alles kaum eine Bedeutung.«[22] Dennoch ordnete sich das wiederentdeckte deutsche Vokabular in den Propagandatopos »Heimat DDR«[23] ein, der nach dem IX. Parteitag den 30. Jahrestag der DDR-Gründung vorbereitete. Seitdem sollte die »sozialistische deutsche Nation« im Wachsen begriffen sein – dreißig Jahre

Briefmarke der DDR, mit der Sigmund Jähn als Kosmosheld gefeiert wurde.

DDR gaben das her – und das Augenmerk auf ein eigenes Heimat- und damit Geschichtsbewußtsein gerichtet werden. Die DDR wurde als das Ergebnis der besten Traditionen deutscher Geschichte gelesen, der junge Staat historisch verwurzelt und legitimiert – deutsche Geschichte entsprechend neubewertet. Den realgesellschaftlichen Unzulänglichkeiten und Unzufriedenheiten sollte durch Verweise auf vermeintlich gesetzmäßige Geschichtsbilder begegnet werden, der Rückbezug auf ausgewählte Elemente deutscher Geschichte[24] helfen, bei gebrochenen Kontinuitätslinien dennoch nationale Integrationsangebote zu liefern. Dies aus politischen Motiven durchaus differenziertere Geschichtsverständnis schloß einen nachhaltigen Diskurs um »Erbe und Tradition« ein.[25] In diesem Kontext war es nur logisch, daß Jähn seinen Flug dem 30. Jahrestag der DDR gewidmet hatte.

Korrespondierend reagierte dann auch die bundesdeutsche Presse. Die Leistung wurde in der Regel anerkannt, doch das ostdeutsche Propaganda-Gehabe nervte offensichtlich, was oft zu einer derben Sprache führte: »Die Sachso-Germanen tun so, als sei ihr Mitflieger und Mitesser in der Russenrakete der erste Mensch im All und nicht Nummer 141. Genosse Kolumbus aus dem Erzgebirge.«[26] *Der Spiegel* und andere Printmedien thematisierten den maßlosen staatlichen Trubel als Ablenkung von inneren Schwierigkeiten des Honecker-Staates und als Versuch, Stolz zu produzieren, der auf die »unter Legitimationsmangel leidende Staats- und Parteiführung«[27] abstrahlen sollte.

Der Dialektik der medialen Systemauseinandersetzung folgend, hatte auch der bekannteste Propagandist des Fernsehens der DDR, Karl-Eduard von Schnitzler, einen Monat nach Jähns Start in seinem Politmagazin *Der Schwarze Kanal* einen Beitrag über den Weltraumflug geplant. In der Annotation zu »Sigmund Jähn: Das Deutsche und die historische Wahrheit« heißt es: »Polemik mit der westlichen Verwirrungskampagne, daß wir ›plötzlich das Deutsche aus der Verankerung geholt‹ hätten. Nachweis, wo verwirklicht wird, was deutsche Revolutionäre und Humanisten erträumten. Widerlegung der These, die Raumflüge seien ›Prestige-Unternehmen‹. Nachweis des direkten Nutzens. ›Helden‹ und Helden: Abgehandelt an Wernher von Braun und Sigmund Jähn.«[28] Zur Ausstrahlung dieses Beitrags kam es jedoch nicht, statt dessen flimmerte »Wer bedroht wen?« über den Bildschirm, worin Schnitzler der mit Kernwaffen – konkret der Neutronenbombe – aufrüstenden NATO die friedliebenden Kräfte gegenüberstellte, eine Aussage, für deren inhaltlichen Kern Jähn genauso hätte stehen können, wurde er doch zu einem der DDR-Friedensapostel schlechthin. Es hatte nicht lange gedauert, bis der »Raketenheld« Sigmund Jähn durch seine konkrete Kosmoserfahrung einer durch Hochrüstung, die sich auf Raketen stützte, bedrohten Bevölkerung Frieden nahebrachte. Und das bereits Ende 1978, jenem Jahr, in welchem an den DDR-Schulen für 15jährige der obligatorische Wehrunterricht eingeführt wurde. Dieser setzte sich aus dem theoretischen Teil zur »Sozialistischen Landesverteidigung« und der anschließenden Praxis in Ausbildungslagern der »Gesellschaft für Sport und Technik« zusammen.

Der letzte Held

Überhaupt fragt man sich rückblickend, wen der stereotype und redundante Ton des *Neuen Deutschland* denn Ende der siebziger Jahre noch erreichte, was von dieser »Propaganda als Form systematisch verzerrter öffentlicher Kommunikation«[29] noch ankam. Es interessierte doch nicht Sigmund Jähn, der Bürger der DDR, der sämtlichen kommunistischen Zentralkomitees dankte und von der Sowjetunion schwärmte, sondern vielmehr das wissenschaftlich-technische Ereignis an sich. Jähns Flug wurde kaum vor dem Hintergrund des Systemkampfs und des Kalten Kriegs betrachtet, sondern als Erfüllung eines Menschheitstraums. Es interessierte nicht der rege Erfahrungsaustausch zwischen Kalikumpeln und Jähn, sondern die Schwerelosigkeit, der Blick von außen – nicht »dieser Flug – getragen vom Geist des proletarischen Internationalismus und des sozialistischen Patriotismus«[30] –, sondern die Weltraumfahrt als ein Unterfangen, bei dem sich wirklich Erfahrungshorizonte verschoben.

Nach seiner Rückkehr aus dem All war Jähn offiziell wieder Flugzeugführer der Luftstreitkräfte und Chef des Zentrums Kosmische Ausbildung beim Kommando Luftstreitkräfte/Luftverteidigung der NVA der DDR, tatsächlich jedoch Öffentlichkeitsarbeiter in Sachen Raumfahrt – und das weltweit. Kongresse im Rahmen der Internationalen Astronautischen Föderation (IAF), der UNO-Weltraumkonferenz oder der Internationalen Vereinigung der Weltraumflieger (ASE), zu deren Mitbegründern Jähn zählt, führten ihn zwischen 1979 und 1988 nach München, Wien, Rom, Paris, Stockholm, San Francisco, Innsbruck, Brighton und Bangalore. Da war es naheliegend, daß auch er nicht um das Ministerium für Staatssicherheit umhin kam. 1983 wurde er als 46jähriger Oberst und Mitarbeiter am Institut für Kosmosforschung der Akademie der Wissenschaften der DDR für seine »Arbeiten zur Entwicklung methodischer Grundlagen für Auswertung und Nutzung von Fernerkundungsdaten in der DDR« zum Doctor rerum naturalium promoviert. Zu Hochzeiten des SDI-Programms lernte Jähn amerikanische Astronauten kennen, die nett, durchaus friedlich gestimmt und gar nicht so anders waren. Jähn, seit 1986 Generalmajor der NVA, wurde mehr als je zuvor zum Friedensbotschafter mit besonderem Blickwinkel, mit All-Erfahrung. Er blieb ein ewiger Kosmonaut, ein Fliegeroffizier, der seit 1978 »aus Sicherheitsgründen« zunächst nicht mehr fliegen durfte. 1988, zum 10. Jahrestag seines Raumfluges, gab Jähn eine Reihe von Interviews. Im Kontext neuer sowjetischer Raumfahrt-Projekte wie »Buran«, »Energija«, der staatlichen Hauptverwaltung »Glawkosmos« in der Interkosmos-Nachfolge und natürlich der MIR sprach er über die – auch kommerzielle – Zukunft der bemannten Raumfahrt, über das Problem Trägerraketen versus Raumgleiter und über ein Marsprogramm beider Raumfahrt-Riesen – schließlich hatte Michail Gorbatschow auf dem Moskauer Gipfel den Vorschlag an die USA formuliert, gemeinsam zum Mars zu fliegen. Stets mündeten seine Schilderungen in Plädoyers für die Friedenssicherung und gegen ein nukleares Wettrüsten. Ein Wechsel im Jähnschen Sprachduktus fällt auf, weg von militärischen Metaphern und Parolen um 1980 – »Im Sternenstädtchen, in Baikonur und im All waren wir eine verschworene Kampfgemeinschaft von Kommunisten.«[31] – hin zu einer offeneren, entspannteren Redeweise: »Die friedliche Zusammenarbeit der beiden in der Raumforschung führenden Staaten hätte, darüber sind sich die Spezialisten in Ost und West einig, für die bemannte Raumfahrt einen Zeitgewinn von gut 20 Jahren gebracht. Sie hat eigentlich nur gemeinsam Sinn.«[32]

Sigmund Jähn war eine Botschaft und hatte eine Mission. Folgerichtig schrieb auch er wie schon Juri Gagarin, German Titow oder Wladimír Remek ein Buch über seinen Raumflug. Der Bericht mit dem Titel »Erlebnis Weltraum« erschien fünf Jahre nach seinem Flug, wurde zu einem Bestseller und gehörte zu den wenigen Büchern in der DDR, die ohne Probleme zu bekommen waren. Zum Erscheinen der zweiten Auflage formulierte die Schriftstellerin Ruth Werner: »Er sieht freundlich aus. Einer von denen, die in der S-Bahn aufstehen vor alten Leuten und den Paketbeladenen die Tür öffnen. Ich spreche auf alltägliche Art von ihm, weil er trotz seines ungewöhnlichen Höhenfluges sich sehr normal der Erde wieder angepaßt hat, soweit ihm Raum für Normalität gestattet wurde.«[33] Das kosmische Spektakel um den tugendhaften Volkshelden und Prototypen des politisch bewußten Offiziers wurde lange aufrechterhalten, bis zum Ende der DDR. Die Kraft des technogenen Mythos war erkannt, die Gelegenheit gründlich genutzt, die wertvolle Sinnressource in matten Zeiten mehrfach reaktiviert worden. Welche Werte tatsächlich kommuniziert wurden, wie die Zuschreibungen »von oben« durch die Umdeutungen »von unten« wahrgenommen wurden, also wie sich im allgemeinen Widerspruch zwischen Propaganda und Alltagsleben gestaltete, ist schwer zu durchschauen – ebenso wie das Verhältnis von Heldencharakter und »Heldenhülle« im konkreten Beispiel Jähn. Aber sicher verkörperte Sigmund Jähn auf Grundlage seines technoiden und populären Heldentums Idee und Ideologie des Sozialismus überzeugender und glaubwürdiger als die meisten DDR-Politiker.

Im Mai 1989, knapp elf Jahre nach seinem Flug, von einem Journalisten nach Vorbild und Vorbildwirkung befragt, antwortete Jähn: »Ob man sich nun darüber im klaren ist oder nicht, besonders in jüngeren Jahren spielten Vorbilder für die eigene Entwicklung eine große Rolle. Ich glaube schon, daß die Helden mancher Bücher, Forschungsreisende, Bergsteiger oder Sportler meine Vorbilder wurden. Als ich Lehrling war, errang der Klingenthaler Harry Glaß im Skispringen die erste olympische Medaille für unser Land. Er war mir, zumal er aus der näheren Heimat kam, genauso Vorbild wie Täve Schur. Ich achte sie beide heute noch. Relativ spät ist mir klar geworden, daß mir meine Mutter, eine herzensgute Frau, heute noch in vielen Situationen, die ich zu entscheiden habe, Vorbild ist. Bei der Herausbildung meines weltanschaulichen Standpunktes habe ich mich oft an Ernst Thälmann orientiert, der seiner Sache auch in schwerer Zeit die Treue hielt. Aus vielen Begegnungen mit Jugendlichen weiß ich, daß sie nicht unbedingt das akzeptieren, was ihnen als richtig und nachahmenswert vorgesetzt wird. Vielmehr wollen sie an ihren Vorbildern selbst das Gute entdecken und auch danach handeln. Das war so zu unserer Zeit, daran hat sich bis heute nichts geändert, und deswegen, meine ich, können wir auf Vorbilder nicht verzichten.«[34] Auch die Bezugnahme auf andere Mustermenschen gehörte zu einem sozialistischen Helden. Es erscheint wenig zufällig, daß Jähn zwar Schur und Thälmann, nicht aber Garbe, Hennecke oder Hockauf anführte, war doch die Zeit der »Heroisierung der Arbeit«[35] längst vorbei und das Ideal des »Helden der Arbeit« mit anderen Professionen besetzt.

Im öffentlich dargestellten Selbstverständnis sah sich Jähn nicht als Held, sondern als einer, der seinen Auftrag erfüllte und seinem Staat zurückgab, was er von ihm erhalten hatte. Genau das bedeutete jedoch, Held zu sein im Sozialismus. Überhaupt besaß die alltägliche Kommunikation über Helden etwas Schiefes, man meinte zwar Heldisches, nahm indes das Wort selbst kaum in den Mund. »Von meiner Struktur her bin ich kein Propagandist, auch kein Held«, sagte Jähn 1999, als man ihn zu seiner Rede aus dem Orbit ans Volk befragte. »Es war eine vom Politbüro abgesegnete und damit bestätigte Erklärung des Kosmonauten, nicht des Herrn Jähn, und die hatte man dann eben so zu bringen [...] ich kenne da eine Zeitung, die hatte das schon am Abend gedruckt, bevor ich diese Erklärung abgegeben hatte, einfach auf das Vertrauen hin, das muß der so bringen, und das hat er auch so gebracht.« Es fällt beim Hören und Sehen des zeitgenössischen Filmmaterials nicht schwer, zu erkennen, daß Jähn aus »Sojus 31« genausowenig spontan sprach wie später aus der Raumstation »Salut 6«.[36] Er hatte vor seinem Flug einen Zettel mit allen Erklärungen bekommen, die er auswendig lernen mußte. Alles war bestens vorbereitet, man hatte aus propagandistischen Pleiten gelernt und es gab eine Menge Beispiele ideologisch vermarkteter Raumflüge – Public-Relations-Muster aus Ost und West.

Seit 1990 ist Sigmund Jähn freiberuflicher Wissenschaftler und Kontaktmann zwischen den Weltraumagenturen. Noch vor der Wende, im Mai 1989, hatte Jähn die Deutsche Forschungsanstalt für Luft- und Raumfahrt (DLR) in Köln, heute das Deutsche Zentrum für Luft- und Raumfahrt, besucht, nachdem 1988 in Moskau Vorgespräche zwischen »Glawkosmos« und westlichen Raumfahrtinstitutionen über den Flug westlicher Astronauten zur Raumstation MIR begannen. Für die DLR und die europäische Raumfahrtagentur ESA hat Jähn als intimer Kenner der russischen Raumfahrt die MIR-Projekte beraten und fast alle westeuropäischen MIR-Flieger betreut, so den Luftwaffen-Major und Wissenschaftsastronauten Klaus-Dietrich Flade, der im März 1992 mit »Sojus TM 14« zur MIR flog. Mit Ulf Merbold, dem zweiten Deutschen im All[37] und nach der EuroMIR-Mission im Oktober 1994 erster ESA-Astronaut auf MIR[38], ist er eng befreundet. Im Februar 1998 wurde der Ostheld vom Deutsch-Russischen Forum für sein Engagement in Rußland geehrt, Bundespräsident Roman Herzog hielt die Rede und überreichte eine Medaille.[39] Vier Jahre später, zu Jähns 65. Geburtstag, gratulierte ihm der neue Bundespräsident Johannes Rau. »Er würdigte den Raumfahrer aus der DDR als ›Helden wider Willen‹, der sich trotz seines Ruhmes selbst treu geblieben« sei.[40] An Universitäten und Akademien trägt der Kosmos-Experte seine Erfahrungen vor, seit der Wende in keiner Uniform mehr, sondern nur noch im Jackett. Und seit der Jahrtausendwende referiert er über die Internationale Raumstation ISS, die in Zusammenarbeit von Amerikanern, Russen, Kanadiern, Japanern und Europäern betrieben wird und so den Weg der Raumfahrt von politischer Konfrontation zu Kooperation markiert – samt Weltraum-Tourismus, wie das Beispiel des ersten selbst zahlenden Raumfliegers Dennis Tito zeigte. Selbst die ISS wird wohl geschäftliche Konkurrenz bekommen: Die russische Weltraumbehörde Rosaviakosmos, der führende russische Raumfahrtkonzern RSC Energija und die kommerzielle Mir Corp beschlossen Anfang September 2001 den Bau und Betrieb einer kleinen, rein kommerziellen Raumstation namens »Mini Station 1«, gedacht als Weltraumhotel mit einem extra großen Fenster, um ganz besondere Panoramablicke auf die Erde und ins All zu ermöglichen.[41]

Im DDR-Kind Sigmund Jähn, dem Vertreter »einer relativ homogenen Generation mit staatsverbundener Aufstiegserfahrung und exekutivem Aktivismus, deren Geschick unauflöslich mit dem Staatsobjekt verbunden und deren Erfahrung für jüngere nicht wiederholbar war«,[42] fand das Modell des sozialistischen Helden sein finales Stadium. Durch Jähn gelang es, der Inflation der institutionalisierten Helden des sozialistischen Milieus noch einmal zu entkommen. Der un-jugendliche Held Jähn – gemeinhin als Teil einer Gruppe visualisiert – verdeutlichte exemplarisch seiner Generation ein »Ich hab's geschafft« – und zwar sehr anständig und gediegen. Obwohl auch sein Heldentum stets als Teil eines Ganzen propagiert wurde und wohl auch nur so hat existieren können, war in seinem Fall die Unterscheidung zwischen Alltäglichem und Besonderem, zwischen Masse und Individuum – die grundlegend für die Kreation eines Helden und Wurzel seiner Attraktivität ist – deutlicher. Das Konzept des Jedermann-Helden hatte längst ausgedient. Helden waren wieder als knappes Gut erkannt worden, »das sich nur um den Preis seiner Entwertung vervielfältigen ließ«[43]. Jähn bzw. seine Tat konnten nicht vervielfältigt werden. Berief sich die Geschichtspropaganda auch in seinem Falle auf den genormten Kanon von DDR-Heldenfiguren aus Arbeiterbewegung, antifaschistischem Widerstandskampf, Parteiführern, Staatsmännern, Sportlern sowie Arbeitern und versuchte sie, durch Jähn deren Traditionen zu bespielen, brach dennoch eine Normalisierung des Heldischen hervor. Jähns Tat dockte vielmehr an heroisch-kämpferische Ideale an, hatte mehr mit klassischem Entdecker-Heldentum zu tun, war er doch schließlich einer der wenigen, die »dem zarten Pathos« nachforschten, »das sich im All einstellte, dem Glücksgefühl, ein vorgeschobenes Sinnesorgan der kosmischen Menschheit zu sein«[44].

Gesamtflugzeit 188 Stunden und 49 Minuten, 124 Erdumkreisungen, 5 235 262 Kilometer Gesamtflugstrecke.

Marcin Zaremba

Das Heldenpantheon der Volksrepublik Polen
Zur Einführung

Im kommunistischen Heldenpantheon der Volksrepublik Polen überwogen entschieden die polnischen Nationalhelden. »Echte« Kommunisten gab es am polnischen Heldenhimmel nicht viele; und selbst bei diesen wenigen unternahm man den Versuch, sie zu nationalisieren.[1]

Die während des Krieges gegründete Polnische Arbeiterpartei (PPR) bediente sich im Rahmen ihrer Legitimationsbemühungen einer nationalistischen Sprache.[2] Als Beispiel sei hier die erste programmatische Proklamation der PPR angeführt, die in der Sowjetunion erarbeitet worden war und im Januar 1942 in Polen veröffentlicht wurde. In dem knapp vier Seiten langen Text tauchte der Wortstamm »naród« (Volk, Nation) in allen seinen substantivischen und adjektivischen Formen dreißig Mal auf.[3] Gesellschaftlichen Kategorien wie »Arbeiter« und »Arbeiterklasse« oder »Bauern« ist stets das Adjektiv »polnisch« beigestellt.[4] Und die Autoren nannten als große polnische Persönlichkeiten, die das polnische Volk der Welt geschenkt habe, den Astronomen Nikolaus Kopernikus, den Nationaldichter Adam Mickiewicz, den Komponisten Fryderyk Chopin und die Physikerin und Nobelpreisträgerin Maria Skłodowska (Marie Curie).[5]

In der Proklamation wurde die Arbeiterpartei als nationale Institution dargestellt, die mit »Tausenden von Fäden mit dem Leben, dem Schicksal und der Zukunft des eigenen Volkes verbunden ist, und die sich am Wohl des polnischen Volkes orientiert.« Die legitimierende Verbindung der Partei mit dem Volk ergibt sich demnach aus einer Schicksalsgemeinschaft, die von »Tausenden von Fäden« zusammengehalten wird. Die Verbindung mit der Nation ist jedoch noch bedeutend stärker, sie stützt sich auf die gemeinsame Herkunft, auf das »Erbe des Blutes« nationaler Helden: »Wir sind Blut vom Blut und Fleisch vom Fleisch Puławskis, Kościuszkos, Traugutts, Henryk und Jarosław Dąbrowskis, Ludwik Waryńskis und anderer berühmter Kämpfer für die Freiheit des polnischen Volkes. Die Westerplatte und Warschau leben in den Herzen der Polen.«[6]

Die in der Proklamation genannten Helden stellen den Kern einer mythischen Erzählung dar. Die PPR präsentierte sich als legitime Erbin der Freiheitsbewegungen zurückliegender Jahrhunderte. Ihre Ideologen verwiesen auf die Kontinuität der nationalen Befreiungskämpfe vom Unabhängigkeits-Aufstand des Jahres 1830 bis zum Zweiten Weltkrieg; sie beschworen eine Tradition, deren Träger die Partei sein sollte. Halina Winnicka, Autorin einer Arbeit, die sich mit dem Verhältnis zur Tradition in der konspirativen Publizistik befaßt, bemerkt, daß man unter den Veröffentlichungen der PPR eine ganze Reihe von Artikeln finden kann, die dem Kampf um die Unabhängigkeit Polens gewidmet sind. Und: Bedeutend weniger Platz wurde in den Blättern der Parteipresse den originären Traditionen der Arbeiterklasse und ihren Parteien gewidmet. Winnicka führt das darauf zurück, daß die Traditionen der Arbeiterklasse der Mehrheit der Mitglieder der PPR gut bekannt gewesen seien und daß die Parteiautoren es daher nicht für nötig gehalten hätten, in größerem Ausmaß publizistisch-propagandistisch auf diese Wurzeln zu verweisen. Es fällt schwer, dieser Interpretation zu folgen: Die Kenntnis der eigenen Geschichte schließt das Interesse daran nicht aus. Die rudimentäre Thematisierung der Traditionen der kommunistischen Bewegung in der PPR-Publizistik läßt sich wohl besser damit erklären, daß sie für die eingeschlagene Strategie der Legitimation unangemessen war. Die PPR bemühte sich darum, die Unterstützung der Mehrheit des Volkes zu erringen – und nicht nur derjenigen, die ohnehin schon überzeugt waren. Die Berufung beispielsweise auf Rosa Luxemburg, Feliks Dzierżyński oder Julian Marchlewski hätte dieses Unternehmen noch problematischer erscheinen lassen. Zu Recht weist Winnicka darauf hin, daß die Partei-Publizistik eine bestimmte Aufgabe hatte. »Sie war außerordentlich aktuell und bewußt politisch ausgerichtet. Die Autoren gingen davon aus, daß man aus der Geschichte Lehren ziehen müsse, insbesondere mit Blick auf den laufenden Kampf um die politische Macht in Polen.« Und weiter: »Die historische Tradition wurde für die Ideologen der PPR zu einer Waffe im politischen Kampf und diente ebenso als Grundlage für eine Vision des zukünftigen Polen.«[7]

Auch in den bewaffneten Verbänden der PPR bemühte man sich, den patriotischen und nationalen Charakter der Partisanenabteilungen zu unterstreichen, indem man sie nach polnischen Nationalhelden benannte. So trugen einzelne Formationen die Namen: »Priester Stanisław Brzóska«, »Bartosz Głowacki«, »Stanisław Żółkiewski«, »Kazimierz Puławski«, »Jan Kiliński«, »Zawisza Czarny«, »Stefan Czarniecki«, »Henryk Dąbrowski«, »Romuald Traugutt«, »Adam Mickiewicz« und »Emilia Plater«.[8]

Auch die auf dem Gebiet der Sowjetunion tätigen Kommunisten, vereint im Verband Polnischer Patrioten, taten alles, um ihre Landsleute in der Heimat, in der UdSSR und die internationale Gemeinschaft davon zu überzeugen, daß sie »Blut vom Blut und Fleisch vom Fleisch« polnischer Helden seien. Auf Initiative des Patriotenverbandes wurde die erste große Armeeformation unter Regie der Kommunisten aufgestellt. Eines der grundlegenden Probleme, vor dem die Gründer standen, war die Frage nach dem Polentum der entstehenden Division. Die Soldaten, die sich unter ihrem Kommando befanden, hatten keinen Grund, Sympathien für die Kommunisten und die hinter diesen stehende Sowjetunion zu entwickeln. Die erste Division wurde nach Tadeusz Kościuszko benannt, dem unumstrittenen Nationalhelden aller Polen. Eine Radiostation, die aus Moskau sendete, trug ebenfalls seinen Namen. Die meisten der Militärformationen, die unter der Leitung polnischer Kommunisten standen, sei es in Polen oder auf dem Gebiet der UdSSR, wurden nach polnischen Nationalhelden vor allem des 19. Jahrhunderts benannt.

Die Tendenz, Nationalhelden als Legitimation für den eigenen, kommunistischen Machtanspruch in Dienst zu stellen, riß nach Kriegsende nicht ab. Władysław Gomułka, der Erste Sekretär der PPR, erläuterte im Mai 1945: »Die Massen sollten uns als polnische Partei anerkennen, sie sollen uns als polnische Kommunisten kritisieren, nicht als Agentur Moskaus.«[9] Um dieses Ziel zu erreichen, bediente man sich der Nationalhelden – allerdings nicht ausschließlich. Die institutionalisierte Propaganda war fortan breit gefächert: man rief nationale Symbole auf, manipulierte die Geschichtsschreibung, instrumentalisierte die Errungenschaften der polnischen Kultur oder beförderte fremdenfeindliche Charakteristika dieser nationalen Gemeinschaft, indem man eine Atmosphäre nationaler Bedrohung beschwor.

Tadeusz Kościuszko – Bauernführer und sozialistischer Held

Kurz nach dem Krieg führte Tadeusz Kościuszko die offizielle Liste der am häufigsten verwendeten Helden an. So wurde 1946 zum »Kościuszko-Jahr« ausgerufen. »Ich erkläre das Jahr 1946 zum Kościuszko-Jahr, wir sind die Vollstrecker des politischen Testaments von Tadeusz Kościuszko«, erläuterte seinerzeit der Minister für Nationale Verteidigung, Marschall Michał-Żymierski. »Denn die polnische Volksdemokratie ist nicht nur die geistige Erbin, sondern auch die Fortsetzerin des gesellschaftlichen und politischen Denkens des großen Führers im Bauernrock. Als wir die Landwirtschaftsreform und die Verstaatlichung der Industrie durchführten, verwirklichten wir die sogenannte sanfte Revolution, von der Kościuszko geträumt hatte. Und dies ist kein Zufall, sondern der Beweis, daß wir den Geist und die Tradition Kościuszkos pflegen, daß unsere Volksdemokratie auf den edelsten polnischen Traditionen des politischen Denkens beruht. [...] Kościuszko kämpfte nicht gegen die russische Nation, sondern gegen die polnische Reaktion und das Zarentum, das sich bei Targowica mit den polnischen Magnaten gegen das polnische Volk und die polnische Nation verschworen hatte. Daher haben die Gegner der Volksdemokratie nicht das Recht, sich die Gestalt Kościuszkos anzueignen. Er wird immer als Symbol für das demokratische Volkspolen stehen.«[10]

Unmittelbar nach dem Krieg erweiterte man die Liste der offiziellen Helden um die polnischen Herrscher der Piastendynastie: Mieszko I., Bolesław der Tapfere (Chrobry), Bolesław Schiefmund (Krzywousty), Władysław Ellenlang (Łokietek). Diese auf den ersten Blick überraschende Entwicklung war mit der damals propagierten »Piastischen Konzeption« verknüpft. Den Verzicht auf die östlich des Bug gelegenen Gebiete zugunsten der Sowjetunion mußten die polnischen Kommunisten irgendwie begründen. Nach Ansicht von polnischen Kommentatoren »wurde die ›piastische‹ Konzeption [...] als Erklärung der Politik der Kommunisten lanciert (als Beispiel ihrer Verbindung mit Tradition und Geschichte), später als Erklärung der Politik des polnischen Staates. Mit anderen Worten war dies eine Form der Legitimierung der kommunistischen Machthaber in Polen.«[11] In den Jahren 1945 bis 1948 berief man sich gerade mit Blick auf die Besetzung der Westgebiete »in Polen allgemein lautstark auf die ersten Piasten [...]. Die gesellschaftlichen Emotionen, die mit Bolesław dem Tapferen und Bolesław Schiefmund verbunden waren, sollten das Vertrauen in die aktuelle Politik stärken.«[12]

Die Instrumentalisierung der polnischen Geschichte ging mit der Indienststellung von Künstlern und Kunstwerken der Nationalkultur einher, die zur Rechtfertigung des Systems herangezogen wurden. In das Jahr 1948 fiel der 150. Geburtstag von Adam Mickiewicz, im Jahr darauf standen die 100. Todestage von Juliusz Słowacki und Fryderyk Chopin an. Dies gab Gelegenheit, die Verbundenheit zwischen den größten polnischen Künstlern der Nationalkultur und den Gegenwartskünstlern Volkspolens zu demonstrieren. In der damals typischen Zeitungssprache meldete *Głos Ludu,* daß »aus dem ganzen Land Nachrichten über die Feierlichkeiten zum 150. Geburtstag von Adam Mickiewicz« einträfen.

Aus Anlaß der Überführung des Herzens von Chopin nach Warschau im Oktober 1945 fanden zahlreiche Demonstrationen und Gedenkveranstaltungen statt. An einer von ihnen, die am 17. Oktober 1945 durchgeführt wurde, nahm Bolesław Bierut teil. Aus der Beschreibung dieser Veranstaltungen, die die Zeitung *Głos Ludu* veröffentlichte, ergibt sich freilich eher das Bild der Feier eines nationalen Mysteriums, als einer Feier, an der Vertreter einer marxistischen Partei teilnahmen. Am Anfang stand die zeremonielle Übergabe der Urne mit dem Herzen an Bierut. Dieser hielt dann eine Rede, die von Worten und Metaphern über die »polnische Nation« und die »Liebe zum Vaterland« überquoll. Bierut hatte die Rede mit dem feierlichen Dank an den Bischof eingeleitet, der die patriotische Tat, das Herz zu übergeben, ins Werk gesetzt habe.

Ab 1947 konnte man erste Versuche beobachten, einen neuen Heldentypus, nämlich den Helden mit kommunistischer Herkunft, zu fabrizieren.[13] Auf dem Plenum des Zentralkomitees der PPR im April 1947 wiesen zahlreiche Redner auf den Bedarf nach einem marxistisch verfaßten Lehrbuch der polnischen Geschichte hin. Ein solches Lehrbuch sollte aber nicht nur der Geschichtsdeutung dienen, um die neue Ordnung zu festigen. Die Absichten der Partei gingen bedeutend weiter und waren mit dem ideologischen Projekt verknüpft, eine neue Gesellschaft und eine neue polnische Nation zu schaffen. Zu diesem Zweck schufen sich die regierenden Kommunisten über den Kult der Helden der nationalen Aufstände – mitsamt ihrer Selbstinszenierung als einzige wahre Priester dieses Kultes – hinaus ein eigenes, neues Pantheon von Helden mit kommunistischer Herkunft. Es ging darum, im Bewußtsein eine unwillkürliche Verknüpfung des Erzählmusters des Revolutionärs mit dem Erzählmuster des Patrioten zu erreichen. Und so hob man Marian Buczek[14] und Karol Świerczewski auf den Sockel.[15]

Ebenfalls im Jahre 1947 gab Wincenty Pstrowski, Bergmann der Grube »Janina« in Zabrze, Provinz Katowice, in einem in der Presse veröffentlichten Appell die Losung aus: »Wer fördert mehr als ich?« Obwohl der Initiator des Aktivisten-Wettbewerbs bald darauf starb, fand er in Kürze viele Nachahmer: Viktor Markiewska,

Józef Ciszek und Szczepan Błaut, die Kernmacherin Irena Dziklińska, den Monteur Viktor Saj und andere. Damit »marschierten« in das offizielle Pantheon die Helden der sozialistischen Arbeit ein. Den vollständig aus der Sowjetunion importierten Mechanismus ihrer Fabrikation kann man in der Sprache Pierre Bourdieus als symbolische Gewalt oder in den Kategorien des »engineering of consent« von Ralph Miliband beschreiben. Mit der Schaffung neuer Helden hat man alle damals zugänglichen Mittel der Massenpropaganda eingesetzt: Presse und Radio. In den Städten an Mauern ausgestellt, trug man die Portraits am 1. Mai wie Ikonen zu den Aufmärschen. Das, was die Helden der sozialistischen Arbeit leisteten, stellte sich als Patriotismus erster Güte dar, sie selbst erschienen als treu ergebene Arbeiter für den Bau eines sozialistischen Vaterlandes.

Dies ist nicht das einzige Beispiel der 1947 fortschreitenden Sowjetisierung in diesem Bereich. Vor allem verstärkte sich der Kult um Jossif Stalin, des sicherlich wichtigsten Heros jener Zeit.[16] Eigenschaften von Helden nahmen auch die Führer der polnischen Arbeiterpartei an: der erste Sekretär der PVAP, Bolesław Bierut, und Marschall Konstantin Rokossowski. Die Spitze der Heldenpyramide des stalinistischen Polen bildeten Feliks Dzierżyński, dessen Denkmal an einem der wichtigsten Plätze Warschaus stand, und Julian Marchlewski, der Vorsitzende des Vorläufigen Revolutionskomitees Polens während des von der russischen Allunionspartei gegen Polen geführten Krieges 1920. »Heldenhaft« war auch die gesamte Arbeiterklasse sowie die Kämpfer des chinesischen und koreanischen Volkes gegen den Imperialismus. In solch heldenhaftem Gedränge unterlag das Epitheton bald einem Bedeutungsverlust.

Der Mitte des Jahres 1948 aufgenommene Kampf gegen »rechts-nationalistische Abweichler« zwang einerseits dazu, sich vorsichtig der nationalen Phraseologie zu bedienen, andererseits galt es zu vermeiden, daß die offiziellen Helden zu sehr nationale Eigenschaften zugewiesen bekamen. Der seit den späten vierziger Jahren propagierte historische Kanon wurde im Vergleich mit der unmittelbaren Nachkriegszeit eingeengt. Die piastische Zeit hörte nun auf, beherrschende Argumentationsfigur legitimierender Legenden und Mythen zu sein. Nach 1948 verschwanden Mieszko I., Bolesław Schiefmund und Władysław Ellenlang. Nur gelegentlich erschienen noch andere Herrscher Polens in der Propaganda.

Im Set der Erinnerungsorte verblieben jedoch Wojciech aus Brudzew, der Krakauer Renaissancedrucker Florian Ungler, Nikolaus Kopernikus und Ignacy Krasicki. Auch der nationalen Aufstände wurde weiterhin gedacht. Die polnische Kultur wollte man nunmehr ausschließlich durch Ereignisse und Personen der Renaissance und der Aufklärung repräsentiert wissen, andere Epochen wie die Romantik verschwanden gänzlich in der Versenkung. »Wenn es um die nationalen Aufstände geht«, schrieb Szpociński, »wird mehr mit der allgemeinen Bezeichnung von Ereignissen operiert (wie dem Januar-Aufstand, den Ereignissen des Jahres 1848, dem Kościuszko-Aufstand) als mit den Namen historischer Gestalten.« Dieser propagandistische Kunstgriff sei darauf zurückzuführen, daß die Reinterpretation dieser Ereignisse durch die

Eliminierung der Personen erleichtert werde. Der globalen Erzählung eines Ereignisses wie dem November-Aufstand könne man viel leichter Qualitäten und Werte zuschreiben als den zugehörigen Persönlichkeiten wie Józef Chłopicki, Kazimierz Prądzyński oder Józef Sowiński.[17]

Polnische Patrioten mit sozialistischem Antlitz

Die neue ideologische Ausrichtung wurde auf dem VI. Plenum im Februar 1951 zum Programm erhoben. Sie beruhte auf der Addition ausgewählter nationaler Erzählelemente mit Partikeln der marxistisch-leninistischen Philosophie. Mit Helden dieser Formel bereicherte man seinerzeit den verpflichtenden Heldenkanon. Vorsichtig kehrte man zu nationalen Inhalten zurück und bewies, daß geistige Verbindungen zwischen den polnischen Helden der Vergangenheit und ihren kommunistischen Erben bestanden. Zugleich baute man die nationalistische Megalomanie aus. »Das polnische Volk ist auf seine fortschrittlichen und revolutionären Traditionen stolz. Das polnische Volk knüpft an die ehrenvollen Traditionen des Bauernkrieges an, der unter Stefan Czarniecki [...] gegen die schwedischen Invasoren geführt wurde, an den Kampf der polnischen Bauern gegen die Leibeigenschaft unter adliger Herrschaft, dem Kostka Napierski voranging [...]. Stolz ist es auf den heldenhaften Kampf der Bauern während des Kościuszko-Aufstands oder der Bürger Warschaus unter der Leitung von Jan Kiliński. Stolz ist es auf seine führenden Vertreter der Aufklärung: Stanisław Staszic und Hugo Kołłątaj. [...] Mit Stolz erfüllt uns der Beitrag unseres Volkes zum Werk der Kultur der Menschheit. Polen waren geniale Gelehrte, wie Kopernikus und Maria Curie-Skłodowska [...], Polen waren Mickiewicz und Słowacki, die großen Dichter von Weltruhm, oder der geniale Musiker Chopin. Wir haben gute Gründe, stolz zu sein darauf, daß Vertreter unseres Volkes für die Freiheit fremder Länder kämpften, daß Kościuszko und Kazimierz Puławski für die Freiheit des amerikanischen Volkes stritten, daß Józef Bem die Freiheit des ungarischen Volkes verfocht. Daß Hunderte von Polen die Barrikaden der Pariser Kommune verteidigten, und daß sich unter ihren Anführern Henryk Dąbrowski und Walery Wróblewski befanden. Unsere Nation knüpft an die hervorragenden Traditionen des Kampfes unserer Arbeiterklasse um die nationale und soziale Befreiung an, an den Kampf des Proletariats der SDKPiL [Sozialdemokratie des Königreichs Polen und Litauen] und der Kommunistischen Partei Polens. Mit Stolz erfüllt uns die Tatsache, daß sich unter uns Menschen befanden wie Ludwik Waryńskis, Stefan Okrzeja, Rosa Luxemburg, Marchlewski, Feliks Dzierżyński, Marian Buczek, Marceli Nowotko und General Karol Świerczewski. Wir knüpfen an den Kampf unseres Volkes unter der Führung der Arbeiterklasse gegen die Hitler-Okkupanten an. Unser Volk ist nicht zuletzt stolz auf seine herausragenden Erfolge beim Bau der Fundamente des Sozialismus.«[18]

Nach 1956 wurde das Pantheon teilweise umgebaut. Den »Heiligen« Jossif Stalin nahm man im stillen heraus, während man andere mit großem Pomp einführte.

Die neuen Helden waren Führer der rehabilitierten Kommunistischen Partei Polens (KPP) aus Vorkriegszeiten. Zu den Vorbereitungen der Maifeiern empfahlen die Abteilungen für Organisation sowie für Propaganda und Agitation des Zentralkomitees im März 1962: »Die Städte, die Routen der Demonstrationszüge oder die Versammlungsorte sind mit Lautsprechern zu versehen, mit National- und Arbeiterflaggen zu dekorieren sowie mit Porträts von Karl Marx, Friedrich Engels und von Lenin zu schmücken. Weiterhin sind diese Orte mit Darstellungen folgender Persönlichkeiten zu versehen: Waryńskis, Kasprzak, Okrzei, Marchlewski, Dzierżyński, Luxemburg, Kostrzewa, Leński, Nowotko; überdies mit Porträts von Kościuszko, Mickiewicz, Wróblewski, Dąbrowski; schließlich mit Bildnissen von Chruschtschow und des Ersten Sekretärs des Zentralkomitees der PVAP, des Vorsitzenden des Staatsrats und des Ministerpräsidenten der Volksrepublik Polen.«[19] Maria Koszutska (Pseudonym Kostrzewa) und Julian Leszczyński (Pseudonym Leński) gehörten der KPD-Führung an, die im Rahmen der großen stalinistischen Säuberungen ermordet worden waren. Daß ihre Ikonen zusammen mit denjenigen von Mickiewicz und Kościuszko getragen werden sollten, stellt eine für die kommunistische Propaganda charakteristische Vermischung von Bedeutungen, Requisiten und Symbolen der Nation mit revolutionären, staatlichen oder auch Arbeitersymbolen dar – mit dem Ziel, letztere attraktiv zu machen.

Zu neuen Helden erhob man jetzt sogenannte Kämpfer für Freiheit und Demokratie, nämlich Mitglieder der konspirativen PPR. Zu dieser Heldengruppe zählten unter anderem Hanka Sawicka und Janek Kraścicki, Partisanen der Volksgarde und der Volksarmee, die »ihr Blut im Kampf gegen die Hitlerokkupanten vergossen hatten« und deren spezielle Zielgruppe nun die Jugend war. Diese Heldengattung manifestierte die Tendenz der offiziellen Ideologie, das System durch die Erinnerung an die Verdienste polnischer Kommunisten zu legitimieren, die während des Zweiten Weltkrieges für die polnische Unabhängigkeit gekämpft hatten.

Zugleich versuchte man, patriotische Traditionen mit denen der kommunistischen Bewegung zu verbinden. Ein gutes Beispiel dafür waren die Feierlichkeiten aus Anlaß des 20. Jahrestages des Überfalls auf Polen im Jahre 1959. Das Symbol der Einheit beider Traditionen sollte der Tod von Marian Buczek abgeben, der im September 1939 gestorben war. Dessen einziges, trauriges Verdienst war es, daß er im Krieg gegen die Deutschen gefallen war. Heldenfiguren, die geeignet erschienen, nationale und revolutionäre (kommunistische) Komponenten in ihrer Tat oder Person glaubhaft zu vereinen, blieben rar. Dieses Manko suchte man mit ganzer Kraft zu kompensieren, indem man einen kollektiven Buczek-Kult kreierte und diesen Mann als neuen polnischen Nationalhelden präsentierte. Ende der fünfziger Jahre forderte man Betriebe, die seinen Namen trugen, auf, Gedenkveranstaltungen zu organisieren. An seiner Grabstätte inszenierte man eine Gedächtnisfeier, bestückt mit Arbeitern und der »Bevölkerung aus der Umgebung«. Eine neuerbaute Schule wurde nach ihm benannt. Die Presse sollte »Erinnerungen an Leben und Werk Marian Buczeks« drucken. Auch in Funk und Fernsehen fanden Sendungen zum Jahrestag seines gewaltsamen Todes statt, wie die Abteilung Propaganda und Agitation des Zentralkomitees bekanntgab.[20]

Marian Buczek schrieb sich trotz aller Anstrengungen der Parteipropagandisten nicht dauerhaft in das kollektive Gedächtnis der Polen ein.[21] Schon sehr bald nannte man daher gestörte Radiosender spöttisch »Marian-Buczek-Radiostationen«. Gegen Ende der sechziger Jahre war klar, daß der Aufbau von Helden aus der Zeit des Zweiten Weltkrieges nicht mehr von der Gesellschaft mitgetragen wurde.

Von Nikolaus Kopernikus zu Mirosław Hermaszewski: die Helden der »neuen Epoche«

Als Edward Gierek 1970 an die Macht kam, veränderte sich partiell die Formel der Legitimation – und damit kamen neue Helden und neue Ikonen aufs Tableau. Die Regierung präsentierte sich als modern und offen. Man unterstrich jetzt den kulturellen und sozialen Aufstieg Polens, der sich seit Kriegsende vollzogen hatte. Daher erschien auch der ehedem praktizierte fremdenfeindliche Nationalismus mit seinem wiederkehrenden Bedrohungsszenario sowie der Kampf gegen das »Fremde« anachronistisch: diese Komponente paßte nicht mehr zur »neuen Epoche«. Die Kriegs- und Partisanenthematik zog nicht mehr, um so weniger, als sie im kollektiven Bewußtsein mit Gomułka in Verbindung gebracht wurde. Historische Jahrestage beging man fortan nicht mehr vor dem Hintergrund eines Feindbildes, sondern vor allem mit erzieherischem Impetus. Einen solchen Charakter hatten beispielsweise die großen Feierlichkeiten zum weltweiten Kopernikus-Jahr 1973. »Hervor brachte ihn der polnische Stamm / Er bewegte die Erde, die Sonne hielt er an« – dieses Leitmotiv wiederholte man stets, wenn man über Nikolaus Kopernikus sprach, den man zu einem erstrangigen Nationalhelden erklärte. Die Gestalt des Astronomen galt als nachahmenswertes Muster, in dem sich, wie der Sekretär des Zentralkomitees Andrzej Werblan feststellte, »wissenschaftlich-technischer Fortschritt, wirtschaftliche Dynamik, hohe humanistische Werte und eine staatsbürgerliche Haltung« vereinten.[22] Das Paradebeispiel eines großen Bauherren, der das Land modernisiert hat, gab Kazimierz der Große ab. Als zeitgenössische Helden, als Musterbilder eines »Patriotismus der Arbeit«, galten seit den siebziger Jahren Ingenieure und »sozialistische Manager«. Nach dem Vorbild der DDR machte man auch Sportler zu Helden, mit denen die Parteileitung vor den Kameras posierte.

Als in der zweiten Hälfte der siebziger Jahre die wirtschaftliche Entwicklung stagnierte, brauchte die Parteileitung einen spektakulären Erfolg. Man verband daher große Hoffnungen mit dem Flug eines polnischen Kosmonauten ins All. Das wichtigste Dokument, über das im Politbüro debattiert wurde, die »Information über die Absprachen des Sekretariats des Zentralkomitees der PVAP über die politisch-propagandistische Indienststellung des Flugs des ersten polnischen Kosmonauten«, läßt keinen Zweifel über den Zweck des Raumfluges eines Polen.[23] Die Parteioberen wünschten ausdrücklich, daß als erster nichtsowjetischer Kosmonaut auf keinen Fall ein Repräsentant irgendeiner anderen Volksdemokratie in den Weltraum fliegen solle, sondern selbstverständlich ein Raumfahrer polnischer Nationalität. Dies sollte als schlagender Beweis des polnischen Prestiges und der Bedeutung der polnischen Nation dienen. Jedoch, es kam anders.

Als erster flog eben nicht ein Pole ins Weltall, sondern ein Tscheche. Gierek bat daraufhin während einer Begegnung mit Breschnew darum, der Flug eines polnischen Kosmonauten möge wenigstens in den Tagen »des Nationalfeiertags am 22. Juli« stattfinden, und der Aufenthalt im All solle tunlichst nicht kürzer sein als derjenige des tschechoslowakischen Kosmonauten.[24] In der Parteileitung war man offensichtlich der Auffassung, ein kürzerer Flug werde als Ohrfeige für den Nationalstolz empfunden.[25] Die Liste der Dinge, die Mirosław Hermaszewski, der »erste polnische Kosmonaut«, ins All mitnehmen sollte, umfaßte schließlich sechzehn Gegenstände, unter anderem: eine polnische Flagge, das Staatswappen, »Porträts der Genossen E. Gierek und L. Breschnew«, Abzeichen vom VI. und VII. Parteitag der PVAP, die Wappen der Hauptstädte der Wojewodschaften, Miniaturen des Kommunistischen Manifests, des Julimanifests und der Verfassung der Volksrepublik Polen, ein kleines Behältnis mit Erde aus Grunwald, Lenino und Warschau, das erste Buch »Über die Kreisbewegungen der Weltkörper« von Kopernikus sowie »ein Maskottchen mit Elementen nationaler Symbolik«. Bei der letzten Position war freilich eine Bemerkung angebracht: »Wegen der Unklarheit der Angelegenheit äußern sich die Genossen nicht.«[26] Hermaszewskis Aufenthalt im All wurde von einem großartigen Propagandafest begleitet.

Die politisch definierten Ziele dieser Kampagne lauteten, »Stolz auf die historischen Leistungen des polnischen Volkes« zu entwickeln, stolz zu sein auf »die Errungenschaften beim Bau des Sozialismus und bei der Verwirklichung des durch den VI. und VII. Parteitag der PVAP beschlossenen Programms für die gesellschaftliche und wirtschaftliche Entwicklung des Landes. Vor diesem Hintergrund ist das Ausmaß der Veränderungen aufzuzeigen: Von einem in seiner wirtschaftlichen und technischen Entwicklung verspäteten Land, das dann im Krieg ruiniert wurde, bis hin zu einem modernen, in der Welt bedeutenden sozialistischen Staat, der an der friedlichen Eroberung des Weltalls im Interesse der ganzen Menschheit teilnimmt.« Des weiteren sollte über den polnischen Kosmoshelden kommuniziert werden: »Die Bedeutung des polnisch-sowjetischen Bündnisses, der Freundschaft und Waffenbrüderschaft ist ebenso zu betonen wie die Tatsache, daß unser Land zur sozialistischen Gemeinschaft gehört. Zu vertiefen ist das gesellschaftliche Bewußtsein darüber, daß die Teilnahme eines Vertreters der Volksrepublik Polen an Weltraumflügen ein Beweis der internationalistischen Politik der Sowjetunion ist. Deren neue, qualitativ höhere Form stellt die Realisierung des ›Interkosmos‹-Programms und die Formierung gemeinsamer Weltraum-Besatzungen dar.«[27]

Volkspolen brauchte dringend einen echten Helden, einen Helden, der nationale Werte mit dem Selbstverständnis des realen Sozialismus, nunmehr in der Ausprägung des »späten Gierek«, verkörperte. Buczek und Świerczewski waren längst zu anachronistisch; sie paßten nicht zur Vision der Modernisierung des »zweiten Polen«. Hermaszewski, der polnische Kosmonaut, hatte dennoch keine Chance, ein Nationalheld zu werden, denn just im Jahr seines Fluges wurde Karol Wojtyła zum Papst gewählt. Dieser war es, der in den nächsten Jahrzehnten seinen Platz als Nationalheld im polnischen Pantheon einnahm. Die Kampagne um den Flug Hermaszewskis blieb der letzte nennenswerte Versuch, einen polnischen Helden des Sozialismus zu generieren.

Warum stützten sich die kommunistischen Machthaber Polens in ihren propagandistischen Anstrengungen auf Nationalhelden, warum war man stets bemüht, neuen Helden nationale Züge zu geben? Von Beginn an waren sich die polnischen Kommunisten dessen bewußt, daß sie von der polnischen Bevölkerung als ihresgleichen anerkannt sein mußten, wenn sie für ihr System Stabilität und Steuerbarkeit gewährleisten wollten: Wenn sie nur Polen waren, konnten sie auch Kommunisten sein! Der in der polnischen Kultur verankerte Imperativ, daß die Unabhängigkeit des Landes um jeden Preis zu verteidigen war, war den neuen Machthabern bestens bekannt. Eine gute Chance, die Barriere der Reserviertheit und Distanz des Volkes zu durchbrechen, sahen sie unter anderem darin, mit sozialistischen polnischen Nationalhelden aufzuwarten: Mit Mickiewicz, Kościuszko und all den anderen Helden.

Aus dem Polnischen von Bernd Karwen.

Thorsten Smidt

Über die Geschichte eines Bildmotivs

Der polnische Arbeitsheld im Spiegel der Kunst

Einer der bekanntesten sozialistischen Helden Polens hat realiter nie existiert. Er ist 1950 auf einem Ölgemälde zum ersten Mal in Erscheinung getreten. Auf dem Bild »Podaj cegłę« (Gib einen Ziegel!) von Aleksander Kobzdej zeigt sich ein namenloser Maurer als Kunstfigur in Reinform. Das typisierte Heldenschema hatte anhaltenden Erfolg. Davon zeugt nicht nur die Auszeichnung mit dem dritten Preis auf der ersten »Leistungsschau« des polnischen Sozialistischen Realismus, der »Gesamtpolnischen Kunstausstellung« 1950 in Warschau.[1] Noch signifikanter ist dies an einer Wirkungsgeschichte abzulesen, die erst zusammen mit der Volksrepublik ihr vorläufiges Ende fand. Denn als »Symbol des Sozialistischen Realismus«[2] hat das Bild jüngere Künstler zu einer kritischen Auseinandersetzung herausgefordert. An dem Maureraktivisten und zwei seiner Wiedergänger läßt sich die Konstruktion eines idealen Arbeitshelden und dessen schrittweise Dekonstruktion exemplarisch nachvollziehen. Es wird im folgenden nach den spezifischen Verfahren zu fragen sein, die den Bildkünsten zur Verbreitung von Heldenpropaganda, umgekehrt aber auch zum Brechen von deren Wirkungsmacht eigen sind.

»Gib einen Ziegel!«, legt der Titel des Bildes dem dargestellten Maurer in den Mund. Ergänzend zur ungeduldig einem Arbeitskollegen entgegengestreckten Hand, soll sein Kommando die Eile des Schaffens betonen. Mit diesem Ansporn repräsentiert er die auch in Polen als Vorbilder herausgestellten Stachanow-Arbeiter, die mit deutlich über der vorgeschriebenen Arbeitsnorm liegenden Werten auf eine allgemeine Produktivitätssteigerung hinwirken sollten.[3] Den gemalten Figuren werden dazu weder individuelle Gesichtszüge noch Zeichen von Anstrengung zugestanden. Sie bleiben anonym, beschränkt auf ihre Funktion, das eilige Vermauern von Ziegelsteinen, und markieren damit die Schnittstelle zwischen zwei großen Farbfeldern, dem Rot der Mauer und dem Blau des Himmels.[4] Untersicht und der den Bildausschnitt durchschneidende Gerüstmast evozieren eine in die Höhe strebende Dynamik, was den Eindruck erweckt, die Mauer könnte am Ende den Himmel verdecken, ohne je ihren Zweck offenbart zu haben. Damit bringt Aleksander Kobzdej nicht nur Schnelligkeit und Monumentalität als Eigenschaften des Bauhandwerks zur Anschauung. Er stellt das Bauen als symbolischen Akt dar, der mit weiteren Bedeutungsebenen befrachtet ist.

Anders Åman gelingt es im Kontext zeitgenössischer Propaganda, fundiert nachzuweisen, daß Kobzdejs Bild des Aufbaus auch verstanden werden mußte als Gleichnis für die Verteidigung von Zukunft und Frieden gegenüber dem »Gegner« im Kalten Krieg sowie als Symbol für die Festigung des Sozialismus im Lande.[5] So konnte, ähnlich einer »Biblia pauperum«,[6] der Bevölkerung vermittelt werden, daß dem Wiederaufbau eine neue Gesellschaftsordnung zugrunde lag, die sich zugleich durch diesen Wiederaufbau rechtfertigte. Die gerade konsolidierte Macht der Einheitspartei erfuhr in dem Bildkonstrukt ihre Legitimation. Dabei hatte sich das Individuelle und Besondere dem großen Ganzen unterzuordnen. Der schnelle Maurer mußte als Held der Arbeit ein Jedermann sein. Die Grundforderungen führender marxistisch-leninistischer Theoretiker, nämlich der Verzicht auf jegliche Art von Transzendenz und das Bekenntnis zum antiindividuell Typischen, in dem ein Einzelnes zugleich als Allgemeines erscheint, bestätigten im Medium der Kunst den Führungsanspruch der Partei.[7]

Aleksander Kobzdej hat die Maßgaben stalinistischer Kulturpolitik, die in Polen zwischen 1949 und 1955 nach sowjetischem Vorbild verordnet wurden,[8] erfolgreich wie kaum ein zweiter umzusetzen gewußt. Das offizielle Organ des Künstlerverbandes lobte sein Bild, da es auf gutem Weg sei, das »Studium der Wirklichkeit« zu vertiefen.[9] In einen Euphemismus gekleidet, deutet diese Formulierung auf das tatsächliche Verhältnis von Kunstwerk und Wirklichkeit hin. Der Künstler sollte die Realität im Sinne des Sozialismus studieren und damit transformieren, das Darzustellende auf die Linie der sozialistischen Propaganda bringen.[10] Als Methode, nicht als Stil, verlangte der Sozialistische Realismus eine Verständlichkeit für die Massen, die nicht durch Naturalismus, sondern durch »synthetisierende Gedanken« zu erreichen sei.[11] Weder kam es also auf ein konkretes Bauwerk an noch auf die Identität der beteiligten Arbeiter oder gar die Entscheidungsträger im Hintergrund; das alles mußte zugunsten eines Sinnbildes des sozialistischen Aufbaus vernachlässigt werden. Dieser Ideologie zufolge war auch Aleksander Kobzdejs Rolle nicht die eines autonom schaffenden Künstlers, sondern die eines Erfüllungsgehilfen der Partei. Als sozrealistischer[12] Maler füllte Kobzdej mit seinem Bild »den leeren Raum einer fremden Ordnung, einer fremden Wirklichkeit aus, die von Politikern erdichtet worden war«.[13]

Im Sozialistischen Realismus war letztendlich nicht der Maler der Künstler, sondern die Partei, wie Boris Groys zugespitzt ausführt. Nach seiner Deutung des Stalinismus als »Gesamtkunstwerk« schufen die politischen Führer, allen voran Stalin selbst als »Künstler-Tyrann«, »das einzig offiziell zugelassene Kunstwerk – den Sozialismus – und waren zugleich die einzigen Kritiker ihres Werks, sie waren Experten für die einzig unverzichtbare Poetik – die Poetik des Aufbaus der neuen Welt, für das einzige Genre – das des Demiurgen«.[14] Der Stalinismus als Gesamtkunstwerk des sozialistischen Aufbaus vereinnahmte alles und jeden. So konnte in der Poetik der Zeit auch der Bergarbeiter zum Künstler stilisiert werden, der in Kohle skulptiert, während andererseits der Bauarbeiter mit Ziegeln Gedichte schrieb.[15] Sozialistische Arbeiter waren genau wie sozialistische Maler anonyme Ausführende einer allumfassenden Inszenierung, deren Regisseure die kommunistischen Machthaber waren.

Der Maurer als sozialistischer Musterheld – »Gib einen Ziegel!«, Gemälde von Aleksander Kobzdej (1950).

Wie sehr sich Aleksander Kobzdej dessen bewußt gewesen sein muß, kann nicht zuletzt die Plazierung von Signatur und Jahreszahl auf seinem Bild belegen. Rechts unten auf einem der Ziegel in der Mauer eingeschrieben, muten sie an wie ein Steinmetzzeichen, das sich in den übergeordneten Entwurf des Architekten, in diesem Fall der Partei, einfügt.

»Der Mann aus Marmor«

Das stalinistische Gesamtkunstwerk hat sich auch in Polen so geschickt in Szene gesetzt, daß sein Spiegelbild in Form von Kobzdejs Bild nur schwer zu durchschauen war. Die Geste des mustergültigen Maurers hat sich dem kollektiven Gedächtnis der Polen eingeprägt. Noch 1984 mußte der Kunsthistoriker Andrzej Olszewski einräumen, daß die fünfziger Jahre, die Zeit des Wiederaufbaus, meist durch die Perspektive von Kunstwerken, insbesondere das Bild »Gib einen Ziegel!«, erinnert und bewertet würden.[16] Der malerischen Komposition käme damit bald der Rang einer Dokumentaraufnahme zu, der eine authentische Wiedergabe der historischen Situa-

185

tion eignet. Knapp 30 Jahre nach der Tauwetterphase hätte die stalinistische Kultur-
politik »posthum« ihr Ziel erreicht, ihre Darstellung der Gegenwart war zu einem tra-
dierten Geschichtsbild geworden. In den siebziger Jahren hatte jedoch bereits ein
Film Andrzej Wajdas den schönen, aber falschen Schein zu entlarven begonnen. Als
Abbild einer Epoche erfuhr das Gemälde »Gib einen Ziegel!« seine wahrscheinlich
populärste Fortschreibung und gleichzeitige Dekonstruktion in dem 1976 gedrehten
Film »Człowiek z marmuru« (Der Mann aus Marmor).[17] Die Rahmenhandlung spielt
Mitte der siebziger Jahre: Im Archiv des polnischen Staatsfernsehens läßt sich die
Filmstudentin Agnieszka (Krystyna Janda) Filmchroniken aus den frühen fünfziger
Jahren vorführen. Zu sehen bekommt sie einen gewissen Birkut, wie er bei einer Aus-
stellungseröffnung seinem überlebensgroßen Marmorabbild, das ihn mit ausgestreck-
ter Hand vor einem Mauerfragment zeigt, stolz und ehrfürchtig zugleich Blumen zu
Füßen legt. Diese Skulptur findet Agnieszka wenig später in einem Kellerverschlag
des Warschauer Nationalmuseums, wo sie offenbar das vergangene Vierteljahrhundert gelegen hat. Agnieszka macht sich auf die Suche nach dem Modell, dem damaligen Stachanow-Arbeiter Mateusz Birkut, über den sie ihren Abschlußfilm drehen
will. Anstatt ihn zu finden, eröffnet sich ihr ein Kaleidoskop aus alten Filmaufnahmen und persönlichen Erinnerungen, die Wajda als Filme im Film geschickt mon-
tiert hat. In seiner Struktur ähnelt »Der Mann aus Marmor« Orson Welles Klassiker
»Citizen Kane« von 1941, in dem die Hauptfigur zu Beginn des Films ebenfalls nicht
auftritt, deren Lebenslauf sich im folgenden jedoch aus Berichten von Mitmenschen
und fiktiven Dokumentarszenen fast lückenlos zusammensetzt.[18] So wird das Bild
des verstorbenen Kane in vielen Facetten und in aller Widersprüchlichkeit vorgeführt; Anlaß dafür ist das Interesse eines Journalisten, dessen Recherchen die Klam-
mer für die Rückblenden bilden.

Bei Andrzej Wajda übernimmt diesen Part die Filmstudentin Agnieszka, die nach
dem Maurerhelden Mateusz Birkut sucht. Als erste Quelle erfährt sie von Regisseur
Burski (Tadeusz Łomnicki), Birkut sei seine »Erfindung« gewesen. »Das war meine
größte Nummer!«, brüstet er sich und beginnt zu erzählen, wie er damals, in den fünfziger Jahren beim Bau von Nowa Huta, auf die Idee für seinen Diplomfilm gekommen sei. Er habe jenen Maurerhelden kreiert, auf den Agnieszka in den Chroniken
gestoßen war. Während noch die Stimme des alten Burski aus dem Off zu hören ist,
tritt er als junger Mann (Jacek Łomnicki) mit einer Filmkamera auf; seine erzählte
Erinnerung setzt sich als Rückblende fort. Was Agnieszka zu hören bekommt, sehen
wir: den jungen Regisseur Burski auf der Baustelle von Nowa Huta. Mit Unterstützung örtlicher Entscheidungsträger und unter den wachsamen Augen eines Sicher-
heitsagenten dreht er einen Propagandafilm. Er inszeniert vor der Kamera einen Ar-
beitsrekord: In einer achtstündigen Schicht sollen 30 000 Ziegel vermauert werden.

»Lächeln, lächeln!«, weist Regisseur Burski in der Rückblende den schuftenden
Maurer an. Beim »Casting« in den Arbeiterunterkünften hatte er ihn wegen seiner
kräftigen Statur ausgewählt und für die Aufnahmen eigens frisieren und rasieren lassen. Nun rückt Burski den Maurer in Untersicht ins Bild – den Arbeiter hinter einer

*»Der Mann aus Marmor« (1970). Plakat von Marcin Mroszczak zum gleichnamigen Film
von Andrzej Wajda.*

wachsenden Mauer, deren architektonische Funktion angesichts der an ihr bewiesenen Rekordleistung keine weitere Beachtung erfährt. Es entsteht die filmische Variante von Kobzdejs Gemälde. Wajda läßt den Regisseur demonstrativ eines der Hauptstilmittel sozrealistischer Kunst verwenden: die Froschperspektive. Janina Falkowska
weist nach, wie Wajda die Organisation des filmischen Raums aus diesem Blickwinkel vornimmt.[19] Ohne auf die hier untersuchte Szene einzugehen, beschreibt sie, wie
die Figuren dadurch statuarisch und monolithisch erscheinen.[20] Bereits die Filmproduktionen der sozrealistischen Phase haben sich dieses Kunstgriffs bedient.[21] Im Film
»Przygoda na Mariensztacie« (Abenteuer in der Marienstadt) von 1952/53 wird der
Protagonist, ein Maureraktivist auch er, in eben dieser Perspektive gezeigt. In Untersicht dargestellt, erscheint er monumentalisiert hinter einer schon über den Betrachterhorizont hinausgewachsenen Mauer. Um sozialistisches Arbeitsethos zu demonstrieren,[22] schien das Vorbild von Kobzdejs Maurer das geeignetste.

Andrzej Wajda übernimmt dieses Schema mit seiner konstituierenden Untersicht
für jenen Propagandafilm, den Agnieszka im Archiv sieht und dessen Entstehung ihr
Regisseur Burski darlegt. Burski gewährt in seiner Erzählung einen Blick hinter die
Kulissen der Inszenierung, sehen wir ihn doch in der Rückblende als jungen Mann
die Mauer, den Maurer, die Gehilfen und die monumentalisierende Perspektive arrangieren. Das Phänomen »Held der Arbeit« stellt sich hier in erster Linie als eine
Bildkonstruktion dar. Solchermaßen konnte der Held nicht nur im Film, sondern auch

187

als Transparent auf Fabrikwänden und als Skulptur medial verbreitet werden. Wajdas Film zeigt, wie der Arbeiter Birkut in diesem Prozeß zum Mann aus Marmor, zum Objekt der ihn instrumentalisierenden Mächte wird. Obwohl Agnieszka durch ihre Recherchen Einblick in deren Strukturen erhält, bleiben ihr – und damit auch dem Betrachter – die Drahtzieher eines Attentats, dem der mustergültige Aktivist noch in der sozrealistischen Phase zum Opfer fällt, verborgen. Sie erfährt lediglich, daß Birkut beim Schaumauern einen glühendheißen Ziegel gereicht bekommen hat und wegen seiner verbrannten Hände fortan arbeitsunfähig war.

Nachdem sich Kobzdejs Bild durch seinen Slogan »Gib einen Ziegel!« gleichsam selbst sabotiert hat, holt die Realität den Maurer Birkut ein. Wie ein ehemaliger Funktionär Agnieszka berichtet und der Betrachter in der Rückblende erfährt, muß sein Freund Witek als Sündenbock herhalten. Birkut wirft seinen Jubiläumsziegel in die Glastüren des Sicherheitsministeriums und wird verhaftet, seine Frau verläßt ihn. Der Freund, inzwischen Direktor der Stahlhütte Katowice, schildert Agnieszka, wie Birkut sich nach ihrer beider Rehabilitierung geweigert habe, erneut als Held gefeiert zu werden. Auf dem Weg seiner Subjektwerdung, den die Rückblenden verfolgen, verliert sich Birkuts Spur. In der Realität der nachstalinistischen Zeit, so scheint es, ist für den ehemaligen Arbeitshelden kein Platz. Als Mann aus Marmor »existiert« er nur in den widersprüchlichen Erinnerungen und Propagandafilmen, die zeitlich ein Vierteljahrhundert vor Agnieszkas Gegenwart zurückreichen. So trifft sie schließlich nur noch auf Birkuts Sohn.[23] Dieser arbeitet in der Danziger Lenin-Werft und stellt den zukünftigen »Człowiek z żelaza« (Der Mann aus Eisen) dar, der in Wajdas Film von 1981 einen in der Solidarność-Periode unmittelbar agierenden Charakter spielen sollte.

Auch wenn das offene Ende des Films »Der Mann aus Marmor« – die vergebliche Suche Agnieszkas nach Birkut – der Zensur geschuldet ist, führt doch gerade diese Variante (welch ironische Wendung!) die Mechanismen des stalinistischen Apparats vor Augen.[24] Wajda entlarvt die jüngste Geschichte Polens als Konstrukt kulturpolitischer Doktrin am Beispiel eines Helden der Arbeit, der Objekt der Filme im Film bleiben muß und nicht zum Subjekt der Geschichte, wie die Figuren auf der Haupthandlungsebene der siebziger Jahre, aufsteigen kann.[25] Durch die Anspielung auf Kobzdejs Maureraktivisten deckt Wajdas Film die Instrumentalisierung der Künste zur Legitimierung und Verbreitung eines ideologisch gefärbten Geschichtsbildes auf. Dabei richtet sich die Kritik nicht gegen bestimmte Personen oder gesellschaftliche Gruppen, der »Mann aus Marmor« ist aufklärerisch im Sinne einer Systemanalyse. Der Film erlaubt einen Blick hinter die schöne, aber anonyme Oberfläche des stalinistischen Gesamtkunstwerks.

Wenn ein parteinaher Kritiker zweifelte, ob der Film das richtige Bild der Epoche zeige,[26] unterstellte er einen Anspruch, den Wajda im Gegensatz zur sozrealistischen Kunst nicht mehr erhoben hat. Das »richtige«, weil staatstragende Bild, wußte er vielmehr zu hinterfragen. Charakteristisch für den »Mann aus Marmor« ist seine »Polyphonie«.[27] Die unterschiedlichen Perspektiven, aus denen sich der Blick auf

... ПЕЧЁТ *(10)*. ... ЛЕ́ЧИТ *(11)*. ... У́ЧИТ *(12)*.

... БРЕ́ЕТ *(14)*. ... ФОТОГРАФИ́РУЕТ (СНИМА́ЕТ) *(15)*. ... СЧИТА́ЕТ *(16)*.

Bilderwörterbuch der russischen Sprache von 1954: »Wer macht was?« Die Arbeitsbereiche des neuen Menschen.

die fünfziger Jahre in den Rückblenden zusammensetzt, regen zum kritischen Überprüfen des eigenen Verfangenseins in ideologischen Mustern an.[28] Andrzej Wajda entzaubert die heroische Geste des Maurers und deckt die Strukturen im Gebrauch der Bildkünste für die Konstruktion von Geschichte auf. Grundlegend dafür ist der Schritt zurück von Kobzdejs Leinwand, um die Darstellung als hochgradig inszeniertes Produkt enttarnen zu können. In der folgenden Dekade erfuhr schließlich nach dem Kontext sozrealistischer Bilder auch ihre Bildsprache selbst eine kritische Durchleuchtung.

Der doppelte Fotograf

Ab Mitte der achtziger Jahre hat Jarosław Modzelewski (Jg. 1955) eine ganze Bildserie gemalt, die in ihrer formalen Ästhetik auf die Kunst des Sozialistischen Realismus anspielt. Seine gemalten »Helden« entnahm er einem »Bildwörterbuch der russischen Sprache«, das Anfang der fünfziger Jahre in Warschauer Schulen im Gebrauch war.[29] Darin werden einfache Tätigkeitswörter, Pflanzen, Tiere, Gegenstände und Berufe in Zeichnung und Wort vorgeführt. Das Lehrbuch zeigt die sozialistische Welt und in dieser den sozialistischen Neuen Menschen. Modzelewski übertrug einige dieser Szenen auf die Leinwand und versicherte sich damit eines Klischees, »which for Poles is directly associated with the whole atmosphere of reductionism and artificially found in the doctrinaire images of Socialist Realism«.[30] Ohne das Vorbild als bekannt voraussetzen zu müssen, konnte der Künstler auf ein kollektives polnisches Bildergedächtnis vertrauen, dem die Typisierung der Gestalten vertraut erscheinen mußte. An das Wiedererkennen sozrealistischer Bildmuster knüpft sich die Frage nach deren propagandistischer Botschaft, und das um so zwingender, wenn ein Vertreter eines Berufsstandes gleich doppelt auftritt.

Für sein Bild »Fotograf. Fotograf« von 1987 hat sich Jarosław Modzelewski die im Wörterbuch abgebildete Illustration des russischen Verbs »fotografieren« zweifach angeeignet. Ein rot gewandeter Mann sitzt mit ausdruckslosem Gesicht zwei identisch aussehenden Lichtbildnern mit ihren altmodischen Balgenkameras gegenüber; ihre Profile bilden verschattete Flächen. Anstelle von Repräsentanten ideologischen Optimismus treten in dem Gemälde Antihelden auf, wie sie Jolanta Ciesielska als charakteristisch für den Künstler beschreibt: »Die marionettenhafte Unterwürfigkeit von Modzelewskis Figuren, ihr begrenztes Repertoire an Gesten, die auf die Oberfläche der Leinwand reduzierte Umgebung, die nicht vorgibt mehr zu sein, als sie ist, bezeugen [...] die Konfrontation zweier Tendenzen: der konstruktiven Ordnung und des destruktiven Denkens.«[31]

Destruktiv hat sich Jarosław Modzelewski ganz offensichtlich gegenüber seiner grafischen Vorlage verhalten. Seinem Bild fehlt der örtliche Bezugsrahmen, den im Lehrbuch ein Scheinwerfer und ein Vorhang als Kulisse des Fotografenstudios markieren. Darüber hinaus läßt sich Modzelewskis Farbsemantik, die in Bildern früherer Jahre politische Anspielungen transportierte,[32] nicht mehr ohne weiteres entschlüsseln. Sie scheint zum bloßen Modeattribut degradiert, der roten bzw. blauen Kleidungsfarbe. Keine der Gestalten kann mehr das Sinnbild einer neu zu bauenden Welt abgeben. Das Bild leistet die Doppelbewegung des Aufrufens sozrealistischer Bilddidaktik und ihres gleichzeitigen Entkleidens von jeglichem Sinn. Als malerische Komposition ist das Motiv nicht nur aus dem Kontext des sozrealistischen Bildwörterbuchs herausgelöst, durch Verdoppelung und räumliche Freistellung ist ihm auch sein ursprünglicher Verweischarakter genommen. Das Bild des zweifachen Ablichtens stellt sich als absurder Selbstzweck dar.

Die malerische Komposition ist dabei von einer konstruktiven Ordnung bestimmt, die insbesondere in der Serialität des Bildpersonals und dessen formaler Stilisierung zum Ausdruck kommt. Es ist eine Künstlichkeit, wie sie Boris Groys für den Sozialistischen Realismus als alleiniges Interesse herausstellt.[33] Darin sieht Groys eine Kontinuität mit der klassischen Avantgarde, definiert er diese doch als »Absage an die Abbildung der Realität, wie sie ist, zugunsten ihrer künstlerisch-technischen Transformation«[34]. Im Sozialistischen Realismus sei allerdings das »realitätstransformie-

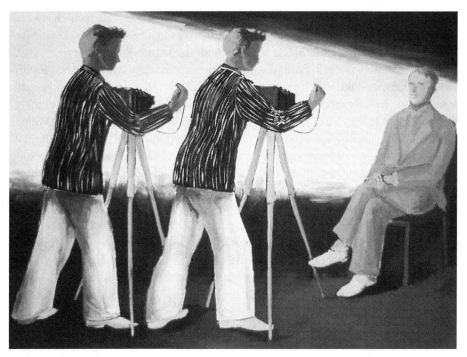

Späte Antihelden: »Fotograf, Fotograf« (1987) von Jarosław Modzelewski.

.

rende Subjekt« nicht mehr – wie noch in der Avantgarde – der einzelne Künstler, sondern die kommunistische Partei.[35] Den darin begründeten konstruierten Charakter der Lehrbuchzeichnungen wußte Modzelewski auf die Spitze zu treiben. Den innerbildlichen Fixierer und Reproduzierer der sozialistischen Wirklichkeit, den Fotografen mit seiner Kamera, vervielfältigte und typisierte er seinerseits. Der doppelte Fotograf erscheint austauschbar, während sein Fotomodell sich wissentlich ins Bild setzen läßt. In den achtziger Jahren gerierte sich wiederum eine Künstlerpersönlichkeit in der Rolle eines Umformers der Wirklichkeit, ohne sie aber ausfüllen zu wollen, wie es für die Kunst des Sozialistischen Realismus die Partei übernommen hatte. Hinter Modzelewskis Darstellung steht nicht mehr der damalige Anspruch, die Realität zu transformieren, ihr Thema ist die Transformation selbst.

Ausgelöst durch das letzte gewaltige Aufbäumen des Systems, die Verhängung des Kriegsrechts im Dezember 1981, unterzogen junge Künstler die ideologischen Verstrickungen der Kunst im kommunistischen Polen einer historischen Revision. In der bis in alle Lebensbereiche hinein politisierten Dekade hatte die Frage nach dem Verhältnis der Kunst zur Politik erneut Brisanz gewonnen.[36] Auch Jarosław Modzelewski sah sich angesichts der gesellschaftspolitischen Bedingungen, unter denen er sein künstlerisches Schaffen begonnen hatte, außerstande, die modernistische, von allen außerkünstlerischen Problemen absehende Kunst seiner Lehrer fortzusetzen.[37]

Doch anstatt nun seine Malerei in den Dienst der Opposition zu stellen und Kunst damit erneut zum Propagandainstrument zu degradieren, nahm Modzelewski eine Untersuchung dieses grundsätzlichen Mißverständnisses vor.

Als Anschauungsobjekt dafür diente die Bildsprache des Sozialistischen Realismus in ihrer nachhaltigen Einprägsamkeit. Da sich ihre Botschaften längst verselbständigt hatten – Kobzdejs »Gib einen Ziegel!« wurde, wie gezeigt, als Abbild einer Epoche gesehen –, entleerte Modzelewski sein Bild jeglichen Inhalts. Wajdas Strategie, den ideologischen Text in seinem Kontext zu lokalisieren und die notwendig übersehenen Ränder sichtbar zu machen, setzte Modzelewski die Isolierung des Textes entgegen.[38] Er riß die tradierte Zeichensprache des Sozialistischen Realismus aus ihrem Bezugsrahmen, der stalinistischen Kulturdoktrin, heraus, manipulierte sie, indem er den Fotografen verdoppelte, und isolierte sie von dem, kraft dessen sie ihre Faszinationskraft ausübte. In einer Zeit, in der jegliche Aufbaueuphorie verflogen war, erschien diese Zeichensprache in ihrer völligen »Nichtigkeit« und »unmittelbaren Realität«.[39] Demonstrativ enthob Modzelewski die Kunst von der Zuständigkeit für die Legitimierung der Machtverhältnisse. Die Kunst in der Volksrepublik Polen hatte sich vollends emanzipiert. Gerade dadurch konnte sie auf die rückwärtsgewandte Jaruzelski-Diktatur verweisen, die gewaltsam die sozialistische Ideologie aufrechtzuerhalten versuchte, sich durch sie aber schon nicht mehr zu rechtfertigen wußte.[40]

Das stalinistische Gesamtkunstwerk bleibt in Modzelewskis Bild als sinnentleerte Hülse zurück.[41] Der sozialistische Held hat in Form eines verdoppelten Fotografen jeden Vorbildcharakter eingebüßt, steht er doch nicht mehr als einzelne heroische Figur da. Er ist vielmehr in seiner notwendigen Typisierung zu einem Klon verkommen. Deutlicher ist die Marionettenhaftigkeit sozialistischer Arbeitshelden nicht mehr vorzuführen. In der polnischen Kunst bildet der doppelte Fotograf den Endpunkt eines von Künstlern unternommenen Aufarbeitungsprozesses, der die Strukturen und Mechanismen stalinistischen Heldenkultes aufdeckt. Deren Wirkungsmacht war damit endgültig gebrochen. Zweifellos hatten in den fünfziger Jahren Künstler Anteil daran, das sozialistische System in Polen zu errichten; es bleibt aber zu fragen, welchen Anteil jüngere Künstler wie Wajda oder Modzelewski hatten, das System zu stürzen.

Jerzy Kochanowski

»… doch diesen Namen werden sie preisen«
Der General Karol Świerczewski

Karol Świerczewski wurde am 22. Februar 1897 in Warschau als Sohn einer Arbeiterfamilie geboren. Im Alter von fünfzehn Jahren begann auch er in einer Fabrik zu arbeiten, 1915 evakuierte man ihn mit der Belegschaft dieses Betriebes nach Rußland, zunächst nach Kasan, dann nach Moskau. Dort trat er 1917 in die Rote Garde ein, im Jahr darauf in die Allrussische Kommunistische Partei der Bolschewiki. Nach dem russischen Bürgerkrieg blieb er in der Roten Armee und leitete ab 1931 eine Diversantenschule der Komintern, daneben fungierte er als militärischer Berater in China. Für die Gestalt des zukünftigen Mythos wurde das Sonderkommando nach Spanien von Dezember 1936 bis Mai 1938 sehr wichtig. Die Leitung internationaler Abteilungen, besonders die der 35. Republikanischen Division, brachte ihm – als General »Walter« – bereits großen Ruhm ein (er diente als literarische Vorlage für den General Goltz in »Wem die Stunde schlägt« von Ernest Hemingway).

Aus Spanien abberufen, geriet er zunächst auf das berufliche Abstellgleis. Zurückkehren durfte er erst mit dem Beginn des deutsch-sowjetischen Krieges, und zwar als Kommandant der 248. Infanteriedivision, ein Posten, den er 1941 bei Wjasma verlor. Aus der feindlichen Einkreisung konnten nur er selbst und fünf seiner Soldaten entkommen. Dem Tode nur knapp entronnen, kam er in den polnischen Abteilungen in der UdSSR unter. Im September 1943 stieg er zum stellvertretenden Kommandeur des 1. Korps der Polnischen Streitkräfte in der UdSSR auf und übernahm 1944 die Leitung der 2. Armee.[1] Mit ihr überschritt er 1945 die Neiße, eroberte Bautzen und beendete seinen Marsch im tschechischen Melnik, in der Nähe von Prag. Im Februar 1946 berief man den ruhmreichen Helden zum stellvertretenden Minister für Nationale Verteidigung sowie zum Abgeordneten des Zentralkomitees (ZK) der Polnischen Arbeiterpartei (PPR) und des gesetzgebenden Sejms, dem Parlament in Polen. Świerczewskis Weltanschauung bekam nun allmählich Risse: Der idealistische Kommunist war zunehmend von dem System, das er als Mitglied der Regierung stützte, enttäuscht. So lehnte er ab, als Jossif W. Stalin ihm im Februar 1947 die Übernahme des Sicherheitsministeriums anbot.[2]

Während einer Truppeninspektion im Süden des Landes wurde sein Konvoi in Cisna in den Ostbeskiden von einer Abteilung der Ukrainischen Aufstandsarmee (UPA) in Jabłonki bei Baligród angegriffen. Dabei kam neben anderen auch General Świerczewski ums Leben. Bis heute konnte nicht geklärt werden, ob dies zufällig geschah, ob er verraten oder ob er sogar von einer polnischen Kugel getroffen wurde.

Sicher ist dagegen eins: Seine Ermordung war für die polnischen Kommunisten ein Geschenk des Himmels, das sie für ihre Zwecke zu nutzen wußten. Nun konnten sie endlich die ukrainische Frage lösen. Obwohl die damals bereits geschwächte Ukrainische Aufstandsarmee, die Anfang 1947 nur noch etwa 1500 Soldaten zählte, keine ernstzunehmende Bedrohung für den Staat darstellte, hatte man mit Świerczewskis Tod »durch meuchelmörderische Kugeln der ukrainischen Faschisten aus der UPA«, wie es in der offiziellen Presseverlautbarung hieß, eine Handhabe dafür, die Stimmung in der Gesellschaft anzuheizen und die Aussiedlung von fast 150 000 Ukrainern aus Südostpolen im Rahmen der »Aktion Weichsel« zu begründen. Die seit langem vorbereitete Operation wurde einen Tag nach dem Überfall auf Świerczewskis Konvoi vom Politbüro des ZK der PPR beschlossen, am 29. März 1947.[3]

Zeitgleich zu den Repressionsmaßnahmen gegen die Ukrainer formte man die Legende von »General Walter«. Damit wollte man ältere Heldengestalten wie Józef Haller (Gründer und Kommandeur der Polnischen Armee in Frankreich 1918–1919), Władysław Sikorski (Ministerpräsident der Exilregierung 1939–1943) und Władysław Anders (Gründer der Polnischen Armee in der Sowjetunion 1941–1942 und späterer Kommandeur der Polnischen Streitkräfte im Westen) gewissermaßen ersetzen. Die »Ernennung« Świerczewskis zum Kriegshelden hatte noch einen anderen Grund: Es war nämlich in den ersten Nachkriegsjahren nicht gelungen, einen Helden in Uniform zu lancieren, der dem General an Beliebtheit und Berühmtheit gleichwertig gewesen wäre. Świerczewskis eignete sich nicht zuletzt auf Grund seines eindrucksvollen Lebenslaufs hervorragend zum Helden dieser neuen sozialistischen Gesellschaft. Vor allem war er Soldat gewesen, was ihn angesichts des Uniformenkults in Polen beispielsweise gegenüber dem kommunistischen Funktionär der polnischen Arbeiterbewegung Julian Marchlewski und dem russischen Geheimdienstchef Feliks Dzierżyński in eine privilegierte Position versetzte. Weit weniger als diese allerdings wurde er mit Terror und Servilismus in Verbindung gebracht. Kaum jemand aus der Bevölkerung wußte schließlich, daß auch er mit einem besonderen Ziel nach Spanien abkommandiert worden war. So diente er innerhalb eines Sonderkommandos der Infiltrierung und Beherrschung der westlichen Linken.

Świerczewski paßte bestens in das polnische Muster des Kampfes »für eure Freiheit und unsere« – im 19. Jahrhundert die Parole der polnischen Freiheitskämpfer. Obwohl er nicht der beste Stratege war – während des Kampfes an der Neiße sowie bei der Eroberung Bautzens verlor er ein Fünftel seiner Truppen –, konnte man ihm persönlichen, manchmal sogar heroischen Mut nicht absprechen. Er hatte wie der farblose Parteichef Bolesław Bierut (1947–1952 Präsident Polens, 1948–1956 Erster Sekretär des ZK der PVAP) und der asketische Dzierżyński die höchsten Parteiämter inne, blieb aber immer im Hintergrund und wurde daher nicht mit der ungeliebten Partei in Verbindung gebracht.

Und was für seine Legende am wichtigsten war: Er starb auf »anständige« Weise, durch eine ebenbürtige, weil freiheitsliebende ukrainische Hand. Der Zeithistoriker Andrzej Garlicki schrieb: »Man kann vermuten, daß er in Kürze Gefangener des

Der polnische General Karol Świerczewski, der als Freiheitskämpfer verehrt wurde, als stellvertretender Minister für Nationale Verteidigung.

Sicherheitsdienstes geworden wäre, hätte ihn nicht eine ukrainische Kugel getroffen. In jedem Falle befreite der Tod in den Ostbeskiden ihn vom Makel der Verantwortung für die stalinistischen Verbrechen in Polen.«[4]

Auf der erwähnten Sitzung des Politbüros des ZK der PPR vom 29. März 1947 besprach man die Angelegenheiten seiner Beerdigung, zeichnete den Verstorbenen mit dem höchsten militärischen Orden aus und entschied, die Straße, in der er geboren worden war, und die Fabrik, in der er gearbeitet hatte, nach ihm zu benennen.[5] Zugleich beschloß die Regierung, Denkmäler an der Neiße, auf dem Friedhof der Zweiten Armee und am Ort seines Todes zu errichten.[6] Umgehend wurde zudem eine Propagandakampagne in der Presse und im Radio in Gang gesetzt. Diese vermittelte in unzähligen Variationen, der Tod habe »dem ganzen polnischen Volk die Moral und den Charakter von Karol Świerczewski und seiner großen Verdienste offenbart«, gerade diese Tugend aber habe er »auf dem Altar der Freiheit geopfert [...] für die Republik und zum Ruhme des Polnischen Namens [...]«.[7] In ganz Polen organisierten Parteigruppen, Fabriken, Einheiten des Militärs, Schulen und Hochschulen Trauerfeiern. Es sind zwar keine entsprechenden Direktiven überliefert, doch es gibt keinen Zweifel, daß diese Aktion zumindest teilweise von den Staats- und Parteioberen gesteuert war. Darauf weist auch der geradezu identische Wortlaut der Kondolenzschreiben an die PPR und die Regierung hin. So verkündeten die Funktionäre der Bürgermiliz in Niederschlesien in immer gleichlautenden »Resolutionen« »ihren

195

Beitritt zu den Freiwilligenbataillonen zum Kampf gegen die überlebenden ukrainischen Faschisten der UPA«.[8]

Dem Begräbnis am 1. April wurde höchste staatliche Aufmerksamkeit zuteil. Am feierlichen Geleit nahmen die einflußreichsten Parteifunktionäre, Vertreter des Sejms und der Regierung, das diplomatische Korps, Militärdelegationen und Dąbrowski-Brigadisten (Kombattanten im Spanischen Bürgerkrieg) teil. Bemerkenswert war auch, daß der Lafette mit dem Sarg eine Gruppe von Priestern folgte.[9] Eugeniusz Szyr, Świerczewskis Kampfgenosse aus Spanien, sagte am Grab: »Du wirst nach Tadeusz Kościuszko und nach General Jarosław Dąbrowski in die Geschichte eingehen.«[10]

Die Entstehung eines Mythos

Um General Świerczewski entspann sich nun einer der wirkungsmächtigsten Mythen der Volksrepublik Polen. Aber es war kein Mythos, der sich linear entwickelte. Sein Verlauf erinnert eher an eine Sinuskurve, deren Amplituden von der legitimatorischen Nachfrage der jeweiligen politischen Führungsriege und der Bezugnahme auf militärische Traditionen, vor allem der des Zweiten Weltkriegs, abhing. Nach der ersten »schöpferischen« Phase des Świerczewski-Narrativs Ende der vierziger, Anfang der fünfziger Jahre verblaßte die öffentliche Erinnerung an den General ab 1956 mit der Rückkehr zu älteren Traditionen wie zum Beispiel der Heimatarmee (Armia Krajowa, AK). General »Walter« kehrte zu Beginn der sechziger Jahre allerdings ins polnische Heldenpantheon zurück und blieb dort bis zum Ende der Ära Gomułka auf einem der Spitzenplätze. Der nachfolgenden Gierek-Equipe in den siebziger Jahren, die sich fortschrittlich und modern präsentieren wollte, war er zu anachronistisch.[11] Eine Renaissance erlebte die Gestalt Świerczewskis erst wieder zu Beginn der achtziger Jahre, als General Wojciech Jaruzelski an die Macht kam, der seine militärische Karriere ebenfalls in den polnischen Abteilungen in der UdSSR begonnen hatte.

Die Extrema dieser Heldenkonjunkturen lassen sich an maßgeblichen Propagandathemen verdeutlichen – so an hohen Auflagen von Büchern über den General, am Druck von Briefmarken (1987), an der Prägung von Gedenkmünzen (1967; Auflage zwei Millionen Stück[12]), an Ausstellungen wie im Warschauer Museum der polnischen Armee, einer Schau, die von Februar bis Juli 1967 zu sehen war und in der Świerczewski eine Hauptrolle spielte, oder im Świerczewski-Museum in den Ostbeskiden, das 1985 eröffnet und nach wenigen Jahren wieder geschlossen wurde. Allerdings darf man nicht vergessen, daß während der sonst recht »unfruchtbaren« siebziger Jahre das Porträt Świerczewskis weiterhin auf der Fünfzig-Złoty-Banknote zu finden war.

Zwei Wochen nach der Beerdigung des Generals, am 13. April 1947, forderte der Parteifunktionär Mieczysław Bodalski auf dem Plenum des ZK der PPR: »Man muß

Świerczewski als Muster eines Kämpfers für die Freiheit der Nation darstellen. Das wäre auch eine richtige Lektion aus der Geschichte, die vor allem der Jugend nicht vorenthalten werden darf. Die Propaganda des ZK sollte darauf achten, an diese Dinge organisiert und durchdacht anzuknüpfen.«[13]

Die Umsetzung der Empfehlungen ließ nicht lange auf sich warten. Schon um die Jahreswende 1947/48 war Świerczewski in den »Themen für das künstlerische Schaffen« – politische Hinweise für Maler, Dichter, Musiker und Bildhauer – zu finden, die von der Abteilung Bildung und Kultur des ZK der PPR erarbeitet worden waren. Er hatte dort neben anderen Helden der neuen Zeit wie dem Kommunisten Marian Buczek, der 1939 im Kampf um Warschau ums Leben gekommen war, Marcel Nowotki, Paweł Finder, Hanna Sawicka und Jan Krasicki, allesamt Funktionäre der konspirativen PPR und der sogenannten Volksgarde, die im Krieg gefallen waren, Platz gefunden.[14] Dies sollten aber nur erste Schritte sein; Anlaß zu einer weitaus publikumswirksameren Aktion bot der erste Todestag Świerczewskis. Da dieses Datum im Jahr 1948 in die Osterzeit fiel, empfahl das ZK der PPR am 6. März, die Feierlichkeiten auf den 17. April zu verschieben[15] und mit der »Woche der Westgebiete« zu verbinden, die zum Jahrestag der Überschreitung der Neiße durch den »Kommandeur der siegreichen Zweiten Armee, General Świerczewski«, ausgerufen wurde. »Linientreu« nach den Maßgaben des Militärs und des Kampfverbandes der Jugend handelnd, sollten nun allerorten Festveranstaltungen und öffentliche Gesprächsrunden organisiert werden.[16] Am 18. April fand zudem eine Demonstration auf dem Krakauer Marktplatz statt, und »auf dem Gebäude der Tuchhallen wurde ein großes Porträt von General Świerczewski im Trauerrahmen aufgehängt, um auf diese Weise die Verbindung zwischen der ›Woche der Westgebiete‹ und dem Jahrestag des Todes des Generals zum Ausdruck zu bringen«.[17] In Baligród, wo er den Heldentod gefunden hatte, versammelten sich auf Initiative der PPR 20 000 Menschen.[18]

Im Eiltempo wurde die erste Broschüre über Świerczewskis Leben erarbeitet, allerdings mit einer Menge von faktischen und editorischen Mängeln. So wurde z. B. das Geburtsdatum 1896 falsch angegeben, und die Jahre 1918–1936 und 1938–1943 ausgespart.[19] Das in einer Auflage von 20 000 Exemplaren gedruckte Büchlein empfahl das Bildungsministerium als hervorragende Lektüre »für Schulen aller Art und für Jugendkulturklubs«. Noch im selben Jahr erschien ein weiteres Werk dieser Machart, und zwar aus der Feder von Janina Broniewska: »Über den Mann, der sich den Kugeln nicht beugte«. In den achtziger Jahren hieß es über Broniewskas Buch: »Dieser literarische Lebenslauf [Walters] erfüllt, wie es scheint, die fundamentale Rolle bei der Popularisierung seiner Person in unserer Gesellschaft, besonders in der jungen Generation.«[20] Das war nicht verwunderlich. Diese spannend verfaßte Broschüre erlebte zwischen 1948 und 1987 siebzehn Auflagen in einer Gesamtzahl von 1,5 Millionen Exemplaren. Bis zu Beginn der achtziger Jahre zählte sie zur Pflichtlektüre in den Schulen. Unabhängig von anderen, womöglich wertvolleren literarischen Veröffentlichungen[21] spielte gerade diese frühe Schrift bei der Erschaffung der Legende Świerczewskis eine außergewöhnlich wichtige Rolle, und die im Titel verwendete Beschreibung wurde zu einer der Wortikonen der Volksrepublik Polen, zu einer Losung, die der Mehrheit der Bevölkerung geläufig war.

Die Arbeit Broniewskas stand Pate für alle weiteren Lebensbeschreibungen des Generals. Egal von welchem Autor und egal zu welchem Zeitpunkt sie entstanden, ihre Tektonik blieb weitgehend gleich. Immer wurde Świerczewskis Herkunft unterstrichen, die Tatsache, daß er »Hunger und Kälte schon in jungen Jahren kennenlernte«. Daß er trotz außergewöhnlicher Fähigkeiten keine Gelegenheit zu einer Ausbildung hatte, war kein Hindernis, später hohe Positionen einzunehmen: »Er gehörte also zu jenen erstaunlichen Kadern der Rotarmisten, die vom Hirtenjungen, Stallknecht oder Arbeitslosen im Feuer des Revolutionskrieges zu hervorragenden Offizieren heranwuchsen.«[22] Während die ersten zwanzig Jahre seines Lebens detailreich erzählt wurden, blieben die folgenden zwei Dekaden – bis zu seiner Ausreise nach Spanien – eher im dunkeln. In den vierziger und fünfziger Jahren fand Świerczewskis freiwilliger (wenn auch kurzer) Einsatz im Kampf gegen die Polen 1920 noch kurz Erwähnung, in den sechziger Jahren war dann lediglich noch zu erfahren, daß der Soldat »im Mai 1920 ein Bataillon führte, das an der Westfront auf weißrussischem Gebiet gekämpft hatte«.[23]

Der größte Teil dieser Biographien widmete sich Świerczewskis »Spanienzeit«, sie wurde zum Fundament der Legende. Der General bewährte sich, so die Erzähler, bestens unter den spezifischen Bedingungen des Bürgerkriegs. Dabei kam es im Kampf weniger auf fachliche Kompetenz denn auf Improvisationsvermögen, Mut und Charisma an. Und daran fehlte es dem General nun wirklich nicht; »unerhörtes Heldentum und Todesverachtung« waren nicht allein poetische Beschreibungen der Biographen. In späteren, für Erwachsene verfaßten Werken unterstrich man zudem seine »Menschlichkeit«: »Er liebte es, mit den Soldaten zu plaudern, trank mit ihnen Wein und manchmal auch Kräftigeres, redete gern von Frauen, denn er war kein Revolutionär wie er im Buche steht, er machte sich lustig über die prüde Didaktik für gut erzogene Kinder, liebte das Leben und machte daraus keinen Hehl!«[24] Die Zeit nach seiner Rückkehr aus Spanien, bis zu seinem Einsatz im Zweiten Weltkrieg, also die Phase seiner beruflichen »Kaltstellung«, übersprangen die Biographen einfach. Vielmehr gingen sie sofort dazu über, »Walters« Ruhmestaten als General der polnischen Armee zu beschreiben, besonders seinen Einsatz in der Zweiten Armee, die unter seinem Kommando die Neiße überschritten und Bautzen erobert hatte.

Nicht ohne Grund wurde hier angemerkt, daß General Świerczewski zur »Nahrung der Dichter« wurde. Schon 1948 schrieben das Haus des Polnischen Militärs und der Verband der polnischen Schriftsteller einen Wettbewerb für ein Poem über Świerczewski aus. Den ersten Preis gewann damals Władysław Broniewski, einer der anerkanntesten und einflußreichsten Dichter der Nachkriegszeit, mit der »Erzählung über das Leben und Sterben von Karol Walter Świerczewski – Arbeiter und General«. Ähnlich wie der Titel des Büchleins von Broniewkis Ehefrau blieben diese Strophen tief im kollektiven Bewußtsein haften: »Nicht über jeden singen sie, doch diesen Namen werden sie preisen, er wird sich erheben können, als Legende

In den achtziger Jahren war General Karol Świerczewski auch auf den polnischen Geldscheinen abgebildet.

über die Geschichte«.[25] Diese Verse schmückten später unzählige Świerczewski-Denkmäler in Polen.

Poesie und Prosa erwiesen sich jedoch sehr bald als zu kurzgreifend für den Ausbau und die Popularisierung der Legende. Auf der Sitzung der Unterkommission Film der Abteilung Bildung und Kultur des ZK der PPR vom 19. Mai 1948 unterstrichen die Verantwortlichen die Notwendigkeit eines eigenen Kinofilms »vor dem Hintergrund der Biographie von General Świerczewski«.[26] Das umgehend verfaßte Drehbuch bewertete nicht irgendeine Kommission, sondern die politischen Führer Bolesław Bierut und Konstantin Rokossowski (sowjetischer Marschall, 1949–1956 polnischer Verteidigungsminister) höchstpersönlich. Beider Bewertung fiel negativ aus, Rokossowski stellte sogar fest: »Ein Film dieser Art kann der Aufgabe, die Jugend zu erziehen, nicht gerecht werden, daher wären Dreharbeiten zwecklos. Das gesamte Drehbuch ist schlecht und politisch fehlerhaft.«[27] Weniger direkt formulierte es Bierut, aber auch er geizte nicht mit Kritik und mit Verbesserungsvorschlägen. Während sich Rokossowski auf inhaltliche Mängel konzentrierte, merkt man Bieruts Bemerkungen deutlich die Sorge an, die Świerczewski-Legende könnte seine eigene Rolle schmälern. Er schrieb: »Man sollte entschiedener den Charakter des Films herausstellen: als biographischer Dokumentarfilm, der sowohl die Person des Kriegshelden […], als auch den revolutionären polnischen Kommunisten illustriert, der entschieden und unermüdlich für die Realisierung des Programms und der Weisungen der Partei kämpft – sein ganzes Leben lang. […] Man sollte alle Elemente der Handlung entfernen, die mehr oder weniger den oben genannten Charakter stören und manchmal sogar den ideologischen Hintergrund des Films entstellen. So gibt es in dem Film eine Reihe von Szenen, in denen Świerczewski als leitender und selbständig entscheidender Mensch auftritt – der General als Gestalt ohne jegliche Verbindung zu einer Parteigruppe oder einer Parteizelle, welche die allgemeine Linie des Vorgehens der Kommandeure und ihrer Umgebung vorgibt. Dem Zuschauer könnte vor allem die *leitende ideelle und organisatorische Kraft* verborgen bleiben und er würde die Folge der Geschehnisse entweder dem Genie und dem Heldentum des Individuums oder dem Zufall zuschreiben.« (Hervorhebungen im Original)[28] Bierut riet außerdem zu einer Betonung der Teilnahme Świerczewskis an weltverändernden Kämpfen (Spanien, Sowjetunion im Zweiten Weltkrieg) – als »Patriot und Internationalist«, der sich dem Vaterland immer verbunden fühlte. Wichtiger als alles andere war, daß man »Karol konsequent als Kommunisten und Nationalhelden in jedem Lebensabschnitt« zeigte.[29]

Letzten Endes kam der zweiteilige Film von Wanda Jakubowska »Soldat des Sieges« – der Bieruts Anweisungen umsetzte – am 8. Mai 1953 in die Kinos.[30] Dieser erste Film über General »Walter« blieb allerdings nicht der einzige. 1966 beispielsweise drehte Janusz Morgenstern den Film »Und danach folgt Stille«. Daneben entstanden ein Animations- und sieben Dokumentarfilme über den Kriegshelden und Kommunisten Świerczewski. Zu seinen Ehren komponierten selbst namhafte Komponisten größere Musikstücke, unter anderen Kazimierz Przybylski eine Kantate, die den Text des erwähnten Poems von Broniewski vertonte. Etwa 150 Kunstwerke, die ihn darstellten, von so bekannten polnischen Bildhauern wie Xawery Dunikowski und Alfons Karny, fanden ihren Weg in landesweite und internationale Ausstellungen. In der Prosa fand der Held seinen Platz in »Łuny w Bieszczadach« (Feuerschein in den Beskiden) von Jan Gerhard oder in »Odcinek południowy« (Der Südabschnitt) von Jerzy Korczak.[31]

Während sich die »soldatische Legende« von General »Walter« bis zum Ende der Volksrepublik Polen gehalten hat, verschwand der zunächst präferierte Mythos vom »idealen Kommunisten« in der zweiten Hälfte der fünfziger Jahre. Dieser äußerte sich zuletzt bei der Namensvergabe an polnische Pfadfindergruppen, die »Walterowcy«. Sie »hielten sich für Revolutionäre. [...] Sie glaubten, gerade ihnen würde es gelingen, die Welt zu verändern.«[32] Es ist eine Ironie der Geschichte, daß die Organisation, die tadellose Kommunisten hervorbringen sollte, später zur Brutstätte des Revisionismus avancierte.

Länger als seine Vergangenheit als Kommunist pflegte man Świerczewskis Rolle als »Internationalist«, der auf sowjetischer, chinesischer und spanischer Erde die Tradition der polnischen Demokraten und Revolutionäre zu kultivieren verstand.[33] Zeugnis seines weltweiten Ruhms war nicht zuletzt das Echo, das sein Tod »in der ganzen fortschrittlichen Welt« hervorrief.[34]

Ein anderer Bezugspunkt für die Verewigung des Mythos wurde die Ausgestaltung der historischen Marschroute der 2. Armee durch Polen, Deutschland und die Tschechoslowakei. Auch eine Kaserne der Nationalen Volksarmee der DDR in Dresden benannte man nach Świerczewski, eine entsprechende Bronzetafel zeugte fortan von dem berühmten Paten.

Świerczewski war nun allerorten präsent: In Polen war er Namenspatron von Hunderten von Schulen, Straßen, Plätzen und Fabriken. Warschau führte die Liste an, schließlich war »Walter« »immer in Verbindung zu seiner Stadt geblieben – als

Sehnsucht, Maß und Tat seines Lebens«.[35] Bereits im März 1947 befürworteten die Mitarbeiter der Staatlichen Gewehrfabrik, in der Świerczewski einst gearbeitet hatte, den Vorschlag, daß das Werk seinen Namen tragen sollte.[36] Die Parteiorganisation des Stadtteils Wola ging noch weiter und benannte, ohne eine Entscheidung des Politbüros abzuwarten, auch die Dworska-Straße, an der das Unternehmen lag, nach dem General.[37] Seit den sechziger Jahren war er Patron der Warschauer Grundschule und des Lyzeums Nr. 34, der Berufsschule in der Wysocki-Straße 51, der Fabrik für Präzisionsprodukte an der Kasprzak-Straße, später noch der Sporthochschule, der Akademie des Generalstabs und eines Süßwarenbetriebes. Die General-Karol-Świerczewski-Allee durchzog fast die gesamte Stadt, den großen Arbeiterstadtteil Wola, das Zentrum und die Altstadt. Außerdem gab es in der Vorstadt noch eine kleine General-Walter-Straße.[38] Dem Beispiel der Hauptstadt folgte man im ganzen Land. In Poznán errichteten die örtlichen Verantwortlichen im Jahr 1948 sogar ein Denkmal, für das sie Teile der Statue des preußischen Generals Nollendorf verwendeten.[39] In Szczecin trug die Medizinische Hochschule Pommerns seinen Namen, in Łódź benannte man eine der größten Textilfabriken nach ihm.

Pilgerreisen zu einem mythischen Ort

Von besonderer Zugkraft war die Świerczewski-Legende in touristischer Hinsicht, da der Held in den Ostbeskiden ermordet worden war, in einer der schönsten und wenig erschlossenen Landschaften Polens. Die Errichtung einer neuen weltlichen »Pilgerstätte« diente letztendlich – geplant oder zufällig – vor allem der Polonisierung dieses Gebietes. Schließlich war dies nicht der erste Fall, in dem man Tourismus und Propaganda miteinander verband. Schon zur Wende des Jahres 1947/48 planten die Staats- und Parteioberen im Rahmen der Propagierung des Kampfes der Volksarmee Armia Ludowa den Bau »von Herbergen in der Lubliner und Kielcer Gegend mit Hilfe des Polnischen Verbands für Touristik und Landeskunde sowie des Verkehrsministeriums zur Unterstützung der touristischen Wege auf dem Partisanenterrain«.[40]

Im Falle General »Walters« nun adaptierte man auch Zwischenkriegstraditionen wie Gedenkmärsche (zum Beispiel auf den Pfaden der Kaderkompanie, die am 6. August 1914 unter dem Kommando von Józef Piłsudski von Krakau aus ins Königreich Polen einfiel) und argumentierte, ein Marsch sei »die leichteste und einfachste Form des Sports. Man benötigt keine besondere Ausrüstung und keine teure Versorgung. Außer einer gewissen Anstrengung verlangt er keine besonderen Fähigkeiten [...]. An ihm kann jeder teilnehmen, beginnend mit dem elften Lebensjahr.«[41] Schon 1952 wurde publiziert, daß im »Rahmen der Feierlichkeiten, die künftig zu jedem Todestag von General Karol Świerczewski stattfinden würden, Patrouillenmärsche mit dem Titel ›Auf den letzten Pfaden von General Świerczewski‹ geplant seien«.[42] Man unterstrich, daß die Märsche nicht nur »zahlreiche einheimische und ausländische Delegationen und ein Heer der ortsansässigen Bevölkerung« versammelten, sondern auch Delegationen von Sportlern, gesellschaftlichen Organisationen und Militär.[43] 1952 entstand eigens ein touristischer Weg, den fortan unter anderem auch die Teilnehmer der Gesamtpolnischen Freundschaftsrallye zu absolvieren hatten. An der Stelle, an der Świerczewski ermordet worden war, am Woronikówka-Berg bei Baligród, der schon bald in »Walter« umbenannt wurde, baute man eine Jugendherberge, einen Campingplatz, Parkplätze, Kioske und einen »Gastronomiepavillon«. Zu den weltlichen Anlaufpunkten gesellte sich bald ein repräsentatives Denkmal, zunächst ein bescheidenes, 1962 dann ein monumentales, »authentisches«.[44] Doch nicht an diesem quasi sakralen Ort, sondern im Polnischen Militärmuseum in Warschau wurden die persönlichen Habseligkeiten Świerczewskis ausgestellt, »die blutige Uniform, in der er starb, wird als die wertvollste Reliquie im Siegessaal des Militärmuseums aufbewahrt«.[45] Hier konnten ganze Schulklassen, Betriebskollektive oder Sonntagsspaziergänger schaudernd die letzten Überreste des Helden in Augenschein nehmen.

Wie wirkungsvoll und tief sich der Świerczewski-Mythos seinerzeit in den Köpfen der Bevölkerung festgesetzt hat, bezeugt die Tatsache, daß er alle Konjunkturen bis in die achtziger Jahre hinein überstand. Laut Untersuchungen, die Ende der achtziger Jahre durchgeführt wurden, rangierte er auf Platz neun der berühmtesten Polen und auf Platz vier derjenigen des 20. Jahrhunderts.[46] Der Abschied von General Świerczewski fiel so manchem Bürger bedeutend schwerer als der von anderen Helden des Sozialismus. Bis zur Währungsreform 1995 konnte man ihn deshalb auch immer noch auf den Geldscheinen sehen.

Freilich entschwand der Held nicht vollkommen aus dem Leben der polnischen Bevölkerung: So bleibt das Markenzeichen der Warschauer Genossenschaft »Walter«, die in Schokolade gegossenen »Walter«-Pflaumen, auch in Zukunft unumstritten, freilich mit einer kleinen Umwidmung.

Aus dem Polnischen von Bernd Karwen.

202

Árpád von Klimó

Traditionen der Helden des Sozialismus in Ungarn

Zur Einführung

Die Geschichte des Sozialismus in Ungarn weist gegenüber jener in Deutschland Besonderheiten auf, die zu einer spezifischen Ausprägung der sozialistischen Heldengestalten führten. Drei Aspekte scheinen mir bemerkenswert: erstens die »bolschewistische« Färbung der ungarischen KP bei ihrer Gründung Ende 1918; zweitens die damit zusammenhängende antibolschewistische Tendenz des Horthy-Regimes (1920–1944); drittens die »bäuerlich-volkstümliche« Ausrichtung der stalinistischen Diktatur unter Rákosi (1949–1953).

Im Unterschied zu Deutschland, aber ähnlich wie in Polen, Finnland und im Baltikum, war die Gründung der ersten ungarischen Kommunistischen Partei Ende 1918 vor allem von Politikern geprägt, die zuvor an der Oktoberrevolution teilgenommen hatten. Das hing einerseits mit dem Verlauf des Ersten Weltkriegs zusammen, an dessen Beginn bereits Zehntausende Ungarn in russische Kriegsgefangenschaft geraten waren, von denen sich einige Hundert 1917 den Bolschewiki anschlossen. Da von der Entente keine Unterstützung ungarischer Interessen erwartet werden konnte, formierte sich auch kein ungarisches Pendant zur »tschechischen Legion«, die im Bürgerkrieg gegen die Bolschewiki auftrat und damit wichtige Argumente für die Unterstützung einer tschechisch-slowakischen Nationalstaatsgründung lieferte. Ebensowenig kam es nach 1918 zu einem antirussischen Krieg wie in Polen, wo sich nationalistische und antibolschewistische Motive überlagerten. Zahlreiche ungarische Offiziere schlossen sich aus Enttäuschung über die Westmächte und aus nationalistischen Erwägungen der Roten Armee an, obwohl sie keinen sozialistischen Idealen anhingen. All dies führte dazu, daß 1919 ein großer Teil der Parteispitze aus Teilnehmern an der Oktoberrevolution. Zu ihnen gehörte auch Béla Kun.

Boldizsár Vörös geht in seinem Beitrag auf die kurzzeitig sehr intensive Propaganda der ungarischen Räterepublik ein, die auch vor diesem Hintergrund zu verstehen ist. Er hebt hervor, daß die Revolutionäre bei ihren Vorbereitungen zur Budapester 1.-Mai-Feier 1919 bestrebt waren, das gesamte symbolische Inventar der ungarischen Hauptstadt umzugestalten. Sie konzentrierten sich vor allem auf das Ensemble des 1896 begonnenen Millenniumsdenkmals (es wurde erst in den 1930er Jahren fertiggestellt), in dessen Zentrum die heidnischen Gründerfürsten mit Árpád an der Spitze standen, umringt von den apostolischen Monarchen, unter der Säule des Erzengels Gabriel. Diese Figuren-Gruppe stellte den politischen Kompromiß dar zwischen dem Haus Habsburg und den nach Unabhängigkeit strebenden Parteien Ungarns, die sich jeweils in der Tradition der christlichen Herrscher bzw. der heidnischen Landnehmer sahen.

Die ungarischen Räteaktivisten setzten sich mit dieser Manifestation des vorrevolutionären Ungarn nicht auseinander, sondern stülpten dem gesamten Ensemble ihre eigenen Figuren über, allen voran Karl Marx und muskulöse Arbeiter. Damit ersetzten sie nationale durch internationale »Helden«. Anders gingen sie mit dem Denkmal für den Nationaldichter und Revolutionsmärtyrer Petőfi um, dessen Statue durch besondere Ausschmückungen vereinnahmt werden sollte.

In beiden Fällen war es offenbar nicht gelungen, eine eigene Formensprache zu finden. Die Revolutionäre griffen vielmehr auf gegebene ästhetische Vorgaben zurück. Lag dies allein daran, daß sie bereits im alten System ausgebildete Bildhauer heranziehen mußten, oder auch daran, daß die revolutionäre Avantgarde in Ungarn eine andere Rolle spielte als in Sowjetrußland? Oder sind Heldenkulte, wie der spätere Stalinismus zeigte, von vornherein quasi auf heroische Archetypen angewiesen? Selbst der Film scheint die vorhandenen heroischen Formate nur beweglich zu machen, ohne ihr Aussehen zu verändern. Unter den Theaterschauspielern, die anläßlich der Maifeiern 1919 im Dienste der Revolution zwischen den mächtigen Heldenfiguren aus Pappmaché auftraten, war auch der junge Béla Lugosi, der wie so viele andere Filmschaffende 1919 zunächst nach Wien, anschließend nach Berlin und später nach Hollywood ging. In der US-Filmfabrik sollte Lugosi als Dracula eine der unsterblichen Figuren der Filmgeschichte werden, die durch ihre äußere Erscheinung, mit schwarzem Umhang, bleichem Gesicht, roten Lippen, hervorstehenden Eckzähnen und ölig nach hinten gekämmten Haaren, zu einer immer wieder zitierten Ikone der Moderne wurde – modern und archaisch zugleich.

Die Verantwortlichen der Räte-Republik benannten zum Beispiel die Krankenhäuser nach den Heroen der modernen Medizin. Vorher trugen sie die Namen katholischer Heiliger oder Angehöriger der Habsburger-Dynastie. Diese Umbenennungen verweisen auf das Problem der Säkularisierung des Heldentums. Heilige sind teilweise Vorläufer, teilweise Verwandte der modernen Helden und wie diese auch Nachfolger der antiken Heroen. Werden nun katholische Heilige durch moderne »Halbgötter in Weiß« ersetzt, dann wird deutlich, wie hier versucht wurde, das soziale Referenzsystem auszutauschen. Große Ärzte hatte man schließlich auch in der Zeit der konstitutionellen Monarchien verehrt. Wenn sie aber nun an die Stelle der Repräsentanten von Religion und Monarchie traten, bedeutete das einen Bruch: Die Grundlage der neuen Gesellschaft sollte allein die moderne Wissenschaft sein, oder besser: der *ideologisch begründete Glaube an dieselbe,* wie ihn der »wissenschaftliche Sozialismus« seit dem 19. Jahrhundert vertrat. Insofern paßt die zentrale Rolle, die Karl Marx im Pantheon der Räterepublik zukam, bestens in die neue ideologische Hierarchie. Internationale Figuren rangierten eindeutig vor nationalen. Aber ist das wirklich ein entscheidender Unterschied zum Pantheon der Zeit vor 1918? War der entscheidende Unterschied nicht vielmehr der, daß es eine solche Hierarchie nun überhaupt gab? Wurde hier nicht eher ein Ausgleich zwischen übernationalen Mon-

»Vorwärts zum Kongreß der jungen Kämpfer für Frieden und Sozialismus. 17.–18. Juni 1950« von István Czeglédi und Tibor Bánhegyi. Parteichef Mátyás Rákosi weist jungen Heldinnen und Helden den Weg.

archen und nationalen Führern, zwischen religiösen und weltlichen Vertretern ange-
strebt? Dann wäre das radikal neue des Pantheons der Räterepublik der Versuch gewesen, eine zentralistische und hierarchische Struktur von Helden des Sozialismus
und der Revolution einzuführen, die der Einheitlichkeit der (wohl nur als Ideal vorhandenen) Weltanschauung entsprechen sollte.

Der im Vergleich zu Deutschland sehr starke Einfluß der ungarischen Bolschewiki auf die ungarische KP führte in der Zeit des Horthy-Regimes zu einer besonders
aggressiven antibolschewistischen Ausrichtung der offiziellen Propaganda, vermengt
mit einem konservativen, gouvernementalen Antisemitismus. Denn Béla Kun wurde
nicht nur als skrupelloser Agent Moskaus, sondern auch als Vertreter eines angeblich
»un-madjarischen« großstädtischen Judentums zum obersten Staatsfeind erklärt. Dabei rangierte für Reichsverweser Horthy Antibolschewismus eindeutig vor Antisemitismus, weswegen der ungarische Admiral auch schockiert war, als er vom Hitler-Sta-
lin-Pakt erfuhr. Die ungarische KP versank zwischen 1919 und 1945 aufgrund des
extremen Verfolgungsdrucks, aber auch wegen der geringen Popularität der Räte-
publik in der Bevölkerung, beinahe in der Bedeutungslosigkeit. Anders als in der Weimarer Republik, konnte vor diesem Hintergrund keine kommunistische Massenpar-
tei entstehen. Das verstärkte den »russischen« Charakter der ungarischen Partei noch
mehr, ein Problem, das sich besonders nach dem Zweiten Weltkrieg auswirken sollte.
Während Stalin der SED aufgrund weitergesteckter deutschlandpolitischer Ziele nur
relativ geringen Handlungsspielraum gewährte und das stalinistische System in der
DDR nicht konsequent implementierte, wurde die 1949 gegründete Ungarische Volksrepublik streng nach sowjetischem Muster gestaltet.

Da Ungarn im Zweiten Weltkrieg eher revisionistische und weniger imperialisti-
sche Ziele verfolgte und da das Land stärker agrarisch geprägt war als Deutschland,
nahm die Propaganda ausgesprochen stalinistische sowie volkstümlich-nationalisti-
sche Züge an. Die Volksrepublik wurde als Endpunkt einer mehrere Jahrhunderte
währenden Geschichte von Befreiungskämpfen gegen verschiedene deutsche Er-
oberer verstanden, zu denen auch die Habsburger zählten. Im Unterschied zur SED
griff die ungarische KP im Rahmen ihrer Propaganda viel stärker auf Nationalhelden
zurück: Der klassische Goethe-Schiller-Kult war doch etwas anderes als der nationalistische Petőfi-Kult. Das hing aber auch mit der größeren Bedeutung der Tradition der Revolution von 1848 zusammen.

Der Kult um die Revolution von 1848/49 hatte in Ungarn seit 1860 eine konstitu-
ierende Bedeutung für die politische Kultur. Selbst das konservativ-autoritäre Hor-
thy-Regime mußte diesem Kult einen gewissen Raum in seiner national-christlichen
Propaganda einräumen. Mit der Verkündung des Volksfrontkurses durch Dimitroff
1935 begannen die Vordenker der ungarischen KP, sich des 48er Kultes anzunehmen.
Die antifaschistische Kriegspropaganda, die der Sender »Kossuth« (benannt nach dem
Revolutionsführer von 1848/49) aus Moskau sendete, stand ganz im Zeichen dieses
national-revolutionären Konzepts, in dem die deutschen Nationalsozialisten und ihre
ungarischen Verbündeten als moderne Nachfolger der Habsburger und ihrer »La-

kaien« erschienen, welche das ungarische »Volk« vierhundert Jahre unterdrückt hatten. Dieser für die Nazis durchaus schmeichelhafte historische Vergleich fand besonders im protestantisch und agrarisch geprägten östlichen Ungarn zahlreiche Anhänger, wo bereits im Herbst 1944 erste Einheiten der Roten Armee einmarschierten. Immer wieder stellte die Agitprop-Abteilung der ungarischen KP ihre Politik als Fortsetzung und Vollendung der Revolution von 1848/49 dar, angefangen von der »Bodenreform« von 1945 über die Ausrufung der Republik 1946 bis hin zur Errichtung der stalinistischen Diktatur 1948/49, die von pompösen Jahrhundertfeiern begleitet wurden. Das schwierigste Problem im Zusammenhang mit der Propagierung des »Erbes« von 1848/49 war die »zaristische Intervention« von 1849, die letztendlich zur Niederlage der ungarischen Revolutionstruppen geführt hatte. Denn in der populären Version dieser Geschichte waren es »die Russen« gewesen, die damals die größten Hoffnungen der ungarischen Nationalbewegung zerstört hatten. Der Beitrag von Árpád v. Klimó beschäftigt sich mit dem Versuch eines Schriftstellers, dieses Problem auf seine Weise zu lösen.

Sándor Horváth geht in seinem Beitrag auf die seit 1948 einsetzende Übernahme des sowjetischen Stachanowistentums in Ungarn ein. Er zeigt, wie sich die Agitation der ungarischen KP von einer mehr national ausgerichteten »Aktivistenbewegung«, die auch an die Jahrhundertfeier von 1948 anknüpfte, zu einer eher »internationalistisch« (besser: sowjetisch) ausgerichteten Stachanowisten-Bewegung wandelte. Dies geschah vor dem Hintergrund des Kampfes gegen die angeblichen titoistischen »Verschwörungen«. In diesem Zusammenhang stellte man jegliche nationale »Abweichung« vom sowjetischen Modell unter Generalverdacht. Die 1949 gegründete Volksrepublik Ungarn konnte ihren früheren nationalen und internationalen kommunistischen Helden, etwa den Führern der Räterepublik von 1919 wie Béla Kun, nicht huldigen, weil diese Opfer der stalinistischen »Säuberungen« der dreißiger Jahre geworden waren. Auch aus diesem Grund schuf sich die Agitprop-Abteilung der Partei lieber zeitgenössische Helden, um peinliche Fragen nach den verschlungenen Wegen der Parteigeschichte gar nicht erst aufkommen zu lassen. Das tragische, unbekannte Schicksal des einstigen Superstachanowisten Muszka erinnert sehr an Andrzej Wajdas »Mann aus Marmor«.

Boldizsár Vörös

Die Ausrottung nationalistischer und christlicher Kulte
Sozialistische Helden der Revolution 1918/19

Um die Wende vom 19. zum 20. Jahrhundert wurden historische Persönlichkeiten auch in Ungarn gewürdigt, indem man ihnen Denkmäler errichtete, Institutionen nach ihnen benannte, ihre Taten zum Unterrichtsstoff in den Schulen erhob. Zu den so geehrten historischen Gestalten zählten ungarische Könige, Feldherren und Politiker, Heilige und Kirchenfürsten, Schriftsteller und Dichter.[1] Nach den revolutionären Ereignissen von 1918 und 1919 änderte sich dies. Die Führer der ungarischen Räterepublik[2], die im Jahre 1919 nur ein paar Monate lang existierte, verfolgten das Ziel, die wirtschaftlichen und gesellschaftlichen Verhältnisse umzugestalten und die sozialistische respektive kommunistische Weltanschauung zu propagieren. Sie ordneten daher an, daß Darstellungen von historischen Persönlichkeiten, welche die Ideen und die Ideologie der vorhergehenden politischen Systeme zum Ausdruck brachten, zu entfernen und durch Persönlichkeiten zu ersetzen seien, die der Weltauffassung der neu installierten Diktatur entsprachen.[3]

Die Inszenierung der Helden der ungarischen Räterepublik

Die Weltanschauung der Räte-Diktatur läßt sich beispielsweise an jener Verordnung des Budapester Volkskommissariates ablesen, die Anfang April 1919 dekretierte, daß mehrere Budapester Krankenhäuser und Spitäler umzubenennen seien. Das Sankt Rochusspital hieß nun Zentralspital, das nach dem ersten ungarischen König benannte Sankt Stephansspital erhielt den Namen des berühmten Arztes Ignác Semmelweis, das nach dem heiligen König Sankt Ladislaus und nach dem Märtyrerbischof Sankt Gellért benannte Spital mutierte zum profanen Epidemiespital. Das an Zita, die Gattin von Karl IV., erinnernde Zitaspital sollte fortan den berühmten und virtuosen Chirurgen János Balassa ehren. Das Neue Sankt Johannisspital wurde zum Robert-Koch-Spital und das Margaretenspital, das den Namen der heiligen Königstochter Sankt Margarete führte, hieß in der Räterepublik Altofner Spital.[4]

Sieben Heilige, darunter zwei Könige und eine Königstochter, sowie eine Königin taugten also nicht mehr als Patrone und Patroninnen der hauptstädtischen Krankenanstalten. Statt dessen wurden drei hervorragende Persönlichkeiten der Medizingeschichte mit dem Namens-Patronat über Spitäler geehrt. Die im Zeichen von Antireligiösität, Antiroyalismus und Wissenschaftsverehrung erfolgten Umbenen-

Die Büsten von Wladimir Iljitsch Lenin und Karl Liebknecht wurden anläßlich der Maifeiern 1919 in Budapest aufgestellt.

nungen sollten klarstellen: Die Kranken hatten ihr Heil bzw. ihre Gesundung nicht länger von Heiligen und von Monarchen zu erwarten, sondern von der modernen Medizin und deren Repräsentanten.

Eine ähnliche Gesinnung offenbarte die Räterepublik mit der Weisung der Budapester Abteilung für das Unterrichtswesen, die ebenfalls im April 1919 an die Leiter aller Schulen und Kindergärten erging: »Die in den Schulen aufgehängten Bilder sowie die dort aufgestellten Büsten und Skulpturen von Königen und religiösen Personen müssen sofort entfernt und in die Magazine verbracht werden [...]. Die Jugend soll gemalte oder geschnitzte Bilder jener sehen, die sich in Wissenschaft und Kunst ausgezeichnet haben, von Personen, welche die Menschheit vorwärtsbrachten, deren Kopf für das Proletariertum glühte und deren Herz für die Unterdrückten schlug.«[5] Mit Blick auf die erzieherische Funktion der Schulen wurde eigens eine Hierarchie der zu verehrenden Persönlichkeiten bestimmt: Zuerst die Wissenschaftler, dann die Künstler, schließlich die Politiker der Revolution.

Die gezielte Ausmerzung des Pantheons der früheren politischen Ordnung und der gleichzeitige Versuch, neue Helden und Repräsentanten der Räterepublik zu etablieren, lassen sich am Beispiel der Budapester Maifeier von 1919 besonders gut beobachten.[6] So wurden beispielsweise die Denkmäler für den mittelalterlichen Ratsherren István Werbőczy und für den frühneuzeitlichen Kardinal Péter Pázmány mit riesigen roten Ehrentoren umbaut und damit verdeckt. In der Nähe dieser Ehrentore errichtete man statt dessen Büsten von Lenin und Karl Liebknecht. Um das noch im Jahre 1882 eingeweihte Denkmal des berühmten ungarischen Dichters und Freiheitskämpfers Sándor Petőfi stellte man dagegen eine Dekoration mit rotem Tuch und fünfzackigen Sternen auf; selbst den Sockel der Skulptur schmückte man noch aus. Mit dieser liebevollen Dekoration des weit vor der Räterepublik errichteten Denkmals machte man den Passanten deutlich, daß Petőfi aus den Ruhmeshallen der vergangenen Zeiten in das Pantheon der neuen Zeit übernommen worden war. Die im Zeichen der Weltkriegspropaganda aufgestellte, einen mittelalterlichen Ritter darstellende sogenannte Statue der nationalen Opferbereitschaft wurde wiederum mit einer großräumigen Tribüne umbaut. Auf diesem Podest symbolisierten Flammen die Revolution, an den beiden Flanken wurden die Büsten Lenins und des linken Denkers Ervin Szabó angebracht. Diese eindringliche Komposition sollte die für den Frieden kämpfende internationale Revolution augenfällig machen, die aus dem Krieg um nationale Ziele hervorging. Und diese Revolution würde siegen! Die Plazierung der Büsten von Lenin und Szabó könnte auch auf die »Friedensliebe« beider Personen angespielt haben. – Die Büsten von Friedrich Engels und Karl Liebknecht wurden als eine Art Triumphbogen aufgestellt. Auf diesem Bogen über der Büste von Engels fand sich die Aufschrift: »Vernichtet das Kapital, damit wir die internationale kommunistische Gesellschaft der Welt auf dessen Ruinen aufbauen können.« An der anderen Seite des Triumphbogens befand sich die Büste von Liebknecht; hier war der Satz »Der Rotarmist kämpft nicht gegen seine Proletarierbrüder, sondern gegen das internationale Kapital« zu lesen.

Anläßlich des Maifestes wurde auch das Budapester Millenniumsdenkmal[7] umgestaltet, das den Großen der ungarischen Geschichte gewidmet war. Über dem Reiterstandbild von Árpád, dem Führer der Ungarn im 9. Jahrhundert, und über der Säule mit der Statue des Erzengels Gabriel errichteten die Rätedekorateure ein gewaltiges rotes Podium und einen roten Obelisken. Auf diesem Podium wurde eine übergroße Statue von Karl Marx aufgestellt, flankiert von zwei Arbeiterdarstellungen: auf der einen Seite sah man die Statue eines Grubenarbeiters, auf der anderen die Statue eines Eisenarbeiters. Auf den Draperien der ebenfalls rot geschmückten Viertelbogen prangte die Losung: »Proletarier aller Länder, vereinigt euch!« Einer der Viertelbogen trug eine Darstellung von Industriearbeitern, ein anderer das Bild armer Bauern. Hier offenbarte sich die hohe Wertschätzung von Karl Marx: Sein Abbild errichtete man über der Statue von Árpád, dem wichtigsten Denkmal der früheren Zeit. Indem man Árpád mit Marx »überbaute«, ihm einen sozialistischen »Überbau« verpaßte, versuchte man, beide miteinander zu verbinden: Árpád schaffte die Grundlagen der vergangenen politischen Ordnung – Karl Marx und das Proletariat bildeten die Basis für das neue, bessere System. Die janusköpfige Komposition sollte das im Zeichen der Lehren von Marx vereinigte Weltproletariat vorführen und somit dem Dekret Nummer LXXX des Revolutionären Regierungsrates Ausdruck verleihen, mit dem der 1. Mai zum Staatsfeiertag erklärt wurde: »Die Räterepublik Ungarns erhebt den Ersten Mai, den Gedenktag der internationalen Einheit des revolutionären Proletariats der ganzen Welt, zum Feiertage des Proletarierstaates.«[8]

Das zu den Maifeiern 1919 umgestaltete Millenniumsdenkmal in Budapest.

Die Architektur der Propaganda und der neuen Heldenkulte spiegelte sich auch in der Gestaltung einer »revolutionären« Briefmarkenserie, die im Juni 1919 herausgegeben wurde. Sie bestand aus fünf Werten, auf denen die folgenden historischen Persönlichkeiten verewigt waren: der Übervater der Räterepublik, Karl Marx, der Kämpfer Sándor Petőfi, der Führer der ungarischen jakobinischen Bewegung im 18. Jahrhundert, Ignác Martinovics, der Anführer des ungarischen Bauernaufstandes im 16. Jahrhundert, György Dózsa, und schließlich Friedrich Engels.[9] Es ist auffallend, daß diese kleine Serie ohne Rücksicht auf die historisch-chronologische Reihenfolge der Persönlichkeiten gestaltet, die Porträts von Marx und Engels sogar zeitlich voneinander getrennt veröffentlicht wurden. Man plazierte die Porträts der ungarischen Helden Petőfi, Martinovics und Dózsa zwischen die der beiden Theoretiker, die man dadurch besonders hervorhob, daß ihre Ikonen wie ein Rahmen den Anfangs- und den Sperrwert zierten. Indem die drei ungarischen Persönlichkeiten *zwischen* die beiden deutschen Revolutionäre gestellt wurden, fügte man sie und ihre Taten demonstrativ und symbolisch in die Traditionslinie der internationalen proletarischen Revolution ein – und generierte auf diesem Wege zugleich einen eigenständigen ungarischen revolutionären Traditionsstrang.

Das alte Personal kultischer Verehrung – Könige und Feldherren, Heilige und Bischöfe – tauschte man kurzerhand aus. Karl Marx wurde geradezu zum Gründervater der Revolution und damit der Republik stilisiert. Auf diese überragende Figur folgten Lenin und Engels, schließlich, sozusagen im heroischen »Mittelfeld«: Leó

Frankel, ein Mann, der eine große Bedeutung für die Arbeiterbewegung des 19. Jahrhunderts hatte, dann Ervin Szabó und die bereits erwähnten Helden Sándor Petőfi, Ignác Martinovics und György Dózsa. Die Würdigung von Karl Liebknecht und Rosa Luxemburg nahmen die Revolutionäre weit weniger wichtig. Auf die politischen Größen folgten herausragende Köpfe der Kunst und der Wissenschaft. Daß die ausländischen Revolutionäre die ranghöchsten Positionen in dieser Heldenhierarchie einnahmen, paßte zur internationalistischen Weltanschauung der Rätediktatur, welche ein traditionelles Verständnis der Nation ablehnte. Die historischen Gestalten wurden zugleich auch als Symbole der vorangegangenen politischen Ordnungen angesehen. Das läßt sich aus einer Verordnung des Volkskommissars für das Kriegswesen, József Pogány, herauslesen, die er im März 1919 erließ. Bei diesem Dekret ging es um die Umbenennung mehrerer Budapester Kasernen. »Die frühere Armee diente den Interessen der herrschenden Klassen. So wurden die Kasernen denn auch nach Kaisern, Erzherzögen und Generälen benannt. Die Rote Armee ist das Heer des Proletariats«, hieß es dort. »Wir benennen also die Kasernen nach den großen Führern der Arbeiterbewegung und des Sozialismus.«[10] Dies wiederum kommentierte die *Rote Zeitung,* das Organ der vereinigten sozialdemokratisch-kommunistischen Partei: »Die Kasernen tragen fortan die Namen der großen Führer der progressiven Menschheit – als Symbol dafür, daß sie in Zukunft nicht mehr Hort der Klassenunterdrückung, sondern Festungen und Bollwerke der neuen Ideen sein werden.«[11]

Zahlreiche der erwähnten propagandistischen Umbauten entpuppten sich also als gezielte Umwidmungen: Kultorte und Kultplätze blieben zwar erhalten, bekamen aber einen neuen Sinngehalt. Sogar manche Figuren wurden aus früheren Deutungszusammenhängen übernommen und auf das Neue hin uminterpretiert – selbst dann, wenn sie zuvor sich widersprechende Ideengehalte transportierten. Man wollte nicht nur eine gewisse Kontinuität des Kultpersonals gewährleisten, sondern überdies eine ungarische revolutionäre Tradition generieren.

Funktionen des frühen Heldenkultes

In sozialpsychologischer und emotionaler Hinsicht diente der neue Kult der Legitimation. Die Räterepublik hütet und erfüllt das Vermächtnis der großen Revolutionäre und Denker der Vergangenheit und Gegenwart, sie verwirklicht deren Auftrag, lautete die politische Botschaft. Er hatte überdies eine Binnenfunktion: das Wir-Gefühl, das Gefühl der Zusammengehörigkeit zu entwickeln und zu festigen, und zwar in Abgrenzung zu den nationalen Heldenkulten der früheren Zeiten und der Heiligenkulte der Kirchen.[12] Dafür mußten neue Helden wie Marx, Engels und Lenin auf den Sockel gehievt werden. Solche Identifikationsfiguren zu installieren war kein leichtes Unterfangen, weswegen man, wie im Fall Petőfis, flankierend und unterstützend eine bereits vorhandene Kultsubstanz in Besitz nahm.

Wenn wir die Mittel dieser Verehrungen in den Blick nehmen, wird nicht nur deut-

Briefmarkenserie der ungarischen Räterepublik aus dem Jahr 1919. Karl Marx (o. l.)
und Friedrich Engels (o. l.) sowie György Dósza (u. l.), Ignáz Martinovics (u. M.) und
Sándor Petőfi (u. r.).

lich, daß althergebrachte Heldenerzählungen für den eigenen Zweck umgerüstet – und
architektonisch eingerüstet – wurden. Hinzu kam, daß die Überformungen im Stil
der alten Zeit vorgenommen wurden: Die Bildhauer fertigten die Statuen revolutionärer Helden in der Tradition und im Duktus der Heroik früherer Zeiten an.[13]

Schließlich sei noch auf einen theoretisch-ideologischen Grundwiderspruch des
neuen Heldentums hingewiesen. Der Kult der großen historischen Genies dürfte in
einer Diktatur, nach deren Geschichtsauffassung die formende Rolle den Verhältnissen und der Bewegung der Massen zugeschrieben wurde, streng genommen gar
nicht vorkommen. So erwiesen sich die akzidentiellen Anforderungen und Notwendigkeiten der Propaganda des Neuen stärker als die geschichtsphilosophische Einsicht.

Sándor Horváth

Der ungarische Stachanow
Imre Muszka

Die ungarische Stachanow-Bewegung entstand mit den »Stalin-Arbeitsschichten«, die anläßlich von Stalins 70. Geburtstag organisiert worden waren. Sie sollten laut Propaganda den ersten »vollkommen nach sozialistischer Art« organisierten Arbeitswettbewerb in Ungarn darstellen. Die Gewerkschaften – als oberste Hüter der Organisation der ungarischen Arbeitswettbewerbe – verfaßten ein detailliertes Drehbuch für diese Bewegung, die von den Fabriken bis hin zur Ankündigung von Sonderverpflichtungen der Kindergärten reichte.[1]

Die Stachanowisten wurden als große Helden der Arbeit gefeiert, die den Plan übererfüllten, weil sie den Worten der Partei glaubten und ihr Folge leisteten. Einigen widmete man lange Zeitungsartikel: Dabei wurde der personalen Propaganda einzelner »Spitzenstachanowisten« die größte Aufmerksamkeit geschenkt. Aus wirtschaftlichen und politischen Gründen sollten die herausragenden Stachanowisten möglichst menschlich charakterisiert werden. Über einige Dutzend von ihnen erschienen sogar Propagandahefte und wurden Kurzfilme gedreht. Sie sprachen auf Kongressen und Parteitagen, namhafte Schriftsteller porträtierten sie.

Die Zahl der regelrecht diplomierten Stachanowisten betrug zwischen 1950 und 1953 rund 115 000, während nach 1954, nach der Herabsetzung der Anforderungen, innerhalb eines halben Jahres mehr Menschen ausgezeichnet wurden als in den ersten vier Jahren zusammen. Ab 1954 war es so einfach geworden, den Stachanowistentitel zu erwerben, daß nicht einmal mehr die Ministerien eine auch nur annähernde Vorstellung davon hatten, wieviele Stachanowisten es im ganzen Lande gab.[2] Die Auszeichnung verlieh man so massenhaft, daß sie schließlich vollkommen wertlos war. Doch das propagierte Bild vom Stachanowisten, das die Medien füllte, prägten nicht die 10–15 Prozent der Werktätigen, die auf den Titel stolz sein durften, sondern die wenigen Dutzend immer wieder porträtierten großen Arbeiterhelden. Im Zeichen der Entstalinisierung trat die Bewegung ab 1954 eher in den Hintergrund der Propaganda, Anfang 1956 verschwand selbst der eingeführte Titel »Stachanowist« aus dem Sprachgebrauch.

Die Familie eines Muster-Stachanowisten. Gemälde von Béla Bán (1950).

Der »Baron der Demokratie«

Die Propaganda suggerierte, daß die hervorragenden Leistungen mit Leichtigkeit zu erreichen seien. Der Arbeitsheld sei in jedermann verborgen. Wer Initiative zeigte, fleißig lernte und gute Arbeit leistete, vor allem aber, wer die Erkenntnisse der sowjetischen Vorbilder in die Tat umsetzte, an die kommunistischen Ideen glaubte und Mitglied der Partei war – der konnte ein Held der Arbeit werden.

Zu den populärsten Stachanowisten gehörte Imre Muszka. In der Zeit von 1950 bis 1953 erschienen die meisten Artikel über ihn; es wurden Propagandabroschüren mit seiner Lebensgeschichte verbreitet und seine Leistungen in kurzen Werbefilmen glorifiziert.[3] Er stammte aus dem Székelerland, im heutigen Rumänien, wo er 1914 am Fuße der Háromszéker Berge in einer Sägewerkssiedlung geboren wurde. Die konstruierte Biographie betonte, daß seine Eltern Tagelöhner waren, oftmals hungerten und die Siedlungsbewohner »wie die Braunbären« lebten. Imre Muszka arbeitete seit seinem neunten Lebensjahr, sein Erfindungsreichtum, der immer wieder gepriesen wurde, habe sich schon in seiner Kindheit gezeigt. Man hob sogar darauf

215

ab, daß sein Vater ein guter »Bastler« gewesen sei. Die frühe Begabung Muszkas äußerte sich darin, daß die Bewohner der Siedlung sich über die Fingerfertigkeit des Neunjährigen wunderten und den Jungen dabei beobachteten, wie er mit seinen geschickten Händen und mit Werkzeugen umging. Das Interesse für die Handarbeit und die Liebe zu seinem Handwerk illustrierte das Propagandaheftchen mit einer Geschichte: Imre soll gegen den Willen seiner Eltern im Alter von zwölf Jahren in die nächstgelegene Stadt gegangen sein, um Schlosser zu werden. Hier bediente man sich des im Volksmärchen üblichen Topos, demzufolge sich das Kind von den Eltern abwendet und auszieht, um in der Welt sein Glück zu machen, auf daß der Vater einst auf sein Kind stolz sein möge.

Die Ideen des Kommunismus faszinierten die besonders hervorragenden Stachanowisten laut Propaganda schon in den Jugendjahren; und als Imre bei der örtlichen Lokomotivwerkstatt zu arbeiten begann, traf er auch auf die große Liebe seines Lebens – die Drehbank. Erst nach einem langen Kampf durfte er schließlich an ihr werkeln, weil er, wie es sich gehörte, zuerst alle Arbeitsbereiche der Werkstatt durchlaufen mußte. Die Betonung des Sachverstandes bildete einen wichtigen Teil in der konstruierten Biographie Imre Muszkas.

Mit 16 Jahren wurde er entlassen. Als man ihn wieder brauchte, holten ihn die Gendarmen zurück in die Fabrik – wodurch das einstige System der Ausbeutung negativ von der Arbeit im Sozialismus abgegrenzt werden sollte. Während der Weltwirtschaftskrise wanderte er durch das Land und schlug sich sechs Jahre in Bukarest als Gelegenheitsarbeiter durch. 1936 wurde er zum Wehrdienst einberufen und tat 18 Monate Dienst in einer Waffenfabrik. 1940 ging er nach Ungarn. Dort war er in der Rüstungsindustrie beschäftigt, zunächst bis 1944, dann wieder ab 1945.

Nach dem Krieg trat er der Sozialdemokratischen, bald der Ungarischen Kommunistischen Partei bei. Diese Parteimitgliedschaft Muszkas war – der offiziellen Erzählung zufolge – entscheidend für ihn. Es ist die Partei, die ihn fortan erzieht. Die Stalin-Arbeitsschichten von 1949 bedeuteten dann eine Wende in seinem Leben, weil er sich nun erstmals mit den »neuen Arbeitsmethoden« auszeichnen konnte. Sein landesweit gefeiertes Rekordergebnis (2000 Prozent Übererfüllung der Norm!) erzielte er, so die Version seiner Arbeitskollegen, weil man ihm eine bessere Drehbank hingestellt hatte; für die einzelnen Arbeitsschritte standen ihm fünf Mann zur Seite, denen er nur Anweisungen erteilen und das Material übergeben mußte.[4]

Dieses spektakuläre Ergebnis sei dem Vorbild der sowjetischen Dreher zu verdanken. Einer im Parteiorgan veröffentlichten Darstellung zufolge saß Muszka im Herbst 1948 im Kino, wo er eine sowjetische Wochenschau sah, in der Pawel Bikow die Hauptrolle spielte. Daraufhin habe man die Handbewegungen der im Film vorgeführten sowjetischen Dreher nachgeahmt.[5] Bikow, Stachanowist und Moskauer Stalin-Preisträger, besuchte im November 1949 denn auch die ungarische Fabrik, um seine Arbeitsmethode zu propagieren. Dies soll Imre Muszka den letzten Anstoß dafür gegeben haben, so die offizielle Darstellung, »sich die Stachanowsche Moral und den Stachanowschen Geist zu eigen zu machen«[6].

*Der ungarische
Stachanow
Imre Muszka.*

Muszkas Kollegen erinnerten sich jedoch ausschließlich an die Feier, die aus Anlaß des Bikow-Besuchs veranstaltet wurde: »Schon eine Woche vorher wurde be-
kanntgegeben, daß der Bikow kommt, irgendwo habe ich auch noch ein Foto davon.
Ein unglaublich großer Empfang war das. Das war wahrscheinlich auch so ein Räuber wie die anderen, wir nannten die Russen Räuber. Als Begleitung kamen so an die
dreißig Leute. Solche Arbeiten, wie wir sie machten, hatten die wahrscheinlich zu
Lebzeiten nicht gesehen. Bikow war so ein Typ, der immer lacht. Ausführlich erkundigte er sich nach den Maschinen, weil sie, glaube ich, solche nicht hatten. Sie brachten auch Geräte mit. Das waren so verdammt grobe Maschinen, schrecklich […]. Er
schaute neugierig in der Fabrik herum, dann ging er nach Hause. So gab er seine Arbeitsmethoden weiter, ohne einen Finger zu rühren. Tagsüber hat er sich in der Stadt
aufgehalten, ›gab die Arbeitsmethoden weiter‹, wie man sagte. Abends soff er wie
ein Loch.«[7]

217

Imre Muszka wurde nach dem Besuch Bikows Mitglied der ungarischen Delegation, die zu Stalins Geburtstag die Geschenke des ungarischen Volkes überreichen durfte. Die Propaganda berichtete breit über die »Wunder« seiner Moskau-Reise (die Metro, den dreidimensionalen Film, das Fernsehen). Im Mittelpunkt stand jedoch der Besuch im Moskauer Volkstheater. Der junge Székeler saß nur zwanzig Meter von Stalin entfernt. Nach seiner Rückkehr wurde Imre Muszka in den Zeitungen als der »Vorkämpfer« des Normensystems und der Drehbankkünstler gerühmt und reiste durch das ganze Land. Unter den Kollegen genoß er seitdem kein besonders hohes Ansehen mehr. Man beschimpfte ihn als »Rumänen«. Erst recht unbeliebt machte er sich, als er die Stachanowisten in Győr, dem wichtigsten Industriestandort neben Budapest, besuchte. Dort soll er, so erinnert man sich, beim Treffen zur Begrüßung gesagt haben: »Wie geht's, ihr Bauern, seid ihr auch schon da?«[8]

Neid kam schließlich auf, weil Muszka und die Mitglieder seiner Brigade besser bezahlt wurden: Nach den Berichten einiger Kader wetteiferten die Kollegen darum, wer in seinem Kollektiv arbeiten durfte.[9] Der Stachanowist András Bordás, der mit Muszak abwechselnd an der gleichen Maschine arbeitete, bekam die allgemeine Abneigung gleichfalls zu spüren: »Man sah, daß ihre Taschen vollgestopft waren, so daß man nicht einmal mit ihnen sprach. Man lud den Muszka auch nicht dazu ein, nach der Schicht ein, zwei Glas Schorle zu trinken. Auch Muszka schämte sich, man merkte, daß er bald daraufkam, daß man vor allem ihn schnitt, aber es gab keinen Weg mehr zurück. […] Als sie die Normen erhöhten, hieß es, das sei wegen Muszka und Bordás, seitdem wurden sie von allen mit Verachtung behandelt.«[10]

Nach den Erinnerungen eines damaligen Lehrlings interessierte Muszka, den ebenso geachteten wie geächteten ungarischen Helden der Arbeit, freilich hauptsächlich das Geld: »Am Arbeitsplatz war er nicht besonders beliebt, weil alle dachten, er sei ein großer Kommunist. Aber das stimmte gar nicht. Als einfachem Menschen gefiel es ihm, daß er ständig an der Maschine stehen sollte und dort immer Reporter waren. Es gefiel ihm, daß sie sich mit ihm beschäftigten, es machte ihm Spaß, sich darzustellen […]. Aber daß er das Regime nicht mochte, das ist sicher.«[11]

1953 wollte Muszka nicht weiter mitspielen – vielleicht, weil er sich in seiner Rolle unwohl fühlte, die Anfeindungen nicht länger ertrug. An seine Stelle trat ein jüngerer Kollege, der beim Arbeitswettbewerb »überzeugen« sollte.[12] Doch jetzt nahm man ihn erst recht unter Beschuß. Man munkelte, daß er früher »geschwindelt« habe, manch einer nannte ihn sogar den »Baron der Demokratie« und brachte mit diesen sarkastischen Worten die Verbitterung darüber zum Ausdruck, daß er von der sozialistischen Zentralverwaltungswirtschaft mehr bekommen hatte als die anderen. Auch der Schriftsteller Ferenc Karinthy, der in einer Novelle gegen die »grundlosen Vorwürfe« anschrieb, vermochte ihn nicht zu »rehabilitieren«.[13]

Während der Revolution im Oktober 1956 lynchte die Menge einen gewissen András Bordá, den sie irrtümlich für einen Stasispitzel hielt.[14] Aus dem durch Muszka bekannt gewordenen Bordás machte die Propaganda unter János Kádár nach dem Aufstand von 1956 dann einen »Märtyrer der Konterrevolution«: Man ließ Balladen über seinen Tod verfassen, jahrzehntelang trug die Oberschule von Csepel seinen Namen, und bis heute gibt es noch eine Straße, die nach ihm benannt ist.[15] Muszka, so meinen einige, sei nach dem Einmarsch der sowjetischen Truppen in der Uniform der Sondermiliz gesehen worden, mit einer Waffe in der Hand. Doch vor der Schließung der ungarischen Grenze ging er, wie Tausende auch, in den Westen. Er soll in Dänemark oder Belgien als Dreher gearbeitet haben, aber wegen mangelnder Leistungen wieder entlassen worden sein.[16] Andere glauben zu wissen, daß er Versicherungsagent geworden und in den achtziger Jahren gestorben sei.

Aus dem Ungarischen von Árpád von Klimó.

Árpád von Klimó

Vom Mars bis an die Donau

Der Rittmeister Alexej Gussew

Als im Sommer 1949 Hunderttausende Budapester zum »Weltjugendtreffen« strömten, setzte die Volksarmee dem seit einem Jahr andauernden Reigen von Feierlichkeiten zum Gedenken an die Revolution von 1848/49 einen symbolischen Schlußpunkt: Man enthüllte eine Gedenktafel. Die Jahrhundertfeiern hatten die Errichtung einer stalinistischen Diktatur auf ungarischem Boden propagandistisch begleitet.[1] Ähnliches war in der sowjetischen Besatzungszone versucht worden. Marschall Sokolowski, der Oberbefehlshaber der Besatzungstruppen in Deutschland, hatte am 3. Februar 1948 befohlen, daß der 18. März in der gesamten Ostzone »arbeitsfrei« sein solle »zur Feier des 100. Jahrestages der Revolution von 1848 in Deutschland, die unter dem Banner der Freiheit für eine einige demokratische Republik gegen die Kräfte der Feudaljunkerreaktion durchgeführt wurde, und zur Erinnerung an die Kämpfer der Revolution, die ihre Kräfte und ihr Leben für die Einheit und Volksdemokratie in Deutschland opferten«.[2] Im Unterschied zu Ungarn war es in Deutschland – Ost wie West – allerdings wesentlich schwieriger, an die 48er Revolution anzuknüpfen, gegen die sich das deutsche Bürgertum immer gewehrt hatte. Seit 1951 bemühte sich die SED daher um die Aneignung des »Erbes« der Befreiungskriege, einer nicht weniger nationalistischen und politisch wohl noch problematischeren, dafür aber erfolgreicheren historischen Tradition.[3] Diese seit den 1960er Jahren verdrängten bombastischen Inszenierungen nationaler Geschichte – die es weniger erfolgreich auch in Polen gab – sollten die Unterwerfung der neugegründeten »Volksdemokratien« unter die Sowjetunion historisch legitimieren. Ausgerechnet der Slogan einer »nationalen Unabhängigkeit« verfolgte das Ziel, die Einordnung in ein uniformes System zu rechtfertigen, das in Wirklichkeit marginale nationale Abweichungen aufs schärfste bekämpfte. Häufig wird dieses maßgebliche Element bei der Untersuchung von Heldenkulten vergessen: daß sie, nicht nur im Rahmen totalitärer Systeme, nicht ohne die Konstruktion von Feindbildern auskommen.[4] Um einen ungarischen Versuch, die extreme Spannung aufzulösen, die diesem Komplex innewohnte und die sich zwischen 1953 und 1956 mehrfach gewaltsam entladen sollte, wird es im folgenden gehen.

Zunächst werde ich die Entstehung des Kultes um einen Helden und Märtyrer der ungarisch-russischen Freundschaft beschreiben, der zwischen 1949 und 1952 seinen Höhepunkt erlebte. Dieser Heldenkult diente der Harmonisierung des problematisierten Verhältnisses zwischen Ungarn und Rußland. Zugleich kann die Installierung dieses Kultes als Versuch gewertet werden, die im sowjetischen Stalinismus etablierten ästhetischen Formen und ideologischen Inhalte auf Ungarn zu übertragen. Nicht zufällig war sein Begründer, der Schriftsteller Béla Illés, in der Sowjetunion führend an der Begründung des literarischen Heroismus stalinistischer Prägung beteiligt. Der verklemmte Umgang mit dem Kult seit 1961 zeigt, daß die Geschichte des Heldenkultes um einen zaristischen Offizier mehr war als eine bizarre Episode aus den Jahren des stalinistischen Regimes in Ungarn.

Die Enthüllung des Denkmals

Wie die DDR sollte die im August 1949 gegründete Volksrepublik Ungarn unter der Führung von »Stalins treuestem Schüler« Mátyás Rákosi als Erfüllung der nationalen Geschichte empfunden werden. Endlich habe das ungarische Volk seine lang ersehnte Unabhängigkeit erreicht, für die es einhundert Jahre zuvor noch vergeblich gekämpft hatte. Und wem habe es das zu verdanken? Einzig und allein der großen, ruhmreichen Sowjetunion! Aber hatten nicht russische Truppen den damaligen ungarischen Freiheitskampf blutig niedergeschlagen? Nein, antworteten die Agitprop-Funktionäre der Partei: Erstens handelte es sich bei diesen um »zaristische« Truppen, während das russische »Volk« eigentlich gegen die Intervention gewesen sei. Wer das nicht glauben wolle, der solle sich nur das Beispiel des heldenhaften Rittmeisters Gussew vergegenwärtigen, der seine Sympathie für die ungarische Sache sogar mit dem Leben bezahlt hatte.

Zur Bekräftigung dieser Aussage enthüllten am 16. August 1949 Vertreter der ungarischen Volksarmee feierlich eine Gedenktafel am Gebäude des damaligen Ministeriums für Schwerindustrie im fünften Bezirk der Hauptstadt.[5] Die Gedenktafel enthielt ein Relief, ein Werk des ungarischen Bildhauers Sándor Mikus.[6] Auf diesem waren zwei russische Soldaten des 19. Jahrhunderts mit Gewehren und ein Offizier zu sehen, der über seine Schulter blickt und mit seinem rechten erhobenen Arm weitere Soldaten zum Vormarsch auffordert. Eine Inschrift klärte über die Identität der Abgebildeten und den Zweck der Tafel auf:

»Von der Ungarischen Volksarmee in Erinnerung an Rittmeister Gussew und seine Kameraden, die 1848/49 beim Freiheitskampf unseres Volkes gemeinsam mit diesem kämpften, der zaristischen Tyrannei widerstanden und den Märtyrertod erlitten.«

Die Hinrichtung der Märtyrer, so war in der Presse zu lesen, hätte am 16. August 1849 in Minsk stattgefunden. Die Denkmalsenthüllung folgte damit den Gepflogenheiten des Heiligenkultes.[7] Die Regierung, die Partei der Ungarischen Werktätigen und der sowjetische Komsomol waren mit Delegationen bei der militärischen Zeremonie zugegen. Der damalige Kulturbeauftragte des Bürgermeisters, der Schriftsteller Gábor Goda, der neben General Gusztáv Illy eine Festrede hielt, beschrieb in seinen 1989 erschienenen Erinnerungen, wie er die Feier erlebte:

»Eines Morgens besprach ich mit meiner Sekretärin das Tagesprogramm, und sie machte mich darauf aufmerksam, daß in einer Stunde die feierliche Einweihung der Gussew-Straße beginnen würde, bei der ich die Festrede halten sollte. Wer ist dieser Gussew? – fragte ich meine Sekretärin. Irgendein russischer Offizier, entgegnete sie, aber das müsse man Béla Illés fragen, der über diesen geschrieben habe. Anruf bei Béla Illés. Nicht erreichbar. Es stellte sich heraus, daß er im Krankenhaus lag und das Telefon nicht zu ihm durchgestellt werden konnte. Niemand vermochte Auskunft zu geben. Ich mußte los zur Feier. Ich kam in die Adlerstraße (Sas utca) – die nun Gussew-Straße heißen sollte. Eine riesige Menschenmenge, Militär mit roten Hosenstreifen – der ganze Generalstab war anwesend. Militärorchester. Man hatte einen langen roten Teppich ausgerollt, den ich bis zum Ende abschreiten sollte, wo die Gedenktafel schon an der Mauer befestigt worden war, aber noch von einem Tuch bedeckt wurde. Ich hatte keine Ahnung, was ich sagen sollte, und in meiner Anspannung brachen die ererbten physischen Leiden Schwindel und Amtsunsicherheit mit voller Kraft über mich herein. Obendrein noch dieser lange Teppich. [...] Schwankend schritt ich zu den Takten der Marschmusik, und schon stand ich am Ende des Teppichs. [...] Ich stand am Mikrofon und hielt spontan eine halbstündige Rede über das heldenhafte Verhalten von Rittmeister Gussew, und machte meine Zuhörer auf die zaristischen Soldaten aufmerksam, für die es eine Selbstverständlichkeit war, sich auf die Seite des ungarischen Freiheitskampfes zu schlagen. Danach schwankte ich zu meinem Wagen zurück.«[8]

Man darf nicht vergessen, daß Godas Erinnerungen eine Rechtfertigungsschrift sind, die während des nicht gerade kommunistenfreundlichen Klimas der ungarischen Wendezeit verfaßt wurden. Es ging wohl auch darum, Distanz gegenüber dem Stalinismus und seinen Vertretern zu demonstrieren. Den Angaben Godas kann man aber nicht trauen. So vermengt er fälschlicherweise die feierliche Gedenktafelenthüllung vom Sommer 1949 mit der Umbenennung der Straße, die erst 1951 vollzogen wurde. Immerhin belegt er die Episode am Ende des Buches mit einer Fotografie, auf der er mit nach hinten verschränkten Armen am Mikrofon stehend zu sehen ist, im Hintergrund die mit Nationalfahnen und einem Wappen geschmückte Gedenktafel. Warum war Goda so böse auf Illés? War es nicht sein eigener Fehler gewesen, daß er nicht auf die Rede vorbereitet war? Oder lag es an der Figur des Rittmeisters Gussew, die immer wieder zu Anekdoten anregte? Illés meinte sogar, die Anekdote sei in Ungarn die »nationale Kunstform [...], die an Volkstümlichkeit dem Volkslied kaum nachsteht«, und daher sei sie Grundlage eines bedeutenden Teils »unserer Prosaliteratur«.[9] Diese eigentümliche Mischung völkischer und sozialistischer Ideen entsprach der stalinistischen Vorgabe, Kunst müsse in der Form national und im Inhalt sozialistisch sein und an »Volkscharakter«-Vorstellungen des 18. und 19. Jahrhunderts anknüpfen. Nur durch die Heranziehung scheinbar »völkisch-nationaler« Elemente im Kampf gegen den »Kosmopolitismus« könne der Schriftsteller Stalins Ideal eines »Ingenieurs der Seele« erreichen.[10]

Es spricht einiges dafür, daß die Schreckenszeit des ungarischen Stalinismus, eine Zeit, in der fast jede Nacht Menschen verhaftet wurden und zu Zehntausenden in Lagern und Gefängnissen verschwanden, eine Zeit des Hungers und extremer sozialer Konflikte, mit Anekdoten erzählbar gemacht wurde. Darauf weist die scheinbar unpassende Passage über die »physischen Leiden« Godas hin. An abstrakte Details kann man sich nach vier Jahrzehnten nicht mehr genau erinnern, aber an Gefühle wohl.

Die Erfindung des Alexej Gussew: Rußland in der Geschichtsschreibung Ungarns

Auch wenn man Godas Gedächtnis nicht unbedingt trauen kann, so herrschte doch die Meinung vor, daß es Béla Illés war, der die Gussew-Geschichte und ihren Helden erfunden hat. Schließlich sollte Gussew ein Symbol dafür sein, daß das ungarische und das russische »Volk« schon sehr lange brüderlich miteinander verbunden seien, ungeachtet der Tatsache, daß sich ihre Armeen in der Zwischenzeit in drei langen, blutigen Kriegen, davon zwei Weltkriegen, gegenseitig abgeschlachtet hatten. Doch war Illés wirklich der »Erfinder« der Gussew-Geschichte? Hatte er sie sich im Herbst 1944 ausgedacht, als er mit der Roten Armee über die Karpaten marschierte, um erstmals nach einem Vierteljahrhundert seine Heimat wiederzusehen? Sollte es einfach eine mitreißende Geschichte sein, damit sich auch der »einfache Ungar« mit den neuen Herren aus dem Osten irgendwie identifizieren konnte? Immerhin hatten viele andere auch von Gussew berichtet und Illés' Angaben bestätigt. War Illés nicht ein besonders naiver oder gar ein besonders ironischer Kommunist, der unwillentlich die Schwächen des Systems offenlegte? Erfand er mit Gussew nicht einen russischen »Hauptmann von Köpenick« des ungarischen 1848? In welche Zusammenhänge muß Illés' Erfindung eingeordnet werden? Zur Annäherung an all diese Fragen ist ein Blick auf die Rolle Rußlands in der ungarischen Geschichtsschreibung erforderlich.

In den letzten Jahren des Zweiten Weltkriegs stimmten auch ungarische Historiker in den anschwellenden Gesang einer ungarisch-deutschen »Schicksalsgemeinschaft« seit dem Mittelalter ein, die nach 1945 als bürgerliche »Antifaschisten« galten. So schrieb etwa József Deér, der 1945 auf den Mittelalterlehrstuhl an der Universität Budapest berufen wurde, nachdem der international renommierte Volkshistoriker Elemér Mályusz aufgrund antisemitischer und antisowjetischer Schriften entlassen worden war: »Sollte einmal der Augenblick kommen, in dem Deutschtum und Slawentum wie zwei Riesen zusammenstoßen, so kann, glauben wir, kein Zweifel darüber bestehen, auf welche Seite sich das Ungartum stellen wird; es wird aber als Getreuer, als Verbündeter dastehen, der im großen Kampf seinen Sinn findet.«[11]

Die Vorstellung, Ungarn sei ein abendländisches Bollwerk gegen »Asien« und stehe daher an der Seite Deutschlands, war eine weitverbreitete Denkfigur und seit dem 19. Jahrhundert ein wichtiger Bestandteil nationalhistorischer Identitätskonstruktionen. Es einte selbst die ansonsten heillos zerstrittenen Repräsentanten des katholischen und des kalvinistischen Ungarn.[12] Gegen ein rückständiges, halbbarbarisches Rußland hatten selbst Marx und Engels, und besonders Liberale in ganz Europa, seit spätestens 1848 polemisiert.[13] Es handelte sich somit um ein gedankliches Bild, das durch die verschiedensten Bezüge, Zitate und Verweise symbolisch als »abgesichert« und daher schon als »Tatsache« galt. Lenin hatte das Problem schon 1900 formuliert:

»Nicht genug, daß die zaristische Regierung unser eigenes Volk in der Sklaverei hält – sie sendet es noch aus, um andere Völker zu zähmen, die sich gegen ihre Sklaverei erhoben haben (wie es im Jahre 1849 geschehen ist, als russische Truppen die Revolution in Ungarn unterdrückten).«[14]

Als Wladimir Iljitsch diese Zeilen schrieb, war die Geschichte der zaristischen Intervention gegen die revolutionären Truppen Ungarns vorerst nur peinlich. Ein halbes Jahrhundert später, als die glorreiche Sowjetarmee Ungarn vom »Hitler-Faschismus« und seinen »ungarischen Lakaien« befreit hatte, war sie zum Problem geworden. Der antirussische Mythos stand den wichtigsten politischen Zielen im Wege: der historischen Legitimation der ungarisch-sowjetischen Freundschaft und des Machtanspruchs der 1948 aus kommunistischer Partei und Sozialdemokratie vereinigten »Partei der Ungarischen Werktätigen« (PdUW). Im paranoiden Klima der Titoismus-Kampagnen mußte ein Weg gefunden werden, Nationalismus und unbedingte »Treue« zur Sowjetmacht zu vereinen.

Bei der Agitation an der »historischen Front« nahm die Historikerin Erzsébet Andics eine herausragende Rolle ein. Sie wurde 1949 zur Präsidentin der Ungarischen Historikergesellschaft gewählt und trieb die Sowjetisierung der Geschichtsschreibung institutionell wie personell voran. Wie Illés gehörte Andics zum Kreis der »Moskowiter« um KP-Chef Mátyás Rákosi. Sie gehörte als ZK-Mitglied, Präsidentin des Friedensrates sowie stellvertretende Kultusministerin zu den höchsten Funktionärinnen der Stalinzeit. Andics hatte zwischen 1943 und 1945, wie die Geschichtsfunktionärin Hanna Wolf in der DDR, an der Antifa-Schule Krasnogorsk gelehrt, wo eine neue sowjetfreundliche Führungsschicht ausgebildet wurde.[15] Die meisten Artikel und Bücher, die Andics zwischen 1945 und 1956 verfaßte, beschäftigten sich mit den »Verrätern« und »Feinden des ungarischen Volkes«, zumeist Aristokraten und hohe Geistliche. Geschichte schrieb sie aus der Perspektive einer Staatsanwältin, zumeist in Form fleißig gesammelter Zitate aus diplomatischen Quellen, nur sehr oberflächlich verbunden mit einer schlichten Klassenkampfrhetorik. Teilweise dienten sie ganz offensichtlich aktuellen Agitationsaufgaben, so etwa, als Andics 1848/49 den Primas der katholischen Kirche von 1848 als »nationalen Verräter« »entlarvte« und damit die Angriffe auf den an Weihnachten 1948 wegen Hochverrats inhaftierten Primas, Kardinal József Mindszenty, unterstützte.[16] Während sie bei den »historischen Feinden«, welche die Vorläufer aktueller »Feinde« waren, grobe Vereinfachungen bevorzugte, bemühte sie sich um Differenzierung zwischen dem »zaristischen Rußland« und der »Sowjetunion«. Kein kommunistischer Funktionär oder Wissenschaftler versäumte es, auf den prinzipiellen Unterschied zwischen dem »zaristischen Rußland« und der »Sowjetunion« hinzuweisen. Am brutalsten drückte Stalin diesen aus, der im »Kurzen Überblick der Geschichte des ungarischen Volkes« von 1953 folgendermaßen zitiert wird: »Wir haben keinerlei Schuld gegenüber Ungarn. Die Verantwortung liegt beim Rußland der Zaren. 1848 half der russische Zar der Habsburgermonarchie, die ungarische Revolution zu ersticken. [...] Aber wir können schon allein deshalb nicht dafür verantwortlich gemacht werden, weil wir den letzten Zar 1920 am Ural erschossen haben und damit die gesamte vergangene Ordnung zu Grabe getragen wurde.«[17]

Des weiteren führten ungarische Historiker an, daß es nicht nur keine Kontinuität zwischen den beiden Staaten gebe, sondern auch schon im zaristischen Rußland Demokraten und Revolutionäre wie Nikolai Tschernyschewski oder Alexander Herzen sich gegen die Intervention ausgesprochen hatten. Man dürfe somit das »russische Volk« nicht mit dem zaristischen Regime gleichsetzen. Die marxistisch-leninistische Historiographie, namentlich in ihrer stalinistischen Variante, tat sich im allgemeinen schwer, einen Unterschied zwischen Vergangenheit und Gegenwart zu erkennen: Wer vor einhundert oder zweihundert Jahren ein »Verräter« war, blieb es, ebenso wie die »Helden« früherer Zeiten auch »Helden« der Gegenwart sein sollten. Seit der Bodenreform von 1945 legitimierte die Kommunistische Partei ihren Machtanspruch im Zeichen einer »Erfüllung« der Forderungen von 1848, was in den bereits erwähnten pompösen Jahrhundertfeiern gipfelte, mit denen die Vereinigung der Arbeiterparteien und die Gründung der Volksrepublik und damit der Übergang zur stalinistischen Diktatur in Verbindung gebracht wurde. Ein Jahr später stellte sich das Problem der Intervention von 1849 mit besonderer Dringlichkeit. Im Artikel »Geschichte Ungarns« der »Großen Sowjet-Enzyklopädie« schrieb W. L. Israeljan: »Die auf Bitte der österreichischen Reaktion unternommene bewaffnete Intervention des zaristischen Rußlands in Ungarn hatte das Ziel, die Kräfte zu vernichten, die weiterhin die europäische Revolution verkörperten und die feudale Leibeigenschaftsordnung in ganz Mittel- und Osteuropa zu erschüttern drohten. Der Befehl zum Vorgehen gegen Ungarn stieß bei den russischen Soldaten, die mit dem Befreiungskampf der Ungarn sympathisierten, auf starke Ablehnung. Eine Gruppe von Soldaten und Offizieren unter Führung des Kompaniechefs Gussew, die sich weigerten, an dem Feldzug teilzunehmen, wurden verhaftet und Gussew sowie sieben seiner nächsten Gefährten hingerichtet. Einige russische Soldaten und Offiziere desertierten und stellten sich auf die Seite der ungarischen Revolution.«[18]

In einer Anmerkung zur Gussew-Geschichte verwies Israeljan auf das Buch des Historikers A. S. Nifontow »Rußland im Jahre 1848«.[19] Nifontow stellte fest, daß die Unruhen in Rußland seit dem Dekabristenaufstand von 1825 wieder einen neuen Höhepunkt erreicht hatten, daß es zu Verhaftungen gekommen und sogar eine »Verschwörung« von Offizieren des 1. Kadettenkorps aufgedeckt worden war. Soweit ließen sich die Angaben durch Quellen belegen. Bei anderen, nicht aktenkundigen Ereignissen argumentierte Nifontow vorsichtig. So meinte er etwa, es habe innerhalb des russischen Offizierskorps, besonders in den westlichen Provinzen, »Sympathien« für Ungarn gegeben, aber darin seien »keine heranreifenden und sich herausbilden-

225

den revolutionären Anschauungen« zu sehen. Dennoch erwähnte Nifontow, daß »wahrscheinlich eine andere revolutionäre Verschwörung in Belorußland in gewisser Hinsicht mit dem Freiheitskampf des ungarischen Volkes in Zusammenhang ›stand‹. Nach Aushebung dieser Geheimorganisation wurden sieben ihrer Teilnehmer, an der Spitze der russische Offizier Alexej Gussew, am 16. August 1849 in Minsk hingerichtet.«[20]

Nifontow war sich aber offenbar nicht sicher, was er von der Gussew-Geschichte halten sollte, die er einem Prawda-Artikel des Schriftstellers Leonid M. Leonow (»Der ungarische Frühling«, 31. März 1948) entnahm. Skeptische Historiker und euphorische Schriftsteller verbreiteten somit unabhängig von Illés die Kunde vom heldenmütigen Rittmeister. Aber eigentlich hätte Gussew gar nicht erfunden werden müssen. Schließlich hatte es tatsächlich mehrere Hinrichtungen in Rußland gegeben, die in Zusammenhang mit dem ungarischen Feldzug standen.

Der stalinistische Musterheld

Das, was Illés mit der Figur Gussew ausdrücken wollte, galt seit spätestens Mitte der dreißiger Jahre für jedes Mitglied einer kommunistischen Partei: Wer dem »Weltkommunismus« angehören wollte, der war der Sowjetunion und ihren Führern zu unbedingter Treue verpflichtet. Wer wie Béla Illés seit 1917 in der Bewegung mitkämpfte, hatte dieses Prinzip schon längst verinnerlicht. Illés, der 1940 aus der Partei ausgeschlossen worden war und sich 1941 vorerst als einfacher Soldat »bewähren« mußte, bevor er wieder ins Offizierskorps aufgenommen wurde, erkannte in der freiwilligen Unterordnung unter die KPdSU sein persönliches Lebensprinzip. Außerdem verstand er sich als Pädagoge, der nicht nur die Leser, sondern auch seine unerfahrenen Kollegen in Ungarn über die Prinzipien des Sozialistischen Realismus belehrte. 1949 nannte er dem Schriftsteller Ferenc Fuggerth ein nachahmenswertes Vorbild: »Die heutigen Dichter Georgiens kleiden den sozialistischen Inhalt in die Form, die den Traditionen des georgischen Volkes entsprechen.«[21]

Niemand hatte Illés befohlen, Gussew zu erfinden. Er befahl es sich selbst, wie er auch im Vorwort zur zweiten Auflage der 1947 erstmals erschienenen »Ausgewählten Erzählungen« indirekt zugab:

»›Die Akte Gussew‹ […] war eine Antwort gegen sowjetfeindliche Verunglimpfungen – eine Entgegnung gegen solche sowjetfeindlichen Verleumder, die nicht hinschauen, wohin sie schlagen, oder schlagen wollen. […] Ich habe schon immer gewußt, in den Händen kommunistischer Autoren ist die Feder stets eine Waffe, und diese Waffe gilt es so zu gebrauchen, daß sie der Sache, unserer großen Sache, nützt.«[22]

Andererseits behauptete Illés, er müsse gerade bei »Schriften, die agitatorischen Aufgaben dienen, streng nach der Wahrheit gehen«. So bemühte er sich, die »Akte Gussew« zu einem authentischen Fall zu erklären, das Blut des Helden zu wirklichem menschlichem Blut zu machen. Dieses Verfahren erinnert an die Heiligenkulte, bei

Karikatur des Schriftstellers Béla Illés, Erfinder der Helden-Figur Alexej Gussew.

denen sich die »Authentik«, die Lehre von der Echtheit der Reliquien, um die stoff-
liche Nachprüfbarkeit der Heiligenvita kümmert. Zu diesem Zweck berief er sich auf
Fakten innerhalb der fiktionalen Erzählung, indem er in Fußnoten archivalische
Quellen als Belege für zitierte Äußerungen Gussews anführte. Aber er griff auch gern
Historiker an. So schrieb er anläßlich des »100. Jahrestages« des Prozesses, in dem
Gussew laut Illés in Minsk abgeurteilt worden war, in einem Artikel im Zentralorgan
der Partei, *Szabad Nép,* am 16. August 1949 (den der oben zitierte Goda übrigens auch
hätte gelesen haben müssen!) folgendes: »Der offiziellen Geschichtsschreibung ist
es gelungen, auch das [die russische Opposition gegen den Zaren 1849] auszuradie-
ren – aber in der Erinnerung des russischen Volkes leben noch jene Helden, die dies
nicht als unvereinbar mit ihrem russischen Patriotismus empfanden. Lunatscharski
machte 1927 die Historiker darauf aufmerksam, daß man in der Umgebung von
Minsk bis heute noch von jenen russischen Offizieren erzählt, [...] die zu den Ungarn übergingen. Die Legende lebt noch heute in der Gegend um Minsk.« Erst 1936
habe sich die Weißrussische Akademie der Wissenschaften mit den Gerichtsakten
des Falles Gussew beschäftigt. »Das Märchen aus der Minsker Gegend – die Geschichtsschreibung des Volkes – war der Ausgangspunkt für die historische For-

schung.« Illés appellierte hier, in einer stalinistischen Geste, an die höhere Wahrheit des von der Partei (Lunatscharski) geführten »Volkes« gegenüber der Wahrheit der Historiker.[23] Damit setzte sich Illés selbst unter Beweisdruck. Die Fakten verwob Illés mit einer fiktionalen Modellierung von Gussew als Heldengestalt: »Gussew war ein hochgewachsener, magerer Mensch von leicht gebückter Haltung. Sein Haar war schon mit viel Grau gemischt. Er hatte große, graue Augen. Zwei Falten an den Mundwinkeln zeugten von bitteren Erfahrungen. Seinem Alter nach hätte er schon lange Oberst sein müssen.«[24]

Illés charakterisiert den zaristischen Offizier als Offizierssohn, dem aufgrund seiner besonderen Talente eine »glänzende Zukunft« bevorstand. Aber es kam anders, weil der junge Gussew, als er 1822 bei Fürst Eszterházy in Ungarn zu Gast war, »eine[n] glattrasierten österreichischen Dragoneroffizier« kritisierte, der ungarische Gefangene grausam behandelt hatte. Daraufhin wurde Gussew in den Kaukasus versetzt. Seine Karriere war gescheitert, weil er Partei für »Opfer« nationaler Unterdrückung nahm, gegenüber den mit dem Zaren in Heiliger Allianz verbündeten »Österreichern«. Das Loyalitätsproblem zwischen Offizier und Monarch verknüpfte Illés mit einem Konflikt zwischen zwei »Nationen« bzw. »Völkern«. Die Sympathien des Offiziers für die ungarischen Gefangenen erklärt der Erzähler mit »einige[n] hundert Bücher[n], russische und französische«, die den ganzen Besitz Gussews ausmachten. Auf die Reise im Jahr 1849 nahm Gussew zwei Bände Puschkin[25] und einen Roman von Lermontow[26] mit: »Von den anderen [Büchern] nahm er mit einem Streicheln seiner harten, sehnigen, von Wind und Sonne gebräunten Hand Abschied.« Die Bücher, die eine so große emotionale Bedeutung für den Offizier haben, stehen für die politische Haltung eines ganz bestimmten Milieus: die in den Kaukasus versetzten systemkritischen Adligen, die in der stalinistischen Perspektive den politischen und kulturellen Fortschritt in jener Epoche russischer Geschichte verkörperten. Ihr »bürgerlicher Humanismus« galt als Vorform des sozialistischen.[27]

Zu diesem Punkt der Erzählung gehört Gussew noch zu den »bürgerlichen Humanisten« und ist noch nicht zum offenen Bruch seines Treueeides gegenüber dem Zaren bereit. Er widerspricht seinem Wachtmeister, Onkel Wanka, der gegen die Intervention der russischen Armee zugunsten der durch ungarische Revolutionstruppen in Bedrängnis geratenen Armee des österreichischen Kaisers opponiert, muß aber innerlich mit sich kämpfen. Die Figur des Onkel Wanka deckt die anekdotische und volkstümliche Seite ab, für die Illés berühmt war. Hier zeigt sich Illés als Nachfolger von Furmanow[28], dem Erfinder der Tschapajew-Erzählungen, die Viktor Pelewin unlängst als Gründungsmythos der Sowjetunion bezeichnete.[29]

In Minsk erfährt die Erzählung schließlich ihren dramatischen Abschluß. Dort trifft Gussew auf mehrere jüngere Offiziere, die sich heimlich treffen, weil sie ebenfalls gegen die militärische Hilfsaktion eingestellt sind. Die »Verschwörung« fliegt auf und Gussew wird als Kopf der Konspiration vor ein Militärgericht gestellt. Seine Verteidigungsrede bildet Höhepunkt und Schlüsselszene der Novelle. »Jetzt wurde Rittmeister Gussew aufgerufen. Sein Gesicht war eingefallen und von einem grünlichen Grau. Die Falten an seinen Mundwinkeln hatten sich tiefer eingegraben. Seine Augen brannten, daß man das Gefühl hatte, sie strahlten Licht aus. Als er zu sprechen begann, stand er gebückt da, aber von Satz zu Satz, von Wort zu Wort streckte er sich, und dann stand er kerzengrade da wie eine Pappel am Wolgastrand – oder ein Ausrufungszeichen.«[30] Illés will mit der Veränderung von Gussews Körperhaltung wohl aussagen, daß der revolutionäre Widerstand aus dem zaristischen Offizier einen freien, aufrechten Menschen machte. Wörtlich, so Illés in einer Fußnote, soll Gussew folgendes gesagt haben: »Sollen wir darum gegen die Ungarn kämpfen, weil sie Feinde des Habsburger Kaisers sind? [...] Das russische Volk hat keine Ursache, dem Habsburger Kaiser freundschaftlich gesinnt zu sein, sondern alle Ursache, die habsburgischen Unterdrücker der kleinen slawischen Völker als Feinde zu betrachten.«[31]

Der Held argumentiert mit einer doppelten Gegenüberstellung: Völker gegen Völker und Volk gegen Herrscher, national und sozial, wobei die Lösung der sozialen Frage die Überwindung der nationalen oder ethnischen Konflikte bringen soll. Die Erzählung endet mit der Schilderung der Hinrichtung von sieben Offizieren am 16. August 1849. »Zur Hölle mit allen Zaren, zur Hölle mit allen Herren!« ruft Onkel Wanka, der bereits einen noch fortschrittlicheren Klassenstandpunkt als die Offiziere offenbart: »Als letzter trat festen Schrittes Alexej Gussew unter den Galgen. Jetzt war er nicht mehr blaß. Sein Gesicht hatte die Farbe frischen Lebens, und auch die Falten an seinen Mundwinkeln schienen sich geglättet zu haben. ›Es lebe der brüderliche Bund der freien Völker!‹ war sein letztes Wort an das Leben.«[32]

Die Heldentat verjüngt den Helden wie in der christlichen Heiligenerzählung, wo der christliche Märtyrer den Tod auch körperlich überwindet. Seine Reliquien, die nicht verwesen, zeugen von der Todesüberwindung durch das Opfer. Gussews Schlußsatz verweist aber auch auf den antihistoristischen Zug stalinistischer Propaganda. Rittmeister Gussew lebt zwar in der Vergangenheit, er hat aber Zukunft, denn seine Worte und sein Handeln entsprechen den Erfordernissen der ungarischen Partei im Jahr 1947: dem Postulat der russisch-ungarischen Freundschaft. Diesen welthistorischen Hintergrund, das Donnern des Weltgeistes gewissermaßen, deutet Illés mit seiner Schilderung der äußeren Umstände der Hinrichtung an. Gegen die Ungerechtigkeit rebellieren das Volk und sogar die Natur: »Es war der sechzehnte August, Sommermitte, aber das Wetter war kühl und herbstlich. Während der Verlesung des Urteils durch den Militäranwalt hatte ein Regen eingesetzt. Zuerst war es nur ein Sprühregen, dann aber goß es immer stärker. [...] Während die sieben Märtyrer dastanden, um ihr Leben für die Freiheit hinzugeben, hatten unbekannte Täter, vielleicht brüderliche Hände, Rächer ihres Todes, das Gebäude des Gouvernements in Brand gesteckt.«[33]

Der Kampf zwischen Gut und Böse, zwischen Held und Schurke, wird von Illés als apokalyptisches Weltgericht über das zaristische System inszeniert. Damit sah er die angeblich von den Lesern »geforderte« »Hauptaufgabe« der kommunistischen Schriftsteller erfüllt, »daß wir uns für die von der Partei gesteckten Ziele einsetzten und es als unsere Hauptaufgabe betrachteten, die Gefühle und Gedanken des Volkes in Richtung des Sozialismus zu lenken«.[34]

Illés, 1895 als Sohn einer verarmten jüdischen Kaufmannsfamilie geboren, verschwieg hier allerdings seine früheren, zunächst überhaupt nicht sozialistischen literarischen Ambitionen. Während des Ersten Weltkrieges verkehrte er im Galilei-Kreis um Georg Lukács und schrieb für den *Nyugat,* die bedeutendste Literaturzeitschrift Ungarns in der ersten Hälfte des 20. Jahrhunderts.[35] 1916 ging er als Kriegsfreiwilliger nach Albanien, wurde nach Kriegsende Mitglied und Vorsitzender eines Soldatenrates und schloß sich 1919 der Räterevolution an. Nach deren Zusammenbruch mußte er emigrieren, ging zunächst nach Wien, 1923 dann nach Moskau, wo er bis 1944 blieb. Nach einer Tätigkeit als Hilfsarbeiter in der Moskauer Fabrik »Hammer und Sichel« führte ihn sein Freund Furmanow in den »Internationalen Bund revolutionärer Schriftsteller« ein. Nach dessen Auflösung 1927 stieg Illés in das Sekretariat des Sowjetischen Schriftstellerverbandes auf. 1929 erschien sein Epos über die ungarische Revolution »Brennende Theiss«.[36] Das umfangreiche Werk widmete er »[s]einer Führerin und Lehrerin – der Kommunistischen Partei Ungarns«. Illés überstand im Gegensatz zu den meisten Funktionären der ungarischen KP die stalinistischen Säuberungen, doch wurde er 1940 kurzzeitig aus der Partei ausgeschlossen. Sein Revolutionsepos »Karpaten-Rhapsodie« (1941) erreichte eine Auflage von über eine Million Exemplare – heute ist das Buch völlig in Vergessenheit geraten. Ab 1945 war er Herausgeber der ungarischen Zeitung der Sowjetarmee und gehörte seit 1949 dem Präsidium des Ungarischen Schriftstellerverbandes an. 1950 übernahm er die Literaturzeitung *Irodalmi Újság,* die nach dem Muster der sowjetischen *Literaturnaja Gaseta* am strengsten die Parteilinie vertrat: »Ich habe immer nur dann geschrieben, wenn es nötig war – für den Kampf. Der unmittelbare Zweck meiner Arbeiten, aller meiner Arbeiten, war mein Streben, die Bewältigung einer bestimmten Kampfaufgabe zu fördern. Dann griff ich zur Feder, und worüber und wie ich schrieb, richtete sich danach, was die Lage des Klassenkampfes, das Kampfprogramm der Partei erforderte.«

Der ungarische Kampfauftrag an die Schriftsteller von 1947 ähnelte dem sowjetischen der zwanziger Jahre. Die Literaten sollten Identifikationsfiguren schaffen, die den Übergang von einer feudalen in eine sozialistische Gesellschaft erfolgreich bewältigen. Daher formte Illés seinen Helden nach dem Vorbild Tschapajews, dem zaristischen Offizier, der im Verlauf des Romans zu einem, wenn auch ideologisch nicht gefestigten, Rotarmisten wird. Viktor Pelewin schrieb über den mythologischen Hintergrund der frühen Sowjethelden: »Der sowjetische Gründungsmythos in all seinen Komponenten verwies auf eine sogenannte Frühzeit – die Epoche der Revolution, da die alte Welt zerstört, der alte Gott gekippt und kastriert und ein neuer auf den Thron gehoben wurde. [...] Der monströse Bruderkrieg der Jahre 1918–21 hatte das Land seiner dünnen Schale von Kultur und Zivilisation beraubt; es war fürwahr eine neue Zeit der Titanomachie, da grausame, hundertarmige Wesen einander stürzten und vernichteten, Götter und Heroen miteinander rangen – und es war jene unscharfe Grenze, hinter der das Nichts gähnte und wo die Geschichte erst begann.«[37]

Doch war es der Parteiauftrag allein, der – unter Beachtung der sowjetischen

»Erfahrungen« den ungarischen Notwendigkeiten angepaßt – Illés veranlaßte, seine Gussew-Novelle zu verfassen? Gab es nicht auch Fragen, die unmittelbar mit Illés' Leben und Herkunft zusammenhingen und auf die die Gussew-Geschichte gewissermaßen antwortete? Wie erhielt sich die von der Partei postulierte »Treue« zur Sowjetunion, als »Internationalismus« verbrämt, zu ihrem Anspruch, die höchsten Werte der ungarischen Nation zu verkörpern? Auch die Chefideologen der Partei taten sich mit diesem Problem schwer, wie die dialektischen Wendungen eines Leitartikels im Parteiorgan vom Sommer 1947 anschaulich machten: »Treue Soldaten der Weltfreiheit sind wir, aber unsere Aufgabe ist die Wahrung der ungarischen Freiheit, die Festigung der ungarischen Demokratie. Daher hissen wir neben der roten Fahne auch die nationale. Die nationale Fahne ist das Symbol der unabhängigen ungarischen Nation. Wir waren und sind die Kämpfer für die ungarische Unabhängigkeit. […] Natürlich gibt es auch eigene tiefe, historische Gründe dafür, warum die ungarische Arbeiterbewegung nicht gleich am Anfang neben der roten die nationale Fahne hißte: weil die ungarische Arbeiterklasse eine unterdrückte, entrechtete Klasse war, welche in absehbarer Zeit keine Hoffnung hatte, an der Lenkung der Geschicke des Landes teilhaben zu können. Daher rührte die Aufgabe der sozialistischen Bewegung zu jener Zeit, sich von den herrschenden Klassen abzuwenden und […] sich mit einer unabhängigen, sozialistischen Ideologie zu bewaffnen. Die Arbeiterklasse mußte befreit werden aus dem reaktionären, patriotisch-chauvinistischen Bannkreis, und ihr mußte erklärt werden, daß die nationale Fahne in den Händen der Reaktion das Symbol der Volksunterdrückung, der nationalen Unterdrückung, des Chauvinismus sei.«[38]

Die Bindung an die jeweiligen »historischen« Erfordernisse, die in deutlichem Gegensatz zu der ansonsten ausgeprägten Praxis anachronistischer Freund-Feind-Dualismen stand, konnte auch Illés' persönliches Dilemma auflösen, als Offizier der Roten Armee einem fremden Staat gedient, gegen eine ungarische Armee gekämpft zu haben und dennoch glühender Patriot zu sein: wahrhaft »patriotisch« kann nur die Kraft sein, die zugleich dem »Fortschritt« dient. Diese Botschaft, die sich auch gegen die Kritik an einer allzu »russen«-freundlichen Politik der Partei richtete, verbreitete Illés daher mit besonderer Vehemenz: »Ein Vierteljahrhundert von Ungarn getrennt, bin ich der ungarische Patriot geblieben, der ich gewesen war. Den überwiegenden Teil dieses Vierteljahrhunderts habe ich in der Sowjetunion verbracht, wo ich lernte, wie man für seine Nation mit Erfolg arbeiten kann und soll. […] Meine Liebe und Bewunderung für die Sowjetunion und mein ungarischer Patriotismus, sie wurden eins und untrennbar.«[39]

Mit seinem Helden Gussew teilte Illés das »Schicksal«, sich aufgrund der historischen Gesetzmäßigkeiten als Offizier für eine Haltung entschieden zu haben, die von vielen als »Landesverrat« gedeutet werden konnte. Es ging in der Gussew-Geschichte also nicht nur um das historische Bild der »Russen« in Ungarn, sondern auch um die Ehrenrettung der »patriotischen« Ungarn, die noch vor 1945 als »Verräter« und »jüdische Bolschewisten« aus der ungarischen »Volksgemeinschaft« ausgeschlossen worden waren.[40] So machte sich Illés schließlich selbst zum Helden, denn er folgte damit der Typologie des Helden, der über den Bruch gültiger Normen im Auftrag einer höheren Gesetzmäßigkeit handelt.[41]

Vor Stalins Tod 1953 wagte es aber kaum ein Kritiker, Illés, der 1950 mit der Chefredaktion der *Irodalmi Újság* (Literaturzeitschrift) die Führung in der verstaatlichten Literaturlandschaft übernahm, anzugreifen.[42] In der Regel wurden seine Erzählungen als »Ausdruck sozialistischer Wahrheit« bewertet, bei dem »jede Zeile dem Triumph der Sache des Volkes« diene.[43] Manche Kritiker, wie István Császtvai, ließen sich sogar dazu hinreißen, Illés als einen »der volkstümlichsten und beliebtesten lebenden Schriftsteller« zu preisen.[44]

Illés' Abstieg und das Ende des Gussew-Kultes

Nach Stalins Tod geriet Illés in die Schußlinie der Kritik. Er hatte nicht nur eine der einflußreichsten Funktionärsstellen im Literaturbetrieb inne, sondern auch inhaltlich wie ästhetisch platte Propagandabroschüren verfaßt, so etwa die Hefte »Stalin im Dienste des werktätigen Bauerntums«, in der er die Brutalität der Kollektivierung der Landwirtschaft idyllisierte, oder »Die Sowjetarmee – die bewaffnete Kraft der Freiheit und des Friedens«.[45] Außerdem hatte er seine politische Stellung und seine Funktion als Leiter des traditionsreichen Athenaeum-Verlages dazu genutzt, seine eigenen Werke in hoher Auflage herauszubringen. Beim Révai-Verlag erschienen seine Partisanenerzählungen »Lieder von Waffen und Helden« im April 1950 in einer Auflage von 10 000 Exemplaren, sie lagen damit nur um dreitausend Bände unter Tolstois »Krieg und Frieden«![46] Natürlich profitierte Illés, der seine Bücher damals in die gesamte sozialistische »Staatengemeinschaft« exportierte, vom politischen Druck, der auf dem gesamten Verlagswesen lastete, wo Lektoren dafür kritisiert wurden, »formale«, »nichtssagende« Gutachten zu schreiben, wenn sie etwa literarische Einwände gegen die massenhaft aus der Sowjetunion importierte Traktor-Literatur erhoben.[47]

Im August 1953 fand eine mehrtägige Generaldebatte im 1945 gegründeten Schriftstellerverband statt, dessen Präsident Illés war. Lajos Kassák, einer der Begründer der künstlerischen Avantgarde in Ungarn und Nicht-Moskowit – er war nur zwischen 1919 und 1926 lediglich im Wiener Exil gewesen –, eröffnete den Angriff auf Illés: »Was die Arbeit des Genossen Illés betrifft, so bewegt er sich im Grunde immer noch wie ein Fremder in Ungarn, weil er 25 Jahre nicht hier gelebt hat. Aber wenn man nicht hier gelebt hat, wenn man nicht die literarischen Probleme kennt, wenn man die Spielregeln, die hier gelten, nicht kennt, dann frage ich mich, warum er Präsident ist?«[48] Hier ging es aber nicht nur um den Konflikt zwischen den in der Stalinzeit alles beherrschenden »Moskowitern« und den »Ungarn« innerhalb der Partei, sondern auch um persönliche Auseinandersetzungen. Illés sah seine Fehler ein und bedauerte sie. Das war alles. Niemandem ging es darum, das System zu ändern. Es wurden lediglich leichte Korrekturen vorgenommen. Personen, die wie Illés bis 1953 einflußreich waren, traten in die zweite Reihe zurück. Hinter den Angriffen auf den

»Fremden« konnte aber auch noch etwas anderes stehen: Illés entstammte einer jüdischen Familie. Doch wie Parteiführer Rákosi ging er mit dem in den Nachkriegsjahren aufflammenden Antisemitismus eher »taktisch« um. So meinte er im Frühjahr 1945 bei den Beratungen über die Gründung einer »Ungarisch-Sowjetischen Kulturgesellschaft« in Debrecen, es sollten nicht zu viele Juden im Vorstand sitzen.[49]

Nach der Entbindung von seinen Funktionärsaufgaben hatte Illés endlich Zeit zum Schreiben, doch seine frühere Produktivität war dahin. Im Durchschnitt erschien nur noch ein Buch pro Jahr, so etwa 1954 der dritte Band der Trilogie »Landnahme«. 1955, als die Stalinisten kurzzeitig wieder die Macht übernahmen, erhielt Illés mit dem Kossuth-Preis zum zweiten Mal die höchste Auszeichnung des Landes für Schriftsteller und Wissenschaftler. Nach der Niederschlagung des Aufstandes von 1956 sah Illés die Zeit für politisch aufklärende Schriften noch einmal gekommen. Er veröffentlichte einige Erzählungen, in denen die »faschistischen« Drahtzieher des Aufstandes und die treuen Sozialisten »literarisch« aufmarschierten.[50] Nach der Amnestie durch János Kádár und die Verkündigung eines neuen Kurses im Jahr 1961 blieben Illés jedoch nur noch die Anekdoten.

In diesem Jahr hatte auch die Revision des Geschichtsbildes, das unter dem Stalinismus gepflegt worden war, eingesetzt. Die Verherrlichung der ungarischen Geschichte als permanentem »nationalem Unabhängigkeitskampf«, in dessen Logik die Gussew-Geschichte entstanden war, wurde unter den Verdacht des »bürgerlichen« Nationalismus gestellt. Zugleich erlebten die Räterepublik von 1919 und der von Stalin ermordete Béla Kun, der damalige Vorsitzende des Rates der Volkskommissare, eine Renaissance. Dies hing mit Kádárs gemäßigtem Kurs zusammen, der sich sowohl gegen Stalinismus und als auch gegen Revisionismus richtete. In dieser Konzeption hatte die frühere dualistische Sichtweise auf die Geschichte, die nur »Feinde« (»Deutsche«) und »Freunde« (»Russen«) kannte, keinen Platz mehr. So mußte auch der Sockel umgestoßen werden, auf dem Rittmeister Gussew stand. Lehel Szeberényi, der 1950 in seinem Roman »Napkelte« (Sonnenaufgang)[51] den Weg der Jugend zum Sozialismus beschrieben hatte, begann in der Literaturzeitschrift *Új Írás* mit den Abbruchmaßnahmen: »Ist es vorstellbar, daß Rittmeister Gussew mit seinem schönen Mund, mit seinen wunderschönen ölbraunen Augen, in denen das heilige Feuer der Freiheit brannte und die die Unterdrückung der Völker zum Ausdruck brachten – ist es vorstellbar, daß dieser Rittmeister Gussew, dessen russisches Herz gemeinsam mit dem Herzen Kossuths schlug und den das zaristische Femegericht mit sieben anderen auf dem Schafott hinrichtete, weil er nicht das Schwert gegen die ungarischen Freiheitskämpfer erheben wollte – ist es vorstellbar, daß dieser heldenhafte russische Soldat, der in unsere Herzen eindrang, überhaupt nicht existierte?«[52]

Ungarische Historiker, so Szeberényi weiter, hatten verzweifelt in russischen Archiven gesucht und nichts gefunden. Gussew, der Held, war erledigt, aber trotz Entstalinisierung wagte es die Staatsmacht nicht, die Straßenumbenennungen der fünfziger Jahre rückgängig zu machen oder das Gedenkrelief der Volksarmee abzunehmen. So weit sollte die Revision dann doch nicht gehen.

Oder war Illés, der seit 1961 als Meister der Anekdote wieder in den Kanon der sozialistischen Literatur aufgenommen wurde, während seine früheren Werke in Vergessenheit gerieten, nicht schon die ganze Zeit ein Anekdotenerzähler gewesen? Julius (Gyula) Háy meinte einmal, Illés sei der »mutigste Mann im Krieg und der größte Feigling im Zivilleben, ein Lügner, der mit Phantasie und Leidenschaft log«.[53]

1958 erschien die phantastische Erzählung »Aëlita« (1922) des 1945 verstorbenen sowjetischen Schriftstellers Alexej Tolstoi, einem alten Bekannten von Illés, erstmals auf ungarisch. Die Novelle spielt auf dem von grausamen Männern beherrschten Mars. Tolstois bolschewistischem Helden gelingt es, das proletarische Bewußtsein der dortigen unterdrückten Volksmassen zu wecken. Kurz nach seiner Ankunft auf dem roten Planeten stellt sich der ehemalige Rittmeister mit folgenden Worten den Marsianern vor: »Gussew – das ist mein Familienname. Gussew kommt her von Gus, die Gans; es gibt solche mächtigen Vögel auf der Erde, so was habt ihr euer Lebtag nicht gesehen. Und mit Vornamen heiße ich Alexej Iwanowitsch. Ich habe nicht nur ein Regiment, sondern auch eine Kavalleriedivision kommandiert. Ich bin ein enormer Held, ein ganz großer.«[54]

Christiane Brenner/Peter Heumos

Eine Heldentypologie der Tschechoslowakei
Zur Einführung

Zu Beginn des Jahres 1989 amüsierte sich das Kinopublikum in der Tschechoslowakei über eine Reihe von Kurzfilmen, die die »Pražská Pětka« – fünf Prager Theatergruppen – zu einem abendfüllenden Programm zusammengestellt hatte.[1] Den Höhepunkt der Vorstellung bildete der letzte Film, »Na brigádě« (Auf Brigade), produziert vom Theater Sklep (Keller).[2] Er führte die Zuschauer zurück in die Welt der fünfziger Jahre, zu den Brigaden und Alltagshelden der sozialistischen Arbeit, den mehr oder minder freiwilligen Ernteeinsätzen auf dem Land und den markigen Klassenkampfparolen. Nach wilden Wirtshausschlachten und zarter Liebe neben sozialistischer Plansollerfüllung erstarrten die beiden Hauptdarsteller auf der Leinwand zu einem Bild, das in der Tschechoslowakei jedem Menschen vertraut war: Hammer und Sichel in der Hand, blickte das Paar über Felder und rauchende Fabrikschlote optimistisch in die Zukunft. Diese Szene zierte viele Jahre den 100-Kronen-Schein.

Ein Ende des normalisierten Sozialismus schien – anders als in den Nachbarländern Polen und Ungarn, wo die Opposition den Kommunisten stückweise die Macht abverhandelte – in der Tschechoslowakei noch nicht in Sicht. Der Heldenkosmos der stalinistischen Zeit war für Tschechen und Slowaken dennoch Lichtjahre entfernt. Er war nur noch als Lachnummer zu vermitteln. Und das, wie die »Pražská Pětka« bewies, mit großem Erfolg.

In den siebziger und achtziger Jahren waren die Helden und die Utopien der Aufbauzeit in allen sozialistischen Ländern etwas in die Ferne gerückt.[3] Die allmähliche Reduzierung der ursprünglichen Gigantomanie – als die kommunistischen Parteien den Aufbau einer »Neuen Welt« mit »Neuen Menschen« versprachen –, zugunsten bescheidenerer und vor allem stärker am Privaten orientierter Glücksvorstellungen, war ein Phänomen des gesamten sozialistischen Lagers. In der Tschechoslowakei fiel dieser Prozeß der Ernüchterung jedoch besonders drastisch aus.[4] Nach der Erfahrung von 1968, der militärischen Niederschlagung des »Prager Frühlings«, mit dem sich ein großer Teil der Bevölkerung identifiziert hatte, geriet der Sozialismus hier zu einer vollständig utopiefreien Veranstaltung. Die »Normalisierer«, die nach der Intervention der Warschauer-Pakt-Truppen die Macht übernommen hatten, erzwangen zwar Anpassung. Den Anspruch, die Menschen vom herrschenden System und dessen ideologischen Grundlagen zu überzeugen, erhoben sie jedoch nicht mehr. So etablierte sich in den siebziger Jahren das, was allgemein als »Realsozialismus« bezeichnet wurde:

ein gesellschaftlicher Zustand, den die herrschende Partei als Verwirklichung aller Ziele propagierte.[5] Dementsprechend war es auch um die offiziellen Helden dieser Jahre bestellt. Zwar fand sich in jeder Fabrik eine Tafel mit den Bildern besonders verdienstvoller Werktätiger, und auch mancher städtische Platz war mit Preisträgern sozialistischer Wettbewerbe geschmückt, doch allein schon die große Zahl der hier vorgestellten Helden, über deren konkrete Verdienste man im einzelnen nicht informiert wurde, zeigte die zunehmende Inflationierung des sozialistischen Heldentums.[6] Der Bereich der Arbeit, in dem während der fünfziger Jahre am intensivsten um die Schaffung von Helden gerungen worden war, blieb im öffentlichen Diskurs zwar von zentraler Bedeutung. Doch wo die Sicherung kleinbürgerlichen Wohlstands mit der Erfüllung der kommunistischen Vision gleichgesetzt wurde und Dienst nach Vorschrift als prämienwürdig galt, war für große Taten kein Platz mehr.

Die Helden der frühen Jahre

Der Heldendämmerung[7] während der Normalisierungsphase waren in der Tschechoslowakei mehrere Heldenkonjunkturen bzw. verschiedene Heldenzeitalter vorausgegangen: In der kurzen Zeit des »Prager Frühlings« und der darauf folgenden Phase, in der die reformkommunistische Regierung von den Sowjets zum Rückzug gezwungen wurde, feierte das Volk seine politischen Führer als Helden.[8] Direkt nach der militärischen Intervention vom August 1968 erinnerten öffentlich ausgestellte Bilder der Menschen, die in diesen Tagen ums Leben gekommen waren, nicht nur zufällig an die Gedenktafeln für die Opfer des Prager Aufstandes von 1945. Die letzten »Märtyrer« für einen Sozialismus tschechoslowakischer Eigenart waren dann die Menschen, die sich im Protest gegen die Normalisierungspolitik öffentlich verbrannten – allen voran Jan Palach. Sie aus dem Gedächtnis zu drängen, scheute die alt-neue politische Führung nach 1969 kaum ein Mittel.

Während die politischen Protagonisten und Symbolfiguren des »Prager Frühlings« von einer großen, spontanen, bald nicht mehr kontrollier- und steuerbaren Welle der Sympathie in der Bevölkerung getragen wurden, läßt sich schwer sagen, wie es um das Ansehen der sozusagen »klassischen sozialistischen Helden« in der Tschechoslowakei bestellt war. Die seit dem Februar 1948 allein regierende kommunistische Partei hatte bereits nach Kriegsende mit dem Aufbau einer Galerie von Helden unterschiedlichen Typs begonnen.[9] Die Heldenwelt der fünfziger Jahre bewohnten – neben den traditionellen, den gültigen Wertvorstellungen angepaßten Nationalhelden und den in großer Zahl propagierten Sowjethelden – vor allem drei Heldentypen: Es gab die Helden des Widerstands gegen die nationalsozialistische Okkupation; die bekanntesten unter ihnen und damit stilbildend waren Julius Fučík und Jan Šverma.[10] Zahlreich waren die Helden der Aufbaugesellschaft: Menschen, die das Grenzland wiederbesiedelten bzw. »re-tschechisierten« oder die trotz »falscher Klassenzugehörigkeit« ihren Weg in die Partei fanden. Diese Figuren begegneten einem in Romanen wie Wladimír Řezáčs »Nástup«[11], in zahlreichen Oden[12] und Kino-produktionen der ersten beiden Nachkriegsjahrzehnte.[13] Und selbstverständlich gab es die Helden – seltener Heldinnen – der Arbeitswelt: »Stachanowzen«, Sieger im Wettbewerb der sozialistischen Arbeit, Pioniere der Kollektivierung, Techniker, Er-finder und Wissenschaftler im Dienst des sozialistischen Fortschritts.

Alle diese Heldentypen bildeten unverzichtbare Bestandteile in der Propaganda für eine neue und bessere Welt. Zunächst erschien diese »bessere Republik« durch-aus nicht als Kopie der nun allgegenwärtigen Sowjetunion – und auch nach dem Fe-bruar 1948, als in ganz Ostmitteleuropa wie auch in der Tschechoslowakei die These vom »eigenen Weg« zum Sozialismus scheiterte, wurde die nationale Komponente stark betont. Doch wie Wladimír Macura in seinen Essays über die Ikonographie des tschechoslowakischen Stalinismus gezeigt hat,[14] trug das Denken und Reden über diese neue Welt Züge, die auch für den revolutionären Charakter der frühen Sowjet-union typisch gewesen waren.[15] So glaubte man im gesamten (zugelassenen) politi-schen Spektrum an die Zwangsläufigkeit der weiteren historischen Entwicklung. Richtung und Inhalt des Fortschritts – sprich der Weg zum Sozialismus – schienen unumstößlich festgeschrieben. Das änderte jedoch nichts daran, daß der Sozialismus durch Planung und ständigen Kampf gegen das überkommene Alte erreicht werden mußte.[16] Dieser Kampf forderte auch einen »Neuen Menschen«; einen fleißigen, op-timistischen, geselligen, einfachen und vor allem auch jungen Menschen.[17] Typisch für die Zeit war nicht zuletzt eine binäre Sicht auf die Realität – ein Denken in Dicho-tomien und eine starke Fixierung auf die »Grenzen«.[18] Stand jenseits der äußeren wie auch der inneren Grenzen das Feindliche, Zerstörerische und Rückwärtsgewandte, waren auf der anderen Seite Führer, Vorbilder und Helden zu Hause, denen in diesem Szenario eine anleitende Rolle übertragen wurde.

Welche spezifischen Charakterzüge wurden diesen Helden der neuen Zeit zuge-schrieben? Gab es besondere Formen des sozialistischen Heldenkults in der Tsche-choslowakei?

Bei den Helden der frühen Jahre des tschechoslowakischen Sozialismus fallen zunächst die traditionellen Elemente auf – die Bausteine jeder Heldenlegende und die im tschechischen kulturellen Kontext vertrauten: Die Heldengeschichten erzählen von moralischer Integrität, von Mut und Klugheit sowie von der Überwindung des Todes durch das Opfer für die Gemeinschaft und deren höhergerichtete Ziele. Häu-fig wird berichtet, der Held sei bereits in seiner Kindheit durch Wißbegierde, Wahr-heits- und Gerechtigkeitssinn oder andere positive Eigenschaften unter den Gleich-altrigen aufgefallen. »Typisch tschechisch« ist darüber hinaus der hohe Prozentsatz intellektueller und »schwacher Helden«, also von Helden, die einem Feind (auch im übertragenen Sinne) unterliegen.[19] Charakteristisch für das Normen- und Wertesystem der fünfziger Jahre erscheint indessen die besondere Betonung der »Einfachheit« des jeweiligen Helden, seiner »Normalität« und »Volksverbundenheit« bzw. der »Liebe für das Volk«. Waren die Alltagshelden, allen voran die Helden der Arbeit, auch äußerlich Durchschnittsmenschen und führten den Normalbürgern damit vor Augen, daß im Sozialismus »jeder ein Held sein konnte«, bestach der »große Held« durch optische Vorzüge. Zu seiner stets hervorgehobenen Schönheit kam, unabhängig von seinem tatsächlichen Alter, ein Kult um seine Jugend, die ihn sogar doppelt mit dem Sozialismus identifizierte: Einerseits stand er für die Ziele und den Moralkodex der »Neuen Zeit«, andererseits wurde er zum Synonym dieser eben erst angebrochenen Epoche.[20]

Wie in den anderen sozialistischen Ländern auch, gab es in der Tschechoslowakei zahllose Gedenktage, Feiern und Festspiele, die den »großen Helden« gewidmet waren. Pionierorganisationen, Schulen, Auszeichnungen und Sonderschichten erhielten ihre Namen, was als Verpflichtung wie Prädikat zugleich gemeint war. Jahrestage und Geburtstage – so der 70. Geburtstag Jossif W. Stalins im Jahr 1949 oder das Julius-Fučík-Jubiläum 1953 – bildeten besondere Höhepunkte und wurden mit zahllosen Veranstaltungen landesweit begangen. Daneben gab es »branchenspezifische« Feier- und Gedenktage wie den »Tag des Grenzers«[21] mit ihren eigenen über den Berufsstand hinaus nur wenig bekannten Helden.

Dem Pathos und den pompösen Formen der Inszenierung, die für die fünfziger Jahre typisch waren, folgte bereits in den sechziger Jahren eine deutliche Ernüchterung. Der Abriß des Stalin-Denkmals auf dem Prager Letná-Plateau markierte in der Tschechoslowakei das – wenn auch vergleichsweise späte – Ende der Zeit ungebremster Personenkulte. Doch anders als Stalin wurden die meisten Helden der frühen Jahre nicht »abgeschafft«. Sie fristeten ein bescheideneres Dasein, das in den achtziger Jahren bisweilen einer gewissen Absurdität nicht entbehrte, wenn ihr Bild zu einem Jahrestag aus der kunstvoll gestalteten Dekoration eines Feinkost- oder Miederwarengeschäftes blickte. Das galt vor allem für die Helden der Arbeit. Sie hatten in den fünfziger Jahren einen besonderen Platz in den Propagandabotschaften der Staats- und Parteiführung eingenommen. Der hier formulierte Anspruch, die Arbeitshelden sollten Vorbild für alle Bürger der neuen Gesellschaft sein, traf jedoch nur selten den Nerv der Bevölkerung. Vor allem die Industriearbeiterschaft weigerte sich, den belobigten die geforderte Aufmerksamkeit zukommen zu lassen. Es lohnt sich, die Diskrepanz zwischen den Botschaften und Zielen der Machthaber, die u. a. über das Thema Helden kommuniziert wurden, und den Bedeutungszuweisungen der Bevölkerung genauer zu betrachten. Die Dynamik, die durch die Abwehr und zugleich partielle Aufnahme des Heldendiskurses in der Bevölkerung auf der einen, den Reaktionen des Staates auf der anderen Seite entstand, macht deutlich, wie komplex und bisweilen auch paradox die Wirkungsgeschichte sozialistischer Propaganda war.

Helden der Arbeit

Sollte ein Held wie Julius Fučík Leitbild im abstrakten Sinne sein, also Identifikation mit dem System ermöglichen und bestimmte Wertorientierungen und Moralvorstellungen vermitteln, stand bei den »Helden der Arbeit« zunächst einmal ein

Jaroslav Miška, Aktivist der sozialistischen Arbeit im Steinkohlebergbau bei Ostrava 1951.

pragmatischer Aspekt im Vordergrund. Selbstverständlich wies auch dieser Heldentyp, der ausdrücklich dem sowjetischen Vorbild entlehnt war, eine ausgezeichnete Moral auf. Und zweifellos wurde auch hier von der Existenz eines starken »Wir-Gefühls« und eines großen gemeinsamen Projekts, der besseren Zukunft, ausgegangen. Die wichtigste Botschaft, die der Arbeitsheld vermitteln sollte, war die Anhebung der Arbeitsleistung. Damit war er ein wichtiger Bestandteil der Formierungs- und Mobilisierungskampagnen in dem für den Staat zentralen und äußerst sensiblen Bereich der industriellen Arbeit.[22]

Die Bemühungen des Staates, die Industriearbeit zu kontrollieren und die Arbeiterschaft zu höheren Leistungen zu bewegen, setzten direkt nach Kriegsende ein, noch vor der Machtübernahme durch die KSČ. In Sonderschichten und »freiwilligen« Einsätzen an eigentlich arbeitsfreien Tagen sollten einerseits die durch die Okkupation entstandenen Verluste ersetzt, andererseits »Präsente« der Arbeiter zu

Staatsfeiertagen, Parteitagen u. ä. erwirtschaftet werden. Für die seit Protektoratstagen an pausenlose Kampagnen zur Produktionssteigerung gewöhnten Arbeiter war in diesem Bereich die Zäsur des Februar 1948 nur eine graduelle.

Bereits 1948 führten die KSČ und die Revolutionäre Gewerkschaftsbewegung (ROH) die Stoßarbeiter- bzw. Stachanow-Bewegung und den sozialistischen Wettbewerb ein, wenig später folgten die Brigaden sozialistischer Arbeit. Der Titel »Held der Arbeit« wurde 1951 etabliert (1959 um den Zusatz »sozialistisch« erweitert) und sollte den »Einzelnen« gewidmet werden, die eine »Pioniertat begehen« und sich damit um den Sieg des Sozialismus in der Tschechoslowakei verdient machen würden.[23] Wie sich schon im Vorfeld andeutete, herrschte jedoch auf allen Ebenen Skepsis: In einer Umfrage der größten Gewerkschaftszeitung *ÚRO* vom Sommer 1947 hatten fünfzig Prozent der befragten Arbeiter Vorbehalte gegen die sowjetische Stachanow-Bewegung geäußert, zwanzig Prozent lehnten die Bewegung grundsätzlich ab.[24] Aber auch die mittlere Gewerkschaftsebene, also die Kreisgewerkschaftsräte, die Betriebsleitungen und Meister zeigten sich kritisch bis unfreundlich gegenüber dieser Neuerung.[25] Daher wurden die Versuche, Stoßarbeiter und »Stachanowzen« zu kreieren, erst probeweise und – vollkommen paradox – geheim durchgeführt. Das Echo auf die ersten öffentlichen Kampagnen bestätigte dann die Befürchtungen der Partei in jeder Hinsicht.[26]

Bei den Arbeitern stießen die neuen Helden der Produktion auf deutlichen Widerstand. Dies geschah nicht aus einer generellen Abwehrhaltung gegenüber sowjetischen Methoden – auch wenn es in der traditionell eher Rußland- und Sowjetunionfreundlichen Tschechoslowakei in diesen Jahren antisowjetische Ressentiments gab. Es lag auch nicht an einer grundsätzlichen Feindschaft gegenüber dem sozialistischen System.[27] Die starke Resistenz gegenüber den »Helden der Arbeit« und anderen Motivationsstrategien dieser Art läßt sich viel tiefgreifender auf ein ganzes Bündel von Gründen bzw. Haltungen, Orientierungen und Erwartungen in der Arbeiterschaft zurückführen: Erstens machte diese Opposition deutlich, daß die Werktätigen eine durchaus traditionelle Vorstellung von Arbeit hatten. Dieses Verständnis von qualitativ hochwertiger Facharbeit, das in der langen industriellen Tradition der böhmischen Länder gründete, verteidigten die Industriearbeiter mit beachtlichem Selbstbewußtsein.[28] Extreme Leistungen, wie die »Stachanowzen« sie erbrachten, machten sie mißtrauisch und galten unter ihnen als »unsolide«. Die mangelnde Qualität der von »Stachanowzen« und Stoßarbeitern erbrachten Arbeit bildete in den fünfziger und sechziger Jahren einen dauernden Stein des Anstoßes unter den Arbeitern wie auch in den Betriebsleitungen.[29]

Zweitens verbarg sich hinter der Ablehnung, mit der sich die »Helden der Arbeit« konfrontiert sahen, die Vorstellung von der Arbeiterschaft als einer homogenen und solidarischen Gruppe. Ob dieses Deutungsmuster kollektiver Gleichheit vom System indiziert wurde oder aus der Tradition der tschechischen Arbeiterbewegung stammte, läßt sich schwer sagen. Aus der Gruppe Gleichgestellter wurden die »Stachanowzen« einerseits durch ihre extreme Leistung herausgehoben, andererseits – und das mag letztlich wichtiger gewesen sein – durch den Erhalt von Prämien,[30] das Recht, in besonderen Läden einzukaufen und begehrte Reisen zu machen.[31] Dies rief Sozialneid und auch andere Reaktionen hervor: Mancherorts reagierten die Arbeiter auf die Stachanow-Kampagnen mit Sprüchen wie »wir sind hier alle die Besten« und kündigten an, die Prämien gerecht untereinander aufzuteilen.[32] Es kam auch vor, daß gekürte »Stachanowzen« von Arbeitskollegen diskriminiert,[33] ihre Leistungen angezweifelt, sie denunziert bzw. wegen Disziplinverstößen wie Bummeln, Verspätung oder heimlichen Rauchens »nach oben« gemeldet wurden.[34]

Als 1951 eine Delegation sowjetischer »Stachanowzen« in die Tschechoslowakei kam und dabei auch Václav Svoboda, dem ersten tschechischen »Stachanowzen«, einen Besuch abstattete, zeigten sich die Sowjets entsetzt darüber, daß Svobodas Arbeitsplatz von dem der anderen Arbeiter nicht zu unterscheiden war. Sie waren schockiert über den Schmutz und mußten sich von den tschechischen Arbeitern sagen lassen, man könne die überall herumliegenden Splitter nicht entfernen. Vor allem aber kritisierten sie in ihrem Bericht das Fehlen einer Hinweistafel, die die besondere Arbeitsmethode Svobodas erklärte und propagierte.[35]

Noch ein dritter Aspekt ist von Bedeutung: Die Arbeiter verteidigten, und dieses Moment sticht am deutlichsten hervor, ihre Vorstellung vom Betrieb als einem politikfreien Raum – »laßt sie mit Versammlungen in Ruhe und die Leute malochen«, heißt es in einem Bericht aus den Pilsener Škoda-Werken.[36]

Entsprechend gering fiel in der Tschechoslowakei die Beteiligung an den Aktionen zur Steigerung der Arbeitsleistung aus. Die Partei mußte zudem bald einsehen, daß sie sich bei der Durchführung ihrer Kampagnen in den Industriebetrieben nicht einmal auf ihre eigenen Leute stützen konnte.[37]

Mit den großen Streiks des Jahres 1953 in den Industriezentren der Tschechoslowakei, etwa zur selben Zeit wie in der DDR, gegen eine Währungsunion und die damit verbundenen Lohnsenkungen war im Grunde genommen klar, daß die seit 1948 eingeführten und erprobten Formen der direkten Formierung und Mobilisierung der Arbeiterschaft nicht funktionierten. Weder war es auf lange Sicht gelungen, über vorbildliche Einzeltaten das allgemeine Leistungsniveau zu heben, noch hatten sich in der Arbeitswelt Helden von allgemeiner Bekanntheit etabliert. Schrittweise sattelte die Partei in der Folgezeit auf Methoden der indirekten Mobilisierung um, das heißt, auf die Steigerung der Produktivität und die Disziplinierung der Arbeiterschaft über neue, differenziertere Lohnsysteme.

Die Stachanow-Bewegung, der sozialistische Wettbewerb und die Brigaden der sozialistischen Arbeit bestanden bekanntermaßen weiter – obwohl aus den Reihen der Gewerkschaft seit den sechziger Jahren sehr offen gefordert wurde, von diesen Methoden Abstand zu nehmen.[38] Der Titel »Held der Arbeit« wurde noch zahllose Male verliehen, unter anderem an sämtliche Führungsmitglieder der Regierung. Den sozialistischen Wettbewerb und die Brigaden gab es bis zum Ende des Sozialismus in der Tschechoslowakei. Ihr Anspruch, ihre Inhalte und ihre Ziele wurden jedoch seit den sechziger Jahren beständig zurückgeschraubt, etwa wenn Brigaden der sozialistischen Arbeit sich feierlich dazu verpflichteten, morgens pünktlich zur Arbeit zu erscheinen oder die wöchentliche Arbeitsstundenzahl einzuhalten.

Das Heldentum in der sozialistischen Produktion, dem Kernbereich der sozialistischen Tschechoslowakei, war nach anfänglichen Pioniertaten sehr schnell zu einer inflationären und damit auch zu einer gewöhnlichen Erscheinung geworden. Auszeichnungen waren nach wie vor begehrt, zum Teil als fest berechenbarer Teil des Lohns, zum Teil als willkommene Aufbesserung desselben. Aber ein wirklicher »Held der Arbeit« war man höchstens im Privaten, zum eigenen Vorteil oder zu dem der Familie und der Freunde.

Was bleibt von den sozialistischen Helden?

Stoßarbeiter vom Bekanntheitsgrad eines Adolf Hennecke hat es in der Tschechoslowakei nicht gegeben. Der bekannteste, der bereits erwähnte Václav Svoboda, der 1951 den Titel »Held der sozialistischen Arbeit« erhielt,[39] erfuhr niemals eine vergleichbare Popularisierung. Sein Name geriet schnell in Vergessenheit; in den Enzyklopädien und biographischen Lexika aus den siebziger und achtziger Jahren sucht man ihn vergeblich.

Während sich also ein Kult um die »Helden der sozialistischen Arbeit« in der Tschechoslowakei zu keinem Zeitpunkt wirklich etablieren konnte, läßt sich den »normalen« Helden des Sozialismus sicher nicht absprechen, daß sie tief ins kollektive Bewußtsein eingegangen sind. Das zeigt paradoxerweise gerade die Geschichte der Demontage dieser Helden. Bereits die erste Lockerung der politischen Verhältnisse in der Tschechoslowakei am Ende der sechziger Jahre wurde zu einer kritischen Auseinandersetzung mit den Heroen der fünfziger Jahre genutzt. Das Gerücht, Julius Fučík habe seine »Reportage«,[40] die die Grundlage für den Mythos und Kult um seine Person bildete, gar nicht selbst verfaßt, kam damals zum ersten Mal auf. Überprüft und letztlich entkräftet werden konnte dieser Vorwurf erst nach 1989.[41] In unserem Zusammenhang aufschlußreich ist an dieser Geschichte vielleicht weniger das wirkliche Leben eines kommunistischen Funktionärs und Widerstandskämpfers und dessen helden- und weniger heldenhafte Seiten, als das Bedürfnis der Nach-Wende-Gesellschaft, »Sündenböcke« aus den »Tugendböcken« von damals zu machen.[42] Die Emotionen, die dabei wach werden,[43] dokumentieren nicht allein den hohen Bekanntheitsgrad und die frühere Allgegenwart der sozialistischen Helden, sondern in gewisser Weise auch die Wirksamkeit der Heldenlegenden von einst: Wenn es gelingt, den Helden der Lüge zu überführen, dann scheint damit auch das frühere System »demaskiert«. Die Identifikation beider wirkt also weiter.

Doch letztlich beschränkt sich das Bedürfnis, die Helden von einst zu »entlarven« oder aber gegen »den zweiten Tod« in Schutz zu nehmen, auf die Angehörigen der Generationen, die mit diesen Figuren groß geworden sind. Bereits die Kinder der siebziger Jahre wissen mit den Heroen der sozialistischen Zeit nicht mehr viel anzufangen – weder mit denen der fünfziger Jahre, noch mit den tragischen Helden des Herbstes 1968. Diese Distanz ist seit den Tagen der »Pražská Pětka«, als diese Generation die Heldenästhetik der Aufbaujahre für sich als Kult entdeckte, nur noch gewachsen. Die Symbole, Mythen und Helden der fünfziger Jahre leben als ironisches Zitat in der neuen Waren- und Popwelt weiter. Möglicherweise ohne daß die Geschichten hinter den Bildern wirklich bekannt sind.

Stefan Zwicker

Der antifaschistische Märtyrer der Tschechoslowakei

Julius Fučík

Julius Fučík (1903–1943), kommunistischer Journalist und Feuilletonist, gehörte zum Widerstand gegen die nationalsozialistischen Besatzer im »Protektorat Böhmen und Mähren«. In der Gestapo-Haft verfaßte er 1943 seine »Reportáž, psaná na oprátce« (Reportage unter dem Strang geschrieben), die in über neunzig Sprachen übertragen wurde und damit das meistübersetzte tschechische Buch ist.[1] Nach 1945 beriefen sich die tschechoslowakischen Kommunisten auf ihn und sein Werk, das Vorbild und Verpflichtung sei, und erhoben ihn zur Kult- und Propagandafigur. So instrumentalisierten sie Fučík zunächst im Kampf um die Alleinherrschaft in der Nachkriegszeit, später wurde er zu einem Heldenmythos aufgebaut, der den neuen sozialistischen Staat legitimieren sollte.

Zur Biographie Julius Fučíks

Julius Fučík wurde 1903 in Prag-Smíchov geboren, wo er, neben Pilsen, einen Teil seiner Jugend verbrachte. Sein Vater war Eisendreher, verdingte sich aber auch als Sänger und Schauspieler. Überhaupt waren in der Familie künstlerische Neigungen weit verbreitet. Sein Onkel war ein Komponist, der sich vor allem durch Militärmärsche einen Namen gemacht hatte. Der junge Julius tat sich als erfolgreicher Kinderdarsteller im Theater hervor. Dies ist keineswegs nebensächlich. Kritiker warfen Fučík später vor, sein Verhalten in der Illegalität und in der Gestapo-Haft sei von einem fatalen Hang zur Schauspielerei beeinflußt gewesen. In der »Reportage« benutzt er mehrfach Metaphern aus der Bühnenwelt und spricht von einem »Theaterstück«, das er mit den Gestapo-Schergen gespielt habe.[2] Die Lebensbeschreibungen Fučíks, ob von seiner Witwe Gusta oder anderen, folgen einem typischen Muster: Der spätere Held war schon als Kind besonders aufgeweckt, gut und edel und ließ seine künftigen Taten bereits erahnen. Er habe schon als Junge per Hand »Zeitungen« für Familie und Freunde verfaßt.[3]

Im Jahr 1921, als Fučík schon Mitglied der Kommunistischen Partei der Tschechoslowakei (KSČ) war, schrieb er sich an der Philosophischen Fakultät der Karls-Universität als außerordentlicher Hörer ein und besuchte Vorlesungen u. a. bei dem Musikwissenschaftler (und kommunistischen Kultusminister nach 1945) Zdeněk Nejedlý sowie bei dem Literaturwissenschaftler und -kritiker F. X. Šalda. Beide schätzten den emsigen Studenten. Er engagierte sich bei der Partei und begann für verschiedene linke Zeitschriften in Prag und Pilsen zu schreiben. Gleichzeitig wurde er Mitherausgeber der Studentenzeitschrift *Avantgarda*. Mit seinen Artikeln, die sich mit der Tagespolitik, aber auch mit Theater und Literatur befaßten, hatte Fučík recht großen Erfolg. Daneben war er von 1927 bis 1929 Redakteur bei der Zeitschrift *Kmen* und ab 1927 auch bei Šaldas literarisch-politischer *Tvorba,* für die er ab November 1928 sogar als verantwortlicher Redakteur arbeitete.[4] Außerdem wurde er Mitglied im »Devětsil«, einem Kreis moderner und surrealistischer Autoren um Konstantin Biebl, Vitězslav Nezval und den Theoretiker Karel Teige. Bezeichnenderweise verliert Gusta Fučíková in der 1953 erschienenen »Lebensgeschichte« ihres Gatten über die Verbindungen zu dieser bedeutenden Gruppe kein Wort – in der Hochzeit des Stalinismus Anfang der fünfziger Jahre wurden diese Literaten nicht sehr geschätzt. Einer ihrer Vertreter, Záviš Kalandra, war 1949 nach einem Schauprozeß sogar hingerichtet worden.[5]

In den dreißiger Jahren bereiste Fučík Deutschland und die Sowjetunion. Im »Vaterland aller Werktätigen« lebte er insgesamt über zwei Jahre. Er pries es in verschiedenen Reportagen emphatisch als Ort unglaublichen Fortschritts, als »Země, kde zítra už znamená včera« (Land, wo morgen schon gestern ist), so auch der Titel eines Reportagebandes.[6] Vor und nach seinen Aufenthalten in der UdSSR widmete er sich journalistischer, belletristischer und agitatorischer Arbeit für die KSČ, zu deren bekanntesten Köpfen er zählte; ein Parteiamt bekleidete er allerdings nicht. In seinen Schriften Ende der dreißiger Jahre betonte er immer wieder die patriotische Seite der tschechischen Kommunisten, etwa in den Aufsätzen unter dem Titel »Milujeme svúj národ« (Wir lieben unsere Nation), über die Dichterin Božena Němcová und andere Kulturgrößen der tschechischen Vergangenheit.[7]

Eine führende Rolle übernahm er im kommunistischen Widerstand des »Protektorats«, der nach dem deutschen Angriff auf die Sowjetunion 1941 verstärkt aktiv wurde, aber bei weitem nicht die im Vergleich zu anderen Widerstandsgruppen überragende Bedeutung erlangte, wie man jahrzehntelang auch unter Berufung auf Fučík behauptete. Er wurde Mitglied im Zweiten Illegalen Zentralkomitee der KSČ, das von Jan Zika gegründet worden war. Die Verhaftung Julius Fučíks und weiterer Genossen am 24. April 1942 sowie die Zikas am 27. Mai 1942 durch die deutschen Besatzer bedeuteten für den kommunistischen Führungsapparat einen schweren Schlag.[8] Im Verhör willigte Fučík zumindest zum Schein (wie er es in seiner »Reportage« schildert) ein, mit der Gestapo zusammenzuarbeiten. Inwieweit er tatsächlich nur »zum Schein« Interna preisgab, um die Besatzer zu verwirren und Widerständler zu schützen, oder vielmehr Mitkämpfer regelrecht »ans Messer lieferte«, ist bis heute umstritten. Es kursierten – ungerechtfertigte – Gerüchte, er habe die Verhaftung des jüdischen Lyrikers Hugo Sonnenschein alias Sonka verschuldet, der nach 1945 – er hatte Auschwitz überlebt – in tschechischen Zuchthäusern verschwand, weil er zuviel über Fučík wußte. Andere Vermutungen besagen, Sonka sei vielmehr ein Agent der Gestapo gewesen.[9] Die Passagen, aus denen hervorging, daß Fučík mit der Gestapo, aus welchen Gründen und in welcher Form auch immer, zusammengearbeitet hatte, wurden bis zum Jahr 1995 aus sämtlichen Ausgaben der »Reportage« getilgt.[10] Die offizielle Lesart war jedenfalls, nicht Fučík, sondern sein Mitgefangener Jaroslav Klecan, ein ehemaliger Spanienkämpfer, habe den Verrat zu verantworten.

Im Prager Gefängnis Pankrác erhielt er durch einen tschechischen Aufseher namens Kolínský, der dann auch die Kassiber nach draußen schmuggelte, Papier und somit die Möglichkeit, seine »Reportage unter dem Strang geschrieben« zu verfassen. Diese Geschehnisse sind aus mehreren Gründen brisant: Weil Fučík sich nicht sicher sein konnte, daß Kolínský kein Spitzel war, stellten diese Kassiber einen klaren Verstoß gegen die Regeln des Widerstands dar. Wie viele tschechische Polizisten diente Kolínský den Besatzern. Daß er darüber hinaus den Widerstand unterstützte, war unter seinesgleichen nicht die Regel. Wie Fučík selbst schreibt, gab es in Pankrác und im Petschek-Palais, dem Prager Hauptquartier der Gestapo, genügend tschechische Aufseher und Kommissare, die ihre Landsleute folterten und verhöhnten.[11]

Auf das Buch selbst kann hier nur kurz eingegangen werden: Es ist im Grenzbereich zwischen journalistischem Bericht und literarischem Werk einzuordnen. Der Autor schildert rückblickend die Umstände seiner Verhaftung und der Verhöre, charakterisiert Mitgefangene und Wärter und erklärt, daß er mit dem Leben abgeschlossen habe, sich aber sicher sei, im Kampf auf der richtigen Seite gestanden zu haben. Er lobt die Genossen, die der Folter widerstanden und nichts verrieten, und klagt diejenigen an, die etwas preisgaben. Die Nachwelt erinnert er daran, daß die Helden, die gegen den Faschismus kämpften, Menschen aus Fleisch und Blut waren, Menschen, deren Taten gewürdigt werden mußten.[12] Daß er selber Aussagen gegenüber der Gestapo gemacht hat, erwähnt Fučík erst am Ende der »Reportage«. Er erklärt dies damit, daß er seine Peiniger so erfolgreich auf falsche Fährten gelockt habe.[13] Die Brutalität der geschilderten Verhöre und Mißhandlungen wird kontrastiert mit der geradezu optimistischen Haltung des Erzählers, der keine Zweifel daran läßt, daß er und seine Kameraden dem Tod geweiht sind. Aber die gerechte Sache, vertreten durch den Kommunismus und die Sowjetunion, werde den Sieg davontragen, die Welt werde dann um so schöner und gerechter sein, und dafür habe es sich zu leben und zu sterben gelohnt. In diesem Zusammenhang streut er Reflexionen über miterlebte Feiern zum 1. Mai in Prag, Moskau und Berlin ein. Mit dem sprichwörtlich gewordenen, allerdings später häufig im Volksmund ironisch abgewandelten Appell »Lidé, měl jsem vás rád. Bděte!« (Menschen, ich hatte euch gerne. Seid wachsam!)[14] endet das Werk.[15]

Nach einer über einjährigen Haft verlegte man ihn und seine Mitgefangenen Klecan und Ludmila Plachá nach Deutschland, wo ihnen vor dem Volksgerichtshof der Prozeß gemacht wurde, der mit dem Todesurteil für die beiden Männer endete. Am 8. September 1943 starb Fučík in Berlin-Plötzensee als eines von über 350 Opfern einer grausigen Exekutionsserie.

Porträt des Schriftstellers und Journalisten Julius Fučík, der in Prag von der Gestapo verhaftet und im September 1943 in Berlin-Plötzensee hingerichtet wurde.

Der Erfolg der »Reportage« und die Propagierung Fučíks

Fučíks Witwe Gusta überlebte die deutschen Konzentrationslager und machte sich 1945 an die Herausgabe der »Reportage«, wobei die Führung der KSČ auf einigen Auslassungen bestand. Neben Fučíks Eingeständnis einer »Zusammenarbeit« ging es dabei auch um Passagen, in denen der Held betonte, daß das deutsche Volk in seiner Gesamtheit nicht mit den nationalsozialistischen Schergen gleichzusetzen war.[16] Das Buch erlebte in kurzer Zeit etliche Auflagen und spielte für die Kommunisten eine große Rolle als Beleg für das vorgebliche Primat ihres Widerstands und als Waffe im innenpolitischen Kampf um die Macht in der zweiten Hälfte der vierziger Jahre. Sowohl inhaltlich als auch formell (im Geiste des sozialistischen Realismus) erfüllte das Werk alle erwünschten Kriterien, was Generalsekretär Rudolf Slánský im März 1946 ausdrücklich betonte. Keineswegs ist der Erfolg der »Reportage« aber nur durch kommunistische Public Relations zu erklären. Auf sehr positive Resonanz stieß sie auch bei Mitarbeitern und Lesern der bürgerlichen Zeitung *Lidové noviny*.[17]

Auch wenn man den Text nicht als reines Propagandastück abtun kann, gewannen das Werk und sein Autor mit der kommunistischen Machtübernahme 1948 noch größere Popularität. Wie die im Kampf gefallenen »Helden der Sowjetunion« Rostislav Jaroš und Jan Nálepka, beide waren Offiziere der mit den Sowjets kämpfenden Svoboda-Armee, sowie der führende kommunistische Funktionär Jan Šverma, der während des slowakischen Nationalaufstands umgekommen war, erhielt Fučík posthum den höchsten tschechoslowakischen Orden, den »Weißen Löwen«. Vor allem der sozialistisch zu erziehenden Jugend sollte er als Vorbild präsentiert werden. Im Lande selber entwickelte sich ein regelrechter Personenkult, der seine Ausprägung in Festakten und -spielen, einer Flut von hagiographieartiger Literatur, dem Fučík-Abzeichen als wichtige Auszeichnung für Pioniere und andere junge Kommunisten fand. Weit verbreitet war auch ein idealisierendes Porträt des renommierten Malers Max Švabinský, das Fučík, wie Milan Kundera später ironisch bemerken sollte »fast mädchenhaft, schmachtend, rein und so schön [zeigte], daß vielleicht sogar diejenigen, die Fučík persönlich gekannt hatten, diese edle Zeichnung der Erinnerung an sein tatsächliches Gesicht vorzogen«[18]. Von besonderer Schönheit war also auch Fučík, ähnlich wie eine spätere tschechische Heldenfigur, nämlich Jan Palach. Im Gegensatz zu dem jugendlichen Palach war Fučík bei seinem Tod bereits vierzig Jahre alt. Es ist auffallend, daß das Element des »jungen Todes«, das offensichtlich zur Aura eines Märtyrers gehört, hier Anwendung findet, obwohl es mit der biographischen Realität nicht übereinstimmt.[19]

Im Jubiläumsjahr 1953, in dem sowohl der 50. Geburtstag als auch der 10. Todestag Fučíks gefeiert wurde, kulminierte der Kult um den Märtyrer und Helden. Weil die Staats- und Parteioberen meinten, daß man gerade diese vorbildhafte Persönlichkeit in seiner Heimat – im Gegensatz zu manch anderem sozialistischen Bruderland – noch nicht genügend gewürdigt habe, gab man im Zentralkomitee der KSČ die Parole aus, Fučík sei von nun an als »geschichtlich neuer Prototyp des National-

Die »Reportage unterm Strang geschrieben«, verfaßt im Prager Gestapo-Gefängnis, erschien in 90 Sprachen und ist das meistübersetzte tschechische Buch

charakters darzustellen«. Man wolle ihn, so die Propagandisten, als führenden Vertreter der KSČ nicht abstrakt, »sondern in voller Menschlichkeit«, vor allem für die Jugend darstellen.[20] Aus Anlaß der Feierlichkeiten gab es mehrere Ausschreibungen, so für zwei Literaturpreise und für mehrere Denkmalprojekte. Nachdem Fučíks 50. Geburtstag im März gebührend gefeiert worden war, übertrafen die Veranstaltungen zu dessen 10. Todestag im September den bisherigen Fučík-Kult um ein vielfaches: In Prag dauerten die Gedenkfeiern zwei Tage, in Pilsen sogar eine ganze Woche.[21] Führend bei der Stilisierung Fučíks zum Helden von übermenschlicher Größe waren die »Witwe der Nation«, Gusta Fučíková, und Václav Kopecký, eine der maßgeblichen Figuren der stalinistischen ČSR und Minister in verschiedenen Schlüsselressorts. Gusta war nach 1945 unter anderem Parlamentsabgeordnete, Mitglied des Zentralkomitees der KSČ, Vorsitzende des Frauenverbandes und unternahm bis in die achtziger Jahre Reisen in die sozialistischen Bruderländer, auf denen sie Vorträge über ihren Mann hielt. Neben diversen Darstellungen ihres gemeinsamen Lebens[22] gab sie einen Band mit Huldigungsbriefen aus der Tschechoslowakei, der Sowjetunion, der DDR und China heraus.[23] Kopecký verstieg sich sogar dazu, Fučík als eine der »erhabensten Erscheinungen, [einen] Ritter ohne Furcht und Tadel, immer jung, immer optimistisch« zu schildern.[24]

Fučík huldigten Literaturgrößen wie Konstantin Biebl, der den Gefolterten mit Jesus Christus gleichsetzte,[25] oder der junge Pavel Kohout. Milan Kundera stellte ihn

1954 in seinem Poem »Poslední máj« (Der letzte Mai) in eine Reihe mit dem vom Teufel versuchten Heiland und dem tragischen Helden der tschechischen Romantik Karel Hýnek Mácha.[26] Diese Anklänge an das Neue Testament finden sich schon in der »Reportage«, wenn Fučík beschreibt, wie ihn der Gestapo-Kommissar Böhme auf den Hradschin führt, ihnen zu Füßen das nächtliche Prag, und ihm verspricht, er könne diese Schönheit wieder genießen, wenn er eng mit ihnen zusammenarbeite.[27] Fučík besonders verbunden war der junge Pavel Kohout, in jener Zeit einer der führenden parteitreuen Literaten und Mitglied des Julius-Fučík-Chores, einer Sing- und Spielschar, die auf Tourneen und bei Massenveranstaltungen durch Lieder und Rezitationen die Helden und Segnungen des Kommunismus pries.[28] In seiner Lyrik, aber auch in seinen Privatbriefen jener Zeit huldigte er immer wieder dem großen Vorbild, stilisierte sich sogar selbst zum neuen Fučík, etwa wenn er seiner späteren ersten Frau Alena versprach: »Wirst Du meine Gustina, werde ich Dein Jula.« Hier wird das Ehepaar Fučík zum Leitbild einer idealen kommunistischen Liebesbeziehung, deren Zweck nicht zuletzt darin bestehen sollte, »die besten unter den Menschen zu sein, zum Banner zu streben, das die Richtung angibt«, wie er im gleichen Brief fabulierte.[29] Genauso hätten es auch Gusta und Jula getan. Bezeichnend ist hier die Verwendung der Koseformen – Fučík wurde von seinen Verehrern immer wieder als Julek oder Jula apostrophiert, Namen, mit denen man, auch wenn sie im Tschechischen häufiger als im Deutschen sind, normalerweise Freunde oder Familienangehörige ansprechen würde.

Der religiöse Charakter des Fučík-Kults, der natürlich auch dazu diente, sich der eigenen Bedeutung zu versichern, tritt in diesen Briefen auf für den heutigen Leser geradezu komische Weise hervor, etwa wenn Kohout aus Moskau, der »Stadt der roten Verheißung«, schreibt, er habe hier in der »Reportage« gelesen und dann geweint, oder wenn ihm ein Mitglied aus dem Fučík-Chor schreibt, er betrachte ihn als »Fučíks Apostel«.[30] Auch in anderen Kunstformen wurde dem Helden gehuldigt: 1949 entstand eine Kantate, später eine Oper für das Fernsehen. Sogar mehrere Spielfilme über Fučík entstanden im Laufe der Jahrzehnte.

Da die »Reportage« regelrecht zu einer Bibel für die Machthabenden sowie für Teile der Bevölkerung wurde, konnte sie auch innenpolitisch instrumentalisiert werden – etwa wenn sich die Partei in einer Kampagne gegen die Spanienkämpfer, die als unzuverlässige Kantonisten und mögliche Agenten des Westens galten, darauf berief, daß gerade der Interbrigadist Klecan zum Verräter geworden war. Andererseits hatte Ladislav Štoll, der auch als Herausgeber von Fučíks Werk hervortrat, seinen Aufstieg zum bedeutendsten Kulturfunktionär nicht zuletzt der freundlichen Erwähnung in der »Reportage« zu verdanken.[31]

Für die Außendarstellung der kommunistischen ČSR wurde Julius Fučík zu einer der wichtigsten Repräsentationsfiguren. Es wäre jedoch falsch, seinen Ruhm allein mit der in Prag entfachten Propaganda zu erklären. In Polen zum Beispiel erregte das Buch 1947 großes Aufsehen und wurde begeistert besprochen, wobei es auch hier den örtlichen Kommunisten darum gegangen sein dürfte, die Überlegenheit der eige-

*Plakette zu Ehren
von Julius Fučík.*

nen antifaschistischen Position herauszustellen.[32] In der Sowjetunion ehrte man den treuen Propagandisten des Landes, indem man einen Berg in Zentralasien nach ihm benannte und zwei Dramen schuf, die seine Geschichte thematisierten und sowohl im eigenen Lande als auch in den befreundeten Nachbarländern vielfach aufgeführt wurden. Im Westen setzten sich mit dem chilenischen Dichter Pablo Neruda[33] und dem italienischen Maler Renato Guttuso zwei wichtige Künstler und Sympathisanten des Sozialismus mit Fučík auseinander.

Die Versuche in den fünfziger Jahren, Fučík im kapitalistischen Ausland mit eigens konzipierten Ausstellungen als hervorragenden Vertreter der fortschrittlichen ČSR und »Symbol und Waffe im Kampf gegen den Imperialismus«[34] vorzuführen, scheinen jedoch von begrenztem Erfolg gewesen zu sein. So litt die 1951 von der »Liga für britisch-tschechoslowakische Freundschaft« im »Lidice House«, dem Londoner Kulturzentrum, organisierte Aktion unter massivem Besuchermangel,[35] der Umzug der Ausstellung von Finnland nach Schweden scheiterte 1952 daran, daß sich dort angeblich kein geeigneter Saal finden ließ.[36]

Andererseits konnte der Gesandte in Buenos Aires Ende 1950 melden, daß von der spanischen Ausgabe tausend Stück verkauft seien, nicht zuletzt deshalb, weil die

Nachfrage auch in Nachbarländern groß war.[37] Offensichtlich hatten die Propagandisten neben Südamerika auch Indien im Visier, hoffte man doch, Fučík auch dort als Werbeträger für den Sozialismus etablieren zu können. So wurden von einem Film über ihn auch zehn Kopien in Hindi synchronisiert. Die Verantwortlichen vermerkten in diesem Zusammenhang, Fučík sei in ihrer Heimat der bekannteste tschechoslowakische Autor, wobei sie allerdings nicht ausführten, wie bekannt die tschechische und slowakische Literatur in Indien überhaupt sei.[38] In der Bundesrepublik Deutschland erschien 1976 eine Ausgabe im Suhrkamp-Verlag, eigens übersetzt durch den renommierten Franz Peter Künzel.[39] In der DDR erlebte das Werk als antifaschistisches Schlüsseldokument unzählige Auflagen.

Erst in der Aufbruchphase des »Prager Frühlings« begann man, sich auch kritisch mit Fučík zu befassen, nachdem es bereits 1962 Überlegungen gegeben hatte, anstelle des geschleiften Stalin-Denkmals auf dem Prager Letná eine Fučík-Statue aufzustellen.[40] Zwar verhängte Präsident Novotný noch 1964 strenge Geheimhaltung über die Gestapo-Akten, doch schon vier Jahre später konnte in der *Mladý Svět* ein Artikel erscheinen, der diverse Ungereimtheiten im Zusammenhang mit Fučíks Werk aufdeckte.[41] Auch Milan Kundera befaßte sich nun wieder mit der Thematik, diesmal allerdings nicht in einem Heldenepos, sondern in seinem sarkastischen Roman »Žert« (Der Scherz). Hier wird dem Protagonisten Ludvík bei einem Scherbengericht von seinen Kommilitonen vorgeworfen, er habe sich über die Ideale, für die Fučík gestorben war, lustig gemacht, und so etwas sei unverzeihlich.[42] Der Autor äußert sich in dem Roman mehrfach ironisch über denjenigen, den er ein Jahrzehnt zuvor noch leidenschaftlich besungen hat. Vermutlich wäre es schon zu diesem Zeitpunkt zu einer vollständigen Ausgabe der »Reportage« gekommen, aber das bekannt jähe Ende der Liberalisierungen nach 1968 verhinderte auch dies. Ablehnende Stimmen zum Fučík-Kult konnten nur aus dem tschechischen Exil kommen, so in den fünfziger Jahren von Egon Hostovský und später von dem Literaturkritiker und Historiker Václav Černý, der in seinen Memoiren über Fučík und dessen »Reportage« ein vernichtendes Urteil abgab.[43]

Der Beginn einer Demontage des Helden

Bis 1989 war Julius Fučík in der Tschechoslowakei sakrosankt, auch wenn der Kult um ihn seit den sechziger Jahren etwas abebbte. Er blieb eine wichtige Figur im sozialistischen Pantheon. Ladislav Fuks schrieb 1978 einen Roman über Fučíks Kindheit,[44] und noch in den achtziger Jahren wurde er durch einen Spielfilm und ein neues Museum in Prag geehrt. Jedes Kind kannte ihn mindestens durch die Pflichtlektüre der »Reportage« in der Grundschule. Betriebe und Pionierorganisationen im eigenen Land, in der Sowjetunion und in den anderen sozialistischen Bruderstaaten wurden nach ihm benannt, und seinen Todestag, der 8. September, erklärte die kommunistisch dominierte Internationale Organisation der Journalisten zum Tag der Solida-

Julius-Fučík-Denkmal in Dresden am ehemaligen Fučík-Platz, dem heutigen Straßburger Platz.

rität. Dennoch dürfte im »real existierenden Sozialismus« der Fučík-Kult weiten Be-völkerungskreisen mit der Zeit als lebensfremd erschienen sein. Und so war es nicht überraschend, daß im Jahr 1989 Julius Fučíks verordneter Ruhm schwere Schram-men bekam. Ähnlich wie bei anderen Heroen der kommunistischen Tschechoslowa-kei wurden seine Denkmäler demontiert, die entsprechenden Straßen umbenannt. Zudem konnte man nun öffentlich Authentizität und Wahrheitsgehalt seiner »Re-portage« sowie die Richtigkeit seines Handelns hinterfragen. So gab es nun endlich die Möglichkeit, sich mit dem Thema ernsthaft historisch-wissenschaftlich ausein-anderzusetzen. Erstmals erschien im Jahr 1995 eine kritische Ausgabe der »Repor-tage«. Es entflammten teilweise erbitterte Auseinandersetzungen um die Frage, wie Fučíks Rolle historisch überhaupt einzuordnen sei. War er wirklich ein Held des Wi-derstands oder ein Versager und Verräter, dessen Verhalten in der Illegalität, bei der Verhaftung, während der Verhöre und beim Abfassen der »Reportage« jedweden Ge-setzen des Widerstandskampfes widersprochen hatte? Hier spielten auch manche neu publizierten Aussagen von Zeitzeugen eine Rolle, über deren Wahrheitsgehalt öf-fentlich gestritten wurde.[45] Die kritische Ausgabe der »Reportage« lieferte den Be-weis dafür, daß es sich um ein tatsächlich von Fučík verfaßtes Werk handelte. Ihr Ver-dienst war zudem die Publizierung der zahlreichen Auslassungen, die es seit der ersten Ausgabe 1945 immer wieder gegeben hatte.

Die Authentizität des Werkes ist seitdem erwiesen, die Auseinandersetzungen darum, wie der kommunistische Journalist Julius Fučík und sein Verhalten im da-maligen Widerstand einzuschätzen seien, gehen allerdings weiter. In den Publika-tionen der noch bzw. heute wieder starken Kommunisten Tschechiens (etwa in ihrer

Tageszeitung *Haló Noviny*) und der mit ihnen verbundenen Julius-Fučík-Gesellschaft spielt der in Mißkredit geratene Held weiterhin eine bedeutende Rolle: Er wird gern als Beweis für die angebliche Verkommenheit der gegenwärtigen Gesellschaft, in dem der Held ungestraft verleumdet werden könne, angeführt.[46] Einem Großteil der Bevölkerung ist Julius Fučík natürlich noch ein Begriff, wenngleich er den meisten gleichgültig sein dürfte.[47] Es gab in letzter Zeit durchaus Ansätze, ihn wieder in ein heroisches Licht zu stellen, nicht nur bei den erwähnten tschechischen Kommunisten. So war bei der Vorstellung einer neuen deutschen Ausgabe in Berlin im September 2000 in der Gedenkstätte Deutscher Widerstand der damalige tschechische Botschafter in Berlin, František Černý, zugegen. Der Gesandte fand für Fučík deutlich anerkennende Worte.[48] Die so feierlich herausgegebene Ausgabe nutzt die wissenschaftlichen Erkenntnisse der kritischen Ausgabe von 1995 allerdings wenig. Sie knüpft einfach an die Fučík zum Übermenschen verklärende Glorifizierung sozialistischer Zeiten an.

Fučík als sozialistischer Held und Märtyrer

In der Galerie sozialistischer Helden nimmt Fučík eine besondere Stellung ein. Nicht nur, weil die teils staatlich verordnete Verehrung über Jahrzehnte außerordentlich weit verbreitet war: Zum Märtyrer als besonderer Form des Helden gehört der heroische Tod und das Vermächtnis, das er der Nachwelt hinterließ. Von Märtyrern wie Jeanne d'Arc, Andreas Hofer, dem Helden des Widerstands gegen Napoleon, oder Soja Kosmodemjanskaja unterschied ihn, daß er sich mit der »Reportage« im Angesicht des Todes, »am Strick hängend«, eigenhändig ein schriftliches Denkmal setzte. Der Journalist, Theaterkritiker und Schauspieler beobachtete sich selbst und andere, reflektierte bei seiner letzten »Vorstellung«, bei der Folter, Schmerzen und der unmittelbar bevorstehende Tod real sind. Zugleich verfaßte er die Vorlage für das später aufzuführende »Schauspiel« über den unbeugsamen kommunistischen Widerstandskämpfer.

Abgesehen von der ungewöhnlichen Tatsache, daß Fučík seine eigene Heldensage zu Papier brachte, hatte er sich zuvor schon mehrfach mit der Thematik des Heroismus beschäftigt: 1934 schrieb er einen Essay über das Heldentum,[49] später auch über Verrat und einen der bekanntesten »Verräter« der tschechischen Geschichte, den patriotischen Schriftsteller und Librettisten Karel Josef Sabina, der Konfident der Wiener Geheimpolizei gewesen war.[50] Ein wahrer Held ist nach Fučíks dialektischer Auslegung derjenige, der »das Richtige tue«: falls er einen Ertrinkenden bergen müsse, nicht etwa blindlings ins Wasser spränge und dabei Gefahr laufe, selbst unterzugehen, sondern ein Boot hole, um sich und den anderen zu retten. Auch in seinen Reportagen aus der UdSSR widmete er sich Überlegungen zum Heldentum, wobei er, wie Maxim Gorki, zu dem Schluß kam, daß dieses ohnehin nur in der Sowjetunion und vielleicht noch bei Kommunisten außerhalb des von ihm »geliebten Landes« zum Vorschein kommen könne.[51]

Der große Erfolg der »Reportage« ist nur zum Teil durch kommunistische Propaganda und das tragische Schicksal ihres Helden zu erklären; er beruht nicht zuletzt auch auf der geschickten, journalistisch geschulten Schreibweise, die mehrfach religiöse und damit der Bevölkerung seit langem bekannte Motive aufgreift. So sind die »Reportage« und der aus ihr entstandene Kult um Julius Fučík auch ein Beispiel dafür, wie bei der Schaffung eines sozialistischen Märtyrers auf religiöse Elemente und Überlieferungen zurückgegriffen wurde. Julius Fučík war ein Nationalheld, der sich gleichzeitig zum überzeugten und vorbildlichen Kommunisten erklärte. Beide Elemente gehörten für die Ideologen und Propagandisten zusammen. Denn nur wer Kommunist war, so die Idee, konnte die Interessen der »tschechoslowakischen Nation« vertreten. Gerade in den unmittelbaren Nachkriegsjahren war Fučík für seine Parteigenossen von unschätzbarem Wert: wirkte er doch gemeinschaftsstiftend, da sich auch Nicht-Kommunisten für ihn begeistern konnten.

Gerade die Stilisierung Julius Fučíks zum Übermenschen ohne Fehl und Tadel sollte dann denjenigen, die ihm ablehnend gegenüberstanden, eine Angriffsfläche bieten. So war nicht nur der Ruhm, sondern auch die Fallhöhe dieses Helden besonders groß; dies verhinderte zwar bis heute sein Vergessen, doch da seine Selbststilisierung nicht zuletzt die spätere Vereinnahmung zum sozialistischen Helden begünstigte, wurde seine Integrität und Verehrungswürdigkeit verständlicherweise in Frage gestellt.

Christiane Brenner

Tod für einen Sozialismus mit »menschlichem Gesicht«[1]

Jan Palach

Am 16. Januar 1969 übergoß sich der 21jährige Student Jan Palach auf dem Prager Wenzelsplatz mit Benzin und zündete sich an. Er hatte sich selbst zur »Fackel« erklärt, die aus Protest gegen die Rücknahme der Reformpolitik in der Tschechoslowakei nach der militärischen Intervention der Warschauer-Pakt-Truppen 1968 leuchten sollte. In seinem öffentlichen Abschiedsbrief hieß es: »In Anbetracht dessen, daß sich unsere Völker am Rande der totalen Hoffnungslosigkeit befinden, haben wir beschlossen, unseren Protest zu erheben und das Volk dieses Landes auf folgende Weise wachzurütteln. Unsere Gruppe besteht aus Freiwilligen, die bereit sind, sich für unsere Sache verbrennen zu lassen. Ich hatte die Ehre, die Eins auszulosen, und so erhielt ich das Recht, die ersten Briefe zu schreiben und als erste Fackel anzutreten. Unsere Forderungen lauten: 1. sofortige Aufhebung der Zensur; 2. Verbot des Vertriebes von *Zprávy*[2]. Sollten unsere Forderungen nicht innerhalb von fünf Tagen erfüllt werden, d. h. bis zum 21. Januar 1969, und sollte das Volk sie nicht genügend unterstützen (d. h. durch einen unbefristeten Streik), werden weitere Fackeln auflodern. Fackel Nr. 1. P. S.: Denkt an den August. In der internationalen Politik ist für die ČSSR ein Freiraum entstanden – nutzen wir ihn.«[3]

Jan Palach präsentierte sich also als Teil einer Gruppe, deren Mitglieder bereitstanden, einer nach dem anderen als »Fackel« aufzuflammen, sollten ihre Forderungen nicht erfüllt werden. Er starb am 19. Januar 1969 in einem Prager Krankenhaus an den Folgen seiner Verbrennungen.[4]

Sein Selbstmord erschütterte die tschechoslowakische Öffentlichkeit zutiefst. Die Beerdigung wurde zu einer nationalen Trauerfeier, bei der die Redner – Vertreter der Fakultät und Studentenschaft sowie Abgeordnete der Gewerkschaften und der großen Betriebe – versprachen, die Verpflichtung anzunehmen, die Palach ihnen mit seinem Opfer auferlegt hatte.[5]

Die ungeheure Wirkung dieses öffentlichen Selbstmords ist auf die selbstgewählte Todesart zurückzuführen, inspiriert durch die Verbrennungen buddhistischer Mönche in Vietnam. Auch der Ort seiner Tat ist bedeutungsvoll: Der Wenzelsplatz, benannt nach dem »sanften« Herrscher, der nach seiner Ermordung (903) zum Heiligen wurde, gilt als der zentrale Platz Prags und der tschechischen Geschichte; alle Revolutionen nahmen hier ihren Anfang. Auf der symbolischen Ebene vermittelte sich der doppelte Zeichencharakter des Feuers – nach außen Fackel, nach innen Reinigung – der breiten Bevölkerung unmittelbar: Sie deutete Palachs Selbstverbren-

Porträt des Studenten Jan Palach, der sich im Januar 1969 auf dem Prager Wenzels-
platz aus Protest gegen die Rücknahme der demokratischen Reformen verbrannte.

nung als Fanal gegen die eigene Resignation und sprach sich selbst schuldig, die Reformen nicht konsequent unterstützt zu haben. Palachs Opfer wurde also nicht nur
als Aufforderung zur Tat, sondern auch als Antwort auf die »Sünden« der Gesellschaft begriffen.[6] Zugleich paßte Palachs Tod in die Logik tschechischer Märtyrer,
die »für die Wahrheit« gestorben waren – vom heiligen Wenzel über Jan Hus, dem
1414 in Konstanz verbrannten religiösen Vordenker und Reformer, bis zu dem Studenten Jan Opletal, der von den nationalsozialistischen Okkupanten im November
1939 ermordet worden war. Über die Traditionslinie tschechischer Identitätskonstruktion durch Märtyrertum[7] war Palach, der im strengen Sinne natürlich kein Märtyrer war, da er sich selbst das Leben genommen hatte, umgehend zum Mythos geworden.[8]

Während die »Helden der sozialistischen Arbeit« in der Tschechoslowakei kaum
Popularität genossen und sich schwer sagen läßt, wie erfolgreich die Vermittlung der
Heldengeschichten etwa eines Julius Fučík oder Jan Šverma – also der antifaschi-
stisch-sozialistischen Propagandafiguren – wirklich war, wurde Jan Palach durch sein
»absolutes Opfer« zum »absoluten Helden« und zum »absoluten Liebling« der Na-

tion. Keiner der 26 Menschen, die binnen weniger Monate Palachs Beispiel folgten,[9] erlangte auch nur annähernd vergleichbare Aufmerksamkeit und Verehrung.

Paßt Jan Palach überhaupt in unsere Galerie sozialistischer Helden?[10] War er nur ein nationaler Held, oder – wie manche seiner Verehrer nach 1989 behaupteten – ein Held gegen den Sozialismus?

In der Tat war Jan Palach kein von Kommunisten aufgebauter Held. Vielmehr war das Verhältnis der Partei zu ihm gespalten. Die Reformer erklärten ihn zur Symbol-figur ihres Kampfes.[11] Da sie seine Forderungen aber nicht aufnahmen, liegt es nahe, diese Aneignung als Versuch der Domestizierung, der Entschärfung durch Verein-nahmung, zu deuten. Die Befürworter der sogenannten Normalisierung, also der Rücknahme der Reformen, begegneten ihm hingegen mit unverhohlener Ablehnung und taten in den siebziger Jahren alles dafür, Palach aus dem öffentlichen Gedächt-nis zu verbannen.

Auch im ideologischen Sinn taugte Jan Palach nicht unbedingt zum Vorbild. In Tagebucheintragungen und Briefen zeigte er sich als aufgeweckter, intelligenter jun-ger Mann, der ganz im Stil seiner Zeit und Generation argumentierte: Er war begei-stert von den Reformen in der Tschechoslowakei und begegnete der Sowjetunion mit Sympathie, beschrieb aber viele Phänomene in dem Land, das er mehrfach bereist hatte, sehr kritisch.[12] Als aufrechter Sozialist, als Geschichtsstudent in der Tsche-choslowakei Ende der sechziger Jahre konnte man wohl kaum etwas anderes sein, vertraute er dem Staat und identifizierte sich mit seinem Land und der tschechischen Nation. Die politischen Forderungen, die er in seinem Abschiedsbrief formulierte, sind – auch gemessen am studentischen Protest seit der Intervention im August 1968 – allerdings auffällig bescheiden.[13]

Sieht man von Palachs Selbstverständnis ab, so wird jedoch klar, wie stark die Deutung seiner Tat, vor allem aber die Erinnerung und Verehrung seiner Person im Jahr 1969 – und zum Teil darüber hinaus – Züge tragen, die für den sozialistischen Heldenkult charakteristisch sind.

Wie wurde Palachs Selbstmord im Jahr 1969 von der politischen Führung und der Öffentlichkeit aufgenommen? Welche zeitgenössischen Interpretationen erfuhr seine Tat? Welche Reaktionen rief sie hervor? Diesen Fragen werde ich auf der Basis von Quellen aus der Zeit, in erster Linie Reden zur Begräbnisfeier und Zeitungsartikel, nachgehen und zeigen, welches Heldenbild von Jan Palach konstruiert und wie die-ses in den siebziger und achtziger Jahren verändert wurde und bis in die Gegenwart gepflegt wird.

Im Januar 1969, als Jan Palach sich das Leben nahm, herrschte in der Tschecho-slowakei tiefe Niedergeschlagenheit. Die Regierung, mit der sich die Gesellschaft kurz nach dem Einmarsch der Warschauer-Pakt-Truppen im August 1968 in einem nie dagewesenen Maß identifiziert hatte, nahm einen Reformschritt nach dem an-deren zurück. In der politischen Führung waren zwar noch wichtige Repräsentan-ten der Reformpolitik vertreten, deren Gegner gewannen jedoch ständig an Gewicht. Auch öffentliche Aktionen zur Unterstützung der Regierung waren immer weniger gefragt. Vielmehr wurde die Bevölkerung täglich zur Ruhe und zum geduldigen Abwarten aufgerufen, mit der Begründung, nur so könne »noch Schlimmeres« verhindert werden.[14]

In dieser Situation entfaltete die Nachricht von Palachs Selbstverbrennung ungeheure Wirkung. Obwohl Radio und Fernsehen darüber kaum berichteten bzw. versuchten, Palachs Tat als Akt der Verzweiflung, sogar als Kurzschlußhandlung eines psychisch kranken Menschen darzustellen,[15] verbreitete sich die Nachricht umgehend. 50 000 Menschen nahmen an Palachs Sarg, der im Innenhof der Universität aufgebahrt war, Abschied. Bei der Trauerfeier, in Artikeln und Leserbriefen verliehen angesehene Politiker, Künstler, Professoren, Freunde und Kommilitonen Palachs und Bürger aus allen Teilen der Republik ihrer Bestürzung Ausdruck. Ihre Intentionen deckten sich nicht unbedingt – so stand bei den Repräsentanten der politischen Führung wohl die Angst vor Unruhen an erster Stelle. Dennoch bewegten sich die verschiedenen Redner in einem geschlossenen, sich selbst reproduzierenden Diskurs. Die Interpretationsmuster für Palachs Tat mit Blick auf die unmittelbare Gegenwart und auf den Gesamtkontext der Nationalgeschichte stimmten weitestgehend überein.

Palachs Selbstverbrennung wurde als Symbol, Konsequenz und Wendepunkt der tschechoslowakischen Reformbewegung verstanden. So hieß es etwa in der Verlautbarung des Wissenschaftlichen Rates der Philosophischen Fakultät: »In seiner Tat spiegelt sich die ganze Tragödie dieser Zeit wieder. [...] Aber warum reift ein Bürger der Tschechoslowakei zu einer Tat heran, die in Europa nicht ihresgleichen hat? Weil auch wir alle, die ganze Tschechoslowakei, in einer Situation sind, die nicht ihresgleichen hat. [...] Die Tat unseres Kollegen ist der erste schreckliche Warnruf vor der drohenden Vernichtung unseres ganzen Werkes.«[16]

Und die *Listy,* die renommierte Zeitschrift des tschechoslowakischen Schriftstellerverbandes, vom 23. Januar 1969 rief dazu auf, den Tod des Studenten nicht in erster Linie emotional und beschränkt auf dessen Person zu sehen. Die archaische Tat wurde hier in die eigene Diktion übersetzt und auf diesem Weg bereits auf eine neutral-vorsichtige und ihrer direkten Forderungen entleerte Position zurechtgebogen. Der »große Tod«, wie es hier hieß, wurde gedeutet als: »[...] ein Akt der Meinungsäußerung, der organisch mit der Bewegung der ganzen Gesellschaft zusammenhängt. Das, was sich seit dem letzten Frühjahr bei uns tut, ist keine Angelegenheit Einzelner und auch nicht einzelner Politiker oder Intellektueller. [...] Es ist eine Bewegung, die [...] die Vorstellung der gesamten Gesellschaft und der gesamten Nation vom demokratischen Sozialismus und der Souveränität unseres Landes ausdrückt. [...] Wie jede gesellschaftliche Bewegung hat auch diese ihre Sprecher, ihre Märtyrer, ihre Helden [...].«[17]

Palachs Tat wurde also als Ausdruck dessen gedeutet, was die ganze Gesellschaft wollte und fühlte, sein Handeln stand stellvertretend für die Nation. Doch sollte er nicht allein Sprachrohr nach außen sein. Sein Opfer sollte auch – und vielleicht sogar in erster Linie – nach innen wirken. Die konkreten Worte und Forderungen in Palachs Abschiedsbrief spielten dabei eine nachgeordnete Rolle. Als die eigentliche

Botschaft galt seine Tat, ihr wurde die Kraft zugesprochen, die Nation wachzurütteln, diese an die moralischen Maßstäbe zu erinnern, denen sie sich verpflichtet fühlte, sie zum Handeln zu zwingen und so erneut zu einen. Dazu ein weiteres Zitat aus dem Aufruf des Verbandes der Hochschulstudenten: »Die tragische Tat eines Einzelnen gab uns gewissermaßen die vergessene Wertordnung zurück, in der Ehre und Sinn für überpersönliche Werte mehr sind als Stumpfheit, Vorsichtigkeit und persönliche Vorteile. Jeder von uns ist in diesem Augenblick vor Gericht, ob er sich dagegen wehrt oder nicht.«[18]

Der Topos vom Gericht findet sich in zahlreichen Äußerungen über Sinn und Wirkung von Palachs Tat. In einem religiös anmutenden Dreiklang wurde dieser über die Schulderkenntnis und über das Bekenntnis, im Bemühen um die Reformen nachgelassen zu haben, zur öffentlichen Selbstverpflichtung weitergeführt. Palachs Handeln verstand man als Anweisung, keineswegs, um es ihm nachzutun, sondern als Verpflichtung, durch das eigene Leben und Tun weitere Opfer dieser Art überflüssig zu machen. Repräsentanten der verschiedenen gesellschaftlichen Gruppen gelobten bei der Trauerfeier öffentlich, diese Verpflichtung anzunehmen.

In der Ansprache des Ministers für Schulwesen klang das wie folgt: »Deshalb nehmen auch wir mit reinem Herzen die von Jan Palach entzündete Fackel in die Hand, wir, denen ebenfalls das Schicksal und Wohl unseres Landes am Herzen liegt, und Seite an Seite werden wir das Leben, die Wahrheit und Freiheit schützen. Wir wollen durch unsere Aufbauarbeit des Opfers würdig sein, das er selbstlos brachte, wir wollen eine Gesellschaft bauen, in der solche Opfer nicht nötig sein werden, wo der Mensch frei atmet, frei ist, und Freude am Leben hat. Darin besteht das Vermächtnis Jan Palachs und möge es niemals in Vergessenheit geraten, denn es hat überzeitliche und allmenschliche Bedeutung.«[19]

Bei der Interpretation des Opfers traten religiöse Muster zutage, auch wenn keine religiöse Auflösung erfolgte und das christliche Deutungsangebot für den Tod an keiner Stelle erwähnt wurde. Eine Art von Transzendenz kommt aber dennoch zustande, und zwar über die Einordnung der Palach-Erzählung in den Gesamtzusammenhang der Nationalpsychologie und der nationalen Geschichte.

Zu den zentralen Elementen des tschechischen nationalen Selbstverständnisses zählen die Kleinheit, die Schwäche und die Gewaltlosigkeit.[20] Trotz seiner extrem gewaltsamen Tat konnte Palach in diesem Selbstverständnis seinen Platz finden, das der erste tschechoslowakische Präsident Tomáš Masaryk während des Ersten Weltkriegs mit der Parole »Jesus, nicht Cäsar!« zum politischen Programm erhoben hatte und das auch die Begründung für den friedlichen Widerstand gegen die militärische Intervention im August 1968 lieferte. Schließlich war seine Tat autoaggressiv – eine paradoxe Verstärkung des Prinzips, anderen keine Gewalt anzutun. Vor allem aber wurde er als Leidender begriffen und so als Märtyrer geehrt, und zwar als letzter einer langen Reihe tschechischer Helden. Der Zeitpunkt und das Ziel seiner Tat verloren dabei ebenso an Bedeutung wie die Person Palach selbst, über die zu diesem Zeitpunkt ohnehin noch nicht viel bekannt war. Am häufigsten wurde eine Parallele zu Jan Hus, dem Reformator, gezogen. Mehr noch: Jan Palach war Jan Hus – er war, wie es in einem zeitgenössischen Gedicht heißt, »Meister Jan ohne Scheiterhaufen«.[21] In einem anderen Gedicht wurde er als »Jan des Zwanzigsten Jahrhunderts« bezeichnet.[22] Bei dem Autor und Rabbiner Karol Sidon erschien er als der Mensch, der Hus' Sendung weiter- bzw. zu Ende geführt hat: »Ich liebe die Wahrheit, ich verteidige die Wahrheit, das Recht der Wahrheit bis zum Tod!« Das ist Hus' kategorischer Imperativ, den Jan Palach krönt.[23] Die Identifikation Palachs mit dem tschechischen Freiheitskampf und speziell mit Jan Hus fand auch in der Wahl der Symbole ihren Niederschlag: Palachs Sarg schmückte der Kelch, das Zeichen der hussitischen Bewegung.[24]

So wie die Geschichte von Jan Palach in einen Sinnzusammenhang mit anderen tragischen und heldenhaften Kapiteln der tschechischen Geschichte gestellt wurde, wurde auch die anteilnehmende Gesellschaft mit der tschechischen Nation vergangener Tage identifiziert. In einem zeitgenössischen Bericht über die Beerdigung Palachs, der sich im Archiv der Karls-Universität findet, erschienen die Massen der Trauernden als zeitloser Zug für die Sache der Freiheit: »Und am nächsten Tag standen sie in Spalieren auf den kalten Fußwegen, und niemand schämte sich seiner Tränen. Ich erkannte sie, habe ich sie doch schon so oft auf dem Prager Pflaster gesehen! Im Jahr 1938, als sie die Unterjochung ablehnten und kämpfen wollten für die Freiheit, im Herbst des Jahres 1939, als sie sich gegen die Okkupanten stellten. Jawohl, es waren jene, die im Mai 1945 die Fahne des Kampfes erhoben, die Menschen des Prager Frühlings und die Helden des August.«[25]

Wie für die mythische Erzählstruktur typisch, sollte dieser Zug nicht nur von der Vergangenheit in die Gegenwart reichen. Palachs Opfer wurde auch mit Blick auf die Zukunft gedeutet. Noch einmal ein Zitat aus einem Bericht über den Trauermarsch: »Als allerdings die Spitze des Zuges vor dem Denkmal des Jan Hus anhielt, und dessen gekrümmte Hände über dem Sarg erschienen, konnte kein Zweifel daran sein, daß dieser Moment bedeutend ist für diese und für alle kommenden Zeiten.«[26]

Trotz der empfundenen Größe dieses Moments – oder vielleicht gerade wegen seiner Größe – mußte eine Wiederholung der Tat Palachs unbedingt verhindert werden. Daß hinter diesem tatsächlich eine Gruppe stand, wie es in seinem Abschiedsbrief geheißen hatte, ist eher unwahrscheinlich, bis heute aber nicht mit letzter Sicherheit geklärt. Doch war so oder so zu befürchten, daß andere, vor allem junge Menschen, Palachs Beispiel folgen würden – oder aber, daß seine Tat in anderer Art und Weise das zur Rettung der Reformen verordnete Stillhalten stören könnten. Daher appellierten angesehene Schriftsteller, wie der spätere Nobelpreisträger Jaroslav Seifert, und Reformpolitiker an die Jugend, sich für das Leben zu entscheiden. Sie zitierten den sterbenden Palach als Zeugen dafür,[27] daß weitere Todesopfer überflüssig, ja schädlich für die Sache der Reformen seien, und mobilisierten Palachs Freunde zu Aufrufen in diesem Sinne.

So bekannte sich Helenka Zahradníková, Palachs Freundin, öffentlich zu ihrer Pflicht, am Leben zu bleiben, und bat ihre Generation, Palachs Botschaft lebend weiterzutragen: »Jedoch, wenn er schon von uns ging, muß ich bleiben. Ja, ich muß. Schon deshalb, damit ich Euch allen sagen kann, daß unser Kampf noch nicht zu Ende gekämpft ist [...]. Deshalb will ich Euch um eines bitten: [...] Nehmt Euch nicht Euer Leben! Wir werden es benötigen, wir müssen vorbereitet sein, aber lebend, mit unserem Schild. Und der Schild muß rein sein. Meinen Kelch voller Bitterkeit will ich allein austrinken, damit Ihr, unbekannte Freunde, glücklich sein könnt.«[28]

Diese eindringlichen Aufrufe konnten jedoch nicht verhindern, daß es in den folgenden Wochen und Monaten in der Tschechoslowakei, in Ungarn und in Italien zu mehreren öffentlichen Selbstverbrennungen kam.[29] Keinem von Palachs Nachfolgern wurde jedoch eine vergleichbare Aufmerksamkeit zuteil. Und nur zwei der Selbstmörder – der Student Jan Zajíc,[30] der Palach vom Typ her ähnelte, und der Arbeiter und Kommunist Evžen Plocek[31] – werden bis heute namentlich erinnert. Das ist nicht allein darauf zurückzuführen, daß die tschechoslowakische Regierung alles tat, um die Verbreitung von Nachrichten über diese Selbstmorde zu unterdrücken. Die Anonymität von Palachs Nachfolgern liegt auch darin begründet, daß Heldenerzählungen der Einmaligkeit einer Tat und der Einzigartigkeit ihres Helden bedürfen.

War die Außergewöhnlichkeit Jan Palachs eine Voraussetzung für die Wirksamkeit seines Mythos, so war er doch gleichzeitig anderen Helden früherer Zeiten ähnlich. Wie erläutert, stellte dieser Wiedererkennungseffekt ebenfalls ein konstituierendes Element seines Mythos dar. Diese Beobachtung führt uns zurück zu der Frage, wie tschechisch und wie sozialistisch der Held Jan Palach war. Was für ein Heldenbild wurde 1969 von Jan Palach entworfen? Gab es für den sozialistischen Heldenkult charakteristische Elemente?

Wo immer von Palach die Rede war, wurde betont, er sei ein ganz normaler, einfacher Mensch gewesen.[32] Er galt als Prototyp des netten tschechischen Jungen aus dem Volk, besonders bescheiden, höflich, fast ein wenig schüchtern und völlig unprätentiös.[33] So konnte er mühelos als »einer von uns« begriffen werden. Die empfundene Nähe der Menschen zu Jan Palach kam unter anderem darin zum Ausdruck, daß dieser in Texten extrem vertraulich und meist direkt angesprochen wurde, so als sei er unmittelbar gegenwärtig. Man duzte ihn, sprach ihn mit Diminutiven und Koseformen seines Vornamens an.

Daß Palach zu den Studenten gehörte, stellte keinen Widerspruch zu seiner Volkstümlichkeit dar. Sein Bildungsweg war vielmehr integraler Bestandteil der Heldenerzählung, wenn auch eher im Sinne der langen Kontinuität tschechischer intellektueller Nationalhelden als für seine Qualität als sozialistischer Held. Ein weiteres wichtiges Element der Palach-Erzählung war sein jugendliches Alter. Dieses machte seinen Tod besonders schmerzlich, sein Opfer besonders groß. Zugleich wurde es als Symbol aufgegriffen: Jugend bedeutet Zukunft, wenn sie stirbt, gibt es keine Zukunft; wenn sie hoffnungslos ist, keine Hoffnung mehr. So wie die Jugend nach 1945 bzw. 1948 für den Neuanfang gestanden hatte, Sozialismus und Jugend gewissermaßen als Synonyme galten,[34] wurde auch der »Prager Frühling« mit der Jugend identifiziert, während man die Rückkehr zu den alten Verhältnissen in vielen zeit-

Tausende gaben Jan Palach auf dem Altstädter Ring die letzte Ehre. Seine Beerdigung glich einer nationalen Trauerfeier.

genössischen Äußerungen mit der alten Generation, dem Absterben, sogar dem Tod der Nation gleichsetzte.[35]

Jugend ist mit Reinheit und Schönheit konnotiert. Wie beim Kult um Fučík,[36] wurde auch bei der Verehrung Jan Palachs dessen »besondere Schönheit«, die Klarheit seiner Züge betont. Jugend steht für Lebensfreude und Liebe. Aber Palach, über dessen große Liebe zum Leben, zur Nation und ihrer Geschichte, zu seiner Familie, zu seinen Freunden berichtet wird, hat man keine erotische Liebe zugestanden. Über die Rolle, die zwei etwa gleichaltrige Studentinnen in seinem Leben spielten, wurde oft spekuliert, Genaueres ist darüber aber nicht bekannt. In den meisten Berichten über Palach wurde Helenka, der Freundin aus Kindertagen, der Vorzug vor der eher koketten und bereits erwachsen wirkenden Eva gegeben. Und Jiří Lederer, der in den siebziger Jahren eine umfassende Palach-Dokumentation verfaßt hat, kam sogar zu dem Schluß, Palach sei zu seinem großen Opfer überhaupt nur fähig gewesen, weil seine Sexualität noch nicht voll entwickelt gewesen sei.[37]

All diese Elemente – Einfachheit, Klugheit, Jugend, Schönheit, Liebe, Reinheit und Lebensfreude – bilden zugleich Grundlage und Verstärkung für die Heroik des Helden.[38] Sie lassen seinen Verzicht, sein Opfer noch größer erscheinen. Denn hier handelte nicht jemand, der bereits mit heldischen Eigenschaften und Fähigkeiten ausgestattet war. Ein zunächst ganz normaler Mensch wurde durch seine Tat zum Helden.

Palachs Jugend, Lebensfreude und Heimatliebe lieferten darüber hinaus die argumentative Grundlage für ein positives Verständnis seines Todes. Während die reformfeindlichen Politiker in der tschechoslowakischen Regierung den Selbstmord des Studenten als Ausdruck von Defätismus und Kleinmut interpretierten, galt er den Anhängern Palachs als Ausdruck seiner Liebe zum Leben. Dazu noch einmal Passagen aus den Grabreden der Studentenvertreter: »Jan Palachs Tat ist nicht die eines Verzweifelten, wie uns so manche weismachen wollen. Sie ist ein bewußter Protest und eine heroische Tat, die um des Lebens willen vollbracht wurde.«[39] Und: »Seine Tat ist um so größer und tragischer, da sie gerade rational durchdacht war. Ein Verzweifelter kann Selbstmord oder ein Attentat begehen, aber nicht das, was Jan Palach tat. Die drastische Art, auf die er vom Leben Abschied nahm, hatte und hat ihren Sinn gerade in dem Widerhall, den sie in jedem von uns fand. Jan Palach starb, damit wir leben – nicht vegetieren. Führendes Motiv seiner Tat war nicht ›Lieber den Tod als Unfreiheit!‹ sondern ›Mein Leben für Eure Freiheit!‹«[40]

Palachs Tod wurde also als Opfer für das Leben angenommen. Er galt als Zeugnis für seine große Wertschätzung des Lebens, nicht für seine Unlust zu leben. Sein Selbstmord war nicht Zeichen von Resignation angesichts einer niederschmetternden Realität, sondern Ausdruck der Überzeugung, daß es sich lohnt, für ein besseres Dasein zu kämpfen.

Vor dem Hintergrund der politischen Entwicklung in der Tschechoslowakei nach dem Januar 1969 wird deutlich, daß dieses Opfer sein Ziel verfehlt hat. Palach gelang es nicht, die Bevölkerung aus ihrer Lethargie zu reißen und zu größeren öffentlichen Aktionen zu bewegen; die Regierung erfüllte keine einzige seiner Forderungen.

Die Person Palach und alles, was mit dieser zu tun hatte, wurde von den »Normalisierern« kriminalisiert und in die Nähe »systemfeindlicher Gruppen« gerückt. Bereits im Sommer 1969 leitete die Sicherheitspolizei (StB) Untersuchungen ein, die Palachs Tat und Umgebung galten.[41] Ende 1973, in der Hochphase der »Normalisierungspolitik«, erreichten die Bestrebungen, Palach aus der Erinnerung der Bevölkerung zu drängen, ihren Höhepunkt. So bettete man Palachs Sarg vom Prager Friedhof Olšany auf den Friedhof seiner kleinen Heimatgemeinde um, mit dem Ziel, die Pilgerbewegung zu dem Grab endlich unterbinden oder zumindest besser kontrollieren zu können.

Palach geriet nicht in Vergessenheit. Doch veränderten sich die Erinnerung an ihn und die Interpretation seiner Tat in den Jahren bis 1989 grundlegend – und zwar in Anlehnung an den Wandel, den die Opposition nach 1969 durchlief. So wie sich diese allmählich von den sozialistischen Inhalten verabschiedete, denen sie bis kurz nach dem »Prager Frühling« noch ganz und gar verpflichtet gewesen war und sich zu einer grundlegenden Ablehnung des Systems entwickelt hatte,[42] wurde auch Palachs Tat nach und nach umgedeutet. Sie wurde zum Sinnbild des Widerstandes gegen die sowjetische Intervention vom August 1968 und gegen das System an sich. Am 20. Todestag Jan Palachs riefen fünf unabhängige Bürgerrechtsgruppen zu einer Demonstration auf dem Wenzelsplatz auf. Bei dem Versuch, Blumen auf dem Platz niederzulegen, wurden vierzehn Menschen verhaftet, unter ihnen auch ganz normale Passanten.[43] Daraufhin fanden vom 16. bis 20. Januar 1989 jeden Nachmittag Demonstrationen statt. Mit dieser sogenannten »Palach-Woche«, bei der es zu mehr als 1400 Festnahmen kam,[44] wurde Palach Namenspatron des studentischen Protests gegen das System.

Nach dem Umbruch vom November 1989, der das Ende der Herrschaft der kommunistischen Partei in der Tschechoslowakei bedeutete und die einstigen Bürgerrechtler an die Regierung brachte, erfuhr Palach dann auch offizielle Würdigung: Der Platz vor der Karls-Universität (zuvor: Platz der Roten Armee), der 1969 schon einmal kurze Zeit Palach-Platz geheißen hatte, erhielt diesen Namen erneut. Ende 1990 wurde dann Palachs Sarg zurück auf den Olšany-Friedhof in Prag gebracht. Und am 28. Oktober 1991, dem Staatsfeiertag, verlieh Präsident Václav Havel Jan Palach posthum den T.-G.-Masaryk-Orden 1. Klasse.[45] Anfang 2000 wurde schließlich auf dem oberen Wenzelsplatz, an der Stelle etwa, an der sich Palach 1969 selbst in Brand gesteckt hatte, ein Denkmal für ihn und Jan Zajíc eingeweiht: Ein in den Boden eingelassenes Kreuz erinnert an die beiden Studenten.[46]

Wie erklärt sich die anhaltende Wirkung Jan Palachs? Palach hatte – ob bewußt oder unbewußt, läßt sich nicht sagen – für seinen Selbstmord den richtigen Moment, den richtigen Ort und die richtige Art gewählt. Damit lieferte er den Stoff für einen perfekten Mythos. Die Palach-Erzählung bedient alle Konstanten des klassischen Heldenmythos, vor allem aber alle tschechischen nationalen Stereotype. Als nationaler Mythos ist das Narrativ Palach also eindeutig.

Darüber hinaus bietet Palach auf einer anderen Ebene besonders viel Projektionsfläche. Er, der – wie es 1969 hieß – »kein einziges Wort sprach, und doch 14 Millionen Menschen erreichte«,[47] unterschied sich genau dadurch von den anderen Nationalhelden, wie Jan Hus, Julius Fučík und Václav Havel, alles Männer, die sich aufs Reden verstanden. Während sie versuchten, einen Dialog mit der Gesellschaft zu führen und sie auf diesem Weg von ihren Ideen zu überzeugen, richtete sich Palach mit seiner Tat an die Öffentlichkeit.[48] So ist es kein Zufall, daß man die konkreten Forderungen, die Palach in seinem Abschiedsschreiben formuliert hatte, kaum zitierte und rezipierte. Aus seiner Tat wurden umgehend Botschaften abgeleitet, die mit einem behaupteten allgemeinen Willen identifiziert wurden. Diese Indienstnahme begann umgehend nach Palachs Tod mit dem gelungenen Versuch, seinen Aufruf zur Rebellion in einen Teil des Stillhalte-Abkommens mit der Gesellschaft zu verwandeln, und reicht über den November 1989 hinaus, als die Studenten ihren Sieg als Erfüllung der Botschaft Jan Palachs feierten. Während die tschechische Rechte den Sozialisten Palach als antisozialistischen, vor allem aber antisowjetischen Märtyrer vereinnahmte und für ihre Ziele zu instrumentalieren suchte,[49] wird zugleich parteiübergreifend um eine nationale und moralische Deutung der Tat gerungen: So erscheint Jan Palach auf der einen Seite als ein Glied in der langen Kette tschechischer Heiliger und Helden, die von den Anfängen der slawischen Mythen über die Heroen der »nationalen Wiedergeburt«, die ihre Gräber auf auf dem Prager Friedhof Vyšehrad gefunden haben, bis in die Gegenwart reicht.[50] Oder er wird – weit über die tschechische Geschichte hinaus – in einem Atemzug mit Mahatma Gandhi, Albert Schweitzer und Martin Luther King genannt. Auf der anderen Seite dient er als Zeuge für eine jenseits politischer Nahziele angesiedelten moralischen Basis, die der Relativierung aller Werte durch die Postmoderne trotzt.[51] In diesem Sinn interpretiert der Philosoph Ladislav Hejdánek Palachs Tat als ein – auch in einer deutlich veränderten Welt – fortwirkendes »Gericht«, vor das jeder Einzelne täglich gestellt und nach der Richtigkeit seines Handelns befragt werde.[52]

Nicht zuletzt herrscht in Tschechien heute eine gewisse Hilflosigkeit angesichts der Bereitschaft eines jungen Mannes, die nicht in die von Pragmatismus bestimmte Gegenwart zu passen scheint, das eigene Leben für ein politisches Ziel zu opfern.[53] Auch gibt es in der Gesellschaft ein leichtes Gefühl der Peinlichkeit: Schließlich war Palachs Selbstmord die radikalste Form des Engagements für den »Sozialismus mit menschlichem Gesicht«. An die Hoffnungen, Emotionen und an den hohen Grad der Identifikation mit diesem Projekt werden in Tschechien, wo in zwanzig Jahren »Normalisierungspolitik« das Wort »Sozialismus« so nachhaltig diskreditiert wurde wie in keinem anderen ostmitteleuropäischen Land, heute viele Menschen nicht mehr gern erinnert.

Palachs Name und seine Tat haben in Tschechien nach wie vor einen hohen Bekanntheitsgrad.[54] Sein von reformsozialistischen Idealen geprägtes Denken, seine Hoffnungen und Forderungen vermitteln sich den Zeitgenossen allerdings nicht mehr. Aus dem Märtyrer für einen »besseren Sozialismus« ist somit tatsächlich ein ganz normaler nationaler Held geworden.[55]

Danksagung

Während wir das Manuskript dieses Bandes bearbeitet haben, konnten wir beobachten, wie virulent das Erzähl- und Kommunikationsmuster »Held« gerade auch heutzutage ist: Die fast kultische Verehrung der New Yorker Feuerwehrleute des 11. September läuft in Amerika auf Hochtouren; auf dem Wiener *Helden*platz demonstrieren Rechtsradikale gegen die revidierte Wehrmachtsausstellung, indem sie fast lebensgroße Abbildungen von Soldaten vor sich hertragen, versehen mit der Aufschrift »Held«; der niederländische Populist Pim Fortuyn stirbt im Kugelhagel, von seinen Anhängern posthum zum »Helden« stilisiert; ein Gymnasiallehrer aus Erfurt wird binnen weniger Tage von den Medien zum »Helden« geadelt und sogleich wieder fallengelassen. Es kann kein Zweifel daran bestehen, daß das Heldenmuster auch in modernen Mediendemokratien Konjunktur hat und sein kulturelles Leistungsvermögen unter Beweis stellt.

Der Band ist dieser aktuellen Helden-Hausse jedoch nicht geschuldet. Schon seit einem Jahrzehnt beschäftigen sich Beiträger und Herausgeber dieses Bandes mit Fragen der Massenbeeinflussung, mit der Geschichte der politischen Propaganda, besonders in den beiden deutschen Nachkriegsgesellschaften. Es war und ist an der Zeit, die Forschungsergebnisse, die seither zur Geschichte der DDR aufgelaufen sind, zu synthetisieren und in größere Kontexte zu stellen. Diesem Ziel diente eine internationale Tagung, die wir im September 2001 in Krakau organisiert haben und deren Aufgabe es war, die Kulturgeschichte der »sozialistischen Helden« erstmals im internationalen Vergleich aufzuarbeiten. Die Tagung wollte Wege ebnen, den leider immer noch allzu spärlichen wissenschaftlichen Austausch über Forschungsprobleme des »sozialistischen Weltsystems« wenigstens innerhalb Osteuropas zu befördern. Wir freuen uns sehr, mit diesem Band erste Ergebnisse eines solchen Verständigungsprozesses vorlegen zu können.

Ohne die geradezu enthusiastische »politische« wie logistische Unterstützung von Przemysław Konopka, bis vor kurzem stellvertretender Direktor des Polnischen Institutes in Leipzig, wäre diese Tagung nicht zustande gekommen. Großer Dank gebührt ebenfalls Bernd Karwen, dem ehemaligen Leiter der Bibliothek des Polnischen Institutes, der Verbindungen knüpfte, Anträge und Beiträge übersetzte und jetzt an der Universität Leipzig promoviert. Danuta Głondys, die Direktorin unseres repräsentativen Krakauer Tagungslokals, der Villa Decius, und ihren Mitarbeiterinnen und Mitarbeitern gilt unser Dank für eine ebenso großzügige wie reibungslose Kooperation.

267

Finanziell und ideell wurde die Tagung von drei Stiftungen getragen, denen wir gern unseren verbindlichsten Dank aussprechen: Für das Projekt setzten sich Herr Dirk Hansen von der Bundeszentrale für politische Bildung, Bonn, und Dr. Ulrich Mählert von der Stiftung zur Aufarbeitung der SED-Diktatur in Berlin ganz besonders ein. Ein herausragender Dank für ihr Engagement gebührt schließlich der Fritz Thyssen Stiftung in Köln am Rhein. Sie förderte nicht nur ein Forschungsprojekt zur Thematik der sozialistischen Helden, das am Historischen Institut der Jenaer Friedrich-Schiller-Universität beheimatet war, sondern auch die Tagung in Krakau und den Druck des vorliegenden Bandes.

Dank gebührt nicht zuletzt auch dem Christoph Links Verlag, besonders unserem Lektor Thomas Schulz für seine kritische Begleitung.

Weimar und Wien, Pfingsten 2002   Silke Satjukow und Rainer Gries

Anhang

Anmerkungen

»Du sprichst mir Dein Vertrauen aus …«

1 Meldung der *Deutschen Presse-Agentur* v. 21. 2. 2001.
2 Der fliegende Vogtländer. In: *Thüringer Allgemeine* v. 13. 2. 2002, S. 2.
3 Vgl. *Thüringer Allgemeine* v. 10. 4. 2002, S. 7.
4 Bundesarchiv, NY 4177/15, Schreiben v. Februar 1949.
5 *Neue Berliner Illustrierte*, Nr. 12 (1967), S. 15.

Zur Konstruktion des »sozialistischen Helden«

1 Vgl. zu den Arbeitshelden der frühen Sowjetunion: Maier, R.: Die Stachanov-Bewegung 1935–1938. Der Stachanovismus als tragendes und verschärfendes Moment der Stalinisierung der sowjetischen Gesellschaft. Stuttgart 1990.
2 Vgl. hierzu: Günther, H.: Der sozialistische Übermensch. M. Gor'kij und der sowjetische Heldenmythos. Stuttgart/Weimar 1993, S. 84 ff.; Sinjawskij, A.: Der Traum vom neuen Menschen oder die Sowjetzivilisation. Frankfurt a. M. 1989.
3 Bei der Typisierung orientieren wir uns zunächst an Hans Günthers Heldentypen-Unterscheidung. Die verschiedenen, hier festgehaltenen Heldennarrative machen allerdings deutlich, daß der »Kulturheld« bei Günther sehr diffus gefaßt ist und lediglich als allgemeine Fassung vielfältiger, differenter Untergruppen dienen kann. Zu den einflußreichsten Untergruppierungen gehörten zweifelsfrei die Arbeitshelden, die Fliegerhelden, die Helden des Kosmos und – als besondere Publikumslieblinge – die Sportlerhelden. Den von Hans Günther beschriebenen Typus des Kriegshelden fassen wir als Kriegerhelden. Die exemplarischen Erzählungen zeigen, daß eine Vielzahl der Helden zwar in der Kriegertradition standen, ihre Taten jedoch häufig außerhalb von Kriegssituationen begingen.
4 Archiv Gor'kogo. Bd. 12, Moskau 1969, S. 113 f., zitiert nach: Günther: Übermensch, S. 92.
5 Vgl. zum Phänomen des Helden: Campbell, J.: Der Heros in tausend Gestalten. Frankfurt a. M. 1953; Frevert, U.: Herren und Helden. Vom Aufstieg und Niedergang des Heroismus im 19. und 20. Jahrhundert. In: Van Dülmen, R. (Hrsg.): Erfindung des Menschen. Schöpfungsträume und Körperbilder 1500–2000. Wien 1998; Korff, G.: Personenkult und Kultpersonen. Bemerkungen zur profanen »Heiligenverehrung« im 20. Jahrhundert. In: Kerbel, W. (Hrsg.): Personenkult und Heiligenverehrung. München 1997, S. 157–183; Linares, F.: Der Held. Versuch einer Wesensbestimmung. Bonn 1967; Momm, K.: Der Begriff des Helden bei Carlyles »On Heroes, Hero-Worship and the Heroic in History«. Freiburg 1986; Wienker-Piepho, S.: Frauen als Volkshelden. Geschichtlichkeit, Legendenbildung und Typologie. Frankfurt a. M. 1988.
6 Dialektischer und historischer Materialismus. Lehrbuch für das marxistisch-leninistische Grundlagenstudium. Berlin 1977, S. 647.
7 *Neues Deutschland* v. 24. 7. 1964.
8 Das Modell lehnt sich an ein kulturwissenschaftlich geprägtes Grundmodell von Massenkommunikation an, welches in dem Band Gries, R.: Produkte als Medien. Kulturgeschichte der Pro-

duktkommunikation in der Bundesrepublik und der DDR. Leipzig 2002, ausführlich beschrieben wird.

9 Die graphische Gestaltung dieses Heldenmodells oblag Herrn René Seidenglanz, Leipzig. Die Autoren danken ihm und seinen Mitarbeitern für diese anschauliche, zweidimensionale Darstellung unserer Überlegungen.

10 Herbell, H.: Heldentum. Zeitgemäße Variationen über ein altes Thema. In: *Neues Deutschland* v. 14. 4. 1964.

11 Zur Geschichte der Propaganda am Arbeitsplatz (Produktionspropaganda) siehe Gries, R.: »Meine Hand für mein Produkt«. Zur Produktionspropaganda in der DDR nach dem V. Parteitag der SED. In: Diesener, G.; Gries, R.: Propaganda in Deutschland. Zur Geschichte der politischen Massenbeeinflussung im 20. Jahrhundert. Darmstadt 1996, S. 128–145.

12 Schönberger, K.: »Ein schöner Orden hebt das Bewußtsein«. Betriebliche Auszeichnungen und symbolisches Kapital. In: Gibas, M.; Gries, R.; Jakoby, B.; Müller, D. (Hrsg.): Wiedergeburten. Zur Geschichte der runden Jahrestage der DDR. Leipzig 1999, S. 219–231.

13 Vgl. dazu Kroeber-Riel, W.: Bildkommunikation. Imagerystrategien für die Werbung. München 1995, S. 53.

14 Mannheim, K.: Das Problem der Generationen. In: *Kölner Vierteljahreshefte für Soziologie 7* (1928), I. Teil: S. 157–185, II. Teil: S. 309–330, hier 311 ff. Während eine Generationenlagerung in Mannheims Verständnis weit gefaßt und »nur etwas Potentielles ist«, konstituiert sich ein Generationszusammenhang »durch eine Partizipation der selben Generationslagerung angehörenden Individuen am gemeinsamen Schicksal und an den dazugehörenden, irgendwie zusammenhängenden Gehalten«, S. 313.

15 Vgl. zur anthropologischen Grundkonstante Angst: Angehrn, E.: Das Streben nach Sicherheit. Ein politisch-metaphysisches Problem. In: Fink-Eitel, H.; Lohmann, G. (Hrsg.): Zur Philosophie der Gefühle. Frankfurt a. M. 1994, S. 218–243.

16 Vgl. Berghoff, P.: Der Tod des politischen Kollektivs. Politische Religion und das Sterben und Töten für Volk, Nation und Rasse. Berlin 1997, S. 94 ff.

17 Geschichte der Deutschen Demokratischen Republik. Von einem Autorenkollektiv unter Leitung von R. Badstübner. Berlin 1984, S. 12.

18 Vgl. dazu Satjukow, S.; Gries, R.: Von Menschen und Übermenschen. Der »Alltag« und das »Außeralltägliche« der »sozialistischen Helden«. In: *Aus Politik und Zeitgeschichte.* Beilage zu *Das Parlament* 17 (2002), S. 39–46.

19 Die Propaganda der DDR stellte selbst Walter Ulbrichts große, zupackende Hände heraus!

20 Gustav-Adolf Schur: Täve: Die Autobiographie. Berlin 2001.

21 Vgl. u. a.: Von der Vorarbeiterin zur ersten Frau im All. In: *Thüringer Allgemeine* v. 7. 3. 2002, S. 7.

22 Vgl. Der fliegende Vogtländer. Sigmund Jähn, der erste Deutsche im All feiert heute seinen 65. Geburtstag. In: *Thüringer Allgemeine* v. 13. 2. 2002, Titelseite und S. 2.

23 Satjukow, S.; Gries, R.: Sozialistische Helden. Figuren der Propaganda und Personen des Vertrauens. In: *Deutschland Archiv* 35 (2002), S. 5.

24 *Neue Berliner Illustrierte*, Nr. 12 (1967), S. 15.

25 Zum Begriff der Propageme und zum kulturhistorischen Zugriff auf persuasive Kommunikationsformen siehe Gries, R.: Propagandageschichte als Kulturgeschichte. Methodische Erwartungen und Erfahrungen. In: *Deutschland Archiv* 33 (2000), 4, S. 558–570.

Helden des Sozialismus in der Sowjetunion

1 Gredeskul, N. A.: Befreite Arbeit. Zum Problem der Arbeitsdisziplin. Berlin 1920, S. 23–24.

2 Ebenda, S. 23.

3 Ebenda, S. 23 ff.

4 Vgl. hierzu Maier, R.: Die Stachanow-Bewegung 1935–1938. Stuttgart 1990, der sich einge-

hend mit dem Problem von Wahrheit und Fiktion in der Stachanow-Bewegung auseinandersetzt. Vgl. ebenso Siegelbaum, L. H.: Stachanovism and the politics of productivity in the USSR. 1935–1941. Cambridge 1990.

5 Clark, K.: The Soviet Novel. History as Ritual. Chicago 1981, S. 146.

6 Gredeskul, N. A.: Befreite Arbeit, S. 24.

7 Vgl. den Beitrag von Gerhard Kowalski in diesem Band.

8 Vgl. hierzu den Beitrag von Thomas M. Bohn über den Maurer Denis Bulachow in diesem Band.

9 Vgl. den Beitrag von Daniela Rathe in diesem Band.

Soja – eine »sowjetische Jeanne d' Arc«?

1 Zit. nach: Alexijevič, S.: Der Krieg hat kein weibliches Gesicht. Hamburg 1989, S. 28 ff.

2 In der frühen sowjetischen Ikonographie wurden Frauen in der Regel als Erfüllungsgehilfinnen dargestellt. Erst die Kampagne zugunsten der Kollektivierung der Landwirtschaft eröffnete ein neues Repertoire an Frauendarstellungen, wobei Weiblichkeit hier als Idiom der Kollektivierung fungierte. Vgl. Bonnell, V.: Iconography of Power. Soviet Political Posters under Lenin and Stalin. Berkely 1997, S. 101 ff. u. 260 f.

3 Vgl. Eriksen, A.: Être ou agir ou le dilemme de l'héroïne. In: Centlivres, P.; Fabre, D.; Zonabend, F. (Hrsg.): La Fabrique des Héros. Paris 1998, S. 149–164.

4 Ab 1934, mit der Konsolidierung des sogenannten Sowjetpatriotismus, wurden nicht nur patriotische Vorstellungen stimuliert, sondern auch ein neues System sozialistischer Rituale etabliert, die einen nationsbildenden Charakter hatten. Vgl. Lane, C.: The Rites of The Rulers. Ritual in Industrial Society. The Soviet Case. Cambridge 1981, S. 141 ff.

5 Vgl. Agulhon, M.: Frauendarstellungen in der republikanischen Symbolik Frankreichs. In: Pribersky, A.; Unfried, B. (Hrsg.): Symbole und Rituale des Politischen. Ost- und Westeuropa im Vergleich. Frankfurt a. M. 1999, S. 209–219.

6 Vgl. Kämpfer, A.: Propaganda: Politische Bilder im 20. Jahrhundert. Hamburg 1997, S. 181 ff.; Arnold, S.: »Das Beispiel der Heldenstadt wird ewig die Herzen der Völker erfüllen«. Gedanken zum sowjetischen Totenkult am Beispiel des Gedenkkomplexes in Wolgograd. In: Koselleck, R.; Jeismann, M. (Hrsg.): Der politische Totenkult. Kriegerdenkmäler in der Moderne. München 1994, S. 347–351.

7 In Abgrenzung zu einer Volksheldin, deren Mythos und Bekanntheitsgrad zunächst mit einem Normenbruch in Zusammenhang steht, vgl. Wienker-Piepho, S.: Frauen als Volkshelden. Geschichtlichkeit, Legendenbildung und Typologie. Frankfurt a. M. 1988, S. 163 ff.

8 Vgl. Gronwald, S.: Die Mutterschaft der Mütter. Die Bedeutung der Mutterschaft in den Bildern der sowjetischen sozrealistischen Malerei der dreißiger Jahre. In: Kretzschmar, D.; Veldhues, C. (Hrsg.): Textbeschreibungen, Systembeobachtungen. Neue Studien zur russischen Literatur im 20. Jahrhundert. Dortmund 1997, S. 405–434.

9 Lewada, J.: Der »Homo sovieticus« als sozialer Mythos. Von der Blüte zum Verfall. In: Friedrich, C.; Menzel, B. (Hrsg.): Osteuropa im Umbruch. Alte und Neue Mythen. Frankfurt a. M. 1994, S. 45–53, hier 47.

10 Vgl. Kirschbaum, L.: Our Hearts, Our Families. Local Loyalties and Private Life in Soviet World War II Propaganda. In: *Slavic Review* 59 (2000) 4, S. 825–847.

11 Vgl. Clark, K.: The Soviet Novel. History as Ritual. Chicago/London 1981, bes. Kapitel: The Stalinist Myth of the Great Family.

12 Vgl. Sartorti, R.: Legende und Wirklichkeit der Sowjethelden. In: Friedrich, C..; Menzel, B. (Hrsg.): Osteuropa im Umbruch. Alte und neue Mythen. Frankfurt a. M. 1994, S. 133–144; Sartorti, R.: On the Making of Heroes, Heroines and Saints. In: Stites, R. (Hrsg.): Culture and Entertainment in Wartime Russia. India, USA 1995, S. 176–193; Seniavskaja, E. S.: Geroičeskie simvoly. Real'nost i mifologija vojny [Heldensymbole. Realität und Mythologie des Krieges]. In: *Otečestvennaja istorija* 5 (1995), S. 30–44.

13 An diesem Ort wurde eigens ein Museum eingerichtet, das zur Pilgerstätte der Pionier- und Komsomolgruppen avancierte.

14 Bolšaja Sovetskaja Enciklopedija [Große Sowjetenzyklopädie], 1953.

15 Vgl. Köbberling, A.: Das Klischee der Sowjetfrau. Stereotyp und Selbstverständnis Moskauer Frauen zwischen Stalinära und Perestroika. Frankfurt a. M./New York 1997, S. 49 ff.; Dieckmann, K.-T.: Die Frau in der Sowjetunion. Frankfurt a. M./New York 1978, S. 16 ff.

16 Vgl. Sartorti: On the Making of Heroes, S. 182 ff.

17 Vgl. ebenda.

18 Vgl. Birkos, A. S.: Soviet Cinema. Directors and Films. Connecticut 1976, S. 20.

19 Kosmodemjanskaja, L. T.: Povest' o Zoje i Šure [Erzählung über Soja und Schura]. Moskau 1951.

20 Dies.: Povest' o Zoje i Šure [Erzählung über Soja und Schura]. Moskau 1980.

21 Vgl. Seniavskaja, E. S.: Geroičeskie simvoly, S. 38 f.

22 Vgl. Wolkogonow, D. A.: Stalin, Triumph und Tragödie. Ein politisches Porträt. Düsseldorf 1989, S. 617 f.; Hoffmann, J.: Stalins Vernichtungskrieg 1941–1945. München 1996, S. 112 ff.

23 Vgl. Klubkov, kotoryi nazval ›Tanju‹ Zojej [Klubkow, der Soja »Tanja« nannte]. In: *Isvestija* v. 2. 2. 2000, S. 8; Sartorti: Legende und Wirklichkeit der Sowjethelden, S. 142.

24 Ausführlicher zur Thematik: Favier, J.: La Guerre de Cent Ans. Paris 1980; Allemand, C.: The hundred years war. England and France at war c. 1300–1450. Cambridge 1988.

25 Detaillierte Ausführungen zu Jeanne d'Arc finden sich unter anderem in: Nette, H.: Jeanne d'Arc in Selbstzeugnissen und Bilddokumenten. Hamburg 1977; Warne, M.: Joan of Arc. The Image of Female Heroism. London 1981; Herwaarden van, H. J. (Hrsg.): Joan of Arc. Reality and Myth. Hilversum 1994.

26 Unter den wenigen Arbeiten zum politischen Kult um Jeanne d'Arc tritt in besonderem Maße die Arbeit von Gerd Krumeich hervor: Ders.: Jeanne d'Arc in der Geschichte. Historiographie – Politik – Kultur. Sigmaringen 1989.

27 Vgl. Winock, M.: Jeanne d'Arc. In: Nora, P. (Hrsg.): Les Lieux de Mémoire. Bd. 3, Paris 1992, S. 675–733.

28 Krumeich: Jeanne d'Arc, S. 235.

29 Der Begriff steht im Französischen für »Jungfrau« und ist inzwischen zum Eigennamen für Jeanne d'Arc geworden.

30 Loewenstein, B.: »Am deutschen Wesen …«. In: François, E.; Schulze, H.: Deutsche Erinnerungsorte. Bd. 1, München 2001, S. 290–304, hier S. 295.

31 Vgl. Wienker-Piepho: Frauen als Volkshelden, S. 95 ff.

32 Vgl. Günther, H.: Der sozialistische Übermensch. M. Gor'kij und der sowjetische Heldenmythos. Stuttgart/Weimar 1993, S. 114 f.

33 Vgl. Kosmodemjanskaja: Povest' 1951, und Nette: Jeanne d'Arc.

34 Unverhau, D.: Frauenbewegung und historische Hexenverfolgung. In: Blauert, A. (Hrsg.): Ketzer, Zauberer, Hexen. Die Anfänge der europäischen Hexenverfolgung. Frankfurt a. M. 1990, S. 242 f.

35 Van Gennep, A.: Übergangsriten [Les rites de passage]. Frankfurt a. M. 1986.

36 Vgl. die Filme: »Zoja« (1944) von Lev Arnštam mit Galina Wodjanickaja; »La Passion de Jeanne d'Arc« (1928) von Carl Dreyer mit Maria Falconetti; »Jeanne d'Arc« (1948) von Victor Fleming mit Ingrid Bergman etc.

37 Ein neueres Beispiel hierfür ist der Artikel aus der *Frankfurter Rundschau* v. 26. 6. 2001: »Jeanne d'Arc vor dem Bulldozer. Die Männer tranken, die Frauen hielten durch: Eine kleine Erinnerung an die Amazonen der sowjetischen Kulturrevolution« des Schriftstellers Jurij Mamlejew anläßlich der Neuerscheinung eines Bildbandes über Künstler und Künstlerinnen zur Zeit der sogenannten Kulturrevolution in der Sowjetunion.

38 Vgl. Huston, N.: The Matrix of War. Mothers and Heroes. In: Suleiman, S. R. (Hrsg.): The Female Body in Western Culture. Contemporary Perspectives. Cambridge/Massachusetts 1985, S. 119–136.

39 Vgl. Stephan, I.: Hexe oder Heilige? Zur Geschichte der Jeanne d'Arc und ihrer literarischen Verarbeitung. In: Stephan, I.; Weigel, S. (Hrsg.): Die verborgene Frau. Sechs Beiträge zu einer feministischen Literaturwissenschaft. Berlin 1983, S. 35–66.

40 Vgl. Ortner, S.: The Virgin and the State. In: *Feminist Studies* 4 (1978) 3, S. 21–35; Worobec, C.: Accomodation and Resistance. In: Evans Clements, B.; Alpern Engel, B.; Worobec, C. (Hrsg.): Russia's Women. Accommodation, resistance, transformation. Berkeley 1991, S. 17–28, hier S. 27.

41 Vgl. auch Gronwald: Die Mutterschaft der Mütter, S. 423.

42 Lokale Bindung bedeutet im Falle Sojas die Bindung an die Stadt Moskau.

43 Vgl. Wienker-Piepho: Frauen als Volkshelden, S. 138.

44 Gorki: Über den Helden und die Menge, Zit. nach Günther: Der sozialistische Übermensch, S. 92

45 Einleitung der Herausgeber. In: François, E.; Schulze, H.: Deutsche Erinnerungsorte. Bd. 1., München 2001, S. 9–24, hier S. 16.

46 Vgl. Worobec: Accomodation and Resistance, S. 19.

47 Zum Zusammenhang von Nation, Krieg und Geschlecht vgl. auch: Yuval-Davis, N.: Gender and Nation. London 1997.

»Bau auf ...«

1 Im Russischen werden bei der Anredeform lediglich Vor- und Vatersname ohne weiteren Zusatz gebraucht, während der Familienname auf unpersönliche Weise der Identifikation des Individuums dient. Im folgenden wird von »Denis Grigorjewitsch« gesprochen, um die Propagandafigur zu bezeichnen, und von »Bulachow«, um die reale Person zu benennen.

2 Vgl. Minsk – gorod-geroj. Spravočnik [Die Heldenstadt Minsk. Nachschlagewerk]. Minsk 1976, S. 257; Početnye graždane goroda Minska [Ehrenbürger der Stadt Minsk]. Minsk 1980, S. 5 f.

3 Vgl. Bohn, T. M.: Das »neue« Minsk – Aufbau einer sozialistischen Stadt nach dem Zweiten Weltkrieg. In: Beyrau, D.; Lindner, R. (Hrsg.): Handbuch der Geschichte Weißrußlands. Göttingen 2001, S. 219–333.

4 Vgl. Kotovodov, P. I. (Hrsg.): Socialističeskoe sorevnovanie stroitelej Stalingrada i Minska [Der sozialistische Wettbewerb der Bauarbeiter von Stalingrad und Minsk]. Minsk 1950.

5 Beispielsweise verpflichtete sich Denis Bulachow in einem Leserbrief, seine Arbeitsleistung zu steigern. *Sovetskaja Belorussija* v. 5. 9. 1950, S. 1. Daneben reichte er Sparvorschläge ein. Bulachov, D. G.: Kompleksnoe sniženie stoimosti stroitel'nych rabot [Die komplexe Senkung der Baukosten]. In: *Sovetskaja Belorussija* v. 6. 6. 1952, S. 2.

6 Vgl. Michinov, N.: Veteran strojki [Ein Veteran der Baustelle]. In: *Sovetskaja Belorussija* v. 16. 8. 1958, S. 1.

7 Vgl. Bulachov, D. G.: Stroim gorod [Bauen wir die Stadt]. Minsk 1961.

8 Vgl. Arkad'ev, B.: Goroda početnyj graždanin [Der Ehrenbürger der Stadt]. In: *Večernyj Minsk* v. 1. 11. 1967, S. 2.

9 Vgl. die diesbezüglich divergierenden Aussagen in: Kotovodov: Socialističeskoe sorevnovanie, S. 33 f, 42 f; Astrejko, A. I.; Pavlovič, V. Ju.: Gordoe imja-stroitelej. O delach i ljudjach ordena Lenina strojtresta Nr. 5 goroda Minska [Ehrenbezeichnung »Bauarbeiter«. Über Taten und Leute des mit dem Leninorden ausgezeichneten Bautrusts Nr. 5 der Stadt Minsk]. Minsk 1975, S. 34 f.

10 Vgl. Prazdnik sovetskich stroitelej [Der Feiertag der sowjetischen Bauarbeiter]. In: *Sovetskaja Belorussija* v. 12. 8. 1956, S. 1 f.

11 Vgl. das Foto von Denis Bulachow in der *Sovetskaja Belorussija* v. 22. 10. 1957, S. 1.

12 Bulachow: Stroim gorod.

13 Vgl. dazu auch Bulachow, D. G.: Prekrasnyj rodnoj Minsk [Herrliche Heimat Minsk]. In: *Sovetskaja Belorussija* v. 3. 7. 1959, S. 3; ders.: Utro nad Minskom [Morgengrauen in Minsk]. In: *Sovetskaja Belorussija* v. 26. 5. 1964, S. 2.

14 Vgl. Charkevič, A.: Čelovek i ego gorod [Der Mensch und seine Stadt]. In: *Sovetskaja Belorussija* v. 11. 1. 1973, S. 2.

15 Vgl. Geroi Sovetskogo Sojuza. Kratkij biografičeskij slovar' [Helden der Sowjetunion. Kurzes biographisches Wörterbuch]. Bd. I-II, Moskau 1987–1988; Ow, M. Frhr. v.: Ehrentitel, Orden und Medaillen in der Sowjetunion. In: *Osteuropa* 37 (1987), S. 767–781; Günther, H.: Der sozialistische Übermensch. M. Gor'kij und der sowjetische Heldenmythos. Stuttgart/Weimar 1993, S. 155–197; ders.: Der Held in der totalitären Diktatur. In: Gaßner, H.; Schleier, I.; Stengel, K. (Hrsg.): Agitation zum Glück. Sowjetische Kunst der Stalinzeit. Bremen 1994, S. 70–75; Arnold, S. R.: Stalingrad im sowjetischen Gedächtnis. Kriegserinnerung und Geschichtsbild im totalitären Staat. Bochum 1998, S. 7–13; Yurovsky, V.: Ein Vergleich des Heldenkults in der Sowjetunion der dreißiger und sechziger Jahre. In: *Forum für osteuropäische Ideen- und Zeitgeschichte* 5 (2001) 1, S. 155 –181.

16 Vgl. Podvig naroda bessmerten. O prazdnovanii 30-letija osvoboždenija Sovetskoj Belorussii ot nemecko-fašistskich zachvatčikov [Die Großtat des Volkes ist unvergänglich. Über die Feier des 30. Jahrestages der Befreiung Sowjetweißrußlands von den deutsch-faschistischen Eroberern]. Minsk 1975.

Der »Rote Kolumbus«

1 Vgl. Kowalski, G.: Die Gagarin-Story. Die Wahrheit über den Flug des ersten Kosmonauten der Welt. Berlin 2000. Dort sind auch alle Quellennachweise zu finden.

Die Heldenbühne der DDR

1 Gotsche, O.: Unser Genosse Vorsitzender. Zit. nach: Stern, C.: Ulbricht. Eine politische Biographie. Köln/Berlin 1963, S. 286 ff. Erich Honecker nahm diesen Satz nicht von ungefähr 1961 auf und erklärte pathetisch: »Ulbricht wird siegen. Und Ulbricht – das sind wir alle«; zit. nach: Ebenda, S. 289.

2 Becher, J. R.: Walter Ulbricht. Ein deutscher Arbeitersohn. Berlin 1958.

3 Siehe dazu auch Lorenzen, J.: Erich Honecker – Eine Biographie. Reinbek bei Hamburg 2001.

4 Sywottek, A.: Gewalt – Reform – Arrangement. Die DDR in den 60er Jahren. In: Schildt, A.; Siegfried, D.; Lammers, K. C. (Hrsg.): Dynamische Zeiten. Die 60er Jahre in den beiden deutschen Gesellschaften. Hamburg 2000, S. 54–76, hier 69.

5 Vgl. Satjukow, S.; Gries, R.: Von Menschen und Übermenschen. Der »Alltag« und das »Außeralltägliche« der »sozialistischen Helden«. In: *Aus Politik und Zeitgeschichte* 17 (2002), S. 39–46.

6 Ein kohärentes und integrales Modell, das die Geschichte und Soziologie der Öffentlichkeit(en) in der DDR erfaßt, ist zur Zeit noch ein Desiderat. Das hier verwendete Bühnengleichnis greift mit aller zu Gebote stehenden Vorsicht auch auf einzelne Gedanken und Elemente des sogenannten Arenenmodells der öffentlichen Kommunikation zurück, welches für Öffentlichkeiten in liberalen Gesellschaften entwickelt wurde; vgl. Neidhardt, F. (Hrsg.): Öffentlichkeit, öffentliche Meinungen, soziale Bewegungen. In: *Zeitschrift für Soziologie und Sozialpsychologie, Sonderheft* 34 (1994). Vgl. auch die Überlegungen von Patrik von zur Mühlen, der in seiner letzten Monographie die Begriffe »Ersatzöffentlichkeit«, »Halböffentlichkeit« und »Hauptraum« der Öffentlichkeit in der DDR voneinander abgrenzt: Von zur Mühlen, P.: Aufbruch und Umbruch in der DDR. Bürgerbewegungen, kritische Öffentlichkeit und Niedergang der SED-Herrschaft. Bonn 2000, S. 11–26.

7 Siehe dazu zusammenfassend den Artikel zu »Ideologie und Propaganda« von Gibas, M. In: Herbst, A.; Stephan, G.-R.; Winkler, J. (Hrsg.): Die SED. Geschichte – Organisation – Politik. Ein Handbuch. Berlin 1997, S. 241–262.

8 Badstübner, R., u. a. (Hrsg.): Geschichte der Deutschen Demokratischen Republik. Berlin 1984, S. 12.

9 Zu den propagierten Zeithorizonten im Gefolge des V. Parteitages siehe Gries, R.: Die runden »Geburtstage«. Zeitkultur und Zeitpropaganda in der DDR. In: Gibas, M.; Gries, R.; Jakoby, B. (Hrsg.): Wiedergeburten. Zur Geschichte der runden Jahrestage der DDR. Leipzig 1999, S. 285–304; Ders.: »... und der Zukunft zugewandt« oder: Wie der DDR das Jahr 2000 abhanden kam. In: Bünz, E.; Gries, R.; Möller, F. (Hrsg.): Der Tag X in der Geschichte. Erwartungen und Enttäuschungen seit tausend Jahren. Stuttgart 1997, S. 309–333, 375–378.

10 *Leipziger Volkszeitung* v. 29. 6. 1963.

11 Die Propaganda stellte das Staatswesen DDR gern anthropomorph, als wachsendes menschliches Wesen dar. Zu diesem Narrativ gehörte vor allem im ersten Jahrzehnt die Metapher, wonach die DDR in ihrer Reinheit und Verletzlichkeit einem neugeborenen Baby gleiche. So war – mit den Worten des Historikers Stefan Doernberg – oft von der »Geburt eines neuen Deutschland« (1945–1949. Die antifaschistisch-demokratische Umwälzung und die Entstehung der DDR. Berlin 1959) die Rede. Zur Geschichte dieser Anthropomorphie-Metapher und zur Zeitpolitik in der DDR siehe Gries: Runde Geburtstage; Ders.: Jahr 2000.

12 Zur Geschichtspolitik in der DDR siehe Sabrow, M.: Das Diktat des Konsenses. Geschichtswissenschaft in der DDR 1949–1969. München 2001.

13 Siehe Satjukow, S.: Bahnhofstraßen. Geschichte und Bedeutung. Köln/Weimar/Wien 2002, S. 330 ff.

14 Goeschen, U.: Vom sozialistischen Realismus zur Kunst im Sozialismus. Die Rezeption der Moderne in Kunst und Kunstwissenschaft der DDR. Berlin 2001, S. 14.

15 Vgl. Goethejahr 1949. Hrsg. vom Städtischen Kulturamt Weimar. Weimar 1949; Deutsches Goethejahr 1949. Hrsg. von der Deutschen Zentrale für Fremdenverkehr. Frankfurt a. M. 1949; Pubanz, B.: Das Goethejahr 1949. In: *Stier und Greif* 9 (1999), S. 3–8.

16 Siehe dazu: Leo, A.: Liturgie statt Erinnerung. Die Schaffung des Heldenbildes am Beispiel Ernst Thälmann. In: Monteath, P. (Hrsg.): Ernst Thälmann: Mensch und Mythos. Amsterdam 2000, S. 17–30.

17 Siehe dazu Michaelis, A.: Ein Stück DDR-Geschichte herausgelesen aus dem Nachlaß von Wilhelm Pieck. In: Vorsteher, D. (Hrsg.): Parteiauftrag: Ein neues Deutschland. Bilder, Rituale und Symbole der frühen DDR. München 1997, S. 206–211.

18 Zur Biographie von Otto Grotewohl siehe Lemke, M.: Otto Grotewohl (1894–1964). In: Oppeland, T. (Hrsg.): Deutsche Politiker 1949–1969. 17 biographische Skizzen aus Ost und West, Bd. 1. Darmstadt 1999, S. 83–92.

19 Zum biographischen Zugriff auf die Geschichte Walter Ulbrichts siehe zuletzt Podewin, N.: Walter Ulbricht. Eine neue Biographie. Berlin 1995; Frank, M.: Walter Ulbricht. Eine deutsche Biographie. Berlin 2001.

20 Zur Inszenierung des politischen Führungspersonals diente regelmäßig die Tribüne; zu dieser Bühne der Straße siehe Gries, R.; Gibas, M.: »Vorschlag für den Ersten Mai: die Führung zieht am Volk vorbei!« Überlegungen zu einer Geschichte der Tribüne in der DDR. In: *Deutschland Archiv* 28 (1995)5, S. 481–494.

21 Niethammer, L.: Kollektive Identität. Heimliche Quellen einer unheimlichen Konjunktur. Reinbek bei Hamburg 2000, S. 630 f.

22 Knigge, V.: Opfer, Tat, Aufstieg. Vom Konzentrationslager Buchenwald zur nationalen Mahn- und Gedenkstätte der DDR. In: Knigge, V.; Pietsch, J. M.; Seidel, Th. A.: Versteinertes Gedenken: das Buchenwalder Mahnmal von 1958. Bd. 1, Leipzig 1997; Knigge, V.; Lüttgenau, R.-G.; Ritscher, B.: Konzentrationslager Buchenwald 1937–1945 – Speziallager Nr. 2 1945–1950. Zwei Lager an einem Ort. Geschichte und Erinnerungskonstruktion. (Bericht für die Enquete-Kommission des Deutschen Bundestages). Weimar-Buchenwald 1998, S. 167 ff.

23 Zur Dekonstruktion dieser kommunistischen Helden-Mythen siehe: Niethammer, L. (Hrsg.): Der »gesäuberte« Antifaschismus. Die SED und die roten Kapos von Buchenwald. Dokumente. Berlin 1994.

24 Wolfrum, E.: Geschichtspolitik in der Bundesrepublik Deutschland. Der Weg zur bundesrepublikanischen Erinnerung 1948–1990. Darmstadt 1999, S. 110.

25 Ebenda, S. 70.

26 Ebenda, S. 100 f.

27 Ebenda, S. 92.

28 Die Kennzeichnung als »Arbeitsheld« dient zur Unterscheidung von den Trägern der Auszeichnung »Held der Arbeit«; vgl. Schönberger, K.: »Ein schöner Orden hebt das Bewußtsein«. Betriebliche Auszeichnungen und symbolisches Kapital. In: Gibas; Gries: Wiedergeburten, S. 219–231.

29 Siehe dazu die Interpretation von Gerhard Schürer, dem ehemaligen Vorsitzenden der Staatlichen Plankommission; Pirker, Th., u. a.: Der Plan als Befehl und Fiktion. Wirtschaftsführung in der DDR. Gespräche und Analysen. Opladen 1995, S. 98.

30 Vgl. dazu die Geschichte der Warenkommunikation in der DDR: Gries, R.: Produkte als Medien. Kulturgeschichte der Produktkommunikation in der Bundesrepublik und der DDR. Leipzig 2002.

31 Deshalb mußte Toni siegen! In: *Kurier* (Wien) v. 18. 2. 1956.

32 Toni ist ein Profi – und die anderen sind es auch. In: *Kurier* (Wien) v. 29. 11. 1958.

33 Triumphaler Erfolg der Österreicher am Lauberhorn. In: *Österreichische Volksstimme* v. 9. 1. 1955.

34 *Kurier* v. 18. 2. 1956.

35 Siehe dazu Frei, A. G.: Finale Grande. Die Rückkehr der Fußballweltmeister 1954. Berlin 1994; Diesener, G.: Die Propaganda der DDR zur Fußball-WM des Jahres 1954. In: »Elf Freunde müßt ihr sein!« *Geschichtswerkstatt* 28 (1996), S. 53–66; Schindelbeck, D.: Sieger Marke Deutschland oder »Wie wir Weltmeister wurden«: Heldenstück in drei Akten. In: Ebenda, S. 68–78.

36 Als Faksimile abgedruckt in Gibas, M.: Propaganda in der DDR. 1949–1989. Erfurt 2000 (Landeszentrale für politische Bildung Thüringen), S. 49.

»Deutschlands unsterblicher Sohn ...«

1 Funktionshäftlinge übernahmen bestimmte Aufgaben in der sogenannten Häftlingsselbstverwaltung. Sie hatten dadurch einerseits einen gewissen Einfluß auf das Geschehen, wurden jedoch andererseits zu Handlangern der SS.

2 Vgl. Niethammer, L.: Der gesäuberte Antifaschismus. Die SED und die roten Kapos von Buchenwald. Berlin 1997.

3 Buber-Neumann, M.: Von Potsdam nach Moskau. Stationen eines Irrweges. Berlin 1990, S. 109 f.

4 KPO – Kommunistische Partei Opposition, eine Gruppe von nichtstalinistischen Kommunisten, die 1929 aus der KPD ausgeschlossen wurden.

5 Wagner, Ä.: Gegen den Strom? Teil 2, Solingen 1989.

6 Grosse, H.: Als Berichterstatter der »Roten Fahne« mit Ernst Thälmann auf Tour. In: Deutschlands unsterblicher Sohn. Erinnerungen an Ernst Thälmann. Berlin 1963, S. 185.

7 Bathke, K.: Er heilte uns von den Kinderkrankheiten. In: Ebenda, S. 127.

8 Selbmann, F.: Ein unermüdlicher Lehrer und Erzieher. In: Ebenda, S. 123.

9 Wörmann, H.-W.: Widerstand in Köpenick und Treptow. Berlin 1995, S. 86 ff.

10 Ulbricht, W.: Wir erfüllen Ernst Thälmanns Vermächtnis. Berlin (Ost) 1953, S. 31.

11 Ebenda, S. 35.

12 Vgl. Geschichte der deutschen Arbeiterbewegung. Januar 1933 bis Mai 1945. Bd. 5. Hrsg. v. Institut für Marxismus-Leninismus beim Zentralkomitee der SED. Berlin (Ost) 1966, S. 23.

»Früher war das eben der Adolf …«

1 *Neues Deutschland* v. 27. 9. 1974, S. 17.
2 Protokoll der Verhandlungen des II. Parteitages der Sozialistischen Einheitspartei Deutschlands, 20.–24. September 1947 in der Deutschen Staatsoper zu Berlin. Berlin 1947, S. 94.
3 Protokoll des Zweiten Kongresses des Freien Deutschen Gewerkschaftsbundes. O. O. (Berlin) 1947, S. 59.
4 Zur Geschichte der Versorgungslage vgl. Gries, R.: Die Rationen-Gesellschaft. Versorgungskampf und Vergleichsmentalität. Leipzig, München und Köln nach dem Kriege. Münster 1991, S. 41–54; zum Befehl Nr. 234 der SMAD, der auch als »Essensbefehl« popularisiert wurde, S. 116 f.
5 Vgl. Maie, R.: Die Stachanow-Bewegung 1935–1938. Der Stachanowismus als tragendes und verschärfendes Moment der Stalinisierung der sowjetischen Gesellschaft. Stuttgart 1990.
6 Zit. bei: Voigtländer, A.: Die Tat Adolf Henneckes und die Anbahnung freundschaftlicher Beziehungen zwischen der Arbeiterschaft der UdSSR und der DDR. In: *Beiträge zur Geschichte der Arbeiterbewegung* (BzG) 13 (1971), S. 623 ff.
7 Hennecke, A.: Der Durchbruch durch den Teufelskreis. In: Aufbruch in unsere Zeit. Berlin 1949, S. 25.
8 Vgl. Barthel, H.: Adolf Hennecke. Beispiel und Vorbild. Berlin 1979, S. 7.
9 Hennecke: Der Durchbruch, S. 79.
10 Hennecke, A.: Aktivisten zeigen den Weg. Berlin 1948, S. 20.
11 Dokumente der Sozialistischen Einheitspartei Deutschlands. Beschlüsse und Erklärungen des Parteivorstandes, des Zentralsekretariats und des Politischen Büros. Bd. 2, Berlin 1952, S. 139.
12 *Die Welt* v. 24. 2. 1975.
13 Vgl. u. a.: Wer ist ein Aktivist? In: *Der Volksbetrieb* 10 (1949), S. 297.
14 In: Gesetzblatt der DDR 1950, I, S. 350 ff.
15 Bundesarchiv Berlin (BArch), NY 4177, Az: 10, Aufzeichnungen von Adolf Hennecke.
16 Vgl. von Plato, A.: Arbeiter-Selbstbilder in der DDR. In: Hübner, P.; Tenfelde, K. (Hrsg.): Arbeiter in der SBZ-DDR. Essen 1999, S. 867–881, hier 876.
17 Lucas, W.; Witzel, H.: Die Bergarbeiter im Kampf für die sozialistische DDR. Berlin (Ost) 1965, S. 112.
18 BArch, NY 4177, Az: 10.
19 Telegramm von Pieck und Grotewohl an Adolf Hennecke v. 15. 10. 1948. In: Dokumente der SED. Bd. 2, Berlin 1951, S. 36.
20 Richtige Lenkung der Leistungssteigerung. In: *Arbeit und Sozialfürsorge* 5 (1949), S. 103.
21 Vgl. ebenda, S. 105.
22 BArch, NY 4177, Az: 5, Postkarte v. 28. 10. 1948, Absender anonym.
23 BArch, NY 4177, Az: 14, Schreiben v. 28. 7. 1949.
24 Ebenda, Schreiben v. 11. 1. 1949.
25 BArch, NY 4177, Az: 15, Schreiben vom Februar 1949.
26 Ebenda, Schreiben v. 17. 5. 1949.
27 BArch, NY 4177, Az: 15a.
28 BArch, NY 4177, Az: 14.
29 BArch, NY 4177, Az: 15.
30 Archiv Gor'kogo. Bd. 12, Moskau 1969, S. 113 f.
31 Vgl. Hennecke: Aktivisten.

»Täve«

1 Klimanschewsky, A.: Täve. Das Lebensbild eines Sportlers unserer Zeit. Berlin 1955, S. 5.
2 Vgl. Günther, H.: Der sozialistische Übermensch. M. Gor'kij und der sowjetische Heldenmythos. Stuttgart 1993, S. 7.

3 Vgl. Kittsteiner, H. D.: Die »Heroisierung« im geschichtstheoretischen Kontext. In: Flacke, M. (Hrsg.): Auf der Suche nach dem verlorenen Staat. Die Kunst der Parteien und Massenorganisationen der DDR. Berlin 1994, S. 150 ff.

4 Der Arbeiterjunge aus Heyrothsberge. In: *Magdeburger Volksstimme* v. 5. 6. 1979.

5 Rottiers, W.: Radsport-Stars. München 1991, S. 134.

6 Vgl. Arnold, S. R.: Gegängelte Helden. Propaganda in der Sowjetunion nach dem Zweiten Weltkrieg. In: Daniel, U.; Siemann, W. (Hrsg.): Propaganda. Meinungskampf, Verführung und politische Sinnstiftung 1789–1989. Frankfurt a. M. 1994, S. 151 f.

7 Erich Mielke zum 30. Jahrestag der Gründung der Sportvereinigung »Dynamo« am 25. 3. 1983. Zit. nach: Holzweißig, G.: Sport und Politik in der DDR. Berlin 1988, S. 7 f.

8 Ein Welt- und ein Europameistertitel für die DDR. In: *National-Zeitung* v. 2. 9. 1958.

9 Ebenda.

10 Ein würdiger Weltmeister. In: *Der Morgen* v. 2. 9. 1958.

11 Erbach, G. (Hrsg.): Sport frei. Walter Ulbricht. Vorbild, Lehrer und Freund der deutschen Sportler. Berlin 1963, S. 92.

12 Vgl. Pieck, W.; Grotewohl, O.; Ulbricht; W.: Über Körperkultur und Sport. Berlin 1951, S. 161.

13 Konstituierung des Deutschen Sportausschusses. Zit. nach Kühnst, P.: Der mißbrauchte Sport. Die politische Instrumentalisierung des Sports in der SBZ und der DDR 1945–1957. Köln 1982, S. 56 f.

14 Zit. nach: Ullrich, K.: Unser Täve. Berlin 1960, S. 25.

15 Vgl. Podewin, N.: Walter Ulbricht. Eine neue Biographie. Berlin 1995, S. 329 f.

16 Der Weltmeister. In: *Neues Deutschland* v. 3. 9. 1958.

17 Vgl. Böhme, W. (Hrsg.): Kleines politisches Wörterbuch. Berlin 1973, S. 239 ff.

18 Grüße an die Teilnehmer der V. Friedensfahrt Warschau–Berlin–Prag. In: *Neues Deutschland* v. 30. 4. 1952.

19 Ulbricht, W.: Rede zur Auszeichnung der Friedensfahrer am 20. 5. 1952. In: *Deutsches Sportecho* v. 22./23. 5. 1953.

20 Ullrich: Täve, S. 171.

21 Vgl. Eyermann, B.: Die politische Instrumentalisierung des Sports in der Frühzeit der DDR, untersucht am Beispiel der Friedensfahrt (1950–1956). Hausarbeit zur Erlangung des Magistergrades der Philosophischen Fakultät der Westfälischen Wilhelms-Universität zu Münster. Hennef-Köschbusch 1992, S. 109.

22 Aus dem »Nichts« zur Weltgeltung. In: *Volkswacht* v. 7. 10. 1963.

23 Sechs Wahlversammlungen hat Täve noch vor sich. In: *Neues Deutschland* v. 2. 6. 1981.

24 Vgl. Günther: Übermensch, S. 181.

25 Berlin umjubelte Täve Schur. In: *Neues Deutschland* v. 3. 9. 1958.

26 Vgl. Engler, W.: Die Ostdeutschen. Kunde von einem verlorenen Land. Berlin 1999, S. 36 ff.

27 Vgl. Hübner, P.: Arbeiterklasse als Inszenierung? Arbeiter und Gesellschaftspolitik in der SBZ/DDR. In: Bessel, R.; Jessen, R. (Hrsg.): Die Grenzen der Diktatur. Staat und Gesellschaft in der DDR. Göttingen 1996, S. 199 ff.

28 Weltmeister »Täve« – Idol einer Generation. In: *Deutsche Volkszeitung* v. 5. 9. 1959.

29 Vgl. Kaminsky, A.: Illustrierte Konsumgeschichte der DDR. Erfurt 1999, S. 24 f.

30 Aus dem »Nichts« zur Weltgeltung. In: *Volkswacht* v. 7. 10. 1963.

31 Vgl. Gries, R.: Propagandageschichte als Kulturgeschichte. Methodische Erwartungen und Erfahrungen. In: Liebert, T. (Hrsg.): Persuasion und Propaganda in der öffentlichen Kommunikation. Leipzig 1999, S. 30.

32 Ullrich: Täve, S. 13.

33 Kittsteiner: Heroisierung, S. 157.

34 Vgl. Klimanschewsky: Täve, S. 23 f.

35 Weltmeister werden, um hier glücklich zu sein? In: *Junge Welt* v. 19. 5. 1989.

36 Vgl. Meuschel, S.: Legitimation und Parteiherrschaft. Zum Paradox von Stabilität und Revolution in der DDR 1949–1989. Frankfurt a. M. 1992, S. 31.

37 Ullrich: Täve, S. 13.

38 Kittsteiner: Heroisierung, S. 156.
39 Vgl. Meuschel: Legitimation, S. 29 ff.
40 Vgl. Staritz, D.: Geschichte der DDR. Frankfurt a. M. 1996, S. 69.
41 Vgl. Rustemayer, R.: Geschlechtsspezifische Rollen bei Medienstars. In: Faulstich, W.; Korte,
    H. (Hrsg.): Der Star. Geschichte – Rezeption – Bedeutung. München 1997, S. 100.
42 Sommer, C. M.: Stars als Identitätskonstruktion. Überlegungen zum Phänomen des Star-Kul-
    tes aus sozialpsychologischer Sicht. In: Faulstich u. a.: Star, S. 123.
43 Vgl. Faulstich, W.; Korte, H.: »Kontinuität« – zur Imagefundierung des Film- und Fernseh-
    stars. In: Faulstich u. a.: Star, S. 11 ff.
44 Gibas, M.: Hammer und Zirkel im Ährenkranz. Anmerkungen zur Symbol- und Repräsentati-
    onskultur der DDR. In: *Deutschland-Archiv* 4 (1999), S. 555.

»Venus vom Sternenstädtchen«

1   In: *Für Dich* 39/1963.
2   Rainer Kirsch, Lyriker, geboren 1934; freischaffend seit 1961; von März bis Oktober 1990 Prä-
    sident des Schriftstellerverbandes der DDR.
3   Siehe dazu den Beitrag von Gerhard Kowalski in diesem Band.
4   Siehe dazu jüngst: Hoffmann, H.; Stark, J.: Frauen in der Raumfahrt. Hrsg. vom Raumfahrt-
    Info-Dienst, Essen 1997.
5   Den ersten Gruppenflug absolvierten Andrijan Nikolajew, der spätere Ehemann Tereschkowas,
    und Pawel Popowitsch im August 1962.
6   Stache, P.: Raumfahrer von A bis Z. Ein Wissensspeicher. Berlin 1990, S. 133. Siehe auch Hoff-
    mann; Stark: Frauen, S. 30.
7   Zimmer, H.: Der Rote Orbit. Glanz und Elend der russischen Raumfahrt. Stuttgart 1996, S. 90.
8   Entgegen der Legende, daß der damalige sowjetische Staatschef Chruschtschow von Anfang
    an die treibende Kraft bei der Forcierung des bemannten Raumfahrtprogrammes der UdSSR
    gewesen sei, zeigt Harro Zimmer, daß der Chefkonstrukteur Koroljow der eigentliche Motor
    war. »Er verstand es geschickt, dem Politiker genau jene spektakulären Ereignisse zu liefern,
    die dieser für seine politische Argumentation optimal nutzen konnte.« Vgl. ebenda, S. 61.
9   Systemkonkurrenz vermischte sich hier unauflösbar mit wissenschaftlichem Ehrgeiz. Diesen
    Ehrgeiz herauszufordern, um in der Raumforschung schneller voranzukommen, hatte die Ge-
    neralversammlung des Internationalen Rates Wissenschaftlicher Vereinigungen im Oktober
    1952 mit ihrem Beschluß, das Jahr 1957 zum »Internationalen Geographischen Jahr« zu er-
    klären, vor allem bewirken wollen. Siehe dazu: Zimmer, ebenda, S. 44 f.
10 Neben Tereschkowa waren das: Shanna Dimitrijewna Jerkina, Tatjana Dimitrijewna Kusne-
    zowa, Walentina Leonidowna Ponomarjowa und Irina Bojanowna Solowjowa. Namensliste
    zit. nach Hoffmann; Stark: Frauen, S. 21. Zu dieser ersten sowjetischen Frauen-Crew siehe auch
    Zimmer: Roter Orbit, S. 90 ff.
11 Der damalige US-Präsident John F. Kennedy hatte in einer Rede vor dem Kongreß diese Aufgabe
    als »nationale Mission« formuliert. Eine der betroffenen Frauen erklärte dazu: »Plötzlich war alles
    aus. Das Thema Frauen im Weltraum durfte nicht einmal mehr berührt werden. Wer bei der NASA
    gut angeschrieben bleiben wollte, mußte zu dieser Frage schweigen. Auch vor dem Kongreß haben
    wir unseren Anspruch geltend gemacht […]. Aber man hat uns keine Chance gegeben.« Zit. nach:
    Hoffmann; Stark: Frauen, S. 11 f.; siehe dazu auch Kowalski, G.: Die Gagarin-Story. Die Wahr-
    heit über den Flug des ersten Kosmonauten der Welt. 2. erw. Auflage, Berlin 2000, S. 125, und En-
    gel, R.: Rußlands Vorstoß ins All. Geschichte der sowjetischen Raumfahrt. Bonn 1988, S. 191.
12 Nach nur einem Jahr Spezialtraining hielt man die Frauen, von denen keine über Pilotenpraxis
    verfügte oder auch nur eine Ausbildung als Pilotin oder mindestens eine Tätigkeit in raum-
    fahrtnahen Bereichen absolviert hatte, für flugtauglich. Über die Gründe für ein solches Vor-
    gehen kann bislang nur spekuliert werden. Einer der Hauptverantwortlichen für den Aufbau

des Trainingszentrums, Nikolai Kamanin, schrieb im Rückblick, die Experten um den Chefkonstrukteur Koroljow seien Anfang der sechziger Jahre der Auffassung gewesen, nur wirklich erfahrene Berufsflieger seien für eine solche Mission geeignet. Siehe Kamanin, N.: Flieger und Kosmonauten. Berlin 1974, S. 66. Warum das dann schon kurze Zeit später für Frauen nicht mehr galt, bleibt offen. In der Geschichtsschreibung der Raumfahrt findet sich die Version, daß Staatschef Chruschtschow persönlich auf ein Frauenprogramm gedrängt habe, nachdem Koroljow das Funktionsprinzip der Wostok-Kapseln erklärt hatte, die für den Raumfahrer nicht selbst steuerbar waren. Chruschtschow wird mit dem Satz zitiert: »Wenn die Kosmonauten nichts tun können, um ihre Mission zu beeinflussen, dann kann auch eine Frau als Kosmonautin fliegen; das wäre doch eine echte Weltsensation und beweist der Welt, wie sicher sowjetische Kabinen sind.« Zit. nach: Engel: Russlands Vorstoß, S. 191.

13 Nikolai Kamanin hatte einen solchen Katalog von Eigenschaften erarbeitet. Siehe dazu:Kowalski: Die Gagarin-Story, S. 63.

14 Zit. nach: Ebenda, S. 66.

15 Eine der umfangreichsten »Erzählungen« der Heldengeschichte der »ersten Frau im All« beinhaltet ein in der DDR publiziertes Buch, das in mehreren Auflagen im Kinderbuchverlag Berlin erschien. Es basiert auf persönlichen Erlebnissen mit Tereschkowa und umfangreichen Recherchen des Autors: Bekier, E.: Walja, die erste Kosmonautin. Berlin (Ost) 1976.

16 Vgl. Zimmer: Roter Orbit, S. 91.

17 Siehe dazu: Kowalski: Gagarin-Story, S. 92 ff.

18 Verantwortlich für die Erarbeitung und Überwachung der Kommunikation über die bemannte Raumfahrt der UdSSR war der Generaloberst der Luftstreitkräfte Nikolai Kamanin, der dieses Amt zwölf Jahre ausfüllte. Kamanin: Flieger, S. 66 ff. Zu den Strategien der Öffentlichkeitsarbeit der sowjetischen Raumfahrt siehe auch: Kowalski: Gagarin-Story, S. 156 ff.

19 Das Veröffentlichungsverbot betraf aber auch die Planungsgeschichte der Kommunikation, die für den Flug von Walentina Tereschkowa bis heute noch nicht aufgearbeitet ist. Dieser Beitrag versteht sich als ein erster Grundriß aus der Perspektive des Tereschkowa-Bildes in der DDR.

20 Zum Problem des »kulturellen Gedächtnisses« siehe: Assmann, J.: Unsichtbare Religion und kulturelles Gedächtnis. In: Spondel, W. M. (Hrsg.): Die Obrigkeit der Ordnungen und ihre kommunikative Struktur. Frankfurt a. M. 1994, S. 404 ff.

21 Arnsperger, K.: Moskau jubelt Walentina zu. Beifall auf dem Roten Platz, Rundfunkchöre und Fernsehsendungen begleiten die erste Kosmonautin. In: *Die Welt* v. 19. 6. 1963.

22 Krahl, F.: Jubelndes Moskau. In: *Neues Deutschland* v. 17. 6. 1963.

23 Dobes, K.: Ganz Prag ist verliebt in sein »Blau des Himmels«. Großer Jubel um Walja Tereschkowa. In: *Der Morgen* v. 17. 8. 1963.

24 Mexiko begrüßt Walja und Juri. Präsident Mateos empfing am Freitag die Kosmonauten. In: *Neues Deutschland* v. 13. 10. 1963.

25 Brügge, P.: Bei der Venus steht ein Standesamt. In: *Der Spiegel* 44/1963, S. 52.

26 Wie auch die Autorin des Beitrages, die als Zwölfjährige für eine solche Schuldelegation ausgewählt wurde.

27 Gestern bei der Königin. Londoner Begegnungen. In: *Nationalzeitung* v. 6. 2. 1964.

28 Zur weltweiten kulturellen Revolution der sechziger und siebziger Jahre und ihrer geschlechterspezifischen Ausprägung siehe Hobsbawm, E.: Das Zeitalter der Extreme. Weltgeschichte des zwanzigsten Jahrhunderts. München/Wien 1995, S. 402 ff.

29 In: *Neues Deutschland* v. 17. 6. 1963.

30 In: *Die Trommel*. Zeitschrift für Thälmann-Pioniere und Schüler v. 20. 6. 1963, Titelseite.

31 Zur Geschichte dieser Kampagne siehe Gibas, M.: »Die Frau, der Frieden und der Sozialismus«. Erziehungspropaganda oder Emanzipationskampagne? In: Diesener, G.; Gries, R. (Hrsg.): Propaganda in Deutschland. Zur Geschichte der politischen Massenbeeinflussung im 20. Jahrhundert. Darmstadt 1996, S. 158 ff.

32 Ulbricht, W.: Referat auf der Frauenkonferenz 1962. In: Die Frau, der Frieden und der Sozialismus. Konferenz des Zentralkomitees der Sozialistischen Einheitspartei Deutschlands. Berlin (Ost) 1962, S. 16.

33 Alle bewundern Walentina! In: *Die Trommel* v. 20. 6. 1963, S. 2.
34 Spiegelbild einer Generation. In: *Die Wochenpost* v. 17. 10. 1964, S. 9.
35 Ebenda.
36 Bekier: Walja, S. 74.
37 Über die Tat und das Leben Walentina Tereschkowas schrieben über viele Jahre neben Erwin Bekier u. a. auch Horst Hoffmann und Gerhard Kowalski. Kurz vor der Drucklegung dieses Aufsatzes erschien aus der Feder von Hoffmann, H.: Frauen im All. Visionen und Missionen der Raumfahrt. Berlin 2002. Hier findet sich auch eine Kurzbiographie der Tereschkowa, die ihren Lebensweg nach dem legendären Raumflug skizziert; siehe ebenda, S. 472 f.
38 *Für Dich* 25/1988, S. 26 ff.
39 Zu Luise Ermisch siehe: Wer war wer in der DDR. Ein biographisches Lexikon. Frankfurt a. M. 1995, S. 170.
40 Zu Frida Hockauf siehe ebenda, S. 315.

Ein später Held

1 Kasper, H. (Hrsg.): Deutsche Helden! Luis Trenker, Perry Rhodan, Steffi Graf und viele andere. Leipzig 1997.
2 Welche Rolle der Raumfahrt-Raketen-Mythos für das Selbstverständnis der jungen DDR Ende der fünfziger Jahre bzw. als brauchbarer Public-Relations-Topos spielen konnte, läßt auch die Titelseite eines LPG-Flugblattes erahnen, das 1959 von der Abteilung Agitation und Propaganda der SED-Bezirksleitung Leipzig herausgegeben wurde: »Gebt uns mehr Grün- und Maisfutter, / dann erhaltet Ihr mehr Fleisch und Butter, / mehr Treibstoff für die 7-Stufen-Rakete. / Das sagt Euch ernsthaft Eure Grete.«
3 Zuerst wollte ich Förster werden. Fliegerkosmonaut Oberst Sigmund Jähn gibt zu Protokoll. In: *Wochenpost* v. 31. 8. 1979, S. 13.
4 Engler, W.: Die Ostdeutschen. Kunde von einem verlorenen Land. Berlin 1999, S. 285.
5 Ebenda, S. 287.
6 Zu offiziellen Männlichkeitsidealen in der DDR vgl. Scholz, S.: »Sozialistische Soldatenpersönlichkeiten« und »Helden der Arbeit«. Hegemoniale Männlichkeiten in der DDR? Potsdam 2000. http://www.ruendal.de/aim/pdfs/maennertagung.pdf
7 All und Alltag. Interview mit Sigmund Jähn. In: *BZ am Abend* v. 2. 10. 1982.
8 Berhorst, R.: Griff nach der Allmacht. In: *Süddeutsche Zeitung* v. 7. 4. 2001.
9 Vgl. dazu kurz und bündig: Siefarth, G.: Geschichte der Raumfahrt. München 2001.
10 Sachs, W.: Satellitenblick. Die Visualisierung der Erde im Zuge der Weltraumfahrt. In: Veröffentlichungsreihe der Forschungsgruppe »Große technische Systeme« des Forschungsschwerpunkts Technik – Arbeit – Umwelt am Wissenschaftszentrum Berlin für Sozialforschung. Berlin 1992, FS II 92–501, S. 1.
11 Ebenda, S. 6.
12 Sloterdijk, P.: Versprechen auf Deutsch. Rede über das eigene Land. Frankfurt a.M. 1990, S. 57.
13 Sachs: Satellitenblick, S. 14.
14 Jähn, S.: »Überirdische« Erfahrungen. In: *Horizont* 10 (1989).
15 Zum staatlich verwalteten Heldentum durch den Orden »Held der Sowjetunion«, der seit 1934 verliehen wurde, vgl. Günther, H.: Der sozialistische Übermensch. M. Gor'kij und der sowjetische Heldenmythos. Stuttgart 1993.
16 So bei der *Radio-DDR*-Umfrage »Welche Chancen gibt Dir Dein Land?« zum 35. Jahrestag der Befreiung 1980, wo es darum ging zu zeigen, daß in der DDR jeder alle Chancen habe, von der Reinigungskraft zur Fahrdienstleiterin, vom Bauernsohn zum Lehrer aufzusteigen. In: *FF dabei* v. 2.7.1980.
17 Der Dokumentarfilm »Himmelsstürmer« vom DEFA-Studio für Dokumentarfilme und vom Filmstudio der NVA entstand 1979 in den Ateliers des Armeefilmstudios.

18 Schwerin schloß unseren ersten Fliegerkosmonauten herzlich in die Arme. In: *Schweriner Volkszeitung* v. 6.3.1979.

19 Die Betonung der gewöhnlichen Herkunft von Raumfahrern (in der Kommunikationswissenschaft als »plain folk« bezeichnetes Muster) fällt auf. So schrieb Juri Gagarin in seiner Autobiographie: »Die Familie, in der ich geboren wurde, ist eine ganz einfache Familie, die sich durch nichts von Millionen anderen Arbeiterfamilien unserer sozialistischen Heimat unterscheidet.« Zit. nach: Gagarin, J.: Mein Flug ins All. Berlin 1961, S. 7. Und über die Polarhündin Laika, die mit »Sputnik 2« als erstes Lebewesen überhaupt ins All geschossen wurde, wird berichtet: »Laika gehörte nicht zu den berühmten Rassen der Jagd- und Ziehhunde. Sie war ein ganz gewöhnlicher gutmütiger Hund.« Zit. nach: Unser Lesebuch. 6. Schuljahr. Berlin 1962, S. 149. Auf diese Analogie wird man in dem ebenso aufschlußreichen wie liebenswerten Report eines Leipziger Studentenprojekts aufmerksam gemacht. Vgl. Daniels, D.; Werner, K. (Hrsg.): O.s Dokumentation. Dokumentation des Projekts »Teaching by working I« mit Ilya Kabakov. Leipzig 1998, S. 51.

20 Ein Jahr nach unserem Start in den Weltraum. In: *Neues Deutschland* v. 25.8.1979.

21 Ahbe, Th.: »50 Jahre DDR« – Identität und Renitenz. Konjunkturen und Krisen der Identifikation mit der DDR. In: Gibas, M.; Gries, R.; Jakoby, B. (Hrsg.): Wiedergeburten. Zur Geschichte der runden Jahrestage der DDR. Leipzig 1999, S. 266.

22 Wolle, S.: Die DDR in der deutschen Geschichte. In: *Geschichte in Wissenschaft und Unterricht* 8 (1999), S. 399.

23 Gries, R.: Die runden »Geburtstage«, künstlicher Pulsschlag der Republik. Zeitkultur und Zeitpropaganda in der DDR. In: Gibas; Gries; Jakoby: Wiedergeburten, S. 297.

24 Vgl. Zimmering, R.: Mythen in der Politik der DDR. Ein Beitrag zur Erforschung politischer Mythen. Opladen 2000.

25 Im auf dem IX. Parteitag der SED verabschiedeten Parteiprogramm hieß es bezüglich der Geschichtspolitik: »Die SED ist Erbin alles Progressiven in der deutschen Geschichte.« Zit. nach: Meier, H.; Schmidt, W. (Hrsg.): Erbe und Tradition in der DDR. Berlin 1988, S. 14. Dazu der Soziologe und Modernisierungstheoretiker Wolfgang Engler, zwei Jahrzehnte später rückblickend: »Aber in den späten siebziger Jahren setzt ein Kurswechsel ein. Das Erbe wird umfassender verstanden. Die Romantik tritt gleichberechtigt neben die Weimarer Klassik, die preußische Geschichte verliert ihr Stigma, das Reiterbild von Friedrich II. steht wieder Unter den Linden, Ingrid Mittenzwei schreibt eine differenzierte Geschichte dieses Preußenkönigs, die alten Stadtzentren, die Gründerzeitquartiere und Arbeiterviertel werden, zuweilen auf Druck der Bevölkerung, rekonstruiert statt abgerissen, wenngleich längst nicht im erforderlichen Maße. Ja, es gibt fast so etwas wie eine Nostalgiewelle. Da sich die Menschen immer weniger mit der Gegenwart identifizieren können, unterbreitet man ihnen Angebote aus der Vergangenheit. Die Rehabilitierung des Friderizianismus und der preußischen Sekundärtugenden hatte auch einen ganz praktischen Hintergrund: Sie appellierte an Sparsamkeit und Arbeitsethos.« Zit. nach: Rack, J.: Gespräch mit Wolfgang Engler. In: *Sinn und Form* 5 (2001), S. 673.

26 Boenisch, P.: Genosse Kolumbus aus Sachsen. In: *Die Welt* v. 28.8.1978. Und derselbe, 21 Jahre später: »Die hatten ja zeitweise eine totale Meise […] dieses Getue der Propaganda, das war ja so typisch kommunistisch.«

27 Einer von uns. In: *Der Spiegel* 36 (1978), S. 101.

28 Deutsches Rundfunkarchiv Berlin, Potsdam-Babelsberg, Schriftgutbestand Fernsehen, 084–05–02/0003 1973–1983. Sendemanuskripte »Der Schwarze Kanal«, E028–00–06/0005/008.

29 Bentele, G.: Propaganda als Typ systematisch verzerrter öffentlicher Kommunikation. Zum Verhältnis von Propaganda und Public Relations in unterschiedlichen politischen Systemen. In: Liebert, T. (Hrsg.): Persuasion und Propaganda in der öffentlichen Kommunikation. Leipziger Skripten für Public Relations und Kommunikationsmanagement. Bd. 4, Leipzig 1999, S. 102. Propaganda wird hier begriffen als »Informations- und Kommunikationstyp, der auf Wahrheit nur begrenzten Wert legt, der vor allem auf die Verbreitung einer bestimmten Theorie/Ideologie zielt, die nicht in Frage gestellt wird, der – aufgrund gesellschaftlicher Organisationsstrukturen – in der Lage ist, Themen zu tabuisieren, Wirklichkeit partiell zu verfälschen etc.«

30 Ein historisches Ereignis im Leben unseres Volkes. In: *Neues Deutschland* v. 27. 8. 1978.

31 Ich lernte bei den Gagarins. Fliegerkosmonaut Oberst Sigmund Jähn gibt zu Protokoll. In: *Wochenpost* v. 14. 9. 1979, S. 17.

32 Sternenfrieden. In: *Horizont* 7 (1988), S. 15.

33 Werner, R.: Höhenflug und Erdanpassung. In: *Für Dich* 14 (1984), S. 10.

34 *Bauern-Echo* v. 7. 6. 1989.

35 Kohli, M.: Die DDR als Arbeitsgesellschaft? Arbeit, Lebenslauf und soziale Differenzierung. In: Kaelble, H.; Kocka, J.; Zwahr, H. (Hrsg.): Sozialgeschichte der DDR. Stuttgart 1994, S. 42. Zum Verhältnis von »Helden der Arbeit« und »Aktivisten der sozialistischen Arbeit« sowie zur »Eindringtiefe von Helden-Bildern« vgl. Lüdtke, A.: Helden der Arbeit. Überlegungen zu Metaphern und sozialer Praxis im Deutschland des 20. Jahrhunderts. In: Strzelczyk, J. (Hrsg.): Die Helden in der Geschichte und der Historiographie. Poznań 1997, S. 145–158.

36 In »Sojus 31« hängt Jähn unbeweglich im Skaphander, der etwas enorm Marionettenhaftes ausstrahlt, und spult sein »Ich widme meinen Flug dem 30. Jahrestag der Gründung der Deutschen Demokratischen Republik, meinem sozialistischen Vaterland« sowie seinen »aufrichtigen Dank« an alle Zentralkomitees ab, während Bykowski eigenartig herumzappelt. In »Salut 6« bringt er, umgeben von drei Sowjets und lauter Wimpeln, den Dank seiner »Partei gegenüber zum Ausdruck«, »den Generalsekretären unserer Parteien, dem Genossen Erich Honecker, dem Genossen Leonid Iljitsch Breschnew, ihre Porträts begleiten unseren Flug«, und alle vier Kosmonauten wenden wie auf Kommando ihren Blick zu den Porträts, die an der Wand prangen. Vgl. Kalter Krieg und Propaganda. Dokumentarfilm von Robin Lautenbach. Deutschland 1999.

37 Ulf Merbold, geboren 1941 in Greiz im Vogtland. Missionsspezialist bei der »STS-9«-Mission im Dezember 1983 mit der US-Weltraumfähre »Columbia«, im Januar 1992 »STS-42«-Mission.

38 Das 130 Tonnen schwere Labor tauchte Ende März 2001 über dem Südpazifik in die dichten Schichten der Atmosphäre ein und verglühte. Die MIR war in ihrer 15jährigen Mission Herberge für genau 106 Kosmonauten und Astronauten aus elf Ländern, Prestigeobjekt und letztes Überbleibsel einer Ära, in der mit dem Weltraum Politik gemacht wurde, in der Erfolg im All für die Überlegenheit des Kommunismus und das Selbstbewußtsein nicht nur des Sowjetbürgers stand.

39 Schwarz, P.: Als erster Deutscher ins Weltall geflogen – Sigmund Jähn. In: *die tageszeitung* v. 17. 2. 1998.

40 Der fliegende Vogtländer. In: *Thüringer Allgemeine* v. 13. 2. 2002. Das »Widerwillige« im Helden Jähn findet sich oft wiederholt, so auch: »Für den unmittelbar nach dem Start einsetzenden und völlig überzogenen Propagandarummel war Sigmund Jähn der denkbar geeignetste, aber gleichzeitig auch ein wenig geeigneter Hauptdarsteller. Der Offizier Jähn ließ sich vollständig vereinnahmen und machte doch bei den zahllosen öffentlichen Auftritten an der Seite von Politbüromitgliedern immer wieder den Eindruck, ihm seien diese Aufzüge irgendwie unangenehm.« Zit. nach: Herold, F.: Ein Sachse im Kosmos. In: *Berliner Zeitung* v. 13. 2. 2002.

41 Russland baut das erste Weltraum-Hotel. In: *Die Welt* v. 6. 9. 2001.

42 Niethammer, L.: Erfahrungen und Strukturen. Prolegomena zu einer Geschichte der Gesellschaft der DDR. In: Kaelble; Kocka; Zwahr: Sozialgeschichte, S. 105.

43 Frevert, U.: Herren und Helden. Vom Aufstieg und Niedergang des Heroismus im 19. und 20. Jahrhundert. In: Van Dülmen, R. (Hrsg.): Erfindung des Menschen. Schöpfungsträume und Körperbilder 1500–2000, Wien 1998, S. 342.

44 Remann, M.: Die oberen 39. In: *Tempo* 1 (1987), S. 77.

Das Heldenpantheon der Volksrepublik Polen

1 Vgl. dazu Zaremba, M.: Komunizm, legitymizacja, nacjonalizm. Nacjonalistyczna legitymizacja władzy komunistycznej w Polsce [Kommunismus, Legitimation, Nationalismus. Die nationalistische Legitimation der kommunistischen Herrschaft in Polen]. Warschau 2001.

2 Unter Nationalismus sei hier ein spezifisches System von Vorstellungen, Werten und Normen verstanden, die den Anspruch einer umfassenden Weltauffassung erheben und die derjenigen Gemeinschaft, welche die Nation darstellt, einen besonderen Wert zuschreiben und sie integrieren, wobei dies mit Diskriminierung und Feindschaft gegenüber anderen Nationen verbunden sein kann.

3 Do robotników, chłopów i inteligencji. Do wszystkich patriotów polskich! [An Arbeiter, Bauern und Intelligenz, an alle polnischen Patrioten!] In: Malinowski, M. (Hrsg.): Polska Partia Robotnicza. Dokumenty programowe 1942–1948 [Die Polnische Arbeiterpartei. Programmatische Dokumente 1942–1948]. Warschau 1984, S. 51–55.

4 Kersten, K.: Język dokumentów programowych 1943–1944 [Die Sprache der programmatischen Dokumente 1943–1944]. In: Acta Universitatis Wratislaviensis, Nr. 1636, Wrocław 1994, S. 318.

5 Die Polonisierung des Nachnamens von Chopin (Szopen) und die unvollständige Angabe des Nachnamens von Marya Skłodowska-Curie war sicher mit Blick auf Arbeiter als Adressaten erfolgt.

6 Kazimierz Puławski (1745–1779), General, Held im Kampf um die Unabhängigkeit der USA, einer der berühmtesten Führer der Konföderation von Bar (1768–1772); Tadeusz Kościuszko (1746 bis 1817), ebenfalls ein General, Oberbefehlshaber im Aufstand von 1794, Teilnehmer des amerikanischen Unabhängigkeitskrieges; Henryk Dąbrowski (1755–1818), General während des Kościuszko-Aufstandes, Gründer der polnischen Legionen in Italien, kämpfte in verschiedenen Feldzügen Napoleons; Jarosław Dąbrowski (1836–1871), Revolutionär und Unabhängigkeitskämpfer, Leiter der Partei der »Roten« vor dem Januar-Aufstand von 1863, zu Zwangsarbeit in Sibirien verurteilt, floh auf dem Weg dorthin, Oberbefehlshaber der Truppen der Pariser Kommune, starb auf den Barrikaden; Ludwik Waryńskis (1856–1889), Mitglied und Ideologe der polnischen sozialistischen Bewegung, Gründer der ersten sozialistischen Partei »Proletariat«, starb auf der Festung von Schlüsselburg (Do robotników, S. 52).

7 Winnicka, H.: Tradycja a wizja Polski w publicystyce konspiracyjnej [Tradition und die Vision Polens in der konspirativen Publizistik]. Warschau 1980, S. 269. Vgl. Orzeszowski, M.: Przeszłos´z´ i tradycje narodowe w mys´li politycznej Polskiej Partii Robotniczej (1942–1948) [Vergangenheit und nationale Traditionen im politischen Denken der Polnischen Arbeiterpartei (1942–1948)]. In: Ders. (Hrsg.): Polska, Naród, Państwo. Z badań nad myślą polityczną Polskiej Partii Robotniczej 1942 bis 1948 [Polen. Nation. Staat. Aus den Forschungen über das politische Denken der polnischen Arbeiterbewegung 1942–1948]. Wrocław 1972, S. 7–61. Vgl. Orzeszowski, M.: Rewolucja, Socjalizm, Tradycje. Preszłość narodowa i tradycje myśli politycznej rewolucyjnego nurtu polskiego ruchu robotniczego [Revolution, Sozialismus, Traditionen. Die nationale Vergangenheit und Traditionen des politischen Denkens der revolutionären Strömung der polnischen Arbeiterbewegung]. Warschau 1978.

8 Stanisław Brzóska (1832–1865), Anführer im Januar-Aufstand, Priester, von der Nationalregierung während des Januar-Aufstandes zum obersten Geistlichen und General ernannt, wurde von russischer Seite gefaßt und hingerichtet; Bartosz Głowacki (um 1758–1794), Held des Kościuszko-Aufstandes, Bauer, Teilnehmer der Attacke der Sensenträger auf eine russische Batterie bei der Schlacht von Racławice; Stanisław Żółkiewski (1547–1620), Kronhetmann der Kavallerie, Kanzler, im Krieg gegen Moskau (1609–1612) besiegte er 1610 das russische Heer bei Kłuszyn, besetzte Moskau, kämpfte gegen Tartaren und Türken, mit denen er sich die Schlacht von Cecora lieferte, starb während des Rückzugs. Żółkiewski wurde zum Symbol des Heldentums und des landestreuen Soldaten; der Schneider Jan Kiliński (1760–1819) war einer der Anführer des Kościuszko-Aufstands in Warschau; Zawisza Czarny von Garbów (?–1428) starb während des Feldzugs Sigismunds von Luxemburg gegen die Türken, ein Symbol für rit-

terlichen Anstand und Ehre, im Polnischen gibt es die Redewendung »Verlaß dich darauf wie auf Zawisza«; Stefan Czarniecki (1599–1665), Kastellan von Kiew, russischer Wojewode, Kronhetman der Kavallerie, Teilnehmer vieler Kriege, Befehlshaber während der Kriege mit Schweden (1655); Romuald Traugutt (1826–1864), General, Diktator des Januar-Aufstands (1863–1864), gefangengenommen und von russischen Truppen an der Warschauer Zitadelle hingerichtet; Adam Mickiewicz (1798–1855), wichtigster polnischer Dichter; Emilia Plater (1806–1831), Teilnehmerin des November-Aufstands (1830–1831), kämpfte in der Partisanenabteilung in Żmudź.

9 Protokół obrad KC PPR w maju 1945 roku [Protokoll der Beratung des Zentralkomitees der PPR im Mai 1945]. Opracował Aleksander Kochański. Warschau 1992, S. 13.

10 Przemówienie Żymierskiego na otwarciu Roku Kościuszkowego w Krakowie [Rede von Żymierski zur Eröffnung des Kościuszko-Jahres in Krakau]. In: *Głos Ludu* v. 14. 2. 1946.

11 Kiwerska, J.: Niemcy w polityce PPR/PZPR [Deutschland in der Politik der PPR/PZPR]. In: Wolff-Powęska, A. (Hrsg.): Polacy wobec Niemców. Z dziejów kultury politycznej Polski 1945–1989 [Polen über Deutsche. Aus der Geschichte der politischen Kultur in Polen 1945 bis 1989]. Poznań 1993, S. 49.

12 Kula, W.: Rozważania o historii [Gedanken über die Geschichte]. Warschau 1958, S. 111.

13 Centlivres, P.; Fabre, D.; Zonabend, F. (Hrsg.): La fabrique des héros. Paris 1998.

14 Marian Buczek (1896–1939), kommunistischer Funktionär, der vor Warschau im September 1939 gefallen war.

15 Vgl. Gomułka, W.: Marian Buczek – patriota i rewolucjonista [Marian Buczek – Patriot und Revolutionär]. In: *Głos Ludu* v. 10. 11. 1946. Ders.: Nasze sztandary były sztandarem twego życia [Unsere Fahnen waren die Fahne deines Lebens]. Ebenda v. 1. 4. 1947; Gomułka, W.: Z kart naszej historii [Aus den Blättern unserer Geschichte]. Warschau 1982, S. 161–172 und 185–190. Vgl. auch die Aussage von Mieczysław Bodalski auf dem Plenum des Zentralkomitees der PPR vom 13. 4. 1947: »Należy postawić generała Świerczewski jako wzór bojownika o wolność narodu. To byłoby też słuszną lekcją historii, którą młodzież powinna znać. Propaganda KC powinna zwrócić uwagę, by do tych rzeczy nawiązywać w zorganizowany, przemyślany sposób« [»Es gilt, General Świerczewski als Muster eines Kämpfers um die Freiheit der Nation darzustellen. Das wäre eine richtige Lektion aus der Geschichte, welche die Jugend kennen sollte. Die Propaganda des ZK sollte darauf aufmerksam machen, daß an diese Dinge durchdacht angeknüpft wird.«] In: Archiwum Ruchu Robotniczego [Archiv der Arbeiterbewegung]. Band VII, Warschau 1982, S. 265. Karol Świerczewski ist der Beitrag von Jerzy Kochanowski in diesem Band gewidmet.

16 Kupiecki, R.: Natchnienie milionów. Kult Józefa Stalina w Polsce 1944–1956 [Inspiration von Millionen. Der Kult um Jossif Stalin in Polen 1944–1956]. Warschau 1993.

17 Allesamt Generäle des November-Aufstands; Szpociński, A.: Przemiany obrazu przeszłości Polski. Analiza słuchowisk dla szkół podstawowych 1951–1984 [Die Wandlungen des Geschichtsbildes in Polen. Eine Analyse von Hörspielen für Grundschulen 1951–1984]. Warschau 1989, S. 51 f.

18 Kostka Napierski (um 1620–1651), Organisator des Bauernaufstandes in Podhale, hingerichtet; Stanisław Staszic (1755–1826), Gelehrter, Philosoph, Biologe, Priester, einer der hervorragendsten Vertreter der polnischen Aufklärung, kämpfte um die Erhaltung der Unabhängigkeit Polens, Vertreter der Interessen des Bürgertums; Hugo Kołłątaj (1750–1812), Politiker, Schriftsteller, Philosoph, Priester und führender Vertreter der polnischen Aufklärung, Gründer der Kommission für Nationale Bildung, Mitautor der Verfassung vom 3. 5. 1791; Juliusz Słowacki (1809–1849), neben Adam Mickiewicz der größte polnische romantische Dichter; Józef Bem (1794–1850), General der polnischen, ungarischen und türkischen Armee, zeichnete sich während des November-Aufstandes in vielen Schlachten aus, während des Völkerfrühlings leitete er die Verteidigung des revolutionären Wien, Oberbefehlshaber der ungarischen Armee; Walery Wróblewski (1836–1908), Politiker, kämpfte im Januar-Aufstand, wurde 1871 von der Pariser Kommune zum General ernannt, leitete die Verteidigung des rechten Seine-Ufers; Stefan Okrzeja (1886–1905), Revolutionär von 1904 in der Polnischen Sozialistischen

Partei (PPS), hingerichtet für einen Bombenanschlag auf das Kommissariat der russischen Polizei in Warschau; Marceli Nowotko (1893–1942), Kommunist, leitete von 1939 bis 1941 die sowjetischen Machtorgane in Białystok, Mitglied der Initiativgruppe zum Aufbau einer kommunistischen Partei in Polen, Mitgründer der PPR (Notatnik Prelegenta. Warschau, Mai 1951, S. 44 f.).

19 W sprawie ochodów 1 maja 1962 [Zu den Feierlichkeiten des 1. Mai 1962]. Archiwum Akt Nowych w Warszawie, Abteilung des Zentralkomitees der PVAP (AAN, KC PZPR), Signatur 237/VIII-669, Blatt 154.

20 Wnioski w sprawie form obchodu 20-tej rocznicy śmierci M. Buczko [Beschlüsse in der Angelegenheit der Feierlichkeiten des zwanzigsten Todestages von M. Buczka] v. 4. 9. 1959. In: AAN, KC PZPR; 237/VIII-687, Blatt 6.

21 Wie soziologische Untersuchungen Mitte der sechziger Jahre ergaben, nannten die Polen auf die Frage nach »geschätzten Personen« sehr selten (3,8 %) »Helden der Arbeiterbewegung«; vgl. Szacka, B.; Sawisz, A.: Czas przeszły i pamięć społeczna [Vergangenheit und gesellschaftliches Gedächtnis]. Warschau 1990, S. 20.

22 Werblan, A.: *Nowe Drogi* 9/1973, S. 104.

23 Protokoll Nr. 102 der Sitzung des ZK des Politbüros v. 30. 5. 1978. In: AAN, KC PZPR, 1806, Blatt 184 und 261–267.

24 Informacja o rozmowie I Sekretarza KC PZPR Edwarda Gierka z Sekretarzem Generalnym KC PKZR, Przewodniczącym Prezydium Rady Najwyższej ZSSR Leonidem Breżniewem [Information über das Gespräch des Ersten Sekretärs des ZK der PZPR, Edward Gierek, mit dem Generalsekretär des ZK der KPdSU und Vorsitzenden des Präsidiums des Obersten Sowjet, Leonid Breschnew]. In: AAN, KC PZPR 3317, Blatt 6.

25 Mirosław Hermaszewski wurde am 27. 6. 1978 ins All geschossen. Sein Flug dauerte genau so viele Tage wie der des tschechoslowakischen Kosmonauten; den 22. Juli erreichte er aber nicht.

26 Wykaz proponowanych przedmiotów-symboli zabieranych w Kosmos przez polskiego kosmonautę wraz z uwagami zgłoszonymi przez kierownictwo Rady »Interkosmos« przy Akademii Nauk ZSSR w rozmowach w dniu 18 maja 1978 [Liste der vorgeschlagenen symbolischen Gegenstände, die der polnische Kosmonaut auf seinem Flug (in den Kosmos) mitnehmen soll, mit Anmerkungen der Leitung des Rates »Interkosmos« der Akademie der Wissenschaften der UdSSR in Gesprächen vom 18. Mai 1978]. In: AAN, KC PZPR, 2251, Blatt 36 f.

27 Informacja o ustaleniach Sekretariatu KC PZPR w sprawie polityczno-propagandowego zdyskontowania lotu pierwszego polskiego kosmonauty [Information über die Beschlüsse des ZK der PVAP zur politisch-propagandistischen Nutzung des Flugs des ersten polnischen Kosmonauten]. In: AAN, KC PZPR, 1806, Blatt 263.

Über die Geschichte eines Bildmotivs

1 Das Bild wurde zum ersten Mal auf der 1. Gesamtpolnischen Kunstausstellung von 1950 gezeigt und errang durch vielfache Reproduktion weite Bekanntheit. Es hat Aufnahme in die ständige Ausstellung des Nationalmuseums in Wrocław (Breslau) gefunden.

2 So bezeichnet das Bild Sitkowska, M.: Czytanie między obrazami [Lesen zwischen den Bildern]. In: Res Publica 4 (1987), S. 37–38, hier 37; Immer wieder kamen aber auch Diskussionen um die Aufgaben der Kunst im Sozialismus auf dieses Bild zurück, so etwa Przyboś, J.: Strzemiński przed śmiercią [Strzemiński vor dem Tod]. In: *Miesięcznik literacki* 6 (1969), S. 62– 64, hier S. 64, der »Gib einen Ziegel!« als Beispiel für eine Kunst anführt, die nicht zur hervorragenden Arbeit mobilisieren könne, wie dies die »schönen Künste« vermögen.

3 Analog zum Vorbild des sowjetischen Kults um Alexej Grigorjewitsch Stachanow (1906–1977), einem Bergarbeiter, der 1935 das 14fache der täglichen Arbeitsnorm geschafft haben soll und deshalb zum Begründer einer nach ihm benannten Bewegung im Rahmen des sozialistischen Wettbewerbs gemacht wurde, fiel in Polen diese Rolle Wincenty Pstrowski

(1904–1948) zu. Auch er war Bergarbeiter, er wurde von der staatlichen Propaganda zum ersten Arbeitsaktivisten und damit zum Begründer des sozialistischen Arbeitswettbewerbs in Polen stilisiert.

Ein anderer Begriff für einen Arbeitsaktivisten war »szybkościowiec« [Spitzenarbeiter], insbesondere für die Arbeiter des Aufbaus von Warschau, die in ähnlicher Weise wie auf Kobzdejs Bild auch auf einem Plakat von Viktor Górka:»Pracujemy w trójkę – budujemy za 12-tu« [Wir arbeiten im Trio – wir bauen für 12]. 1953, symbolisch dargestellt sind: ein Maurer mit zwei zuarbeitenden Kollegen.

4 Das Bild ist aufgrund seiner Farbigkeit und seines Pinselduktus als eine polnische Variante des Sozialistischen Realismus der »Sopot-Schule« zuzuordnen; vgl. Åman, A.: Architecture and Ideology in Eastern Europe during the Stalin Era. An Aspect of Cold War History. New York/Cambridge 1992, S. 181; vgl. auch Ilkosz, J.: La Peinture du réalisme socialiste en Pologne. In: *Polish Art Studies* 9 (1988), S. 195–210, hier S. 207 f. Ilkosz unterscheidet insgesamt vier Schulen innerhalb des polnischen Sozialistischen Realismus.

5 Åman, A.: Architecture, S. 181 ff.

6 Cieślińska, N.: Was kommt nach der roten und weiß-roten Flagge? In: Strauss, T. (Hrsg.): Westkunst – Ostkunst. Absonderung oder Integration? Materialien zu einer neuen Standortbestimmung. München 1991, S. 195–209, hier S. 200.

7 Eine Aussage des Bildhauers Xavery Dunikowski anläßlich des Vereinigungsparteitags bringt diese Strategie auf den Punkt: »1946 habe ich den Kopf eines Arbeiters skulptiert [...]. Einen Kopf deshalb, weil der polnische Arbeiter wie einer ist [...]. Der Tag der Vereinigung der Arbeiterbewegung ist gekommen, d. h. daß sie nun einen Kopf haben wird, einen starken Kopf.« Dunikowski, X.: Artysta wobec zjednoczenia klasy robotniczej [Der Künstler angesichts der Vereinigung der Arbeiterklasse]. In: *Przegląd Artystyczny* 1 (1949), S. 1.

8 Zur Entwicklungsgeschichte des polnischen Sozialistischen Realismus: Włodarczyk, W.: Socrealizm. Sztuka polska w latach 1950–1954 [Sozrealismus. Polnische Kunst 1950–1954]. Paris 1986; siehe auch Ilkosz: Peinture.

9 1. ogólnopolska wystawa plastyki 1950 [1. Gesamtpolnische Kunstausstellung]. In: *Przegląd Artystyczny* 3–4 (1950), S. 11–22, hier S. 19.

10 Vgl. dazu Groys, B.: Drei Statements zum Sozialistischen Realismus. In: Ausstellungs-Katalog: Europa, Europa. Das Jahrhundert der Avantgarde in Mittel- und Osteuropa, Kunst- und Ausstellungshalle der Bundesrepublik Deutschland. Bonn, Bd. 1, Dresden/Berlin 1994, S. 276–277.

11 Sokorski, W.: Kryteria realizmu socjalistycznego [Kriterien des Sozialistischen Realismus]. In: *Przegląd Artystyczny* 1–2 (1950), S. 6–7, hier S. 7.

12 Die Kurzform »Sozrealismus« soll in Anlehnung an Boris Groys im folgenden synonyme Verwendung zur Langform finden. In der polnischen Literatur dominiert der Begriff »socrealizm« (Sozrealismus) ohne notwendigerweise abwertend gemeint zu sein.

13 Baraniewski, W.: Der sozialistische Realismus als Kunstprogramm. In: *Ikonotheka*. Prace Instytutu Historii Sztuki UW 10 (1996), S. 135–142, hier S. 140.

14 Groys, B.: Gesamtkunstwerk Stalin. Die gespaltene Kultur in der Sowjetunion. 2. Aufl., München 1996, S. 42.

15 Tomasik, W.: Słowo o socrealizmie. Szkice [Ein Wort über den Sozrealismus. Eine Skizze]. Bydgoszcz 1991, S. 39.

16 Olszewski, A. K.: Co zostanie z polskiej sztuki – fakty i wiedza o nich [Was bleibt von der polnischen Kunst – Fakten und Wissen über sie]. In: Sztuka polska po 1945 roku. Materiały Sesji Stowarzyszenia Historyków Sztuki [Polnische Kunst nach 1945. Tagungsmaterialien des SHS], Warschau (1984) 1987, S. 133–143, hier S. 137.

17 Auf den formalen Zusammenhang zwischen Kobzdejs Bild und Wajdas Film verweist Sitkowska: Czytanie, S. 37; die Ikonographie einer (roten) Ziegelmauer hat in der polnischen Kunst daneben noch vielfache andere, mit unterschiedlichen Intentionen verbundene Fortsetzungen gefunden, so etwa in dem Ölgemälde Edward Dwurniks: »Elewator zbożowy« [Getreidespeicher] von 1971/72, heute im Museum Ludwig, Köln, oder in Karikaturen der Solidarność-Zeit, die

die Umrisse Polens hinter einer Mauer verschwinden lassen. Gemeinsam ist diesen Darstellungen, Bauen als Metapher für gesellschaftspolitische Strukturen und Prozesse zu verwenden. In Irena Kamińskas Dokumentarfilm »Dzień za dniem« [Tag für Tag] von 1988 zeigt sich schließlich am Schicksal unaufhörlich Ziegel verladender Arbeiterinnen die Perspektivlosigkeit der späten Volksrepublik, kontrastiert durch hineinmontiertes Filmmaterial aus den fünfziger Jahren.

18 Vgl. dazu Falkowska, J.: The Political Films of Andrzej Wajda. Dialogism in Man of Marble, Man of Iron, and Danton. Oxford 1996, S. 154.

19 Falkowska: Films, S. 146. Bezug auf das Standardwerk zur bildenden Kunst des Sozrealismus: Włodarczyk: Socrealizm.

20 Ebenda; auch Kobzdejs Bild als Vorlage für den Film erwähnt Falkowska nicht.

21 Zwierzchowski, P.: Zapomniani bohaterowie. O bohaterach filmowych polskiego socrealizmu [Vergessene Helden. Über die Filmhelden des polnischen Sozrealismus]. Warschau 2000, S. 114. Zwierzchowski argumentiert für sozrealistische Filme ähnlich wie Falkowska in »Films« für Wajdas Persiflage der sozrealistischen Filme und bezieht sich auf dasselbe Zitat Włodarczyks wie Falkowska.

22 Zur Filmhandlung siehe Zwierzchowski: Zapomniani bohaterowie, S. 86.

23 Dieser Sohn ist aber kein Beweis dafür, daß Birkut »existiert«, also in Agnieszkas Welt noch lebt. Vgl. Falkowska: Films, S. 142. Sein reales Leben – der fünfziger Jahre wohlgemerkt – scheint unter dem Heldenstatus begraben worden zu sein.

24 Eder, K.: Człowiek z marmuru. 1976 [Der Mann aus Marmor]. In: Jansen, P. W.; Schütte, W. (Hrsg.): Andrzej Wajda. München/Wien 1980, S. 191–199, hier S. 193.

25 Die Unterscheidung dieser zwei Ebenen, die Birkut einen anderen fiktionalen Status zuweist als Agnieszka, ist bisher vernachlässigt worden; vgl. etwa eine symptomatische Kritik, die als Thema des Films »the story of the fate of Mateusz Birkut« benennt. Nosal, B.: The Man of Marble. In: *polish film polonais* 4 (1977).

26 Stefański, Stanisław: Prawdy i przejaskrawienia (O »Człowieku z marmuru«) [Wahrheiten und Übertreibungen (Über den »Mann aus Marmor«)]. In: *Nowe Drogi* 4 (1977), S. 162–166, hier S. 164; Michałek, B.; Turaj, F.: The Modern Cinema of Poland. Bloomington/Indianapolis 1988, S. 158. Sie weisen darauf hin, daß die Zensur eher verhalten ausfallende Kritiken unterstützte und nicht scharfe Verurteilungen, weil dadurch das öffentliche Interesse an dem Film erst gesteigert worden wäre.

27 Vgl. dazu Helman, A.: Żywot człowieka uczciwego albo o wieloznaczności dyskursu Wajdy [Die Lebensgeschichte des ehrlichen Menschen oder über die Mehrdeutigkeiten des Diskurses Wajdas]. In: Hendrykowska, M. (Hrsg.): Widziane po latach. Analizy i interpretacje filmu polskiego [Gesehen nach Jahren. Analysen und Interpretationen des polnischen Films]. Poznań 2000, S. 168–179. Helman bietet einen guten Überblick über Entstehungs- und Rezeptionsgeschichte.

28 Wajda selbst nimmt sich davon nicht aus. In Anspielung auf seine eigene Arbeit als Regieassistent in den frühen fünfziger Jahren hat er seinen Namen in den Abspann des fiktiven Propagandafilms »Oni budują nasze szczęście« [Sie bauen unser Glück], dessen Held Birkut ist, gesetzt.

29 Tschechow, N. W., u. a.: Bildwörterbuch der russischen Sprache. Lehrmittel für Schüler nichtrussischer Grundschulen (Ausgabe 1954), Erster Teil.

30 Morzuch, M.: Jarosław Modzelewski. In: Polish Realities. New Art from Poland. Ausstellungskatalog. Third Eye Centre Glasgow/Muzeum Sztuki Łódź 1988, S. 46.

31 Ciesielska, J.: Jarosław Modzelewski. In: Der Riss im Raum. Positionen der Kunst seit 1945 in Deutschland, Polen, der Slowakei und Tschechien. Ausstellungskatalog. Dresden/Berlin 1994, S. 272–273, hier S. 273.

32 Insbesondere die Farbe Rot läßt in Modzelewskis Bildern der frühen achtziger Jahre Assoziationen zur Roten Armee oder zur Sowjetmacht zu.

33 Groys: Statements, S. 276.

34 Ebenda.

35 Ebenda.
36 Zum Problem der Prägung der Kunst der achtziger Jahre durch die gesellschaftspolitischen Ereignisse vgl. Włodarczyk, W.: Visual Arts. In: Polish Realities, S. 74–103.
37 Programmatisch kommt diese Haltung zum Ausdruck in: Jarosław Modzelewski: My i oni [Wir und sie]. In: Pokaz. Las, góra, a nad górą chmura, a nad chmurą dziura [Ausstellung. Wald, Berg und über dem Berg eine Wolke und über der Wolke ein Loch]. Galeria BWA Lublin 1983 (englische Übersetzung in: Jarosław Modzelewski. Przegląd z malarstwa/review of the painting. Ausstellungskatalog. Krakau 2000, S. 120).
38 Vgl. die Erläuterungen zu Lacans Kategorie des »sinthome« in Žižek, S.: Liebe Dein Symptom wie Dich selbst! Jacques Lacans Psychoanalyse und die Medien. Berlin 1991, S. 62 f.
39 Ebenda, S. 63.
40 Vgl. Ash, T. G.: The Polish Revolution. Solidarity. 2. Aufl., London 1991, S. 295. Ash beschreibt, wie das Ansehen der Regierung während der Solidarność-Periode auf einen Tiefpunkt gesunken war und den Lügen keiner mehr glaubte. Jedes Schulkind habe sehen können, daß der König keine Kleider anhatte und mit der Verhängung des Kriegsrechts die nackte Gewalt in aller Widerwärtigkeit deutlich wurde.
41 Die Kunst des Polen ist zu unterscheiden von der sowjetischen Soz-art, auch wenn beide Rückbezüge auf sozrealistische Kunst verbindet. In Polen hat es angesichts der relativ kurzen Phase des verordneten Sozialistischen Realismus (1949–1955) kein ähnlich starkes Bedürfnis nach einem »backlash« gegeben wie in der Sowjetunion. Das vorrangige Interesse Modzelewskis ist nicht, sich außerhalb der offiziellen Kunstproduktion zu positionieren, wie Groys: Gesamtkunstwerk, S. 15, dies für die Soz-art beschreibt. Der Großteil der polnischen Künstler ließ sich schon ab 1955 nichts mehr von offizieller Seite verordnen, um sich statt dessen einer westlichen Mustern folgenden abstrakten Kunst zu verschreiben.

»… doch diesen Namen werden sie preisen«

1 Vgl. in polnischer Sprache u. a. Jurgielewicz, W. (Hrsg.): Ludowe Wojsko Polskie 1943–1945 [Die polnische Volksarmee 1943–1945]. Warschau 1973; Grzelak, C.; Stańczyk, H.; Zwoliński, S.: Bez możliwości wyboru. Wojsko polskie na froncie wschodnim 1943–1945 [Ohne Möglichkeit der Wahl. Polnisches Militär an der Ostfront 1943–1945]. Warschau 1993; Jaczyński, S.: Zygmunt Berling. Między sławą a potępieniem [Zygmunt Berling. Zwischen Ruhm und Verdammung]. Warschau 1993. In deutscher Sprache: Gosztony, P.: Stalins fremde Heere. Das Schicksal der nichtsowjetischen Truppen im Rahmen der Roten Armee 1941–1945. Bonn 1991.
2 Lipiński, P.: O człowieku który się kulom nie kłaniał [Über den Mann, der sich den Kugeln nicht beugte]. In: *Gazeta Wyborcza* v. 21. 3. 1997.
3 Misiło, E. (Hrsg.): Akcja »Wisła«. Dokumenty [Die Aktion »Weichsel«. Dokumente]. Warschau 1993, S. 65.
4 Garlicki, A.: Panteon Polski. Z kim do Europy [Polnisches Pantheon. Mit wem nach Europa]. In: *Gazeta Wyborcza (Magazyn)* v. 6. 12. 1996.
5 Ebenda.
6 *Głos Ludu* v. 1. 4. 1947.
7 Misiło: Akcja »Wisła«, S. 67.
8 Archiwum Akt Nowych, Komitet Centralny Polskiej Partii Robotniczej (AAN, KC PPR) [Archiv für neue Akten, Zentralkomitee der polnischen Arbeiterpartei], 295/VII-26, S. 35–37. Die Mitarbeiter eines Sozialversicherungsbetriebes in Łódź schrieben an den Premier Józef Cyrankiewicz: »[…] von der spontan einberufenen außerordentlichen Vollversammlung am 29. März 1947 wollen wir auf die Nachricht vom tragischen Tod des Generalobersts, des zweiten stellvertretenden Verteidigungsministers und ehemaligen Kommandeurs der 2. Armee, des Helden im Kampf um die Neiße, Karol Świerczewski, der während einer Dienstinspektion von den meuchelmörderischen Kugeln der ukrainischen Faschisten der UPA starb, reagieren. Wir

möchten Dir, Bürger Präsident, nach dem unwiederbringlichen Verlust dieses aufrichtigen Polen für unser geliebtes Demokratisches Polen, von Herzen unser Mitgefühl und unsere Trauer aussprechen«. AAN, Urząd Rady Ministrów (URM), 5/170, S. 3.

9 AAN, URM, 1/20, k. 1–6; Centralne Archiwum Wojskowe, Główny Zarząd Polityczno-Wychowawczy Wojska Polskiego (WP) [Zentrales Militärarchiv, Politisch-Pädagogische Hauptverwaltung der Polnischen Armee], IV.502.1., t. 23, S. 35–40, *Głos Ludu* v. 1. 4. 1947.

10 *Głos Ludu* v. 2. 4. 1947. Tadeusz Kościuszko (1752–1817), polnischer Patriot im Kampf zwischen Polen und Rußland; Jarosław Dąbrowski (1836–1871), polnischer Offizier und Revolutionär, nahm 1863 am Aufstand gegen Rußland teil.

11 Zaremba, M.: Komunizm, legitymizacja, nacjonalizm. Nacjonalistyczna legitymizacja władzy komunistycznej w Polsce [Kommunismus, Legitimierung, Nationalismus. Die nationalistische Legitimation der kommunistischen Machthaber in Polen]. Warschau 2001, S. 382.

12 Kamiński, C.: Ilustrowany katalog monet polskich 1916–1974 [Der illustrierte Katalog polnischer Münzen 1916–1974]. Warschau 1974, S. 47.

13 Zaremba: Komunizm, S. 168.

14 AAN, KC PPR, 295/XVII-78, S. 108.

15 Ebenda, 295/V-4, k. 50, Protokół z posiedzenia Biura Politycznego KC PPR z 6. 3. 1948 [Protokoll der Sitzung des Politbüros des ZK der PPR vom 6. 3. 1948].

16 AAN, ZWM, 406/7, S. 17.

17 AAN, KC PZPR, 295/X-42, S. 61.

18 Ebenda, 295/X-42, S. 96.

19 O generale Karolu Świerczewskim »Walterze« w pierwszą rocznicę śmierci [Über General Karol Świerczewski »Walter« zum ersten Todestag]. Warschau 1948.

20 Sergiejczyk, T.: Karol Świerczewski w historiografii [Karol Świerczewski in der Historiographie]. In: Generał Karol Świerczewski-Walter, Wielki patriota i internacjonalista. Materiały z sesji popularnonaukowej [General Karol Swierczewski Walter, großer Patriot und Internationalist. Materialien von einer populärwissenschaftlichen Tagung]. Krosno 1987, S. 88.

21 So u. a. die von der Literaturabteilung des Polnischen Militärs erarbeitete Broschüre: Generał Karol Świerczewski. Warschau 1949 und 1950. 1954 erschien das erste »ernstere« Buch über Świerczewski: Korta, A.; Hopman, M.: Karol Świerczewski. Zarys życia i działalności [Karol Świerczewski. Abriß über Leben und Werk]. Warschau 1954. Dann erschienen, gewöhnlich im »Rhythmus der Jahrestage«, neue Bücher, u. a.: Jaros, S.: W służbie ojczyzny. Opowieść o Karolu Świerczewski im »Walterze« [Im Dienst des Vaterlands. Erzählung über Karol Świerczewski »Walter«]. Warschau 1966; Buczek, T. (Hrsg.): Generał Karol Świerczewski-Walter. Warschau 1967; Szczypiorski, A.: Karol Świerczewski (w 20 rocznicę śmierci) [Karol Świerczewski (zum 20. Todestag)]. Warschau 1967; Wadecka, S. L.: Generał Karol Świerczewski »Walter«. Warschau 1976; Pląskowski, T.: Życia akord ostatni [Schlußakkord]. Warschau 1979; Wyszczelski, L.: Generał broni Karol Świerczewski »Walter« 1897–1947 [Waffengeneral Karol Świerczewski »Walter« 1897–1947]. Warschau 1987.

22 Szczypiorski: Karol Świerczewski, S. 9.

23 Wyszczelski: Generał, S. 12. Zwanzig Jahre früher schrieb Szczypiorski: »Im Sommer 1920 wurde er in einer Schlacht in Weißrußland schwer verletzt.« Szczypiorski: Karol Świerczewski, S. 10.

24 Szczypiorski: Karol Świerczewski, S. 13.

25 Poematy o generale Świerczewskim [Poeme über General Świerczewski]. Warschau 1949. Die weiteren Plätze belegten Leopold Lewin, Robert Stiller, Wiktor Woroszylski.

26 AAN, KC PPR, 295/XVII-7, S. 38.

27 AAN, Archiwum Bolesława Bieruta, 254/I-7, S. 12.

28 Ebenda, S. 20.

29 Ebenda, S. 23.

30 Der Film wurde von einer Broschüre begleitet: »Żołnierz zwycięstwa« (Warschau 1953), die von der Filmowa Agencja Wydawnicza herausgegeben wurde. Zum Film vgl. Zwierzchowski, P.: Zapomniani bohaterowie. O bohaterach filmowych polskiego socrealizmu [Vergessene Hel-

den. Über die Filmhelden des polnischen sozialistischen Realismus]. Warschau 2000, S. 136–142, 175.

31 Sergiejczyk: Karol Świerczewski, S. 88 f. Vgl. auch Konieczny, K.; Wiewióra, H.: Karol Świer-czewski-Walter. Zbiory Muzeum Wojska Polskiego w Warszawie. Warschau 1971.
32 Smoleński, P.: Dzieci rewolucji. In: *Gazeta Wyborcza* v. 15./16. 7. 1995.
33 Wyszczelski: Generał, S. 5 f.
34 Die Schlagzeilen in der Parteizeitung lauteten u. a.: »Kondolenzschreiben vom bevollmächtig-ten Minister der Republik Spanien«, »Die Pariser Arbeiter ehren Świerczewski«, »Kondolen-zen aus der ganzen Welt erreichen den Verband der Dąbrowski-Brigadisten«. Absender waren u. a. Dolores Ibarruri und Josip Broz Tito. *Głos Ludu* v. 31. 3. 1947. In den Akten von Premier Józef Cyrankiewicz ist sogar ein Kondolenzschreiben erhalten, das von der Spanisch-Urugu-ayischen Gesellschaft der Jugendgruppe der Freunde der Republik Spanien (Montevideo, 1. 4. 1947) stammt. – AAN, PRM 5/170, S. 9–10.
35 Szczypiorski: Karol Świerczewski, S. 3.
36 *Głos Ludu* v. 1. 4. 1947.
37 Ebenda v. 2. 4. 1947.
38 Kieniewiczowa, G.; Sokołowska, A. (Hrsg.): Od Agrykoli do Żywnego. Mały słownik pa-tronów ulic warszawskich [Von Agricola bis Żywny. Kleines Wörterbuch der Patrone War-schauer Straßen]. Warschau 1968, S. 177.
39 Pazder, J.: Burzliwe życie pomników [Das stürmische Leben der Denkmäler]. In: *Gazeta Wiel-kopolska* [Regionalbeilage der *Gazeta Wyborcza*] v. 9. 6. 2000.
40 AAN, KC PPR, 295/X-3, S. 51.
41 Ebenda.
42 Sobański, M.: Ostatnim szlakiem generała Waltera Świerczewskiego. Przewodnik turystyczny [Auf den letzten Wegen von General Walter Świerczewski. Reiseführer]. Warschau 1952, S. 3.
43 Ebenda, S. 4.
44 Kresek, Z.: Szlak im. Gen. Karola Świerczewskiego w Bieszczadach. Przewodnik turystyczny [Weg mit dem Namen des Generals Karol Świerczewski in den Ostbeskiden. Wanderführer] Warschau/Krakau 1985, S. 36, 38–41.
45 O generale Karolu, S. 1 und 13.
46 Turski, M.: Zmiany w pamięci zbiorowej [Veränderungen im kollektiven Gedächtnis]. In: *Poli-tyka* 26 (1994); ders.: Stu Polaków stulecia. In: *Polityka* 15 (1998).

Die Ausrottung nationalistischer und christlicher Kulte

1 Siehe im allgemeinen: Sinkó, K.: Zur Entstehung der staatlichen und nationalen Feiertage in Ungarn (1850–1991). In: Brix, E.; Stekl, H. (Hrsg.): Der Kampf um das Gedächtnis. Öffentli-che Gedenktage in Mitteleuropa. Wien/Köln/Weimar 1997, S. 251–271. Ich danke dem Un-garischen Förderungsfonds der Wissenschaftlichen Forschung, der meine Forschungen freund-licherweise unterstützte.
2 Zur Geschichte der Ungarischen Räterepublik vgl. Hajdu, T.: The Hungarian Soviet Republic. Budapest 1979; ders.: The Hungarian Soviet Republic. In: Sugar, P. F. (Hrsg.): A History of Hungary. London/New York 1990, S. 303–309; ders.: Budapest 1919 – Fortsetzung oder Ver-rat an der Revolution von 1918 in Ungarn? In: Mack, K. (Hrsg.): Revolutionen in Ostmittel-europa 1789–1989. Schwerpunkt Ungarn. Wien/München 1995, S. 98–106; Romsics, I.: Hungary in the Twentieth Century. Budapest 1999, S. 99–108. Zum Führungspersonal der Räterepublik gehörten die Spitzen der Vereinigten Partei, die Mitglieder des Revolutionären Regierungsra-tes, die verschiedenen Volkskommissariate und die Stadtobrigkeit der ungarischen Hauptstadt Budapest.
3 Siehe Vörös, B.: Történelmi személyiségek ábrázolása a Magyarországi Tanácsköztársaság hi-vatalos jellegűanyagaiban [Die Darstellung der historischen Persönlichkeiten in den offiziel-

len Dokumenten der ungarischen Räterepublik]. Dissertation, Budapest 1997; vgl. auch Országos Széchényi Könyvtár Budapest, Kézirattár [Széchényi-Nationalbibliothek Budapest, Handschriftensammlung], Diss. 810. – Diese Arbeit beschäftigt sich auch mit der Vorgeschichte des Phänomens.

4 Neubenennung der hauptstädtischen Spitäler. In: *Volksstimme* v. 3. 4. 1919, S. 6. Die ungarischen Namen siehe Rendelet. Budapest Népbiztossága Hivatalos Közlönye [Verordnung. Amtsblatt des Budapester Volkskommissariates] v. 4. 4. 1919, S. 394. – Die fremdsprachlichen Texte werden im folgenden in deutscher Übersetzung zitiert.

5 Rendelet valamennyi iskola és kisdedóvó (játékiskola) vezetőjéhez 16/1919-VII. sz. [Anordnung an die Leiter aller Schulen und Kindergärten (Spielschulen) Nr. 16/1919-VII.]. In: A Budapesti Munkás- és Katonatanács Hivatalos Közlönye [Das Amtsblatt des Budapester Arbeiter- und Soldatenrates] v. 18. 4. 1919, S. 427 f.

6 Siehe: Das erste Maifest im Proletarierstaat. Über eine halbe Million Arbeiter im Festzuge. In: *Volksstimme* v. 3. 5. 1919, S. 4–7. Bilder vom Fest in: Dautrey, Ch.; Guerlain, J.-C. (Hrsg.): L'activisme hongrois. Montrouge l979.

7 Siehe Gerő, A.: Der Budapester Heldenplatz als Spiegel ungarischer Geschichte. Budapest 1990.

8 Dekret LXXX des Revolutionären Regierungsrates. In: *Volksstimme* v. 1. 5. 1919, S. 5.

9 Siehe *Ungarn. Illustriertes Briefmarken-Journal* v. 2. 8. 1919, S. 221.

10 Verordnung über die Umbenennung der Kasernen. In: *Pester Lloyd. Abendblatt* v. 27. 3. 1919, S. 1.

11 A kaszárnyák új elnevezése [Die neuen Namen der Kasernen]. In: *Vörös Újság* [Rote Zeitung] v. 28. 3. 1919, S. 5.

12 Vgl. dazu Korff, G.: Politischer »Heiligenkult« im 19. und 20. Jahrhundert. In: *Zeitschrift für Volkskunde* 71 (1975) 2, S. 215 f.

13 Siehe Aradi, N.: A Tanácsköztársaság művészete [Die Kunst der Räterepublik]. In: Németh, L. (Hrsg.): Magyar művészet 1890–1919 [Ungarische Kunst 1890–1919]. Bd. I, Budapest 1981, S. 623.

Der ungarische Stachanow

1 Szakszervezetek Központi Levéltára [Zentralarchiv der Gewerkschaften], heute im Politikhistorischen Institut unter der Signatur SZKL, SZOT. BT. 1949. 16/96.

2 SZKL, SZOT, BT, 1954. 10/98; 10/99.

3 Tokár, P.: Muszka Imre munkamódszere és újításai [Imre Muszkas Methoden und Neuerungen]. Budapest 1951, S. 3; Gyorsvágás, R.: Kertész Pál [Schnellschnitt. Unter der Regie von Pál Kertész]. o. O. 1951. Magyar Filmintézet Könyvtára [Bibliothek des Ungarischen Filminstituts], IP 245 5.

4 Erinnerung von József Bácsi.

5 *Szabad Nép* [Freies Volk] v. 6. 8. 1949, S. 7.

6 *Szabad Nép* v. 4. 11. 1949, S. 5; Tokár, P.: Muszka Imre munkamódszere és újításai [Imre Muszkas Methoden und Neuerungen]. Budapest 1951, S. 18; Gyorsvágás: Kertész Pál. Magyar Filmintézet Könyvtára [Bibliothek des Ungarischen Filminstituts], IP 245 5.

7 Erinnerung von Ferenc Milei.

8 Erinnerung von Lajos Porubszky.

9 SZKL. SZOT. Bér és Termelés [Lohn und Produktion]. 1950. 10/71.

10 Erinnerungen von József Bácsi.

11 Erinnerung von Ferenc Milei.

12 *Szabad Nép* v. 21. 3. 1953, S. 1.

13 Karinthy, F.: Körvadászat [Treibjagd]. Budapest 1984, S. 15–26; *Szabad Nép* v. 11. 9. 1953, S. 2.

14 Az 1956-os Intézet Gyűjteménye az OSZK Kézirattárában [Sammlung des 56er Instituts in der Handschriftenabteilung der Széchenyi-Bibliothek] Nagy József és társa [J. N. und Kollegen]. 3. Auflage. 1991/57.

15 Aus Unkenntnis. Bordás András balladája [Die Ballade von A. B.]. In: Csepeli Szabó, B.: Emberként élni [Leben als Mensch], Budapest 1984, S. 64 f.; die Oberschule befindet sich im IX. Bezirk von Budapest, heute heißt sie »Kálmán-Szily-Fachoberschule«, die Bordás-Straße liegt im XXI. Bezirk.

16 Erinnerung von Ferenc Milei.

Vom Mars bis an die Donau

1 Zur Bedeutung des Kultes um 1848/49: Gyarmati, G.: Március Hatalma – A Hatalom Márciusa. Fejezetek Március 15. ünneplésének történetéből [Die Macht der Märzfeiern – die Märzfeiern der Macht. Kapitel aus der Geschichte des Feiertages 15. März]. Budapest 1998; Gerő, A.: Az Államosított forradalom. 1848 centenáriuma [Die verstaatlichte Revolution. Die Jahrhundertfeier von 1848] Budapest 1998; von Klimó, Á.: 1848/49 in der politischen Kultur Ungarns. In: Fröhlich, H.; Grandner, M.; Weinzierl, M. (Hrsg.):1848 im europäischen Kontext. Wien 1999, S. 204–222.

2 *Berliner Zeitung* v. 6. 2. 1948, S. 2. Ausführlich zur 48er-Rezeption in der SBZ/DDR: Klein, F.: 1848 und 1918. In: *Jahrbuch für Geschichte* 8 (1973), S. 223–250.

3 Akaltin, F.: Die Befreiungskriege im Geschichtsbild der Deutschen im 19. Jahrhundert. Frankfurt a. M. 1997, S. 17 f. Schon das Nationalkomitee »Freies Deutschland« berief sich auf die Befreiungskriege: Ueberschär, G. R. (Hrsg.): Das Nationalkomitee »Freies Deutschland« und der Bund Deutscher Offiziere. Frankfurt a. M. 1995, S. 268. Ein Beispiel für die zahlreichen Propagandaschriften jener Jahre: Engelberg, E.: Vermächtnis und Lehre. In: Leipzig 1813. Die Völkerschlacht im nationalen Befreiungskampf des deutschen Volkes. Leipzig 1953, S. 191–193. Von Entstalinisierung geprägt dagegen: Kamnitzer, H.: Wider die Fremdherrschaft. Betrachtungen zur Geschichte der Befreiungskriege. Berlin 1956.

4 Günther, H.: Der sozialistische Übermensch. M. Gor'kij und der sowjetische Heldenmythos. Stuttgart/Weimar 1993, S. 175.

5 Die Parteizeitung *Szabad Nép* berichtete in ihrer Ausgabe v. 18. 8. 1949 ausführlich über das Ereignis.

6 Bánóczi, Z.: Köztéri szobrok, pályázatok [Öffentliche Statuen und Wettbewerbe]. In: A fordulat évei (1947–49) [Die Wendejahre (1947–49)]. Budapest 1998, S. 265–284, hier 275 f., Prohászka, L.: Szoborsorsok [Denkmälerschicksal]. Budapest 1994, S. 158–160.

7 Angenendt, A.: Heilige und Reliquien. Die Geschichte ihres Kultes vom frühen Christentum bis zur Gegenwart. München 1997; Mitterauer, M.: Anniversarium und Jubiläum. Zur Entstehung und Entwicklung öffentlicher Gedenktage. In: Brix, E.; Stekl, H. (Hrsg.): Der Kampf um das Gedächtnis. Öffentliche Gedenktage in Mitteleuropa. Wien u. a. 1997, S. 23–89.

8 Goda, G.: Szülőföldem [Mein Geburtsort]. Budapest 1989, S. 74 f. Gábor Goda, 1911 als Dénes Grünfeld geboren, seit 1915 Goda, Sohn eines jüdischen Journalisten, seit den dreißiger Jahren schriftstellerisch tätig. Von September 1945 bis 1950 Mitglied der Kulturabteilung des hauptstädtischen Magistrates. Gulyás, Pál, Magyar írók élete és munkái [Leben und Werk ungarischer Schriftsteller]. 10. Bd., Budapest 1992, Sp. 972 f.

9 Illés, B.: Ich bin ein ordentlicher Mensch. Begegnungen und Begebenheiten aus dem Leben eines Revolutionärs, Berlin 1962, S. 5.

10 Ders.: Sztálin és az irodalom [Stalin und die Literatur]. Budapest o. J. [1951], S. 9.

11 Deér benutzte hier geschickt ein Zitat von Ludwig Kossuth, um sich selbst von der gemeinsamen »Europapolitik« mit dem Deutschen Reich zu distanzieren. Siehe Deér, J.: Das Europabewußtsein der Ungarn. In: *Ungarn* (März 1943), S. 129–142, hier S. 142.

12 Vgl. von Klimó, Á.: Die gespaltene Vergangenheit. Die großen christlichen Kirchen im Kampf

um die Nationalgeschichte Ungarns 1920–48. In: *Zeitschrift für Geschichtswissenschaft* 47 (1999) 10, S. 874–891.

13 Hinweise bei Ayçoberry, P.: Der Bolschewik. In: François, E.; Schulze, H. (Hrsg.): Deutsche Erinnerungsorte. Bd. I, München 2001, S. 455–468.

14 Lenin, W. I.: Sämtliche Werke. Bd. IV, Wien/Berlin 1928, S. 66.

15 Siehe Petrák, K.: Magyarok a Szovjetunióban 1922–1945. [Die Ungarn in der Sowjetunion 1922–1945] Napvilág 2000, S. 352. Artikel zu Hanna Wolf in: Wer war Wer in der DDR? Ein biographisches Lexikon. Bonn 2000, S. 933.

16 Beispiele: Andics, E.: Elnöki székfoglaló a Magyar Történelmi Társulat 1949 március 27-i köz-győlésen [Inaugurations-Ansprache der Präsidentin der Ungarischen Historischen Gesellschaft 1949]. In: *Századok* 1949, S. 1–18; Dies.: Kossuth harca az árulók és a megalkuvók ellen [Kossuths Kampf gegen Verräter und Versöhnler]. In: *Társadalmi Szemle* 8–9 (1952), S. 707–740.

17 Zit. nach: Heckenast, G., u. a.: A magyar nép története rövid áttekintés [Kurzer Durchgang durch die Geschichte des ungarischen Volkes]. 2. Aufl. Budapest 1953, S. 329; siehe auch Heckenast, G.; Spira, G.: A magyar nép története [Geschichte des ungarischen Volkes]. II. Teil (1526 bis 1849). Budapest o. J. [1953], S. 210. Ursprünglich stammt das Zitat aus der Zeitung *Új Világ* 1948, H. 1; Trinkspruch Stalins beim Empfang der ungarischen Regierungsdelegation 1948.

18 Zit. nach: Geschichte Ungarns. (W. L. Israeljan: Ende 18. Jh. bis 1951). In: Große Sowjet-Enzyklopädie. Bd. 7, 2. Aufl., Moskau 1951. Deutsch: 1. Aufl. 1953, S. 23.

19 Nifontow, A. S.: Rußland im Jahre 1848. Berlin 1954. Israeljan zitierte die russische Ausgabe des Bandes, die 1949 in Moskau erschienen war.

20 In der betreffenden Fußnote vermerkt er: »Nach L. M. Leonow wurde diese Ausgabe den ungarischen Ausgaben entlehnt, die zur Jahrhundertfeier der Revolution von 1848 erschienen sind.« Nifontow: Rußland, S. 339. Außerdem verzichtet er darauf, den Namen Gussew in das Personenregister aufzunehmen.

21 Petőfi Irodalmi Múzeum, Kézirattár, V. 2272/10. *Illés an Ferenc Fuggerth, 8. 11. 1949.*

22 Illés, B.: Válogatott elbeszélések [Ausgewählte Erzählungen]. Budapest 1951, S. 6 f.

23 Günther, H.: Der Helden- und Feindmythos in der totalitären Kultur. Tübingen 1994, S. 9. Günther nennt den Begriff »Volk« einen emphatisch aufgeladenen Begriff, eine Appellationsinstanz des Führers, die keine soziologische Kategorie sei.

24 Zit. nach Illés, B.: Rittmeister Gussew. In: Ders.: Denn es ist ein gutes Volk. Erzählungen. Berlin 1960, S. 218–241, hier 219.

25 Puschkin pflegte seit 1816 Kontakte zu (späteren) Dekabristen und wurde 1820 in den Kaukasus verbannt. 1821 schrieb er das Gedicht »Der Gefangene im Kaukasus«, »gegen den volksfeindlichen Absolutismus«, Meyers Neues Lexikon. Bd. 6, Leipzig 1963, S. 755.

26 M. J. Lermontow war 1814–1841 Gardeoffizier und seit 1834 Puschkin-Nachahmer. Er verfaßte sozialkritische Gedichte und verkehrte in »fortschrittlichen Studentenzirkeln«. Die Zensur verbot seine adelskritischen Schriften. 1840 wurde er an die Kaukasusfront geschickt. Meyers Neues Lexikon. Bd. 5, Leipzig 1964, S. 365.

27 Nach Karl Marx entwickelt »der sozialistische Humanismus [...] die Nationen zu einem Kollektiv gleichberechtigter, sich gegenseitig helfender und kameradschaftlich zusammenarbeitender Menschen, ›deren internationales Prinzip der Friede sein wird, weil bei jeder Nation dasselbe Prinzip herrscht – die Arbeit!‹«. Artikel »Humanismus«, in: Meyers Neues Lexikon. Bd. 4, Leipzig 1962, S. 256.

28 Dimitri Andrejewitsch Furmanow (1891–1926), Kommissar der 25. Division, die von Tschapajew geführt wurde. 1923 erschien der Roman »Tschapajew«. Furmanow »gilt [...] durch die überzeugende Darstellung des Wechselverhältnisses von Volksheld, Volksmasse und organisierender Kraft der Partei als Klassiker der Sowjetliteratur«. Meyers Neues Lexikon, Leipzig 1973, S. 202 f. Illés war eng mit Furmanow befreundet.

29 Pelewin, V.: Der Mythos vom Feldkommandeur, oder: Wer war Wassili Tschapajew? In: Ders.: Buddhas kleiner Finger. 2. Aufl., München 2001, S. 415.

30 Illés: Gutes Volk, S. 237.

31 Ebenda, S. 238. Anm. unten: »Wörtlich zitiert aus Rittmeister Gussews Rede vor dem Kriegsgericht. B. I.«

32 Ebenda, S. 240.

33 Ebenda, S. 240 f.

34 Illés: Válogatott elbeszélések, S. 6.

35 Zu diesem Milieu siehe Karádi, E.: Macht und Ohnmacht des Geistes. Mitteleuropäische Intellektuelle im Budapester »Sonntagskreis«. In: Hübinger, G.; Mommsen, W. J. (Hrsg.): Intellektuelle im Deutschen Kaiserreich. Frankfurt a. M. 1993, S. 124–140.

36 Illés, B.: Brennende Theiss. Roman. Mit einem Vorwort v. Béla Kun. Berlin 1959.

37 Pelewin: Der Mythos vom Feldkommandeur, S. 415.

38 Vörös lobogó és nemzeti százló [Rote Fahne und Nationalflagge]. In: Szabad Nép v. 22. 8. 1947.

39 Illés: Gutes Volk, S. 14.

40 Zur katholisch-nationalen, tendenziell antisemitischen Propaganda im Horthyregime siehe: von Klimó, Á.: Die Heilige Rechte des Königs. Eine Reliquie als Objekt der Zeitgeschichte. In: Geschichte Macht Körper – Körper Macht Geschichte. Hrsg. v. Bielefelder Graduiertenkolleg Sozialgeschichte. Gütersloh 1999, S. 75–99.

41 Für diesen wichtigen Hinweise danke ich Daniela Rathe ganz herzlich und verweise auf ihren Beitrag in diesem Band.

42 Czigány, L.: Nézz vissza haraggal. Államosított irodalom Magyarországon [Blick zurück im Zorn. Verstaatlichte Literatur in Ungarn] 1946–1988. Budapest 1990, S. 26.

43 Zit. nach: Kis Újság v. 11. 3. 1951, S. 6; Tardos, T.: A legfiatalosabb magyar könyv [Das jugendlichste ungarische Buch]. In: Szabad Ifjúság v. 26. 1. 1951, S. 9.

44 Tiszatáj v. 1. 3. 1951, S. 48 f.

45 Illés, B.: Sztálin a dolgozó parasztságért. A Népmuvelési Minisztérium Oktatási Osztálya [Stalin im Dienste des werktätigen Bauerntums. Hrsg. von der Bildungsabteilung des Volksbildungsministeriums]. Budapest o. J. [1950]; Ders.: A szovjet hadsereg – a szabadság és béke fegyveres ereje. A Honvéd. Minisztérium Politikai Focsorportfonöksége és a Magyar-Szovjet társaság [Die sowjetische Armee – die bewaffnete Kraft der Freiheit und des Friedens. Hrsg. von der Politischen Hauptabteilung des Verteidigungsministeriums und der Ungarisch-Sowjetischen Gesellschaft]. Budapest 1950.

46 Magyar Országos Levéltár (MOL) [Ungarisches Staatsarchiv]: Népmuvelési Minisztérium XIX-I-3-a-23.

47 Zahlreiche Beispiele von Anfang der fünfziger Jahre in: MOL XIX-I-3-a-23.

48 Politikatörténeti Intézet Levéltára (PIL) [Archiv d. Polithistorischen Institutes, vormals Parteiinstitut], Révai-Nachlaß, S. 793 f./30e.

49 PIL, S. 274 f./17cs./70e.

50 Illés, B.: Választúton [Auf dem Scheideweg]. Budapest 1959.

51 Eigentlich sollte der Roman »Jüngstes Gericht« heißen, aber das lehnte Sándor Haraszti vom Athenaeum-Verlag ab. Siehe: MOL XIX-I-3–23.

52 Szeberényi, L.: Guszev kapitány. [Rittmeister Gussew]. In: Új Írás 1961, S. 407.

53 Hay, J.: Geboren 1900. Erinnerungen. Reinbek bei Hamburg 1971, S. 351.

54 Tolstoi, A.: Aëlita. Geheimnisvolle Strahlen. Berlin/Weimar 1982, S. 471.

Eine Heldentypologie der Tschechoslowakei

1 Pražská Pĕtka [Die Prager Fünf], tschechischer Film von 1988, Premiere 1989. Gemeinsame Produktion der Theatergruppen Mimóza, Kolotoč, Vpřed, Křeč und Sklep. 97 Min. Angaben nach: Filmový přehled 5 (1989), S. 19–20.

2 Um diesen Film gab es 1989 und in den Jahren nach dem Umbruch viele Diskussionen. Er wurde als Ausdruck des Lebensgefühls und der Weltsicht der knapp Dreißigjährigen gefeiert – einer Generation, die während der »Normalisierung« aufgewachsen war und für das sozialistische Pathos der frühen Jahre wie für die Technokraten ihrer Gegenwart nur mehr Ironie übrig hatte. Siehe

z. B.: Foll, J.: Pražská Pětka aneb 5 divadel v jednom filmu [Die Pražská Pětka oder fünf Theater in einem Film]. In: *Scéna* 12–13 (1989), S. 7; Dvořák, J.: Hnutí Sklep aneb Silná pětka anebo Pražská Pětka [Die Bewegung Sklep oder die Starke Fünf oder die Pražská Pětka]. In: Hledání výrazu [Suche nach einem Ausdruck]. Prag 1991, S. 48; Mazáčová, B.: Pražská Pětka. In: *Revolver Revue* 17 (1991), S. 127; Peňás, J.: Divadlo za zásluhy. Pražská Pětka a problémy středního věku [Theater für Verdienste. Die Pražská Pětka und die Probleme der mittleren Generation]. In: *Respekt* 11 (1996).

3 Am sowjetischen Beispiel: Sartorti, R.: Legende und Wirklichkeit der Sowjethelden. In: Friedrich, C.; Menzel; B.(Hrsg.): Osteuropa im Umbruch. Alte und neue Mythen. Frankfurt a. M. u. a. 1994, S. 136–138.

4 Tůma, O.: »Normalizace« und Repression in der Tschechoslowakei 1968–1989. In: Boyer, Ch.; Skba, P. (Hrsg.): Repression und Wohlstandsversprechen. Zur Stabilisierung von Parteiherrschaft in der DDR und der ČSSR. Dresden 1999, S. 12–140. Zur Normalisierung allgemein: Otáhal, M.: Opozice, moc, společnost 1969–1989. Příspěvek k dějinám »normalizace« [Opposition, Macht, Gesellschaft 1969–1989. Ein Beitrag zur Geschichte der »Normalisierung«]. Prag 1994; Barta, M.; Felcman, O.: Československo roku 1968, 2. Díl: počátky normalizace [Das tschechoslowakische Jahr 1968, 2. Teil: Die Anfänge der Normalisierung]. Prag 1993.

5 Sládek, Z.: Der tschechische Realsozialismus. Seine Destabilisierung und sein Zusammenbruch. In: Elvert, J.; Salewski, M. (Hrsg.): Der Umbruch in Osteuropa. Stuttgart 1993, S. 109–121.

6 Zum Phänomen des namenlosen Heldentums am Beispiel von antifaschistischen Widerstandskämpfern vgl.: Annette Leo in: Flierl, Th.: Mythos Antifaschismus. Ein Traditionskabinett wird kommentiert. Begleitband zur Ausstellung. Berlin 1992.

7 Michel, K. M.: Heldendämmerung. Die Schicksale der Grandiosität. In: *Kursbuch* 108 (1992), S. 63–86.

8 Oldřich, T.: Ein Jahr danach: Das Ende des Prager Frühlings im August 1969. In: *Zeitschrift für Geschichte* 46 (1998), S. 720–732, hier S. 720.

9 Zur Kulturpolitik nach 1945: Kladiva, J.: Kulturna politika [Kulturpolitik] 1945–1948. Prag 1968.

10 Zu Fučík vgl. den Aufsatz von Stefan Zwicker in diesem Band. Jan Šverma (1901–1944) war ein kommunistischer Politiker und Publizist, nach dem Studium in Moskau maßgeblich an der Bolschewisierung der KPČ beteiligt, in der zweiten Hälfte der dreißiger Jahre wurde er Vertreter der Volksfrontpolitik gegen den Faschismus. Im Zweiten Weltkrieg war er zunächst in Moskau für die Tschechoslowakische Auslandsregierung tätig, wurde dann 1944 in den slowakischen Bergen, wohin er in politischer Mission gesandt worden war, erschossen.

11 Řezáč, V.: Nástup [Aufmarsch]. Prag 1951. Das Buch zählt zu den erfolgreichsten Romanen der Aufbauzeit.

12 Borusek, A.: Podivuhodní kouzelníci: čítanka českého stalinismu v řeči vázané z let 1945–55 [Bewundernswerte Zauberer: Lesebuch des tschechischen Stalinismus in gereimter Form 1945–55]. Toronto 1987.

13 Knapík, J.: Kulturní politika KSČ v oblastí filmové tvorby v letech 1948–1952 [Die Kulturpolitik der KP] auf dem Gebiet des Filmschaffens in den Jahren 1948–1952]. Opava 1998.

14 Macura, V.: Šťastný věk. Symboly, emblémy a mýty 1948–89 [Das glückliche Zeitalter: Symbole, Embleme und Mythen 1948–89]. Prag 1992.

15 Ebenda, S. 11. Vgl. auch: Macura, V.: Chiliastic Factors in Post-war Czech Literature and the World of Jan Karafiát's Little Beetles. In: Pynsent, R. B. (Hrsg.): The Phoney Peace: Power and Culture in Central Europe 1945–49. London 2000, S. 200–240.

16 Macura: Šťastný věk, S. 17.

17 Ebenda, S. 13 f.

18 Ebenda, S. 13 und 16.

19 Dazu: Pynsent, R. B.: Questions of Identity. Czech and Slovak Ideas of Nationality and Personality. Budapest/London/NewYork 1994.

20 Macura: Šťastný věk, S. 14 und besonders das Kapitel über Julius Fučík S. 39–45.

21 Der »Tag des Grenzers« wurde ab 1951 am 11. Juli gefeiert.

22 Die in der folgenden Passage skizzierten Thesen sind Forschungsergebnisse eines von der VW-Stiftung finanzierten Projekts über Industriearbeiter in der Tschechoslowakei 1948–1968, das Peter Heumos in Kooperation mit tschechischen Kolleginnen und Kollegen durchgeführt hat. Zu diesem Projekt: Heumos, P.: Sozialgeschichtliche Kommunismusforschung: Industriearbeiter in der Tschechoslowakei, der DDR und Polen. In: *Bohemia* 42 (2001), S. 20–208; Ders.: Aspekte des sozialen Milieus in der Industriearbeiterschaft in der Tschechoslowakei vom Ende des Zweiten Weltkrieges bis zur Reformbewegung der sechziger Jahre. In: Ebenda, S. 323–362. Alle hier zitierten Quellen stammen aus Všeodborový Archiv (VOA) [Gewerkschaftsarchiv Prag].

23 Unter dem Stichwort »hrdina socialistické práce« [Held der sozialistischen Arbeit] vgl. u. a.: Ilustrovaný encyklopedický slovník [Illustriertes enzyklopädisches Lexikon]. Bd. 1, Prag 1980, S. 846 f.; Malá Československá Encyklopedie [Kleine Tschechoslowakische Enzyklopädie]. Bd. 2, Prag 1985, S. 851–854.

24 Čepelák, J.; Vladimír, C.: Mínění dělnictva o stachanovském hnutí [Die Meinung der Arbeiterschaft über die Stachanow-Bewegung]. In: Ustřední rada Odborů (ÚRO) [Zentralrat der Gewerkschaften] *ÚRO 27* (1947).

25 Über die Widerstände gegen die Stachanow-Bewegung auf den verschiedenen Ebenen berichtet ein Brief aus dem Ostrauer Gebiet an den Gewerkschaftsvorsitzenden Antonín Zápotocký im März 1948: ÚRO, Národohospodářská komise (NHK) [Volkswirtschaftliche Kommission], Kart. 95, 1948, 252/1. Siehe dazu auch: Zápis ze schůze politického sekretariátu, konané dne 5. července 1950 [Mitschrift von der Versammlung des politischen Sekretariats, die am 5. Juli 1950 stattgefunden hat]. Karlovy Vary. In: Krajiské Odborové Rady (KOR) [Kreisgewerkschaftsrat], Kart. 13. Ort 1950, S. 5.

26 Über das extrem geringe Echo der Stachanow-Bewegung und die schwache Beteiligung an der Stachanow-Schule in den Pilsener Škoda-Werken: OS KOVO, strojírenství (Strojír) [Maschinenbau]. Kart. 4 A, Fasz. 3. 1951.

27 Vielmehr deuten die Ergebnisse des Projekts darauf hin, daß ein nicht unwesentlicher Teil der Arbeiter in den fünfziger Jahren das System als »ihres« begriffen und daher auch davon ausgingen, daß in diesem System ihre Interessen besonders zur Geltung kommen müßten.

28 KOR Brno: Zpráva a výsledky údernických směn [Bericht und Ergebnisse der Stoßarbeiterschichten] 17. 9. 1949. In: Fond NHK, Kart. 117, 308.

29 Národohospodářská zpráva za měsíc říjen 1949 [Volkswirtschaftlicher Bericht für den Monat Oktober 1949], KOR, 1949, Kart. 17, Nr. 64 – Seminář stav a organizace socialistického soutěžení, jeho vliv na hospodářský a technický rozvoj podniků a na prohlubování mezilidských vztahů, 1965 – přepis z jednání [Seminar über den Stand und die Organisation des sozialistischen Wettbewerbs, dessen Einfluß auf die wirtschaftliche und technische Entwicklung der Unternehmen und auf die Vertiefung der zwischenmenschlichen Beziehungen. 1965 – Abschrift der Verhandlungen].

30 ÚRO Předsednictvo (Před) [Vorsitz], 23. 2. 1950, Kart. 6, Inv. NR. 98/1. Hier wird geschildert, wie zusätzliche Rationen an die Arbeiter ausgegeben wurden, noch bevor überhaupt die Stoßarbeiterbücher verteilt worden waren.

31 Jáká péče se věnuje úderníkům hnutí v krají? [Welche Fürsorge wird den Stoßarbeitern im Kreis gewidmet?] Zápis ze schůze politického sekretariátu, konané dne 5. července 1950 [Mitschrift von der Versammlung des politischen Sekretariats, die am 5. Juli 1950 stattgefunden hat], Karlovy Vary. In: KOR, Kart. 13, 1950.

32 Zvaz zaměstnanců energetiky. Závod Ervenické elektrárny [Verband der Angestellten der Energiewirtschaft. Werk Ervenické Elektrizitätswerke]. In: ÚRO, Vyrobně Masová práce (VMP) [Massenproduktionsarbeit], Kar. 2, Zprávy z brigád, Zprávy o socialist. soutězí 1953 [Berichte über die Brigaden, Berichte über den sozialistischen Wettbewerb 1953].

33 Jáká péče se věnuje úderníkům hnutí v krají? [Welche Fürsorge wird den Stoßarbeitern im Kreis gewidmet?] Zápis ze schůze politického sekretariátu, konané dne 5. července 1950 [Mitschrift von der Versammlung des politischen Sekretariats, die am 5. Juli 1950 stattgefunden hat], Karlovy Vary. In: KOR, Kart. 13, 1950.

34 Zpráva mzdové komise [Bericht der Lohnkommission] enthält eine mehrseitige Liste von Arbeitern eines Maschinenbaubetriebs in Prag-Vysočany, die den Plan weit übererfüllt haben. Bei einer ganzen Reihe von ihnen finden sich Vermerke wie: »Bedient mehr Maschinen gleichzeitig, als angemessen erscheint«, »produziert schlechte Qualität; hält die Sicherheitsvorschriften nicht ein«, »verstößt gegen die technischen Vorschriften« usw. In: Strojír, Kart. 52, 1961, Fasz. 6. Siehe auch: Hodnocení okresních svazových konferencí [Bewertung der Bezirksverbandskonferenz]. In: ÚRO, Organisace (ORG), Kart. 122, Nr. 389.

35 Ein ausführlicher Bericht über diesen Besuch und die Äußerungen der sowjetischen Stachanowzen in: Projev sovětských stachanovců na mimořádné schůzi představenstva ÚRO dne 7. května 1951 [Rede der sowjetischen »Stachanowzen« auf der außerordentlichen Versammlung des Vorsitzes des ÚRO am 7. Mai 1951]. In: URO Před, 10. 5. 1951, Kart. 9, Inv. Nr. 126/2/8.

36 Zápis ze schůze důvernického sboru 30. 5. 1949 ve Škodových záv. v Plnzi [Mitschrift der Versammlung der Vertrauensleute in den Škoda-Werken am 30. 5. 1949 in Pilsen]. In: OS KOVO, Kart. 2, Fasz. 7, strojír., Zprávy ze schůzi KVOS.

37 Stav socialistického soutěžení a hnutí novátor u závodě ČKD Sokolovo [Der Stand des sozialistischen Wettbewerbs und der Neuerungsbewegung im ČKD-Werk Sokolov]. In: OS KOVO, Kart. 4 A, 1951.

38 Kovář, B.: Novou krev socialistické soutěži [Frisches Blut für den sozialistischen Wettbewerb]. In: Odborář 11 (1966), S. 534 f.; Socialistické soutěžení – byt či nebýt? [Sozialistischer Wettbewerb – Sein oder Nicht-Sein?] In: Ebenda, 9 (1968), S. 8 f.

39 Jak pracuje úderník-zlepšovatel Václav Svoboda [Wie der Stoßarbeiter und Verbesserer Václav Svoboda arbeitet]. In: Zlepšovatel a vynálezce [Verbesserer und Erfinder] 14 (1951), S. III.

40 Fučík, J.: Reportáž, psaná na oprátce [Reportage unter dem Strang geschrieben]. Prag 1945.

41 Fučík, J.: Reportáž, psaná na oprátce. První, úplné, kritické a komentované vydání. [Reportage, unter dem Strang geschrieben. Erste vollständige, kritische und kommentierte Ausgabe]. Hrsg. von František Janáček und Alena Hájková. Prag 1995.

42 Dalos, G.: Man muß nicht Held sein, wenn man nicht will. In: Heroisierungen. Kursbuch 108 (1992), S. 22–26, hier S. 26.

43 Drews, P.: Der zweifache Tod des Julius Fučík. In: Bohemia 38 (1997), S. 349–356.

Der antifaschistische Märtyrer der Tschechoslowakei

1 Grundlegend für die Beschäftigung mit Fučík ist die 1995 von František Janáček und Alena Hájková herausgegebene kritische Ausgabe der »Reportage«: Fučík, J.: Reportáž, psaná na oprátce. První, úplné, kritické a komentované vydání [Reportage unter dem Strang geschrieben. Erste vollständige, kritische und kommentierte Ausgabe]. Prag 1995. Eine neue deutsche, leider mit vielen Mängeln behaftete Ausgabe erschien unlängst: Fučík, J.: Reportage unter dem Strang geschrieben. Bonn 2000. Vgl. dazu auch den Schluß meines Beitrags. Zu Fučík als Autor vgl. Slovník českých spisovatelů [Lexikon tschechischer Schriftsteller]. Prag 2000, S. 190 f.

2 Vgl. Fučík: Reportáž. Kritické vydání, S. 91, Steiner, P.: Ejhle, hrdina! Julius Fučík a jeho Reportáž [Sehet welch ein Held! Julius Fučík und seine Reportage]. In: Kritický sborník 2–3/ XVIII (1999), S. 7–41, hier S. 9.

3 Zu biographischen Details vgl. unter anderem Fučíková, G.: Julius Fučíks Leben und Werk. In: Julius Fučík in Fotografien. Prag 1953. S. 9–29; dieselbe: Mein Leben mit Julius Fučík. Berlin 1976; Grygar, M.: Menschen, ich hatte Euch lieb. Das Leben Julius Fučíks. Berlin 1961, und (weniger ausführlich, aber nicht hagiographisch) Drews, P.: Der zweifache Tod des Julius Fučík. In: Bohemia 38 (1997), S. 349–356. In meiner Dissertation über »Märtyrer und nationale Helden des 20. Jahrhunderts« gehe ich unter anderem der Frage nach, wie der Heldenmythos und der Kult um Fučík teilweise dem anderer Nationalhelden, etwa des vorgeblichen »ersten Soldaten des Dritten Reiches«, Albert Leo Schlageter, oder des italienischen Irredentisten Cesare Battisti, gleicht.

4 Vgl. die Anthologie Fučíkovská Tvorba. Prag 1988.

5 Vgl. Slovník českých spisovatelů, S. 314.

6 Fučík, J.: V zemi, kde zítra už známená včera [Land, wo morgen schon gestern ist]. Prag 1932. Eine erste deutsche Ausgabe (der in der DDR dann mehrere folgten) war: Eine Welt, in der das Morgen schon Geschichte ist. Buch einer Reise. Leipzig/München 1950.

7 Fučík, J.: Milujeme svůj národ. Poslední články a úvahy [Wir lieben unsere Nation. Letzte Artikel und Überlegungen]. Prag 1954; Božena Němcová bojující [Božena Němcová, die Kämpferin]. In: Tři Studie [Drei Studien]. Prag 1954, S. 23–69.

8 Zum tschechischen Widerstand und der Rolle der Kommunisten vgl. neben vielen detaillierten, aber oft nicht eben objektiven, vor 1989 in der ČSSR erschienenen Darstellungen: Brandes, D.: Die Tschechen unter deutschem Protektorat. Besatzungspolitik, Kollaboration und Widerstand im Protektorat Böhmen und Mähren. Zwei Teile. München/Wien 1969 u. 1975; Brandes, D.; Kural, V.: Der Weg in die Katastrophe. Forschungsstand und -probleme. In: Dies. (Hrsg.): Der Weg in die Katastrophe. Deutsch-tschechoslowakische Beziehungen 1938–1947. Essen 1994 (Veröffentlichungen des Instituts für Kultur und Geschichte der Deutschen im östlichen Europa Bd. 3), S. 11–26; zuletzt Brandes, D.: Unter deutschem Protektorat. In: Koschmal, W., u. a. (Hrsg.): Deutsche und Tschechen. Geschichte – Kultur – Politik. München 2001, S. 111–117.

9 Vgl. Serke, J.: Böhmische Dörfer: Wanderungen durch eine verlassene literarische Landschaft. Wien/Hamburg 1987, S. 345–347. Diese Behauptungen Serkes sind nicht haltbar, sollen hier aber wegen der relativ weiten Verbreitung seines Buches erwähnt werden. Vgl. auch Wagnerová, A.: Der Fall Fučík. Kontroverse um einen »Helden des Sozialismus«. In: *Neue Zürcher Zeitung* v. 27. 9. 1996, S. 33.

10 Die Auslassungen sind dokumentiert durch Němeček, J.; Eliášová, L., in: Fučík: Reportáž. Kritické vydání, S. 104–107. Vgl. dazu auch Drews: Der zweifache Tod; Steiner: Hrdina.

11 Vgl. Fučík: Reportáž. Kritické vydání, S. 42. Zur historischen Einordnung von Männern wie Kolínský vgl. Janáček, F.: An Anti-Sensational Sensation. In: *The Democratic Journalist* 2 (1991), S. 21–23.

12 Vgl. Fučík: Reportáž. Kritické vydání, S. 44.

13 Vgl. ebenda. S. 90 f.

14 Ebenda, S. 91.

15 Zu Inhalt und literarischem Stellenwert der »Reportage« vgl. Grygar, M.: Umění reportáže [Die Kunst der Reportage]. Prag 1961; Procházka, M.: Julius Fučík. In: Kindlers Neues Literaturlexikon. Bd. 9, München 1989, S. 891 f.; Macura, V.: Motáky jako literární dílo [Kassiber als literarisches Werk]. In: Fučík: Reportáž. Kritické vydání, S. 281–300.

16 Vgl. Fučík: Reportáž. Kritické vydání, S. 312.

17 Vgl. Drews: Der zweifache Tod, S. 350.

18 Kundera, M.: Der Scherz. Roman. Frankfurt a. M. 1994, S. 222. Vgl. dazu auch Steiner: Hrdina, S. 8.

19 Vergleicht man das Foto des dreißigjährigen Fučík (In: Julius Fučík ve fotografii. Prag 1977, Abbildung 52), das Švabinský als Vorlage diente, mit seiner Zeichnung, so sind die Züge dort wesentlich weicher und der Held wirkt viel jünger. Eine gewisse Attraktivität war ihm zweifellos eigen, galt er zu Lebzeiten doch als unwiderstehlicher Charmeur und Frauenheld. Zu Palach vgl. den Beitrag von Christiane Brenner in diesem Band.

20 Státní ústřední archív (SÚA) [Staatliches Zentralarchiv], Prag, Fond Ústřední Výbor KSČ (ÚV KSČ) [Zentralkomitee der KSČ] 02/3 (Sitzung vom 29. 1. 1953, Vorschlag der Genossen David und Nejedlý).

21 Vgl. SÚA Prag, Fond Úřad předsednictva vlády (ÚPV) [Amt des Vorsitzenden der Regierung], Karton 1657/58.

22 Der Nachlaß Gusta Fučíkovás befindet sich wie der ihres Mannes und das Originalmanuskript der Reportage im Muzeum Dělnické hnutí (MDH) [Museum der Arbeiterbewegung], Prag.

23 Hrdina neumírá. Dopisy o Juliu Fučíkovi [Ein Held stirbt nicht. Briefe über Julius Fučík]. Prag 1953.

24 Kopecký im Vorwort zu Fučík in Fotografien 1953, S. 5. Noch exaltierter sind seine Lobeshymnen in seinen Erinnerungen ČSR a KSČ. Pamětní výpisy k historii Československé republiky a k boji KSČ za socialistické Československo [ČSR und KSČ. Erinnerungen und Anmerkungen zur Geschichte der Tschechoslowakischen Republik und dem Kampf der KSČ für eine sozialistische Tschechoslowakei]. Prag 1960, S. 457–463.

25 Biebl, K.: Julius Fučík ve vězení [Julius Fučík im Gefängnis]. In: Dílo. Bez obav [Werk. Ohne Bedenken] (1940–1950). Bd. 4, Prag 1953, S. 28.

26 Kundera, M.: Poslední máj [Der letzte Mai]. Prag 1963 (Malá edice poezie).

27 Fučík: Reportáž. Kritické vydání, S. 59.

28 Zu Kohout, der wie Kundera später zum Gegner des kommunistischen Regimes wurde, vgl. die aufschlußreiche Biographie von Pavel Kosatík: Fenomén Kohout [Das Phänomen Kohout]. Prag/Litomyšl 2001; zum Fučík-Chor ebenda, S. 77.

29 Brief von 1949 an Alena Vránová, zit. und übersetzt nach ebenda, S. 70.

30 Vgl. ebenda, S. 65 und 71 (Briefe Kohouts an seinen Vater vom 5. 10. 1949 bzw. von Jarmil Starkoč an ihn, v. 30. 10. 1949).

31 Zu Štoll vgl. Slovník českých spisovatelů, S. 644 f.

32 Vgl. Poslední, P.: Hranice Dialogu. Česká próza očima polské kritiky 1945–1995 [Die Grenze des Dialogs. Tschechische Prosa mit den Augen polnischer Kritik 1945–1995]. Prag 1998, S. 77–83.

33 Neruda, P.: Pražský rozhovor. Přebásnil Vítězslav Nezval [Prager Gespräch. Nachgedichtet von Vítězslav Nezval]. Prag 1953.

34 SÚA, Fond ÚV KSČ 02/3, Karton 33, (Sitzung v. 29. 1. 1953).

35 SÚA, Fond Ministerstvo informací a osvěty. Dodatky (MIO-d) [Ministerium für Information und Aufklärung, Ergänzungen], Karton 235 (Bericht des Charge d'Affaires in London, Roháč, 29. 11. 1951).

36 SÚA, Fond MIO-d, Karton 228.

37 SÚA, Fond MIO-d, Karton 182 (Gesandter an MIO, 16. 12. 1950). Es scheint sich bei dieser Ausgabe durchaus um eine von einem normalen Verlag herausgegebene gehandelt zu haben, die dortige Behörde wollte 150 Exemplare zur eigenen Verwendung erwerben.

38 Vgl. SÚA, Fond MIO-d, Karton 196 sowie Fond ÚPV Karton 1657/58.

39 Fučík, J.: Reportage unter dem Strang geschrieben. Frankfurt a. M. 1976. Es ist hier Walter Koschmal (Übersetzen zwischen Deutsch und Tschechisch. In: Ders. u. a.: Deutsche und Tschechen. S. 662–678) zu widersprechen, der ebenda, S. 667, anführt, das Werk »sei in der BRD nicht zu bekommen gewesen«. Die in der DDR erschienenen Ausgaben wie auch die letzte (Bonn 2000) benutzten die Übersetzung von Felix Rausch, die schon der ersten deutschen Ausgabe (Wien 1946) diente.

40 Vgl. Hojda, Z.; Pokorný, J.: Pomníky a Zapomníky [Denkmäler und Nicht-mehr-daran-Denkmäler]. Prag/Litomyšl 1996, S. 215.

41 Filípková, M.: Fučík. In: *Mladý Svět* 21 (1968), S. 9–12; vgl. dazu Hájková, A.: Kauza Fučík. Ediční poznámka na pokračování [Der Fall Fučík. Fortgesetzte Bemerkungen zur Herausgabe] In: *Tvar* 7–13 (1996), hier Ausgabe 12 (1996).

42 Vgl. Kundera: Der Scherz, S. 222–225.

43 Vgl. Černý, V.: Paměti [Erinnerungen] II, III. Brünn 1992 (diese waren zuerst in den siebziger Jahren in Toronto erschienen); vgl. dazu auch Steiner: Hrdina, S. 9 f.

44 Fuks, L.: Křišťálový pantoflíček [Der kristallene Pantoffel]. Prag 1978; vgl. dazu auch Slovník českých spisovatelů, S. 191 f.

45 Diese Ansicht vertrat besonders vehement der Herausgeber der Zeitschrift *Střední Evropa*, Rudolf Kučera. Dagegen wandte sich entschieden Hájková: Ediční poznámka.

46 Die gleiche Linie wird in Vorwort und Kommentaren der deutschen Ausgabe von 2000 der »Reportage« vertreten, wo Václav Havel mehrfach massiv angegriffen wird.

47 Bezeichnend dürfte folgende Erfahrung sein: Als ich in den letzten Jahren in tschechischen Antiquariaten nach einer alten Ausgabe der »Reportage« fragte, wurde mir mehrfach beschieden, daß ich dieses Buch vergeblich suchen würde, da das heutzutage kein Mensch mehr lesen, geschweige denn kaufen wolle.

48 Vgl. Picková, V.: »O Juliu Fučíkovi jsem se dověděla od tatínka« [»Von Julius Fučík habe ich von Papa erfahren«]. In: *Haló noviny*, 14. 10. 2000 (Der kindlich anmutende Titel des Artikels bezieht sich allerdings nicht auf den Botschafter, sondern auf eine dreizehnjährige deutsche Bewunderin Fučíks.).

49 Fučík, J.: O hrdinech a hrdinství [Über Helden und Heldentum]. In: V zemi milované. Reportáže ze SSSR [Im geliebten Land. Reportagen aus der UdSSR]. Praha 1951, S. 19–25. Vgl. auch Steiner: Hrdina. S. 7 f.

50 Fučík, J.: O Sabinově zradě [Über Sabinas Verrat]. In: Tři Studie, S. 71–96.

51 Vgl. Fučíks Artikel von 1934: Hrdinové Sovětského svazu [Helden der Sowjetunion] und Hrdinové SSSR [Helden der UdSSR]. In: Politické články a polemiky. I. část z let 1925–1934 [Politische Artikel und Polemiken]. Prag 1953, S. 414–418, S. 431–433. Hier erklärt er am Beispiel der Besatzung eines sowjetischen Eisbrechers, die eingeschlossen im Packeis überlebte, wie sie das bewältigte. Sie hätten als sozialistisches Kollektiv einander ständig selbstlos geholfen und wären nie verzweifelt, weil sie auf die Hilfe der geliebten Sowjetführung vertrauen konnten.

Tod für einen Sozialismus mit »menschlichem Gesicht«

1 Im Sommer 1991 konnte ich im Archiv der Karls-Universität Prag Materialien über Jan Palach einsehen (Archiv Univerzity Karlovy, AUK/Bestand Palach). Die Akten sind partiell ins Deutsche übersetzt. Sofern im AUK eine deutsche Fassung vorliegt, zitiere ich diese ohne den Titel des tschechischen Originals. Mein Dank für die Hilfe und die freundliche Beratung, die ich dort erfahren habe, gilt besonders Dr. Michal Svatoš, dem Leiter des Instituts für die Geschichte der Karls-Universität. Große Teile der Quellen zu Jan Palach, so z. B. über die Nachforschungen der Staatssicherheit, werden allerdings im Innenministerium verwahrt und sind bis heute nicht zugänglich. Danken möchte ich auch meinen Kollegen Michaela Marek, Stephanie Weiss und Peter Haslinger für die kritische Lektüre und für ihre zahlreichen Anregungen, die in diesen Text eingegangen sind.

2 Bei den *Zprávy* [Nachrichten] handelte es sich um eine von den Sowjets herausgegebene, gegen die Reform gerichtete Zeitschrift.

3 Die deutsche Fassung zit. nach: Lederer, J.: Jan Palach. Ein biographischer Bericht. Zürich 1982, S. 111 f.

4 Zur Tat Jan Palachs, seinem Tod und der Reaktion der Öffentlichkeit sind in Tschechien nach 1989 einige Dokumentationen und Erinnerungen von Zeitzeugen erschienen: Universita Karlova (Hrsg.): Ve jménu života vašeho … [Im Namen Eures Lebens …]. Prag 1990; Culek, J.: Jan Palach. Prag 1990; Nádvorník, P.: Jan Palach. Prag 1990; Živé pochodně [Lebendige Fackeln]. Prag o. J. (die 1. Auflage erschien 1980 in Zürich).

5 Siehe hierzu die Dokumentation aus dem AUK/Bestand Palach.

6 Chalupecký, J.: Smysl Oběti [Der Sinn des Opfers]. In: V jménu života vašeho …, S. 61–64 (Erstveröffentlichung in *Sešity pro literaturu a diskusi* 2 (1969), S. 1–29).

7 Pynsent, R. B.: Questions of Identity. Czech and Slovak Ideas of Nationality and Personality. Budapest/London/New York 1994, S. 148–210, hier 209 f.

8 Zum Begriff des Mythos siehe: Barthes, R.: Mythen des Alltags. Frankfurt a. M. 1964.

9 Diese Zahl wird immer wieder genannt, unter anderem auch in einem Gespräch, das zu den 1990 von der Regierung der ČSFR angestrengten Untersuchungen über die Ereignisse der Jahre 1967–1970 stattfand; hier nach AUK/Bestand Palach. Ob sie zutrifft, läßt sich nicht mit Sicherheit sagen.

10 Vgl. Sartorti, R.: On the Making of Heroes, Heroines, and Saints. In: Stites, R. (Hrsg.): Culture and Entertainment in Wartime Russia. Indiana 1995, S. 176–193.

11 Velká smrt [Der große Tod]. In: *Listy* 3 (1969), S. 1.

12 Lederer: Jan Palach, S. 35–43.

13 Vgl. Dějiny Univerzity Karlovy [Geschichte der Karls-Universität] Bd. IV: 1918–1990, S. 321–324.

14 Zur sogenannten Normalisierung siehe: Oschlies, W.: Prags schwarzes Jubiläum. Die Tschechoslowakei vor und nach dem 21. August 1968. In: *Osteuropa* 1 (1970), S. 3–25; Otáhal, M.: Opozice, moc, společnost 1969–1989. Příspěvek k dějinám »normalisace« [Opposition, Macht, Gesellschaft 1969–1989. Ein Beitrag zur Geschichte der »Normalisierung«]. Prag 1994, S. 11–30; Měchýř, J.: Velký převrat či snad revoluce sametová? [Der große Umsturz oder vielleicht doch die samtene Revolution?]. Prag 1999, S. 34–36.

15 Von Seiten der KSČ und der führenden Reformgegner folgte umgehend eine Distanzierung von Palachs Tat. Sein Selbstmord, so die Argumentation, werde von Kräften mißbraucht, die die öffentliche Ruhe stören wollten. Siehe z. B. die Stellungnahme des Městský výbor KSČ [Stadtausschuß der KSČ] v. 19. 1. 1969 in: Culek: Jan Palach, S. 11; sowie die Äußerungen Gustav Husáks gegenüber der Nachrichtenagentur ČTK v. 20. 1. 1969 in: Ebenda, S. 23.

16 Wissenschaftlicher Rat der Philosophischen Fakultät, AUK/Bestand Palach, S. 14–15.

17 Velká smrt [Der große Tod]. In: *Listy* 3 (23. 1. 1969), S. 1.

18 Svaz vysokoškolského studentstva Čech a Moravy [Verband der Hochschulstudentenschaft Böhmen und Mähren]: Občané, kolegové, kamarádi! [Bürger, Kollegen, Freunde!]. AUK/Bestand Palach, S. 22.

19 Prof. Dr. Vilibald Bezdíček, Minister für Schulwesen, Rede bei der Trauerfeier für Jan Palach. AUK/Bestand Palach, S. 33.

20 Loewenstein, B.: České dějiny a národní identita [Die tschechische Geschichte und die nationale Identität]. In: *Svědectví* 83/84 (1988), S. 567–574.

21 Kopta, P.: Meister Jan. AUK/Bestand Palach, S. 67.

22 Matoušek, J.: »Es erlosch die Flamme …«. AUK/Bestand Palach, S. 65.

23 Sidon, K.: Živá pochodeň [Lebendige Fackel]. In: *Listy* 3 (1969), S. 1 f.

24 AUK/Bestand Palach, S. 27.

25 Viděl jsem národ [Ich sah die Nation]. AUK/Bestand Palach, S. 28.

26 Putík, J.: Velké ticho [Die große Stille]. In: *Listy* 5 (1969), S. 1.

27 Lederer: Jan Palach, S. 97.

28 Zahradníková, H.: Nehmt Euch nicht das Leben. AUK/Bestand Palach, S. 11.

29 Was in der Tschechoslowakei nicht bekannt war und somit auch Jan Palach nicht wissen konnte, ist, daß sich kurz nach dem Einmarsch der Warschauer-Pakt-Truppen in Polen ein Mann aus Protest gegen diese Intervention öffentlich verbrannt hatte.

30 Jan Zajíc (geb. 1950), der sich als Fackel Nr. 2 bezeichnete, war ein Student der Technischen Mittelschule Šumperk. Direkt nach Palachs Selbstverbrennung hatte er sich der Gruppe von Studenten angeschlossen, die am Wenzelsplatz für die Erfüllung der Forderungen Palachs in den Hungerstreik getreten waren. Am 25. Februar 1969, dem Jahrestag der kommunistischen Machtübernahme, setzte er sich auf dem Wenzelsplatz in Brand und erlag seinen Verbrennungen sofort. Seine Beerdigung durfte nicht in Prag stattfinden, dennoch kamen einige tausend Menschen zu der Feier.

31 Evžen Plocek (geb. 1929) zündete sich am 4. April 1969 in Jihlava (Iglau) auf dem zentralen Platz, unweit des Parteigebäudes, an und starb wenige Tage später an seinen Verbrennungen. Plocek war seit 1955 Parteimitglied und 1968 auch in verschiedenen Funktionen stark für die Reform engagiert. Sein Begräbnis fand zwar öffentlich statt, in die Presse gelangte jedoch kein Wort über seinen Selbstmord.

32 Zum Begriff der Einfachheit: Ambros, V.: Der Mythos vom Widerstand des kleinen tschechischen Menschen: »Babička«, »Schwejk« und »Vaněk«. In: Friedrich, C.; Menzel, B. (Hrsg): Osteuropa im Umbruch. Alte und neue Mythen. Frankfurt a. M. u. a. 1994, S. 145–154.

33 Lederer: Jan Palach, S. 52–56.

34 Macura, V.: Šťastný věk. Symboly, emblémy a mýty 1948–89 [Das glückliche Zeitalter. Symbole, Embleme und Mythen 1948–89]. Prag 1992, S. 39–45.

35 Zum Beispiel in: Prohlášení vědecké rady filozofické fakulty Univerzity Karlovy v Praze [Erklärung des wissenschaftlichen Rats der Philosophischen Fakultät der Karls-Universität in Prag]. In: *Reportér* 4 (1969), S. 5.

36 Macura: Šťastný věk, S. 41.

37 Lederer: Jan Palach, S. 126.

38 Macura: Šťastný věk, S. 40.

39 Zit. bei: Lederer, J.: Jan Palach, S. 147.

40 AUK/Bestand Palach, S. 6.

41 Křižanová, R.: Zásadový samotář, naivní marxista [Ein grundsätzlicher Einzelgänger, ein nai- ver Marxist]. In: *Týden* 4 (2000), S. 24–25, hier S. 25.

42 Dazu: Otáhal: Opozice, moc, společnost.

43 Měchýř, J.: Velký převrat či snad revoluce sametová, S. 55–58; Kocian, J.: Palachův týden: Ne- čekaný prolog společenských změn [Die Palach-Woche: Ein unerwarteter Prolog der gesell- schaftlichen Veränderungen]. In: *Zemské noviny* v. 30. 1. 1999.

44 Vzpomínka na Jana Palacha [Erinnerung an Jan Palach]. Aufruf der Charta 77 (Erster Abdruck in: Informace o Chartě 77, 12 (1989); hier nach: Ve jménu života vašeho …, S. 35.). Zur Pa- lach-Woche auch: Události kolem Palachová Týdne. Rozhovor s Danou Němcovou [Die Er- eignisse während der Palach-Woche. Ein Gespräch mit Dana Němcová]. In: Ebenda, S. 35–38; Palachův týden předznamenal pád komunismu [Die Palach-Woche kündigte den Fall des Kommunismus an]. In: *Mladá fronta dnes* v. 17. 1. 1994.

45 Uhlíř, J. B.: Osudové dny Jana Palacha [Die Schicksalstage des Jan Palach]. In: *Historický Ob- zor* 1–11 (1997), S. 19–22.

46 Zwei Photos von diesem Denkmal sind im Internet unter folgender Adresse zu finden: http:// www.volny.cz/cert/Obrazky.htm.

47 »Občané, kolegové, kamarádi!« [Bürger, Kollegen, Freunde]. Aufruf des Verbandes der Hoch- schüler. In: Ve jménu života vašeho …, S. 12 f.

48 Hejdánek, L.: Pochopíme, že Palachem tlumočená výzva, spojená s varováním, pro nás nadále platí? [Begreifen wir, daß die von Palach übermittelte Aufforderung, die mit einer Warnung verbunden war, für uns weiterhin gilt?] In: *Slovo* v. 16. 1. 1999.

49 Siehe z. B.: *Český deník* v. 15. 1. 1994.

50 Vilímek,: Hrob Jana Palacha patří na Slavín mezi české velikány! [Das Grab Jan Palachs gehört auf den Slavín zu den tschechischen Größen] In: *Český týdeník* v. Nr. 110, 23.–25. 1. 1996.

51 Pilip, I.: Jan Palach a diskuse o morálce [Jan Palach und die Diskussion über die Moral]. In: *Li- dové noviny* v. 17. 1. 1995; Nováček, P.: Palachová mravní výzva nevyčpěla [Palachs morali- sches Erbe ist nicht verblasst]. In: *Mladá fronta dnes* v. 18. 1. 1995.

52 Hejdánek, L.: Symbol a skutečnost [Symbol und Wirklichkeit]. In: Ve jménu života vašeho …, S. 64–69.

53 Siehe z. B.: Drápala, M.: Co s absolutní obětí v pragmatické době. Rozpaky kolem Palachova výročí [Was tun mit einem absoluten Opfer in einer pragmatischen Zeit. Bedenken anläßlich Palachs Jahrestages]. In: *Respekt* H. 4 (1995), S. 3; Pecháčková, M.; Kolomazníková, J.: Proč dobrovolně umírají. Instinktu navzdory [Warum sie freiwillig sterben. Gegen den Instinkt]. In: *magazín DNES*, 39 (2001), S. 6–14.

54 Allerdings differiert der Bekanntheitsgrad stark nach Alter: So ergab eine 1998 durchgeführte Umfrage unter Schülern eines »Jan-Palach-Gymnasiums«, daß neun von zehn Schülern keine Informationen über den Namensgeber ihrer Schule haben. Das Wissen bei den 20- bis 30jähri- gen ist schon deutlich umfangreicher, die über 40jährigen kennen Palach und seine Geschichte meist ziemlich genau. Siehe: Neumannová, Š.: Palachův týden 1989 byl začátkem konce naší unstrašnosti [Die Palach-Woche 1989 war der Anfang vom Ende unserer Ängstlichkeit]. In: *Zemské noviny* v. 22. 1. 1996.

55 Zur Bedeutung »großer Toter« in postsozialistischen Gesellschaften vgl.: Verdery, K.: The Po- litical Lives of Dead Bodies. Reburial and Postsocialist Change. New York 1999.

Abkürzungsverzeichnis

ASE Internationale Vereinigung der Weltraumflieger

BSSR Belorussische Sozialistische Sowjetrepublik

ČSFR Tschechische und Slowakische Föderative Republik

ČSR Tschechoslowakische Republik

ČSSR Tschechoslowakische Sozialistische Republik

DDR Deutsche Demokratische Republik

DLR Deutsches Zentrum für Luft- und Raumfahrt

ESA Europäische Weltraumorganisation

FDGB Freier Deutscher Gewerkschaftsbund (der DDR)

FDJ Freie Deutsche Jugend (der DDR)

FIAPP Internationale Organisation der ehemaligen politischen Häftlinge in Frankreich

FSB Russischer Geheimdienst

HJ Hitlerjugend

IAF Internationale Astronautische Vereinigung

ISS Internationale Raumstation

KPČ Kommunistische Partei der Tschechoslowakei

KPD Kommunistische Partei Deutschlands

KPdSU Kommunistische Partei der Sowjetunion

KPO Kommunistische Parteiopposition in Deutschland

KPP Kommunistische Partei Polens

KVP Kasernierte Volkspolizei (der DDR)

KZ Konzentrationslager

MAS Maschinen-Ausleih-Station

MIR Russische Weltraumstation

NASA Amerikanische Luft- und Raumfahrtbehörde

NSDAP Nationalsozialistische Deutsche Arbeiterpartei

NVA Nationale Volksarmee (der DDR)

PDS Partei des Demokratischen Sozialismus

PdUW Partei der ungarischen Werktätigen

PPR Polnische Arbeiterpartei

PPS Polnische Sozialistische Partei

PVAP Polnische Vereinigte Arbeiterpartei

ROH Revolutionäre Gewerkschaftsbewegung (in der ČSR)

SA Sturmabteilung (der NSDAP)

SDI weltraumgestütztes Raketenabwehrsystem (der USA)

SDKPiL Sozialdemokratie des Königreichs Polen und Litauen

SED Sozialistische Einheitspartei Deutschlands

SMAD Sowjetische Militäradministration in Deutschland

SPD Sozialdemokratische Partei Deutschlands

StB Sicherheitspolizei in der ČSSR

TASS Nachrichtenagentur der ehemaligen Sowjetunion

UdSSR Union der Sozialistischen Sowjetrepubliken

UNO Organisation der Vereinten Nationen

UPA Ukrainische Aufstandspartei

USPD Unabhängige Sozialdemokratische Partei Deutschlands

VVN Vereinigung der Verfolgten des Naziregimes

WISE Raumfahrtprogramm der NASA

Abbildungsnachweis

Deutsches Historisches Museum, Berlin S. 91, 92, 143, 149
Nationalmuseum Warschau S. 187
Nationalmuseum Wrocław S. 185/Edmund Witecki
Sächsische Landesbibliothek/Staats- und Universitätsbibliothek Dresden, Deutsche Fotothek
    S. 119, 123, 129
Ungarisches Nationalmuseum, Budapest S. 209, 211, 213

Archiv Sándor Horváth S. 217
Archiv Jerzy Kochanowski S. 199
Archiv Rosalinda Sartorti S. 37
Archiv Silke Satjukow und Rainer Gries S. 19
Archiv Thorsten Smitd S. 189, 191
Archiv Stefan Zwicker S. 247, 249, 251, 253
Archiv des Verlages S. 79, 153, 167

Archiv der Vereinigung der Verfolgten des Naziregimes S. 104
dpa/Zentralbild S. 137
Tschechisches Presseamt, Prag S. 257, 263

50 Jahre DDR. Der Alltag der DDR, erzählt in Fotografien aus dem Archiv des ADN, Berlin 1999
    S. 97
Abbé, Paul Fesch: Jeanne d'Arc. Vierge et Martyre, Paris 1893 S. 53
A fordulat évi 1947–1949 [Die Jahre der Wende 1947–1949], Budapest 1998 S. 205
A müvészet katonái. Sztálinizmus és kultúran [Staatskunstwerk. Kultur im Stalinismus], Budapest
    1992 S. 215
Baburina, N./Avakumov, M. (Hrsg.): Russia, 20th Century. History of the Country in Posters, Mos-
    kau 1993 S. 47
Belaruskaja Grafika [Belarussisches Grafik], Minsk 1978 S. 63
Bolšaja Sovetskaja Enciklopedija [Große Sowjetenzyklopädie], 1953 S. 49
Das russische Wunder, Berlin 1962 S. 73
Drushba Juri – Drushba Valja. Ein Bildbericht vom Kosmonautenbesuch in der DDR. Berlin 1963
    S. 76, 155
Ernst-Thälmann-Gedenkstätten in der DDR, Berlin o. J. S. 105, 113
Goda, Gábor: Szüloföldem, Budapest 1989 S. 239
Illustrierte Geschichte der DDR, Berlin (Ost) 1984 S. 58
Jähn, Sigmund: Erlebnis Weltraum, Berlin 1983 S. 163
Korta, Adam; Hopman, Micha: Karol Świerczewski. Zarys życia i dzialalności [Karol Świercze-
    wski. Abriß über Leben und Werk]. Warschau 1954 S. 195
Parteiauftrag: Ein neues Deutschland. Bilder, Rituale und Symbole der frühen DDR, Berlin 1996
    S. 124
Stites, Richard (Hrsg.): Entertainment in Wartime Russia, Indiana 1995 S. 51
Új Irás 1961 S. 227

Personenregister

Kursive Seitenzahlen verweisen auf die Anmerkungen

Zu den Autoren

THOMAS M. BOHN, Dr. phil., Jahrgang 1963, wiss. Assistent am Historischen Institut der Friedrich-Schiller-Universität Jena.
Veröffentlichungen u. a.: Russische Geschichtswissenschaft von 1880 bis 1905. Pavel N. Miljukov und die Moskauer Schule. Wien/Köln/Weimar 1998; Kollektivität und Individualität. Der Mensch im östlichen Europa. Hamburg 2001 (Mitherausgeber).

CHRISTIANE BRENNER, Jahrgang 1963, wiss. Mitarbeiterin am Collegium Carolinum München.
Veröffentlichungen u. a.: Vergangenheitspolitik und Vergangenheitsdiskurs in Tschechien 1989–1998. In: Vergangenheitsbewältigung am Ende des 20. Jahrhunderts. *Leviathan,* Sonderheft 18 (1998), S. 195–232; Der verpaßte Weg in die Opposition? Die Tschechoslowakische Volkspartei nach 1945. In: Gehler, Michael; Kaiser, Wolfram; Wohnout, Helmut (Hrsg.): Christdemokratie in Europa im 20. Jahrhundert. Wien/Köln/Weimar 2001, S. 509–536.

MONIKA GIBAS, Dr. sc. phil., Jahrgang 1951, wiss. Mitarbeiterin an der Friedrich-Schiller-Universität Jena.
Veröffentlichungen u. a.: Propaganda in der DDR. Landeszentrale für politische Bildung. Erfurt 2000; Sozialistisch behaust und bekunstet. Hochschulen und ihre Bauten in der DDR. Leipzig 1999 (zus. m. Peer Pasternack).

RAINER GRIES, PD Dr. phil. habil., Jahrgang 1958, Gastprofessor am Institut für Geschichte der Universität Wien, Privatdozent am Historischen Institut der Friedrich-Schiller-Universität Jena.
Veröffentlichungen u. a.: Wiedergeburten. Zur Geschichte der runden Jahrestage der DDR. Leipzig 1999 (Mitherausgeber); Produkte als Medien. Kulturgeschichte der Produktkommunikation in der Bundesrepublik und der DDR. Leipzig 2002.

PETER HEUMOS, Dr. phil., Jahrgang 1938, wiss. Mitarbeiter am Collegium Carolinum München.
Seit 1998 Leiter des Projekts »Tschechoslowakische Sozialgeschichte 1948–1968: Industriearbeiterschaft und Genossenschaftsbauern«.
Veröffentlichungen u. a.: Aspekte des sozialen Milieus der Industriearbeiterschaft in der Tschechoslowakei vom Ende des Zweiten Weltkrieges bis zur Reformbewegung der sechziger Jahre. In: *Bohemia* 42 (2001), S. 323–362.

RONALD HIRTE, M. A., Jahrgang 1970, Historiker und Archäologe in der Gedenkstätte Buchenwald.
Veröffentlichungen u. a.: Offene Befunde – Ausgrabungen in Buchenwald. Zeitgeschichtliche Archäologie und Erinnerungskultur. Braunschweig/Goslar 2000; Die Beziehungen der Universität Jena zum Konzentrationslager Buchenwald (zus. m. Harry Stein). In: Hoßfeld, Uwe; John, Jürgen; Stutz, Rüdiger (Hrsg.): Studien zur Geschichte der Universität Jena im Nationalsozialismus (i. E.).

SÁNDOR HORVÁTH, M. A., Jahrgang 1974, Fellow am Institut für Geschichte der ungarischen Akademie der Wissenschaften, Budapest.
Veröffentlichungen u. a.: Everyday Life of Workers in the First Hungarian Socialist Town. In: 3rd International Conference of PhD Students. Humanities. Miskolc 2001, S. 45–50.

ÁRPÁD VON KLIMÓ, PD Dr. phil. habil., Jahrgang 1964, wiss. Mitarbeiter an der Humboldt-Universität zu Berlin.
Veröffentlichungen u. a.: »Runde« Jahrestage in der DDR und in Ungarn. Überlegungen zu einem Vergleich staatssozialistischer Gründungsfeiertage. In: *Comparativ* 10 (2000) 2, S. 108–118; The King's Right Hand. A Religious Relic and the Conflict between the Communist Party and the

Catholic Church in Hungary (1945–48). In: Friedrich, Karin (Hrsg.): Festive Culture in Germany and Europe from the Sixteenth to the Twentieth century, Lewiston u. a. 2000, S. 343–362.

JERZY KOCHANOWSKI, Dr. habil., Jahrgang 1960, wiss. Mitarbeiter am Deutschen Historischen Institut Warschau.
Veröffentlichungen u. a.: Grenzen der Freundschaft. Zur Kooperation der Sicherheitsorgane der DDR und der Volksrepublik Polen zwischen 1956 und 1989. Dresden 2000 (Mitherausgeber); Horthy und Piłsudski. Vergleich der autoritären Regime in Ungarn und Polen. In: Oberländer, Erwin (Hrsg.): Autoritäre Regime in Ostmittel- und Südosteuropa 1919–1944. Paderborn u. a. 2001, S. 19–94.

GERHARD KOWALSKI, Jahrgang 1942, Raumfahrt-Journalist.
Veröffentlichungen u. a.: Die Gagarin-Story. Die Wahrheit über den Flug des ersten Kosmonauten der Welt. Berlin 2000.

ANNETTE LEO, Dr. phil., Jahrgang 1948, Mitarbeiterin am Zentrum für Antisemitismusforschung an der Technischen Universität Berlin.
Veröffentlichungen u. a.: Helden, Täter und Verräter. Studien zum DDR-Antifaschismus. Berlin 1999 (Mitherausgeberin); Vielstimmiges Schweigen. Neue Studien zum DDR-Antifaschismus. Berlin 2001 (Mitherausgeberin).

DANIELA RATHE, M. A., Jahrgang 1970, wiss. Mitarbeiterin am Osteuropa-Institut der Freien Universität Berlin und am Centre d'études du monde russe, soviétique et post-soviétique (EHESS), Paris.
Forschungsschwerpunkte: Kulturhistorische Betrachtungen der Sowjetunion, insbesondere die politische und nationale Mythenbildung des Stalinismus in vergleichender Ost-West Perspektive.

NOBERT ROSSBACH, M. A., Jahrgang 1970, Historiker und freiberuflicher Autor für das MDR-Fernsehen.

ROSALINE SARTORTI, Dr. phil., Jahrgang 1947, Akademische Rätin am Arbeitsbereich Geschichte und Kultur des Osteuropa-Instituts der Freien Universität Berlin.
Veröffentlichungen u. a.: Pressefotografie und Industrialisierung in der Sowjetunion. Die Pravda 1925–1933. Wiesbaden 1981.

SILKE SATJUKOW, Dr. phil., Jahrgang 1965, wiss. Mitarbeiterin am Historischen Institut der Friedrich-Schiller-Universität Jena (DFG-Projekt: Russen und Deutsche).
Veröffentlichungen u. a.: Bahnhofstraßen. Geschichte und Bedeutung. Köln/Weimar/Wien 2002; Von Menschen und Übermenschen. Der »Alltag« und das »Alltägliche« der »sozialistischen Helden«. In: *Aus Politik und Zeitgeschichte* 17 (2002), S. 39–46 (zus. m. Rainer Gries).

THORSTEN SMIDT, Dr. phil., Jahrgang 1971, wiss. Volontär am Staatlichen Museum Kassel.
Veröffentlichungen u. a.: Hans Holleins Museum Abteiberg. Ein Museumskonzept aus Stadtmodell und Bergwerk. In: Wallraf-Richartz-Jahrbuch 62 (2001); Übermalte Wände. Kulturelle Selbstbehauptung als Form des Widerstands unter dem polnischen Kriegsrecht. In: *Zeitschrift für Ostmitteleuropa-Forschung* 51 (2002) 2.

BOLDIZSÁR VÖRÖS, Dr. phil., wiss. Mitarbeiter am Institut für Geschichte der Ungarischen Akademie der Wissenschaften in Budapest.
Veröffentlichungen u. a.: Marx-szobrok, fehér ló. Budapest szimbolikus elfoglalásai 1918/19 [Károlyi-Platz, Marx-Statuen, das Weiße Pferd. Symbolische Besetzungen von Budapest 1918/19). In: *Budapest Negyed* (2000), S. 144–172.

MARCIN ZAREMBA, Dr. phil., Jahrgang 1966, wiss. Mitarbeiter am Institut für Politische Studien der Polnischen Akademie der Wissenschaften Warschau.
Veröffentlichungen u. a.: Komunizm, legitymizacja, nacjonalizm. Nacjonalistyczna legitymizacja wladzy komunistycznej w Polsce [Kommunismus, Legitimation, Nationalismus. Nationalistische Legitimation der kommunistischen Macht in Polen]. Warschau 2001; Die polnische Gesellschaft und die Ereignisse des März 1968. In: Kosmala, Beate (Hrsg.): Die Vertreibung der Juden aus Polen 1968. Antisemitismus und politisches Kalkül. Berlin 2000, S. 81–101.

STEFAN ZWICKER, M. A., Jahrgang 1969, DAAD-Lektor an der Masaryk-Universität Brünn. Arbeit an einer Dissertation »Nationale Märtyrer« im Europa des 20. Jahrhunderts.